주식시장에서 살아남는

심리투자 법칙

NEW TRADING

주식시장에서 살아남는

심리투자 법칙

Dr. Alexander Elder

알렉산더 엘더 지음 | **신가을** 옮김

FOR A LIVING

이레미디어

일러두기

1. 이 책에서 저자의 각주를 제외하고 옮긴이와 편집자의 각주는 -옮긴이, -편집자로 표시했습니다.
2. 본문에 나오는 도서 가운데 국내에 출간되지 않은 책들은 번역문 옆에 원래 제목을 넣었습니다.
   이미 국내에 소개된 책은 책 이름과 함께 본래 제목을 함께 표시했습니다.
3. 인명 및 지명 등의 표기는 되도록 현행 외래어 표기법을 따랐습니다.

트레이더이자 현자이며 진정한 친구인
루 테일러의 영전에 바칩니다.

트레이딩을 통해
자유를 얻다

최근 개정한 이 책《심리투자 법칙》을 펼쳐준 데 감사하는 마음을 금할 길 없다. 이 책에는 내가 수십 년 동안 트레이딩하면서 얻은 핵심적인 교훈이 담겨 있다. 이 책은 심리, 시장 분석, 위험통제, 자기 관리 등 모든 요소를 망라한 안내서라고 할 수 있다.

시장에서 성공한 트레이더로 자리 잡으려면 시장의 추세와 반전을 파악하는 것은 물론이고 고점과 저점을 식별할 줄 알아야 한다. 또한 진입과 청산 전략을 세우는 것은 물론, 수익 목표를 명확히 하고, 수익을 보호하기 위한 손실제한을 갖춘 트레이딩 시스템을 설계하고 따라야 한다. 몇 차례 잘못된 트레이딩으로 계좌가 거덜 나지 않도록 위험을 통제하는 법도 배워야 한다. 무엇보다 중요한 것은 절제력을 기르고 자신을 관리하는 것이다.

트레이딩을 하다 보면 황금밭을 걷는 기분이 들 수도 있지만, 조금만 눈을 돌려 보면 성공에 이르는 길은 지극히 좁고 곳곳에 위험이 도사리고 있는 것을 눈치챌 수 있을 것이다. 그렇다고 마냥 두려워할 필요는 없다. 이 책은 그런 상황에서 훌륭한 길잡이가 되어줄 것이다. 이책을 통해 차트 패턴, 지표, 트레이딩 시스템 등 다양한 도구를 활용하는 법, 위험을 통제하는 규칙들을 배울 수 있다. 절제력 또한 기를 수 있을 것이다. 이 책에서 권고하는 과제를 성실히 수행하고 철저하게 준비된 계획에 따라 행동하라. 시장에 대한 지식과 위험 관리, 자제력이 결합되면 누구나 승자가 될 수 있다.

시장에는 돈 좀 벌었다고 거드름 피우며 되는 대로 트레이딩하다가 수익을 잃는 것은 물론 원금까지 날리고 빈털터리가 되는 사람이 널리고 널려 있다. 이렇게 되지 않기 위해서는 무엇보다 절제력을 길러야 한다. 자신의 트레이딩에 대해 빠짐없이 계속 기록해 나가는 것은 절제력을 기르는 왕도다. 이와 관련해서 매일 해야 할 과제, 트레이딩 계획, 실적 평가 등 어떤 사항들을 기록해야 하는지 이 책에 자세히 소개해놓았다.

이레미디어에서는 내가 쓴 책을 여러 권 출간한 바 있는데, 이 책에도 관심을 보여준 데 고맙게 생각한다. 강연하러 두 차례 한국을 방문한 적이 있는데, 그 경험은 애틋한 기억으로 남아 있다. 마지막으로 방문했을 때 서울에서 차를 타고 DMZ에 가보기도 했다. 자유세계의 경계선 바로 밑에 서 있는 것은 내게 매우 특별한 경험이었다. 나는 구소련에서 자랐으나 자유를 찾아 서방으로 탈출했으며, 심지어 'KGB 수배자 명단'에도 오른 적이 있기 때문이다.

이 책의 첫 단락을 되풀이하자면, 트레이딩을 통해 우리는 자유를 얻을 수 있다. 상사도 없고 청구서 걱정도 없다. 세상 어디에서나 살 수 있고, 일할 수도 있다. 판에 박힌 일을 하지 않아도 되며, 타인에게 구구절절하게 해명할 일도 없다. 이래서 트레이딩은 멋진 일이다. 지식과 자제력, 그리고 빠른 인터넷만 있으면 된다.

여러분 모두 더 훌륭한 트레이더가 되어 자유를 얻는 데 이 책이 도움이 되길 바란다.

2020년 10월 미국 뉴햄프셔 주에서

알렉산더 엘더 박사

기록만 잘해도
늘어나는 실력

《심리투자 법칙 Trading for a Living》은 1993년 발간돼 세계적인 베스트셀러가 되었다. 친구들끼리 서로 추천하고 트레이딩 회사에서 신입 사원들에게 나눠주면서 이 책은 베스트셀러 목록 상위권을 유지할 수 있었다. 이 책의 논리를 좋아하고 신뢰했기에 최근 몇 년 전까지 나는 개정을 거부했다. 그동안 나는 트레이딩을 하고, 여행을 다니고, 다른 책을 쓰고, 강연을 했다. 마침내 21년이 지난 지금, 그동안 내가 배운 교훈과 새로운 기술을 전수하고자 가장 인기 있는 이 책을 개정하는 데 동의했다.

이제는 고인이 된 내 친구 루 테일러 Lou Taylor에게 이 책을 바치고 싶다. 테일러는 이런 농담을 즐겨 하곤 했다. "한 해 한 해 0.5퍼센트씩 똑똑해진다면 죽을 때쯤엔 천재가 되어 있을 거야." 내가 처음 펴낸 책을 개정하다 보니 그동안의 경험을 가진 채 젊은 시절로 되돌아간 듯한 기분이 든다.

개정판을 준비하기로 마음먹으면서 뜬금없이 오스트리아 빈에 있는 개소미터 gasometer가 떠올랐다. 개소미터 중앙에는 1927년 오스트리아 벽돌공들이 쌓아 올린 여러 층으로 된 저장 탱크가 있다. 현대 기술의 발전으로 거대한 가스 실린더가 쓸모없어지자 건축가들은 이 원통을 현대적 디자인의 아파트로 개조했다. 건축가들은 주변에 펼쳐진 파노라마 같은 전망을 볼 수 있도록 벽돌로 된 벽을 크게 뚫고, 바닥을 깔고, 엘리베이터를 설치하고, 사방이 유리로 된 펜트하우스도 만들었다. 나는 이곳의 펜트하우스에 머물곤 했다. 새 책이 가소미터처럼 유구한 손재주와 신기술의 융합이었으면 하고 바란다.

이 책을 읽기 전에 자기 자신에게 물어보라. 트레이더로 성공하는데 있어 가장 중요한 것은 무엇일까?

심리는 중요하다. 《심리투자 법칙》 초판을 쓰면서 정신과 진료도 열심히 했으므로 이 책에서 다룬 심리에 관한 내용은 세월의 시험을 충분히 견뎌낼 만큼 견고하고 유의미하다고 자부한다. 따라서 개정판에서도 이 부분에는 거의 손대지 않았다.

시장 분석은 아주 중요하다. 하지만 차트를 볼 때 우리가 염두에 두어야 할 것은 그리 많지 않다. 정확히 다섯 가지 데이터, 즉 시가, 고가, 저가, 종가, 거래량만 신경쓰면 된다는 점을 명심하라. 이 다섯 가지 값에다 온갖 지표와 패턴을 쌓아올려봤자 머릿속만 복잡해질 뿐이다. 때로는 모자른 게 나은 법이다.

《심리투자 법칙》을 읽었다면 알겠지만, 기술적 분석에 관한 부분을 줄이고 일부는 다운로드할 수 있도록 옮기는 한편, 임펄스^{Impulse} 시스템을 비롯한 새로운 도구들에 관한 내용을 추가했다. 손실제한, 수익 목표 등 실용적인 내용도 추가했다.

금융시장은 위험의 온상이므로 자금 관리도 지극히 중요하다. 초판에서 가장 약했던 부분이 자금 관리라고 생각한다. 이 부분은 완전히 새로 쓰면서 철의 삼각형^{Iron Triangle}을 비롯한 다양한 위험 관리 도구를 소개했다.

마지막으로, 트레이더로서 우리가 반드시 기억해야 하는 것이 하나 더 있다. 심리, 트레이딩 전술, 자금 관리는 시장에서 성공을 거두기 위해 우리를 든든하게 받쳐주는 세 기둥이라고 할 수 있다. 그런데 이 세 기둥을 아우르고 통합하는 한 가지 요소가 있으니 바로 기록이다. 기록을 잘하면 경험을 통해 배울 수 있다. 생각만 해도 입이 벌어질 정도로 좋은 결과가 있었던 트레이딩에 관한 기록이든, 발등을 찧고 싶을 정도로 실망스러운 트레이딩에 관한 기록이든 상관 없다. 그럭저럭 만족할 만한 트레이딩이나 겨우 손실을 면할 정도의 미진한 트레이딩에 관한 기록도 좋다. 모든 기록이, 시장에서 트레이더로서 남긴 발자취 하나하나가 트레이더에게는 그 무엇과도 바꿀 수 없는 소중한 자양분이 된다.

수익은 적고 손실이 큰 상황이 계속된다면, 심신이 피곤할 정도로 열심히 하지만 손에 쥐는 게 별로 없다면, 기록을 시작하길 바란다. 기록을 통해 이 악순환에서 탈출할 수 있다. 꼼꼼히 기록하다 보면 자기 자신에게 배워서 더 훌륭한 트레이더가 될 수 있다. 이를 위해 몇 가지 기록 유형을 소개하고, 내가 쓴 트레이딩 일지도 공개하겠다.

이 책을 처음 읽는다면 여정에 오른 걸 환영한다.《심리투자 법칙》

이미 초판을 읽었다면, 개정판을 통해 20년은 더 똑똑해졌다고 느낄
수 있기를 바란다.

2014년 뉴욕-버몬트에서

알렉산더 엘더 박사

TRADING FOR A LIVING

차 례

들어가는 글

제1부
개인 심리

제2부
집단 심리

제 3 부

전통적인 차트 분석법

제 4 부

컴퓨터를 이용한 기술적 분석

제 5 부

거래량과 시간

NEW TRADING FOR A LIVING

들어가는 글

주식시장에서
살 아 남 는
심   리
투 자 법 칙

01

마지막 미개척지, 주식시장

　　　　　　　자유를 만끽할 수 있다. 전 세계 어디든 원하는 곳에서 살고 일할 수 있다. 판에 박힌 일을 하지 않아도 되고, 누구 눈치 볼 일도 없다. 이것이 바로 성공한 트레이더의 인생이다. 누구나 성공을 꿈꾸지만, 그 꿈을 이루는 것은 극소수다.

　시황판을 쳐다보는 아마추어의 눈앞에서 수백만 달러가 왔다 갔다한다. 아마추어는 돈을 잡으려고 손을 뻗지만 도리어 돈을 잃고 나온다. 다시 시도해보지만 이번에는 더 많이 잃는다. 아마추어가 돈을 잃는 이유는 딱 세 가지다. 게임이 어려워서. 무지해서. 그리고 자제력이 부족해서. 이런 문제로 골머리가 아프다면 반드시 이 책을 읽어보기 바란다.

나와 주식시장의 인연

1976년 여름, 나는 뉴욕에서 캘리포니아 주로 여행을 떠났다. 심리학 책 몇 권(당시 난 정신과 레지던트 1년 차였다.), 역사책 몇 권, 그리고 엥겔 Louis C. Engel 의 《주식 사는 법 How to Buy Stocks 》을 낡은 닷지 트렁크에 실은 채였다. 《주식 사는 법》은 변호사 친구에게 빌린 책으로, 겉장이 너덜너덜했다. 손대는 것마다 황금으로 바꿔놓는 미다스의 손이 있다지만 그 친구는 정반대로 손을 대는 족족 실패했다. 그런데 이 책이 내 인생을 바꿔놓을 줄은 생각지도 못했다.

미국을 횡단하며 캠핑장에 들를 때마다 엥겔의 책을 읽어 내려갔다. 태평양 연안 라졸라 해변에 이를 무렵 마지막 페이지를 읽었다. 주식에 까막눈이었지만 머리만 잘 굴리면 돈을 벌 수 있겠다는 생각이 들었다.

나는 구 소련에서 자랐다. 미 대통령이 소련을 '악의 제국'이라 부르던 시절이었다. 나는 소련 체제가 싫었다. 떠나고 싶었지만, 이민은 금지돼 있었다. 열여섯 살 때 대학에 들어가 스물두 살 때 의대를 졸업하고 수련의 과정을 마친 뒤 선의船醫가 돼 배에서 근무했다. 드디어 자유를 찾을 기회가 온 것이다! 어느 날 내가 탄 배가 아프리카 코트디부아르의 수도 아비장에 정박하자마자 배에서 내려 탈출했다.

먼지 풀풀 날리는 거리를 내달려 미 대사관으로 뛰어 들어갔다. 같은 배에서 근무하던 선원들이 쫓아왔다. 대사관에선 안가安家를 마련해주고 뉴욕행 비행기표까지 구해줬다. 마침내 1974년 2월, 뉴욕 케네디공항에 도착했다. 주머니엔 달랑 25달러가 있을 뿐이었다. 영어는 조금 할 줄 알았지만 일가붙이나 아는 이 하나 없는 신세였다.

당시 나는 주식이니 채권이니 하는 건 전혀 몰랐다. 선물, 옵션은 더구나 알 턱이 없었다. 지갑에 미국 달러가 들어 있는 것만 봐도 어질어질할 정도였으니 일러 무엇하겠는가. 옛날 같으면 몇 달러만 있어도 시베리아에서 3년을 살 수 있었으니 말이다.

그런 나에게 신세계를 열어준 것이 바로 《주식 사는 법》이었다. 뉴욕에 와서 처음 산 주식은 킨더케어 KinderCare 주식이었다. 그런데 일이 꼬이고 말았다. 첫 번째 트레이딩에서 돈을 벌고, 두 번째 트레이딩에서 또 돈을 번 것이다. 그러자 시장에서 돈 버는 게 별것 아니라는 착각에 사로잡히고 말았다. 이 같은 망상에서 벗어나는 데 2년 정도 걸렸다.

주식을 업으로 한 건 아니었고, 따로 직장이 있었다. 큰 대학병원에서 정신과 전문의 레지던트 과정을 마치고, 뉴욕정신분석연구원에서 근무하다가 미국 최다 부수의 정신의학 전문지 〈사이키애트릭 타임스 Psychiatric Times〉에서 도서 편집자로 일했다. 지금도 의사 면허증을 가지고 있지만, 진료는 많아야 한 달에 한두 시간 정도 볼 뿐이다. 트레이딩 때문에 바쁜 데다 여행을 좋아하고 가르치는 일도 좀 하고 있어 좀처럼 짬이 나지 않는다.

트레이딩을 제대로 익힐 때까지 우여곡절이 많았다. 좋을 땐 하늘 높은 줄 모르고 붕 떴다가 나쁠 땐 하염없이 추락했다. 한 발짝 한 발짝 투자를 익혀 나가는 과정에서 자책감에 수없이 벽에 머리를 찧고 트레이딩 일지를 내던지기 일쑤였다. 그럴 때면 병원으로 돌아가서 정신을 차리고 읽고 생각하고 테스트한 다음 다시 트레이딩을 했다.

시나브로 실력이 늘었지만 결정적인 돌파구는 따로 있었다. 바로 승리의 열쇠는 컴퓨터가 아니라 내 머릿속에 있다는 깨달음이었다. 정신과 의사로서 쌓은 소양 덕분에 트레이딩을 통찰할 수 있는 눈을 갖게 된 것이다. 이것을 독자들과 함께 나누고자 이 책을 펴냈다.

간절히 성공을 원하는가?

오랫동안 사귄 친구가 있다. 그의 부인은 기품이 있지만 좀 뚱뚱한 편이라 계속 다이어트를 해왔다. 늘 살을 빼고 싶다고 입버릇처럼 말했고, 모임 같은 데서 케이크나 감자에는 입도 대지 않았다. 그런데 그의 집에 놀러 가면 늘 부엌에서 커다란 포크로 케이크를 먹는 부인의 모습이 보였다. 날씬해지고 싶다고 말했지만, 부인이 여전히 뚱뚱했던 데는 다 이유가 있었던 것이다.

음식을 먹으면서 지금 당장 느낄 수 있는 쾌락의 유혹이 나중에 체중이 줄었을 때 오는 즐거움과 건강에 대한 욕구보다 더 강했던 것이다. 성공하고 싶다고 말하지만 순간적인 짜릿함을 맛보기 위해 시장에서 도박을 하는 충동적인 투자자 역시 마찬가지 경우다. 사람들은 자신을 속이고 자신을 상대로 게임을 한다. 남을 속이는 것도 나쁘지만 자기 자신을 속이는 건 아예 가망이 없는 일이다. 다이어트에 좋다는 책이 서점에 널려 있건만 과체중으로 고생하는 사람이 얼마나 많은가.

이 책을 통해 시장을 분석하는 법, 트레이딩하는 법, 위험을 통제하고 마음을 다스리는 법을 여러분에게 전수하고자 한다. 내가 여러분에게 전달하는 것은 지식일 뿐이다. 성공을 갈구하는 열망을 만들어내는 것은 독자의 몫이다.

그리고 이 점을 명심하기 바란다. 위험한 스포츠를 즐기려면 안전 규칙을 준수해야 한다. 위험을 줄여야 성취감도 느끼고 게임을 통제할 수 있다. 트레이딩 역시 마찬가지다.

트레이딩을 진지한 지적 작업으로 취급해야 성공할 수 있다. 감정적인 트레이딩은 치명타다. 성공을 보장받는 길은 자금을 방어적으로 관리하는 것이다. 마치 전문 스쿠버 다이버가 늘 산소 공급기를 주시하듯 훌륭한 트레이더는 자본을 신중하게 살펴야 한다.

02

문제는 심리다

최근 주문을 냈을 때 기분이 어땠는지 떠올려보라. 어서 빨리 뛰어들고 싶어 조바심이 났는가, 아니면 돈을 잃으면 어떡하나 겁이 났는가? 주문해야 하는데 질질 끌었는가? 매매를 끝내고 나니 뿌듯했는가, 아니면 창피했는가? 수많은 트레이더들의 심리가 모여 거대한 파도를 일으키며 시장을 움직인다.

롤러코스터에서 뛰어내려라

수많은 투자자가 절호의 기회를 찾느라 많은 시간을 투자한다. 그런데 일단 매매에 들어가면 통제하지 못하고 고통에 몸부림치거나 좋아서

입이 귀에 걸린다. 그런데 이렇게 롤러코스터처럼 기분이 오르락내리락하는 사이, 승리의 필수 요소인 감정을 다스리는 일에 실패하고 만다. 스스로 통제하지 못하면 위험 관리가 제대로 안 되고 손실로 이어지기 십상이다.

자신의 마음을 시장에 맞춰 나가지 못하거나 집단의 심리적 변화를 무시하면 결코 트레이딩으로 돈을 벌 수 없다. 성공하는 프로는 심리가 얼마나 중요한 요소인지 꿰뚫고 있지만, 돈을 잃는 대다수의 아마추어들은 이 사실을 무시한다.

내가 정신과 전문의라는 것을 아는 친구와 제자들은 전문의 경력이 트레이딩에 도움이 되는지 묻곤 한다. 훌륭한 정신의학과 훌륭한 트레이딩에는 공통되는 한 가지 중요한 원칙이 있다. 현실에 초점을 맞추고 세상을 있는 그대로 본다는 것이다. 건강하게 살려면 눈을 똑바로 뜨고 살아야 한다. 훌륭한 투자자가 되려면 눈을 크게 뜨고 현실의 추세와 흐름의 변화를 인지해야 하며, 쓸데없는 자책이나 허황된 꿈, 후회, 희망 사항에 시간과 에너지를 낭비하지 말아야 한다.

남자들의 게임?

거래소 기록을 보면 트레이더들은 대부분 남성이다. 내가 운영하는 회사인 엘더닷컴Elder.com의 자료를 보더라도 트레이더의 85~90퍼센트 정도가 남성이다. 하지만 여성 트레이더도 꾸준히 증가하고 있다. 내 고객만 봐도 여성 트레이더의 비율이 20년 전《심리투자 법칙》초판을 발간했을 때보다 두 배로 증가했다.

영어라는 언어는 '그 혹은 그녀 he or she'라고 하거나 '그 he', '그녀 she'를 번갈아 쓰는 것보다는 그냥 '그 he'라고 하는 편이 글의 흐름을 잡기 쉽다. 이 책에서는 독자들이 읽기 수월하도록 남성 대명사로 통일해 쓰기로 하겠다. 많은 여성 트레이더들을 무시할 생각은 전혀 없다는 것을 미리 밝혀둔다.

사실 트레이딩 성공률은 여성이 더 높다. 전반적으로 여성이 남성보다 자제력이 뛰어나고 겸허하기 때문이다.

이 책의 구성

성공적인 트레이딩을 위해선 세 가지 버팀목이 필요하다. 심리, 시장분석, 그리고 위험 관리다. 이 세 가지를 한 묶음처럼 잘 기록해두어야 한다. 이 책에서는 이 세 가지 필수 영역을 배우는 데 도움을 주고자 한다.

1부에서는 트레이더로서 감정을 제어하는 방법을 소개할 것이다. 정신과 의사로서 일하면서 발견한 방법이다. 내 경우, 이 방법으로 트레이딩 실적이 크게 향상됐다. 여러분에게도 도움이 되리라 생각한다.

2부에서는 시장의 군중심리를 집중 분석할 것이다. 집단행동은 개인행동보다 더 원초적인 모습을 보인다. 집단행동의 양상을 이해하면 떠올랐다가 가라앉았다 하며 부침을 반복하는 군중심리를 이용해 수익을 올리고 군중심리에 휩쓸리지 않을 수 있다.

3부에서는 차트 패턴으로 집단행동을 살피는 법을 설명할 것이다. 전통적인 기술적 분석은 여론조사 같은 사회심리학을 응용한다. 지지, 저항, 돌파를 비롯한 각종 차트 패턴에는 집단행동이 반영돼 있다고 볼 수 있다.

4부에서는 컴퓨터를 활용한 모델로 기술적 분석 방식을 설명할 것이다. 지표를 활용하면 전통적인 차트 패턴보다 더 제대로 군중심리를 꿰뚫어볼 수 있다. 추세추종지표는 시장의 추세를 확인해주고, 오실레이터는 추세 반전 시점을 알려준다.

거래량과 미결제약정open interest● 역시 집단행동을 반영하는 중요한 지표다. 5부는 거래량과 미결제약정, 그리고 시장에서의 시간 흐름을 함께 다룰 것이다. 대중이 집중하는 시간은 짧기 때문에 주가 변화를 시간과 연계시키면 경쟁에서 우위에 설 수 있다.

6부에서는 주식시장 전반을 분석하는 최고의 기법들을 다룬다. 이 기법들은 특히 주가지수선물과 옵션 트레이더에게 유용하다.

7부에서는 몇 가지 트레이딩 시스템을 소개한다. 널리 수용되고 있는 삼중스크린Triple Screen에서 시작해 임펄스 및 채널Channel 트레이딩 시스템을 살펴보겠다.

8부에서는 몇 가지 트레이딩 수단에 관해 논의한다. 주가, 선물, 옵션, 외환의 등락을 설명하고 트레이더의 판단력을 흐리게 하는 감언이설의 실체를 밝히겠다.

9부에서는 자금 관리에 관한 중요한 주제들로 안내한다. 트레이딩

● 종결되지 않고 미청산 상태로 남아 있는 계약 총계 - 옮긴이

에 성공하려면 꼭 필요한 것이 자금 관리인데, 대다수의 아마추어가 이를 소홀히 하는 경향이 있다. 아무리 탁월한 시스템을 보유하고 있어도 리스크 관리가 부실하면 야금야금 손실을 보다가 깡통 계좌만 남게 된다. 철의 삼각형을 비롯한 수단들로 무장해 리스크를 통제하면 더 안전하고 더 효율적으로 트레이딩할 수 있다.

10부에서는 손실제한 설정, 수익 목표, 스캐닝 등 트레이딩의 핵심을 파헤친다. 이런 실용적이고 세부적인 사항은 선호하는 시스템을 운영하는 데 도움이 될 것이다.

11부에서는 기록을 잘 유지하도록 도와주는 원칙과 모범 사례들을 살펴보겠다. 기록이 얼마나 잘 이뤄지는가는 트레이딩에서 성공할지 여부를 가늠하게 해주는 최선의 가늠자다. 내가 즐겨 사용하는 견본을 무료로 다운로드할 수 있으니 참고해보기 바란다.

마지막으로 별책부록 스터디 가이드가 있다. 이 책의 각 장에 상응하는 100여 개의 문제를 게재해놓았다. 모두 여러분이 이 책의 내용을 어느 정도 이해했는지, 맹점은 무엇인지 알 수 있도록 고안된 문제들이다. 이 책의 각 장을 읽고 나면 스터디 가이드에서 해당 장의 문제를 찾아 답을 적어보자. 테스트 결과가 '우수'가 아니라면 서두르지 말고 해당 장을 다시 읽고 다시 테스트해보자.

이 책을 읽으려면 시간이 꽤 걸릴 것이다. 읽는 도중 중요하다 싶은 개념을 발견하면 자신의 시장 데이터와 트레이딩으로 직접 시험해보기 바란다. 직접 시험해보지 않으면 결코 알 수 없다. 스스로 질문하고 검증해야만 이 책의 지식을 여러분의 것으로 만들 수 있다.

03

미리 알아두어야 할
몇 가지 걸림돌

왜 트레이더들은 대부분 빈털터리가 된 채 시장에서 퇴출되는 걸까? 감정적이고 분별없는 매매가 한몫하는 게 분명하지만, 이유가 하나 더 있다. 시장의 구조가 원래 트레이더들이 돈을 잃을 수밖에 없도록 돼 있기 때문이다. 금융투자업계는 수수료와 체결오차로 투자자의 숨통을 서서히 끊어놓는다.

모든 트레이더는 시장에 진입할 때와 나갈 때 수수료를 지불해야 한다. 중개인에 따라, 그리고 트레이딩 빈도에 따라 차이는 있을지언정 어쨌거나 반드시 지불해야 하는 비용이다. 체결오차는 성격이 좀 다르다. 체결오차란 주문을 낼 때의 가격과 주문이 체결될 때의 가격 차이를 말한다. 시장에 당장 진입하거나 청산하고 싶은 마음에 시장가로 주문을 내면 주문하는 순간보다 불리한 가격에 체결되는 경우가 많다. 이를 방지해 불필요한 비용을 지불하지 않으려면 지정가 주문을 내면 된다. 주문이 즉시 체결되지 않을 수 있기 때문에 반드시 진입 또는 청산해야 할 시점이라면 문제가 될 수도 있지만, 대부분의 경우 시장가보다는 지정가로 주문을 내는 습관을 들이는 것이 트레이더에게 유리하다.

아마추어들은 대개 수수료와 체결오차의 영향을 제대로 인식하지 못한다. 중세시대에 농부들이 눈에 보이지도 않는 병균 때문에 죽을 수도 있다는 게 말도 안 된다고 생각했던 것처럼 말이다. 체결오차를 무시하거나 비싼 수수료를 요구하는 중개인과 거래하는 것은 콜레라가 창궐하는데 공동 우물에서 물을 길어 마시는 농부나 진배없는 태도다.

금융투자업계는 시장에서 어마어마한 돈을 빨아들인다. 수많은 트레이더가 줄줄이 시장에서 밀려나는데도 거래소, 금융 규제 당국, 중개인과 애널리스트들은 시장을 뜯어먹고 산다. 고대에 피라미드를 건설하면서 죽어 나가는 노예를 대체하기 위해 계속 새로운 노예가 필요했던 것처럼, 시장에도 계속 패자들이 새로 들어와야 한다. 패자들이 시장에 자금을 공급해야 금융투자업계가 먹고살 수 있을 테니까.

트레이딩은 마이너스섬 게임이다

제로섬 게임에서 승자는 패자가 잃는 만큼 취한다. 다우지수가 100포인트 상승할지 아니면 하락할지를 두고 두 사람이 20달러를 걸고 내기를 한다고 가정해보자. 이 경우, 한 사람은 20달러를 벌고 한 사람은 20달러를 잃을 것이다. 한 번 내기하는 것이라면 운이 좌우할 수도 있지만, 내기가 계속된다면 시간이 지날수록 똑똑한 쪽이 지는 횟수보다

이기는 횟수가 많아질 것이다.

　사람들은 트레이딩이 제로섬 게임이라는 선전에 속아서 계좌를 개설한다. 트레이딩이 마이너스섬 게임이라는 사실을 알지 못한 채 말이다. 금융시장에서 승자가 딴 돈은 패자가 잃은 돈보다 항상 적다. 업계에서 빼내가는 돈이 있기 때문이다.

　예를 들어, 카지노의 룰렛 게임은 마이너스섬 게임이다. 카지노가 총 베팅 금액의 3~6퍼센트를 가져가기 때문이다. 따라서 룰렛은 결코 돈을 딸 수 없는 게임이다. 향후 다우지수가 100포인트 상승할지 하락할지를 두고 두 사람이 똑같이 20달러를 거는데, 이번에는 중개인을 끼고 내기를 한다고 해보자. 중개인은 누가 이기든 상관없이 기분 좋게 돈을 챙기지만 지는 쪽은 23달러를 잃고, 이기는 쪽은 17달러밖에 벌지 못한다.

　트레이더에게 수수료와 체결오차는 인간이라면 피할 수 없는 세금 또는 죽음과 같은 것이다. 이것들은 인생의 즐거움을 앗아가다가 결국에는 인생을 끝장내버린다. 트레이더가 한 푼이라도 벌려면 우선 중개인을 먹여살리고 거래 시스템을 유지하기 위한 돈을 지불해야 한다. 따라서 그저 '평균 이상'인 것으로는 부족하다. 마이너스섬 게임에서 이기려면 군중의 머리 위에서 놀아야 한다.

수수료 때문에 파산할 수도 있다

지난 20년 사이 수수료는 많이 낮아졌다. 20년 전에는 한 번 진입 또는 청산하는데 0.5~1퍼센트 정도 수수료를 물리는 중개인들이 있었다. GE 주식 1,000주를 주당 20달러, 총 2만 달러어치 매입한다면 진입할 때 100~200달러를 내고 청산할 때 또 100~200달러를 내야 했다. 트레이더로선 다행스럽게도 지금은 수수료가 많이 내렸다.

하지만 바가지 수수료가 완전히 사라진 건 아니다. 이 책을 준비하는 동안 그리스에 있는 고객에게 이메일을 한 통 받았다. 이 고객은 소액 계좌를 운용하고 있는데 유럽 대형 은행 소속 중개인이 매매할 때마다 최소 40달러를 부과한다고 했다. 내 중개인은 100주에 최소 1달러만 부과한다고 이야기해줬다.

적절하게 관리하지 않으면 언뜻 보기에 소소한 숫자 같더라도 성공으로 가는 길에 큰 장벽이 될 수 있다. 2만 달러 계좌를 운용하면서 진입과 청산을 하루 한 차례, 일주일에 네 차례 한다고 가정해보자. 진입 또는 청산 시 10달러를 낸다면 일주일 뒤 진입에 40달러, 청산에 40달러, 총 80달러의 수수료를 내야 한다. 1년에 50주를 이렇게 트레이딩한다면 연말쯤 수수료로 4,000달러를 써야 한다(이런 상태로 1년씩이나 버티면 다행이다). 계좌의 20퍼센트가 날아가는 것이다!

최고의 펀드매니저 조지 소로스는 연평균 29퍼센트의 수익을 올린다. 만약 1년에 수수료로 20퍼센트를 지불했다면 지금의 자리는 어림도 없었을 터! '소소한 수수료'도 쌓이면 성공을 가로막는 커다란 걸림돌이 될 수 있다! 나는 중개인들이 시장이라는 투기판에서 쫓겨나지 않으려고 머리를 쥐어짜는 고객을 비웃으면서 키득거리는 것을 본 적이 있다.

수수료를 적게 낼 방법을 찾아다녀라. 수수료율을 낮추려고 협상하는 것을 부끄러워하지 마라. 수수료가 낮아야 시장에 오래 남아 고객

노릇을 할 수 있으니 그 편이 중개인에게도 이익이라고 설득하라. 고객이 없다고 투덜대는 중개인은 있어도 중개인이 없다고 투덜대는 고객은 없다. 그리고 또 하나, 매매 횟수를 줄여주는 트레이딩 시스템을 고안하라.

내 경우를 말하자면 계좌 하나는 중개인이 매매 규모와 상관없이 수수료 7.99달러를 부과하고, 다른 계좌 하나는 중개인이 주당 1페니, 최소 1달러를 부과한다. 비싼 주식을 800주 미만으로 매수할 때면 주당 1페니를 부과하는 중개인에게 의뢰하고, 그 외에는 거래당 7.99달러를 부과하는 중개인에게 의뢰한다. 초보 트레이더라면 첫 걸음으로 주당 1페니를 부과하는 중개인을 찾아야 한다. 그러면 1달러에 100주를 거래할 수 있다. 선물 트레이더라면 진입과 청산 시 2달러만 내면 된다.

진입, 청산 시 발생하는 체결오차 문제

체결오차란 주문한 시점에 스크린에서 본 가격과 다른 가격으로 주문이 체결되는 것을 뜻한다. 가게에서 사과를 사는데 가격표는 49센트였지만 실제로는 50센트를 지불하는 것과 같다. 1페니가 별거 아니라고 생각할 수도 있지만 사과를 1,000개 산다면, 아니 체결오차가 1페니인 주식을 1,000주 매수한다면 한 번의 주문에 10달러의 체결오차가 생기는 것이다. 때로는 수수료보다 큰 금액일 수도 있다.

주문에는 크게 시장가 주문$^{market\ order}$ $^{●}$과 지정가 주문$^{limit\ order}$ $^{●●}$이 있다. 어떤 형태로 주문하느냐에 따라 체결오차가 결정된다.

지정가 주문은 말 그대로 "저 사과를 49센트에 주세요"라고 하는 것이다. 가격은 보장되지만 거래가 성사될지는 알 수 없다. 49센트보다 더 돈을 내지는 않겠지만 원하는 사과를 손에 넣지 못할 수도 있다.

시장가 주문은 "저 사과를 주세요"라고 하는 것이다. 거래는 성사되겠지만 가격이 어떻게 될지 알 수 없다. 사과값이 오른다면 매수 버튼을 눌렀을 때 스크린에서 본 가격보다 더 높은 가격을 지불해야 할 수도 있다. 즉, 체결오차가 생길 수도 있다.

시장의 변동성이 커지면 시장가 주문의 체결오차도 커진다. 시장이 급박하게 움직이면 체결오차 역시 치솟는다. 체결오차가 어느 정도일지 감이 잡히는가?

알 수 있는 방법이 딱 한 가지 있다. 시장가 주문을 낼 때 가격을 적어두고 체결 시 가격과 비교한 다음 그 차액에 주식 또는 계약 수를 곱하면 된다. 스프레드 시트를 만들어서 이 숫자를 잘 기록해둬라. 'www.elder.com'에서는 트레이더들을 위해 관련 스프레드시트를 제공하고 있다.

이 책을 읽다 보면 이런저런 사항을 '기록하라'는 문구를 자주 보게 될 것이다. 성공하려면 꾸준히 기록하는 것이 필수라는 사실을 명심해야 한다. 돈을 벌 때도 잘 지켜보아야 하고, 돈을 잃었을 때는 더 유심히 지켜보아야 한다. 패배에서 더 큰 교훈을 얻을 수 있기 때문이다.

● 시세대로 체결할 것을 요청하는 주문 - 옮긴이

●● 특정한 가격 또는 그보다 유리한 가격으로 체결할 것을 요청하는 주문 - 옮긴이

기록하다 보면 충격적인 사실을 확인할 수 있다. 바로 평범한 트레이더는 수수료보다 세 배나 많은 체결오차를 부담한다는 사실이다. 앞서 수수료가 성공에 방해가 된다는 것을 이야기했다. 체결오차는 수수료보다 세 배나 더 큰 장벽인 셈이다. 아무리 사고 싶어도 '시세에' 사는 일은 피해야 한다.

트레이더라면 누구나 주도권을 쥐고 자신이 생각한 적당한 값에 매매하고 싶을 것이다. 수천 가지 주식이 있고 수십 가지 선물 계약이 있다. 지정가 주문으로 매매 기회를 놓치더라도 수많은 기회가 존재한다. 괜히 돈을 더 쓰지 마라! 나는 거의 언제나 지정가 주문을 이용하고 손실제한을 설정할 때만 시장가 주문을 이용한다. 손실제한 가격에 도달하면 시장가 주문을 낸다. 주가의 기세가 꺾이면 돈을 아낄 때가 아니다. 들어갈 때는 신중해야 하지만, 나올 때는 재빨라야 한다.

체결오차를 줄이려면 유동성이 풍부하고 거래량이 많은 시장에서 거래하라. 거래량이 적은 시장은 체결오차가 큰 경향이 있으므로 거래량이 적은 시장은 피해야 한다. 시장이 고요할 때 진입하고 지정가 주문을 이용해 특정 가격에 매수 혹은 매도하라. 주문을 낸 시점의 주가를 기록하라. 필요하다면 더 좋은 가격에 체결되도록 중개인에게 장내 트레이더*에게 맞서 싸울 것을 요구하라.**

●●● 자기 계정으로 매매하는 트레이더들. 매수호가와 매도호가의 차이 등을 이용한 단기차익 거래에 치중한다 – 옮긴이

매수-매도 스프레드

장이 열리면 무엇을 거래하든 항상 두 가지 가격이 존재한다. 바로 매수호가[bid]와 매도호가[ask]다. 매수호가는 주식에 지불하고자 하는 가격이고, 매도호가는 매도자가 팔 때 요구하는 가격이다. 언제나 매수호가가 더 낮고 매도호가가 더 높으며, 스프레드는 계속 변한다.

매수-매도 스프레드는 시장마다 다르고, 같은 시장이라도 시간마다 다르다. 거래량이 적은 시장은 매수-매도 스프레드가 더 넓은데, 프로들이 시장을 장악하고 파티에 참여하려는 사람들에게 비싼 값을 내라고 요구하기 때문이다. 활발하게 거래되는 주식, 선물, 옵션의 경우 변동성이 적은 날에는 매수-매도 스프레드가 1틱[tick]* 정도로 아주 좁다. 가격이 급속히 오르거나 내리면 스프레드가 커지는데, 급락하거나 급등한 후에는 수십 틱에 이르기도 한다.

시장가 주문은 매도호가(높은 가격)에 매수하고 매수호가(낮은 가격)에 매도한다. 즉, 불리한 쪽으로 거래가 체결된다. 전문 트레이더가 시장가 주문을 성사시키고 떵떵거리며 사는 것도 놀랄 일이 아니다. 이리 떼에게 먹이를 주지 마라. 가능하면 지정가 주문을 하라!

● 최소 가격 변동폭 - 옮긴이

성공을 가로막는 장애물

트레이딩은 피라냐가 우글거리는 강에서 헤엄치는 것이나 마찬가지 행위다. 바로 체결오차와 수수료 때문이다. 트레이더의 돈을 갉아먹는 다른 비용들도 있다. 컴퓨터 비용, 데이터 비용, 자문료, 책값(이 책도 마찬가지다) 등, 이런 모든 비용이 트레이딩 자금에서 나온다.

수수료가 가장 싼 중개인을 찾고, 늘 매의 눈으로 감시하라. 비교적 매매 신호가 적게 발효되고 시장이 고요할 때 진입하도록 트레이딩 시스템을 설계하라. 손실제한을 설정할 때 외에는 거의 항상 지정가 주문만 이용하라. 트레이딩 소프트웨어에 돈을 쓸 때는 신중해야 한다. 성공은 돈으로 살 수 없다. 성공은 노력해야 얻을 수 있다.

NEW
TRADING
FOR A LIVING

제 1 부

———————

개인 심리

주식시장에서
살 아 남 는
심   리
투 자 법 칙

04

왜
트레이딩하는가?

얼핏 보기에 트레이딩은 쉽게 느껴지기도 한다. 초보는 조심스레 시장에 발을 디디지만, 몇 번 수익을 내면 자신이 엄청 똑똑하고 전문가가 된 듯한 기분에 도취된다. 이때부터 분에 넘치는 모험을 감행하다가 결국 엄청난 손실을 보고 만다.

트레이딩이 단기간에 큰돈을 벌 수 있는 기회라는 것은 맞는 말이다. 그래서 사람들은 여러 가지 이유로 트레이딩에 뛰어든다. 그럴듯한 이유도 있고, 얼토당토않는 이유도 있다. 많은 이가 돈이 있으면 자유를 얻을 수 있다고 생각한다. 막상 자유를 얻으면 뭘 할지 딱히 정한 게 없으면서도 말이다.

트레이딩하는 방법을 알면 시간을 마음대로 쓸 수 있고, 어디든 원하는 곳에서 살고 일할 수 있으며, 상사의 지시 따위는 받지 않아도 된다. 트레이딩은 체스, 포커, 비디오 게임을 하나로 합쳐놓은 것 같은 환상적인 게임이다. 모험을 좋아하는 사람이라면 누구나 트레이딩에 끌릴 수밖에 없다.

위험을 감수하는 사람은 트레이딩에 끌리고, 위험을 피하는 사람은 트레이딩에 뛰어들지 않는다. 사람들은 보통 아침 일찍 일어나 출근하고 점심을 먹고 퇴근해서 집에 돌아와 저녁을 먹고 맥주 한 잔 마시며 TV를 보다가 잠이 든다. 그러다 여윳돈이 생기면 은행에 저축한다. 트레이더는 내키는 대로 일어나고 자며 자금을 위험자산에 투자한다. 트레이더는 일상의 확실성을 포기하고 불확실성에 뛰어드는 고독한 인간이다.

트레이더에게는 제각기 다른 목표가 있다

사람은 누구나 최선의 성과를 내고 자신의 능력을 최대한 개발하고 싶다는 욕구를 가지고 있다. 게임이 주는 짜릿한 쾌락과 돈의 유혹 외에도 이러한 욕구 때문에 트레이더는 시장에 도전한다.

훌륭한 트레이더는 지칠 줄 모르고 일하는 빈틈없는 사람으로, 새로운 발상을 기꺼이 받아들인다. 이들의 목표는 돈을 버는 게 아니라 트레이딩을 잘하는 것이다. 트레이딩을 제대로 하면 돈은 저절로 따라온다. 성공한 트레이더는 자신의 기량을 연마하는 것을 게을리하지 않으면서 최고의 실적을 올리기 위해 끊임없이 노력한다.

텍사스 출신 전문 트레이더의 사무실에 초대받아 갔을 때 이런 이야기를 들었다. "건너편에 앉아서 내가 트레이딩하는 모습을 지켜보세요. 내 얼굴을 아무리 살펴도 내가 그날 2,000달러를 잃었는지 벌었는지 감을 잡을 수 없을 겁니다." 돈을 벌었다고 희희낙락하고 잃었다고 풀이 죽는 수준을 넘어선 것이다. 그의 관심사는 오로지 트레이딩을 제대로 해서 자신의 기량을 향상시키는 것이었다.

자아실현의 길에는 걸림돌이 있다. 바로 많은 사람이 자기 파괴적 성향을 갖고 있다는 사실이다. 사고를 잘 내는 운전자가 계속 차를 망가뜨리듯이 사고를 잘 내는 성향을 지닌 트레이더는 자신의 계좌를 엉망으로 만든다. 시장은 자아실현의 기회를 풍성하게 제공하지만 자멸의 기회도 많이 제공한다. 내면의 갈등을 시장에서 분출한다면 혹독한 대가를 치르게 될 것이다.

자기 자신에게 만족하지 못하는 트레이더는 서로 모순된 소망을 시장에서 실현하고자 한다. 어디로 가는지도 모르고 길을 간다면 결코 가고 싶지 않았던 곳에 이를 수밖에 없다.

05

현실과 환상

농사를 지어본 적 없는 친구가 300평 정도의 땅에 작물을 길러서 먹고살겠다고 한다면 굶어죽기 십상이라는 생각이 들 것이다. 전원에 대한 환상과 농사로 먹고사는 것에는 큰 차이가 있기 때문이다. 그런데 사람들이 이런 환상의 나래를 펼치는 곳이 또 있으니, 바로 트레이딩의 세계다.

직원으로 일하던 사람이 6,000달러를 트레이딩으로 굴려서 생활하겠다고 했다. 얼마나 부질없는 짓인지 설명했지만 들은 척도 하지 않았다. 그는 똑똑한 애널리스트이지만 '집약 농업'이 자살 행위나 마찬가지라는 사실을 받아들이지 않았다. 그런 자세라면 성공하려고 발버둥 치면서 포지션을 크게 취할 것이고, 그 결과 시장이 조금만 움직여도 순식간에 퇴출되고 말 것이다.

성공한 트레이더는 현실주의자다. 자신의 능력과 한계를 잘 알고, 시

장에서 어떤 일이 벌어지는지 똑똑히 보고 어떻게 대처할지 안다. 지름
길로 서둘러 가지 않고 시장을 분석하며 자기 자신을 면밀히 살피고 현
실적인 계획을 짠다. 프로는 신기루 따위는 거들떠보지 않는다.

　잘난 척하던 아마추어는 추가 증거금 납부 요구 margin call*를 몇 번 받
으면 두려움에 휩싸여 시장에 기이한 환상을 품게 된다. 그 결과, 비현
실적인 기대로 사고팔기를 반복하거나 적절한 매매 기회를 회피한다.
귀신이 나올까 봐 공동묘지를 지나가지 못하거나 밤에 침대 밑을 못
본 체하는 어린아이처럼 행동하는 것이다. 시장의 환경은 일정한 법칙
이나 체계 없이 움직이므로 이런 환상은 더욱 커지게 마련이다.

　서구 문명권에서 자란 사람은 대개 몇 가지 비슷한 환상을 품고 있
다. 뉴욕정신분석연구원에서 공부할 때 '보편적 환상'이라는 강좌가
개설돼 있는 것을 보고 이런 환상이 얼마나 널리 퍼져 있는지 실감할
수 있었다. 이를테면 어린 시절에는 많은 사람이 자신이 입양됐다는
환상을 품는다. 세상이 쌀쌀맞고 매정하다고 느낄 때면 아이는 자신이
입양아라서 그렇다고 생각한다. 이렇게 공상의 나래를 펼치면 위로가
될지는 모르지만 보고 싶지 않은 현실, 즉 부모가 그다지 훌륭한 사람
이 아니라는 현실을 인식하지 못하게 된다. 그리고 이런 공상은 부지
불식간에 우리 행동에 영향을 미친다.

　트레이더들과 얘기를 나눠보면 몇 가지 공통된 환상을 품고 있음을
알게 된다. 환상은 현실을 왜곡하고 트레이딩의 성공을 가로막는다.
트레이딩에 성공하려면 먼저 자신이 어떤 환상을 품고 있는지 스스로

● 증권사가 손실액이 일정 수준을 초과한 고객에게 증거금을 충당하도록 요구하는 것
　－옮긴이

체크해보자. 그리고 나서 가능한 한 빨리 깨어나도록 노력해야 한다.

비법을 몰라서 실패했다?

'머리가 좋아야 성공한다'는 통념에 사로잡힌 패자는 이렇게 말한다. "내가 돈을 잃은 건 트레이딩 비법을 몰랐기 때문이야!" 많은 이가 성공한 트레이더에게는 무언가 비법이 있을 것이라고 착각한다. 이런 착각을 하는 투자자들 덕분에 투자자문 서비스 시장이 돈이 되고, 트레이딩 시스템을 파는 사람도 먹고사는 것이다.

이런 착각에 빠진 트레이더는 신용카드를 꺼내 들고 '트레이딩 비법'을 쇼핑하러 나선다. '절대 놓치면 안 되는' 검증되고 전산화된 트레이딩 시스템이 있다는 허풍선이에게 3,000달러를 선뜻 지불하기도 한다. 그러나 이 시스템이 성과를 내지 못하면 한도가 다 찬 신용카드를 또 꺼내 들고 달, 토성, 천왕성을 살펴서 돈을 잃지 않고 버는 법을 알려주는 '과학적' 지침서를 사러 간다.

뉴욕에 있는 투자클럽에서 종종 유명한 금융 점성가와 마주쳤다. 이 점성가는 모임과 식사에 필요한 소액의 회비를 낼 형편이 안 된다며 이따금 무료로 입장시켜달라고 졸랐다. 아마추어들에게 돈을 받고 점성술로 트레이딩을 예측해주는 것이 아직도 이 사람의 주수입원이다.

패자는 트레이딩이 머리를 쓴다는 점에선 꽤 단순한 게임이라는 사실을 모른다. 트레이딩은 맹장을 떼어내거나 다리를 놓거나 법정에서 변론하는 것과는 비교도 안 되게 쉬운 일이다. 성공한 투자자들 중 영민한 사람이 꽤 있지만 이들이 모두 지식인은 아니다. 대학 문턱을 밟아보지 못한 사람도 많고, 고등학교를 중퇴한 사람도 있다.

자기 분야에서 성공한 사람들, 머리 좋고 열심히 일하는 인재들 역시 종종 트레이딩에 매력을 느낀다. 그런데 머리도 좋고 부지런한 사람들이 트레이딩에 실패하는 이유는 뭘까? 승자와 패자를 가르는 건 지능도, 비법도 아니다. 교육 수준은 더더군다나 아니다.

자본금이 적어서 실패했다?

주식 투자에 실패한 많은 사람이 자본금이 적어서 실패했다고 생각한다. 실패를 거듭하거나 단 한 번의 엄청난 실수로 계좌가 파탄 지경에 이른다. 추가 증거금 납부 요구를 감당하지 못한 패자가 맨손으로 퇴출되고 나면 시장은 방향을 바꿔 그가 기대했던 방향으로 움직인다. 패자는 속이 부글부글 끓는다. 일주일만 더 버텼으면 돈을 잃기는커녕 한몫 잡을 수 있었을 텐데!

패자는 뒤늦게나마 시장이 반전한 걸 보며 자신의 방식이 옳았다고 생각한다. 그러고는 열심히 일해 투자금을 마련하거나 돈을 빌려 다시 소액 계좌를 개설한다. 그런데 다음에도 똑같은 일이 벌어진다. 패자가 돈을 몽땅 잃고 나면 그제야 시장이 반전해 패자가 옳았다는 걸 '증명'한다. 단지 너무 늦었을 뿐이다. 패자는 또 다시 빈털터리가 된다. 급기야 패자는 이런 환상을 품게 된다. "계좌에 돈이 조금만 더 있었으면 시장에서 더 오래 버텼을 테고, 돈을 벌 수 있었을 텐데……."

패자들 중 일부는 과거의 실적을 보여주며 친구와 친척들에게서 돈을 끌어모은다. 과거의 실적을 보면 자본금만 넉넉했으면 크게 한몫 잡을 수 있었다는 말이 맞는 것도 같다. 그러나 자본금을 더 많이 마련해봤자 또 다시 돈을 몽땅 잃을 뿐이다. 마치 시장이 그들을 비웃기라도 하는 것처럼!

패자는 자본금이 적어서 돈을 날린 게 아니라 현명하지 못해서 돈을 날린 것이다. 이들은 자본금이 적어서 돈을 날렸다고 말하지만, 자본금이 많았어도 역시 순식간에 날렸을 것이다. 내 지인 한 사람이 한번은 하루에 2억 달러가 넘는 돈을 날렸다. 중개인이 돈을 다 날리자 마자 시장이 방향을 틀었다. 그는 중개인을 고소하고는 내게 말했다. "계좌에 자본금이 더 있었더라면……." 2억 달러도 부족했던 모양이다.

패자의 진짜 문제는 자본금 규모가 아니라 자금 여력을 초과해 무리수를 두고 자금 관리를 대충 되는 대로 하는 것이다. 패자는 계좌에 얼마가 있든 아랑곳하지 않고 기꺼이 큰 위험을 감수한다. 트레이딩 시스템이 아무리 훌륭해도 잘못된 매매를 계속하다 보면 빈털터리로 쫓겨나기 마련이다.

아마추어는 돈을 잃을 수도 있다는 걸 부인할 뿐 아니라, 이를 감수할 각오도 돼 있지 않다. 자본금 운운하는 것은 괴로운 진실을 회피하려는 핑계일 뿐이다. 자본금이 적은 게 문제가 아니라 트레이딩 훈련이 부족한 것, 그리고 현실적인 자금 관리 계획이 없는 게 문제다.

시장에서 살아남아 돈을 벌려면 손실 관리를 철저히 해야 한다. 비결은 한 번의 거래 규모를 자본금의 극히 일부로 제한하는 것이다(9부 '위험 관리'를 참고하라). 자본을 소규모로 운용해서 실수하더라도 가능한 한 적게 잃으면서 교훈을 얻을 수 있어야 한다.

물론 자본금이 많으면 장점이 있다. 그중 한 가지는 비율로 따질 때 각종 장비 및 서비스를 이용하는데 드는 돈이 전체 자본금의 몇 퍼센트밖에 되지 않는다는 것이다. 자본금 100만 달러를 굴리는 사람이 강좌를 수강하는데 5,000달러를 쓴다고 가정하면 이 사람은 전체 자본금의 고작 0.5퍼센트를 운영비로 쓴 셈이다. 그러나 자본금이 2만 달러라면 25퍼센트가 날아간다. 치명적인 타격이다.

자동 트레이딩 시스템이 없어서 실패했다?

자동 트레이딩 시스템이 있으면 성공할 수 있다고 철석같이 믿는 트레이더는 부를 축적하는 과정이 자동화될 수 있다고 생각한다. 이런 이유로 자동 트레이딩 시스템을 개발하려는 사람도 있고, 이를 구매하려는 사람도 있는 것이다. 변호사, 의사, 사업가 등 자신의 전문 분야에서 오랫동안 기량을 갈고닦은 사람들조차 '통조림'처럼 만들어놓은 '트레이딩 능력'을 사려고 수천 달러를 흔쾌히 내놓는다. 이런 행동의 이면에는 대개 탐욕과 게으름, 수학적인 무지가 존재한다.

예전엔 종이에 기록된 시스템이 판매됐지만 요즘은 컴퓨터로 다운로드한다. 조잡한 것도 있고 최적화 방법이나 자금 관리 규칙이 내장된 정교한 프로그램도 있다. 수많은 트레이더가 끝없이 돈을 벌어다 줄 마법 같은 컴퓨터 부호를 찾느라 수천 달러를 허비한다. 자동 트레이딩 시스템에 돈을 쓰는 사람은 광물을 금으로 바꾸는 비결을 사려고 연금술사에게 돈을 건네던 중세 기사나 다름없다.

복잡한 인간의 행위는 자동화를 허락하지 않는다. 전산화된 학습 시스템은 교사를 대신하지 못했고, 세금 계산 프로그램 때문에 회계사가 직장을 잃지도 않았다. 대부분의 인간 활동은 판단이 개입되기 마련이므로 기계나 컴퓨터 시스템이 도움을 줄 수는 있을지언정 인간을 완전히 대체할 순 없다.

돈을 척척 벌어다주는 자동 트레이딩 시스템이 있다면 모든 것을 맡긴 채 평생 동안 타히티 섬에 가서 편안히 쉬면서 중개인이 속속 보내주는 돈만 받아 쓰면서 살 수 있을 것이다. 하지만 지금까지 트레이딩 시스템으로 돈을 번 사람은 시스템 판매자뿐이다. 트레이딩 시스템 개발 시장은 규모는 작지만 꽤 짭짤한 '가내공업'시장이다. 트레이딩 시스템이 시장에서 통한다면 왜 팔려고 하겠는가? 타히티 섬에 가서 중개인이 보내주는 돈이나 받지! 시스템 판매자는 대개 직업이 따로 있다. 자동 시스템으로 돈을 척척 벌 수 있다면 왜 따로 직업을 갖겠는가? 시스템 개발자들은 트레이딩보다 프로그래밍 자체를 더 좋아한다고도 하고, 자금을 마련하기 위해 개발한 시스템을 판다고도 한다. 심지어 '인류애' 때문에 판다고 하는 사람도 있다.

시장은 항상 변한다. 이런 시장을 따라잡을 수 있는 자동 트레이딩 시스템은 없다. 어제의 철칙이 오늘은 제대로 적중하지 않고, 내일이면 아무짝에도 소용없게 되기도 한다. 유능한 트레이더는 문제가 생길 때마다 트레이딩 방식을 조정하지만 자동 시스템은 이런 적응력이 없기 때문에 자멸하고 만다.

비행기에도 자동조종장치가 있지만 항공사는 많은 연봉을 주고 조종사를 고용한다. 예기치 못한 사건이 발생했을 때 해결할 수 있는 것은 기계가 아니라 사람이기 때문이다. 태평양 상공에서 비행기 천장이 날아가거나 맨해튼 상공에서 거위 떼와 부딪쳐 여객기 엔진 2개가 모두 고장 날 수도 있다. 이럴 때는 사람만이 위기에 대처할 수 있다. 이런 비상 상황에 관한 언론의 보도를 보면 노련한 조종사가 기지를 발휘해 무사히 비상 착륙하는 데 성공했다는 얘기가 꼭 나온다. 자동조종장치로는 불가능한 일이다. 트레이딩을 하면서 자동 시스템에 돈을 맡기는 것은 자동조종장치에 목숨을 맡기는 것이나 마찬가지 짓이다. 예기치 않은 사건이 단 한 번만 일어나도 계좌는 폭탄을 맞기 십상이다.

물론 괜찮은 트레이딩 시스템이 있긴 하다. 하지만 트레이더가 상황에 따라 판단하고 감시하고 조정해야 한다. 늘 긴장하고 깨어 있어야 한다. 모든 책임을 기계 장치에 맡겨서는 안 된다.

자동조종장치에 대한 환상은 일종의 유아 퇴행 현상이다. 어렸을 때는 엄마가 음식과 안락한 보금자리, 따뜻한 잠자리에 대한 욕구를 채워준다. 무작정 시스템에 의지하려는 것은 다 커서도 어렸을 때 그랬던 것처럼 손 하나 까딱 않고 느긋하게 누워서 이익이 굴러 들어오리라 기대하는 것이나 마찬가지다. 어렸을 때 아무 노력도 기울이지 않고 공짜로 줄기차게 먹었던 따뜻한 엄마 젖처럼 말이다. 시장은 엄마가 아니다. 시장엔 입에 따뜻한 젖병을 물려줄 사람이 없다. 대신 어떻게 하면 내 주머니에서 돈을 빼갈까 궁리하는 거친 사람들이 우글거린다.

맹목적으로 '지도자'를 따르는 군중

많은 사람이 자유와 독립을 원한다고 말한다. 하지만 이는 그냥 입바른 소리일 뿐이다. 일이 좀 꼬이고 힘들어지면 자유고 독립이고 다 포기하고 '강력한 지도자'를 찾아 헤맨다. 트레이더들은 힘들면 종종 여러 '지도자'들에게 조언을 구한다.

어린 시절, 그러니까 구 소련에선 아이들에게 스탈린을 위대한 지도자라고 가르쳤다. 나중에야 스탈린의 실체를 알게 됐지만, 스탈린이 살아 있을 때 군중은 기꺼이 이 지도자를 따랐다. 스탈린은 그들에게 스스로 생각해야 하는 짐을 덜어주었던 것이다.

경제, 생물학, 건축 등 사회 모든 분야에 '작은 스탈린'들이 배치돼 있다. 미국에 와서 트레이딩을 시작했을 무렵, 많은 트레이더가 지도자, 즉 '작은 스탈린'을 찾는 모습을 보고 무척 놀랐다. 누군가가 날 부자로 만들어줄 거라는 환상은 지금도 사라지지 않고 있다.

금융시장의 지도자는 세 가지 부류로 나눠볼 수 있다. 시장 사이클을 주창하는 지도자, 마술 같은 투자 기법을 주창하는 지도자, 죽은 지도자다. 즉, 시장의 중요한 전환점을 '예언하는' 지도자, 뻥 뚫린 고속도로처럼 부를 향해 달리는 '기법'을 선전하는 지도자, 이 세상을 하직하는 간단한 방법으로 비난을 피하고 숭배자들을 얻는 지도자 세 부류로 나눈다.

시장 사이클 지도자

수십 년 동안 미국 주식시장은 대체로 4년 주기로 움직였다. 주식시장은 대체로 2.5년 혹은 3년 동안 상승하다가 1년 혹은 1년 반 동안 하락하는 움직임을 보였다. 시장이 이렇게 커다란 움직임을 보일 때마다, 즉 4년마다 시장 사이클을 주창하는 새로운 지도자들이 부상했다.

이들의 명성은 대개 2~3년간 지속됐는데 이들의 통치 기간은 미국 주식시장이 강세를 보이는 시기와 일치한다.

시장 사이클 지도자는 상승과 하락을 예언한다. 예측이 맞아떨어질 때마다 명성이 높아져, 다음번에 예측할 때는 더 많은 사람이 그의 판단에 따라 매수하거나 매도한다. 시장 사이클 지도자는 시장에 대한 지론을 갖고 있다. 사이클이든, 거래량이든, 엘리어트 파동 또는 어떤 이론이든 몇 년 동안 개발했다는 이론을 갖고 스타덤에 오른다. 그러나 처음부터 시장이 야심찬 지도자의 지론을 따라 움직이는 것은 아니다. 시장이 변하다 보면 몇 년 동안 지도자의 판단이 맞는 것 같은 움직임을 보이는 것이다. 이때 지도자는 시장의 스타로 떠오른다.

이들의 앞날은 어떨까? 군중의 취향이 변하면 패션모델에게 어떤 일이 닥치는지 생각해보면 쉽게 짐작할 수 있다. 금발이 유행하다가 해가 바뀌자 빨강머리가 대세가 된다. 이렇게 되면 금발은 유수의 잡지 표지모델로 쓸모없게 된다. 너도나도 흑발을 원하거나 얼굴에 점이 있는 모델을 원할 수도 있다. 모델은 바뀌지 않는다. 군중의 취향이 바뀔 뿐이다.

시장 사이클 지도자는 언제나 재야의 비주류에서 나온다. 이들은 기존 애널리스트가 아니다. 기관에 속한 직원은 위험을 피하고 신중을 기하므로 '초대박'을 터뜨리기 어렵다. 시장 사이클을 주창하는 지도자는 대개 독특한 이론으로 무장한 '아웃사이더'다.

시장이 지도자의 이론에 따라 움직이는 것처럼 보이는 동안에는 이들의 유명세가 유지된다. 이 기간은 대개 한 번의 4년 사이클이 지속되는 기간보다 짧다. 어느 순간 시장은 변화하며 이들의 이론과는 다른 행보를 보이기 시작한다. 그런데도 이들이 변화의 움직임을 읽지 못하고 과거에 척척 들어맞던 낡은 기법을 그대로 사용하면서 추종자들은 떨어져 나가기 시작한다. 지도자의 예측이 들어맞지 않으면 군중의 숭배는 금세 증오로 바뀐다. 한번 명성을 잃은 시장 사이클 지도자는 다시 스타덤에 오르기 어렵다.

시장 사이클을 외치는 지도자들에게는 몇 가지 공통점이 있다. 이들은 스타덤에 오르기 전 여러 해 동안 활발히 시장을 예측한 전적이 있다. 대개 독특한 논리와 한 무리의 추종자를 보유하고 있었으며, 자문 서비스 산업을 먹여살렸다. 추종자들은 지도자의 이론이 몇 년 동안 통하지 않았다는 사실은 무시한다. 이들의 이론이 통하기 시작하면 언론까지도 주목하며, 흐름이 바뀌어 이들의 이론이 통하지 않으면 군중의 환호는 곧 증오로 바뀐다.

새로운 지도자가 부각될 때는 일단 시류에 편승하는 게 유리할 수도 있다. 하지만 지도자의 예측 적중률이 절정에 달할 때가 언제인지 가늠할 수 있어야 한다. 시장 사이클 지도자는 추락할 수밖에 없다. 명성이 절정에 달하는 순간 추락하게 돼 있다. 지도자의 이론이 언론을 장식하기 시작하면 올라갈 데까지 올라갔다는 확실한 신호다. 주류 언론은 아웃사이더를 경계한다. 몇몇 주류 잡지에서 한창 뜨고 있는 지도자에게 지면을 할애하면 곧 지는 해가 되리라고 봐도 무방하다. 이런 점에도 불구하고 군중심리의 본질상 계속 새로운 지도자가 부상하기 마련이다.

마법의 기법 지도자

시장 사이클 지도자는 주식시장에서 나오지만 마법의 기법 지도자는 파생시장에서 명성을 떨친다. 새로운 분석 기법이나 매매 기법이 발견되면 마법 같은 기법을 파는 지도자들이 금융시장에 모습을 드러낸다.

트레이더는 다른 트레이더보다 우위를 점할 수 있는 방법을 찾아다니게 마련이다. 기사가 좋은 무기를 보면 선뜻 거액을 썼던 것처럼 트레이더도 그럴듯해 보이는 트레이딩 툴에 거금을 쾌척한다. 돈줄이 될 툴만 있다면 아무리 비싸도 마다하지 않는다.

마법의 기법 지도자는 스피드라인 speedline, 사이클 cycle, 마켓 프로파일 Market Profile 등등 수익이라는 금고를 열 수 있는 새로운 '열쇠'를 판다. 하지만 많은 사람이 이 새로운 기법을 알게 되고 시장에서 활용하다 보면 이 열쇠는 빛을 잃고 인기가 시들해진다. 시장은 끊임없이 기법을 닳게 만든다. 어제 통했던 기법이 오늘은 신통찮으며, 1년 뒤에는 통할 확률이 아주 낮아진다.

그런데 이상한 일이다. 지구촌 시대라 불릴 정도로 정보의 교류가 활발한데도 이들 지도자의 명성이 떨어지는 속도는 매우 느리다. 고향에서 명성이 추락한 지도자가 외국에서 자신의 이론을 팔아서 돈을 벌기도 한다. 한 지도자는 이런 현상을 '한물간' 미국 가수나 영화배우가 아시아에서는 여전히 인기를 누리는 현상에 비유했다. 미국에서는 더이상 군중의 관심을 받지 못하지만 외국에서 또 한 번의 호시절을 구가하는 것이다.

죽은 지도자

시장 지도자의 세 번째 유형은 죽은 지도자다. 책이 다시 발간되고 새로운 세대가 그를 다시 연구하면서 이제는 고인이 된 애널리스트의 자산이 늘어난다. 그러나 이 지도자는 이미 세상 사람이 아니므로 명성을 날려도 자기가 돈을 버는 건 아니다. 흥행사들이 그의 명성과 기간이 만료된 판권을 이용해 돈을 번다. R. N. 엘리어트 Ralph Nelson Eliott 역시 이런 지도자에 속하지만, 가장 전형적인 예는 W. D. 갠 William D. Gann 이라 할 수 있다.

온갖 기회주의자들이 '갠 코스'와 '갠 소프트웨어'를 팔고 있다. 기회주의자들은 갠이 역대 최고의 트레이더라는 둥 5,000만 달러의 자산을 남겼다는 둥 떠벌린다. 보스턴 은행에서 애널리스트로 일하는 갠의 아들을 만난 적이 있는데, 그는 아버지가 유명한 사람이었지만 트레이딩으로는 가족을 부양할 수 없어서 교습용 교재를 써서 생계를 유지했다고 말했다. 그러면서 비서를 둘 형편도 못 돼서 아들인 자신에게 일을 시켰다고 덧붙였다. 1950년대 갠이 사망할 당시, 집을 비롯해 그가 남긴 부동산은 10만 달러가 조금 넘었다. 트레이딩계의 거두 갠의 전설은 그의 교재와 툴을 순진한 소비자에게 팔려는 장사꾼들이 부풀린 것이다.

지도자를 추종하는 사람들

지도자는 몇 년 동안 열심히 연구해서 자신이 예측한 방향대로 시장이 움직이면 대박을 터뜨린다. 이들 지도자 중에는 죽은 사람도 있지만 살아 있는 사람도 있다. 이들 중에는 진지한 학자 타입도 있고 쇼맨십이 뛰어난 사람도 있다. 시장 지도자들을 둘러싼 갖가지 스캔들에 관한 책으로 윌리엄 갤러처 William Gallacher 가 쓴 《승자 독식 Winner takes it all》이 있다. 한번 읽어보라.

사람들은 지도자에게 돈을 쓸 때 자신이 들인 돈보다 더 많은 돈을 뽑을 수 있겠거니 기대한다. 마치 거리 모퉁이에서 스리 카드 Three Card 판을 벌여놓은 야바위꾼에게 푼돈을 거는 사람들처럼 본인이 건 돈보다 더 많은 돈을 벌 거라고 기대하는 것이다. 무지한 자, 탐욕스러운 자만이 이런 미끼를 덥석 문다.

강력한 지도자를 찾아 그에게 의지하는 사람도 있다. 이들은 전능한 부모처럼 모든 것을 알아서 해줄 사람을 찾는다. 내 친구는 이런 사람들을 보고 이렇게 말한 적이 있다. "탯줄을 손에 쥐고 걸어 다니면서 탯줄을 연결할 데를 찾는 거지." 약삭빠른 사람은 이런 사람들에게 탯줄 꽂을 콘센트를 제공하고 돈을 받아 챙긴다.

군중은 언제나 지도자를 원하므로 언제나 새로운 지도자가 나타나기 마련이다. 이성적인 트레이더라면 나를 부자로 만들어줄 지도자는 없다는 사실을 알아야 한다. 부자가 되려면 자기 힘으로 노력해야 한다.

이따금 TV에 출연하거나 강연을 할 때면 나를 "유명한 지도자"라고 소개하는 사람들이 있다. 나는 이 단어를 들으면 몸서리치면서 그들의 말을 가로막는다. 지도자란 기부금을 목적으로 사람들을 이끌고 사막을 건너는 사람이다. 여기선 그런 광고 안 해요!

나는 항상 마법 같은 트레이딩 기법은 없으며 트레이딩은 의학계처럼 아주 방대하고 다양하다는 말로 운을 뗀다. 하나의 전문 분야를 선택해 열심히 수련해야 좋은 의사가 될 수 있듯, 트레이딩도 마찬가지다. 나는 오래전에 내가 갈 길을 선택했고, 강연에서는 내 연구 방식과 의사결정 방식에 대해 생각나는 대로 말할 뿐이다.

의자가 넘어지지 않으려면 세 개의 다리가 필요하다

부질없는 기대가 돈보다 더 강력한 힘을 발휘한다. 최근 조사에 의하면 사람은 자기 자신에게 거짓말하고 진실을 외면하는 능력이 엄청나다고 한다. 듀크대학 댄 에리얼리 Dan Ariely 교수의 기발한 실험 하나를 소개한다. IQ 테스트를 하는데 실험 대상자의 절반에게는 답을 적기 전에 '실수로' 답안지를 보여줘서 미리 정확한 답을 알게 했다. 당연히 나머지 절반보다 이들의 점수가 높았다. 이후 다음 IQ 테스트에서 자신의 점수를 정확하게 예측한 사람에게는 돈을 준다고 했다. 물론 다음 테스트에는 커닝 페이퍼가 없다. 놀랍게도 커닝 페이퍼 덕분에 제 실력보다 더 높은 점수를 얻은 절반은 다음 테스트 점수도 높게 예측했다. 정확하게 예측하지 못하면 돈을 받지 못하는데도 자신이 아주 똑똑하다고 믿고 싶었던 것이다.

트레이더로 성공하려면 부질없는 기대는 버리고 현실주의자가 돼야 한다. 시장에 '커닝 페이퍼' 같은 건 없다. 진실은 트레이딩 일지와 잔고 추이에 있다.

시장에서 승자가 되려면 트레이딩의 세 가지 기본 요소를 정복해야 한다. 바로 건전한 심리, 논리적인 트레이딩 시스템, 효과적인 위험 관리 계획이다. 이 요소들은 동그란 의자를 받치는 세 개의 다리 같아서 하나가 빠지면 의자가 쓰러지고 의자에 앉은 사람도 넘어질 수밖에 없다. 지표와 트레이딩 시스템에만 주목하는 건 초보가 가장 흔히 저지르는 실수다.

트레이딩할 때 자신의 감정을 분석해서 자신이 내린 결정이 타당한

지 꼼꼼히 짚어보라. 반드시 확정된 규칙에 의거해서만 매매하라. 몇 차례 계속 손실을 내서 게임에서 퇴출되지 않도록 자금을 체계적으로 관리하라.

06

트레이더
스스로를 망치는 행위

　　　　　사실 트레이딩은 무척 어려운 게임이다. 마지막에 웃으면서 승자로 시장에 남으려면 행동 하나하나에 극도로 신중해야 한다. 순진을 떨고 있을 여유는 없다. 트레이딩을 은밀한 심리적 욕구 해소 수단으로 삼아서도 안 된다.

　안타깝게도 충동적인 사람, 도박사, 이젠 세상이 날 먹여살려야 마땅하다고 생각하는 사람들이 트레이딩에 끌리는 경우가 종종 있다. 짜릿한 기분을 맛보기 위한 수단으로 트레이딩을 선택했다면 승률이 낮은 트레이딩을 기꺼이 감행하기 쉬운데 그러다 보면 불필요한 위험을 감수하게 마련이다. 그러나 시장은 인정사정 봐주지 않는 법. 감정적인 트레이딩은 항상 손실로 귀결된다.

도박 성향

도박은 한마디로 확률에 무언가를 거는 게임이다. 어느 사회에나 도박이 존재하고, 사람은 대개 일생에 몇 번은 도박을 한다. 지그문트 프로이드 ^{Sigmund Freud}는 도박이 자위 대체 수단이라서 많은 사람이 도박에 끌리는 것이라고 설명했다. 흥분 상태에서 계속 손을 움직이는 행위, 거부할 수 없는 충동, 멈추려는 결심, 중독성 강한 쾌락, 죄의식. 모든 측면에서 도박은 자위 행위와 비슷하다.

미국의 저명한 정신분석의 랠프 그린슨 박사 ^{Dr. Ralph Greenson}는 도박꾼을 세 부류로 나누었다. 첫째는 오락이나 기분 전환 삼아 도박을 하는 정상인으로, 원할 때 언제든 멈출 수 있는 사람이다. 둘째는 생계 수단으로 도박을 하는 전문 도박사다. 셋째는 무의식적 욕구에 떠밀려 도박을 하는 신경증적 도박꾼으로, 도박을 멈출 수 없는 사람이다.

신경증적 도박꾼은 곧잘 운이 좋을 것 같다는 예감에 사로잡혀 시도 때도 없이 자신의 운을 시험하고 싶어 한다. 그러다 이기면 대단한 사람이 된 듯한 고양감에 휩싸이고 엄마 품에서 젖을 먹는 아기처럼 기분이 좋아진다. 이들은 현실적이고 장기적인 게임 목표에 집중하지 못하고 무엇이든 할 수 있을 것 같은 희열을 다시 맛보려고만 하므로 결국 질 수밖에 없다.

뉴욕 사우스오크병원에서 강박장애 도박 치료 프로그램을 이끌고 있는 실러 블룸 박사 ^{Dr. Sheila Blume}는 도박을 "약도 없는 중독증"이라고 말했다. 도박꾼은 대개 좋아서 도박을 하는데, 여자들의 경우 현실 도피의 방편으로 도박에 빠지는 경향이 있다. 패자는 대개 손실을 감추고 승자처럼 보이고 싶어 하고 승자처럼 행동하려고 애쓰지만, 마음은 이미 자신에 대한 의심으로 병들어 있기 마련이다.

주식, 선물, 옵션을 거래하면 경마장에서 말에게 베팅하는 것보다는 좀 품위 있어 보이면서도 도박꾼이 느끼는 희열을 맛볼 수 있다. 금융시장에서의 도박은 마권업자와 숫자놀음을 하는 것보다는 훨씬 세련돼 보인다. 도박꾼은 트레이딩이 자신에게 유리하게 돌아가면 행복에 겨워하다가 조금 잃기라도 하면 이내 비참한 기분에 시달린다. 하지만 성공한 프로는 장기 계획에 집중하고 트레이딩 하나하나에 일희일비하지 않는다.

도박에 빠질 때 나타나는 가장 중요한 신호는 내기를 하고 싶은 충동을 억제하지 못한다는 것이다. 트레이딩에 지나치게 몰두하고 있다는 생각이 들고 결과가 좋지 않다면 트레이딩을 한 달만 쉬어보라. 그리고 쉬는 동안 자신의 트레이딩 습관을 되돌아보라. 트레이딩을 하고 싶은 욕구를 억제할 수 없어서 한 달 동안 트레이딩을 멀리하기 힘들다면, 근처에 있는 도박 중독자들의 모임 GA 지부를 방문하거나 알코올 중독자들의 모임 AA 행동 강령을 실천해보라. AA의 행동 강령은 이 장 뒷부분에서 설명하겠다.

자기 파괴적 행동 패턴

수십 년 동안 정신의학을 연구하면서 우리가 살아가는 동안 겪는 실패는 대부분 자기 파괴에서 기인한다는 것을 확신하게 됐다. 직업, 대인 관계, 사업에 실패하는 건 운이 나쁘거나 무능해서가 아니라 실패하고 싶은 무의식적 욕구가 있기 때문이다.

아주 똑똑한 친구가 있었는데, 성공했나 싶으면 요절나고 성공했나 싶으면 또 요절났다. 약사로 잘나가나 싶더니 사업을 말아먹고, 중개인이 돼 회사에서 최고 언저리까지 오르는가 싶더니 고소를 당했다. 이후 트레이딩으로 노선을 변경했지만 과거의 굴레에서 빠져나오려고 발버둥 치는 사이 파산하고 말았다. 그는 자신의 실패를 전부 시기심 많은 상사, 무능한 규제 당국, 제대로 내조하지 못한 아내 탓으로 돌렸다.

끝내 그는 바닥까지 추락해 직장도, 돈도 없는 신세가 됐다. 그러다가 몇 사람에게 자본금을 끌어모아 파산한 트레이더에게 주문용 단말기를 빌렸다. 사람들은 그가 한때는 유능한 트레이더였다는 말을 듣고 투자했다. 출자금이 불어나기 시작하자 소문이 퍼져 투자자들이 더 모였다. 내 친구는 다시 잘나가게 됐다. 그 무렵 그는 아시아로 순회 강연을 떠났는데, 강연을 다니면서도 계속 트레이딩을 했다. 그는 국채 선물에 큰 액수의 포지션을 취하고는 손실제한 주문^{stop order}●도 걸어놓지 않은 상태로 잠시 짬을 내 홍등가로 유명한 나라로 쉬러 갔다. 그런데 일터로 돌아올 무렵, 시장이 크게 요동쳐 자본금이 모두 날아가버리고 말았다.

그는 자신의 문제가 무엇인지 깨달았을까? 이 일로 교훈을 얻었을까? 천만에! 그는 중개인을 탓했다. 이후 내가 도와서 큰 데이터 회사

● 주가 하락 시 현재가 아래 어떤 가격을 지정해 이에 도달하면 매도 체결이 되게 하거나, 주가가 오를 때 현재가보다 높은 어떤 가격에 도달하면 매수 체결이 되도록 미리 내는 주문. 현재 추세를 계속 누리면서 수익을 보호하거나 손실을 방어하기 위한 것으로, 가격역지정 주문이라고도 한다 – 옮긴이

의 괜찮은 자리에 취직했지만, 은혜를 원수로 갚다가 해고됐다. 결국 이 똑똑한 사내는 집집마다 돌아다니며 알루미늄 벽널을 팔고 다니게 됐다. 남들은 자신의 기법을 이용해 돈을 벌고 있는데 말이다.

트레이더는 일이 잘못되면 남을 탓하거나 운이 나빴다고 투덜댄다. 자신을 들여다보며 실패의 원인을 찾는 건 사실 괴로운 일이긴 하다. 유명한 트레이더가 나에게 조언을 구했다. 그는 미 달러시장에서 큰 규모로 숏 포지션*을 취하고 있었는데 미 달러가 폭등하는 바람에 돈을 모두 날리고 말았다. 어린 시절 그는 폭력적이고 거만한 아버지와 내내 맞서면서 자랐다. 시장은 그에게 아버지나 다름없었다. 그는 기존 추세와 반대로 대규모 포지션을 취해 명성을 얻었으며, 이런 방식으로 포지션을 계속 늘려 나갔다. 아버지로 상징되는 시장이 자신보다 강력한 존재라는 걸 인정하기 싫었던 것이다.

이제까지 살펴본 것은 인간이 가진 자기 파괴적 성향을 보여주는 두 가지 예에 불과하다. 우리 역시 분별력 있는 성인처럼 행동하지 않고 충동적인 어린애처럼 굴어서 파멸에 이르기 일쑤다. 인간은 자신을 망가뜨리는 행동 패턴을 고집하는 경향이 있다. 충분히 고칠 수 있는데도 말이다. 강조하지만, 실패는 불치병이 아니다.

어린 시절을 짓눌렀던 마음의 짐이 시장에서 성공하는 데 걸림돌이 되기도 한다. 자신의 약점이 무엇인지 찾아내고 변하도록 노력하라.

● 원서에서 저자는 'short'를 'sell', 'long'과 구분해 다음과 같이 사용했다. 즉, 주식시장의 경우 주식 보유자의 매도에 대비되는 공매도 거래, 선물시장에서는 롱 포지션 진입과 대비되는 숏 포지션 진입이라는 의미. 본문에서는 이를 주식시장에 중점을 두어 주로 공매도 거래라고 번역했으나, 시장에 따라 '숏 포지션 진입'의 의미를 갖는다는 것을 참고하기 바란다. - 편집자

트레이딩 일지를 기록하라. 트레이딩에 진입하거나 청산할 때마다 이유를 기록하라.

안전망을 마련하라

내가 실수를 해도 사회의 모든 구성원은 서로를 보호하기 위해 어느 정도 아량을 베푼다. 운전할 때면 나는 다른 차를 치지 않으려고 애쓰고, 다른 차도 내 차를 치지 않으려고 조심한다. 고속도로에서 누가 끼어들더라도 욕은 할지언정 속도를 늦춘다. 운전하는데 누가 앞쪽에서 주차된 차의 문을 벌컥 열면 피해서 간다. 만약 들이받기라도 하는 날엔 양쪽 모두 치러야 할 대가가 너무 크기 때문이다.

거의 모든 직업이 그 일을 하는 사람을 위한 안전망을 갖추고 있다. 부정한 행위나 자멸에 이를 게 뻔한 행위를 할라치면 상사나 동료, 또는 고객이 경고해준다. 하지만 트레이딩에는 이런 안전망이 없다. 그렇기에 트레이딩은 그 무엇보다 위험한 행위다. 게다가 시장은 자멸할 기회를 끝없이 제공한다.

일중 고가에 매수하는 건 차가 쌩쌩 달리는 도로에서 차 문을 활짝 열어젖히는 행위나 마찬가지다. 거래소에서 매수 주문을 하면 매도하려는 트레이더들이 떼를 지어 몰려든다. 차 문짝뿐만 아니라 팔까지 뜯어 가려는 것이다. 내가 실패하기만을 바라는 트레이더들도 있다. 내가 잃은 돈을 채 가려는 것이다.

시장에서는 서로를 돕지 않는다. 트레이더들끼리 서로 치고 치인다.

'트레이딩 고속도로'에는 여기저기 자동차 파편이 나뒹군다. 트레이딩은 전쟁 다음으로 위험한 도전이다.

자멸 행위를 통제하라

대다수의 사람이 한평생 살면서 같은 실수를 되풀이하곤 한다. 한 분야에서는 성공했지만 다른 분야에서는 내적 갈등을 폭발시키면서 사는 사람도 있다.

자신에게 자멸을 향해 가려는 성향이 있다는 사실을 인정하라. 손실이 발생하면 운이나 다른 사람 탓으로 돌리지 마라. 트레이딩 일지를 기록하라. 매매할 때마다 진입한 이유와 청산한 이유를 기록하라. 성공했을 때와 실패했을 때 반복해서 나타나는 패턴을 살펴라. 과거에서 배우지 못하는 사람은 실수를 반복하게 마련이다.

생존하기 위해 등반가에게 구명장비가 필요하듯, 트레이더에게는 심리적 안전망이 필요하다. 트레이딩 초기에는 앞으로 설명할 AA의 행동 강령이 크게 도움이 될 것이다. 엄격한 자금 관리 규칙 역시 안전망 역할을 한다. 트레이딩 일지를 기록하면 성공한 거래뿐만 아니라 실패한 거래에서도 교훈을 얻을 수 있다.

07

트레이딩
심리

트레이더로서 성공하느냐 여부는 자신의 감정을 어떻게 제어하느냐에 달려 있다. 아무리 뛰어난 트레이딩 시스템을 갖췄더라도 지나치게 자만하거나, 겁을 먹거나, 화를 내다 보면 잔고는 점점 줄어든다. 두려움과 탐욕, 도박꾼을 사로잡는 희열에 눈을 떴다고 느낀다면 트레이딩을 멈춰라.

트레이딩을 하다 보면 세상에서 가장 영민한 사람들과 경쟁을 해야 한다. 경기장은 수수료와 체결오차 때문에 이미 나에게 불리한 쪽으로 기울어져 있는 상태다. 설상가상으로 트레이딩에 감정이 개입되도록 놔두면 패배할 수밖에 없다. 내 친구와 스파이크트레이드닷컴 SpikeTrade.com에 근무하는 파트너 케리 로본 Kerry Lovvorn이 입에 달고 사는 말이 있다. "시장이 어떻게 할지 아는 것도 어렵지만 내가 어떻게 할지 모르면 경기에서 질 수밖에 없어."

괜찮은 트레이딩 시스템을 갖추는 것만으로는 부족하다. 많은 트레이더가 좋은 시스템을 갖고도 빈손으로 퇴출된다. 심리적으로 이길 자세를 갖추지 못했기 때문이다.

규칙 파기의 유혹

시장은 구중궁궐에서 꽃 같은 미인들을 거느리고 살게 해줄 것처럼 유혹하고, 사람들의 탐욕을 한없이 부추기고, 자기가 손에 움켜쥐고 있는 것을 잃어버릴까 봐 두려워 벌벌 떨게 만든다. 이 모든 감정이 시장의 현실을 인식하지 못하게 막는다.

단기간에 몇 번 잇달아 돈을 벌면 아마추어는 대개 자신이 천재가 된 듯한 착각에 빠져 들뜬다. 내가 너무 잘나서 매매하는 족족 성공한다고 생각하면 신이 난다. 바로 이때 규칙에서 벗어난 행동을 해 계좌를 망치게 된다. 겨우 지식을 얻어서 이겼는데, 감정이 끼어들며 자멸로 향하게 되는 것이다. 대부분의 트레이더가 '사냥한 전리품'을 금세 시장에 빼앗긴다. 시장에는 빈털터리에서 갑부가 됐다가 다시 빈털터리가 된 사람들의 얘기가 끝도 없이 떠돈다. 성공한 트레이더의 유일한 증표는 계좌를 불릴 수 있는 능력이다.

트레이딩은 최대한 객관적으로 바라보아야 한다. 엄격한 자금 관리 규칙을 견지해야 한다. 수수료와 체결오차를 포함해 모든 데이터를 스프레드시트로 관리하라. 트레이딩할 때마다 '트레이딩 전과 트레이딩 후' 차트를 만들어 트레이딩 일지에 기록하라. 트레이딩을 시작하는 초기 단계에는 시장을 분석하는데 투입하는 에너지만큼 자신을 분석하는데도 에너지를 투입해야 한다.

트레이딩을 배울 때 나는 트레이딩 심리에 관한 책을 가능한 한 모두 구해서 읽었다. 많은 필자들이 일리 있는 조언을 제시했다. 어떤 이는 확고한 규칙을 마련하라고 강조했다. "시장에 휘둘리지 마라. 트레이딩을 하면서 의사 결정하지 말고, 미리 계획하고 계획한 대로 트레이딩하라." 어떤 이는 융통성을 강조했다. "어떤 선입견도 갖지 말고 시장에 진입하라. 시장이 바뀌면 계획을 바꿔라." 어떤 전문가는 고립되라고 권고했다. "경제 뉴스도 〈월스트리트저널〉도 보지 마라. 다른 트레이더의 말도 듣지 마라. 오직 자신과 시장만 생각하라." 혹자는 열린 마음을 가지라고 충고했다. "다른 트레이더들과 계속 교류하고, 새로운 발상을 받아들여라." 다 나름대로 일리 있지만, 서로 상반된 주장들이 아닌가?

나는 계속 책을 읽으면서 트레이딩을 하고 시스템을 개발하는데 몰두했다. 그러는 와중에 물론 계속 정신과 의사로 일했지만 트레이딩과 정신분석이 연관 있으리라는 생각은 전혀 하지 못했다. 그러던 어느 날 갑자기 깨달음을 얻었다. 나의 트레이딩 방식을 바꾼 발상은 정신의학에서 나왔다.

나의 트레이딩 방식을 바꾸어놓은 통찰

정신과 의사가 대부분 그렇듯, 나 역시 알코올중독 환자를 적잖이 치료해봤다. 약물중독 재활 프로그램의 고문으로 일한 적도 있다. 그러면서 얼마 지나지 않아 깨달은 사실이 하나 있는데, 바로 알코올중독자와 약물중독자는 전통적인 정신과 치료를 받을 때보다 그들 집단 안에 있을 때 회복 가능성이 더 높다는 점이었다.

심리치료, 약물요법, 클리닉 등 비싼 병원비를 쏟아부어야 하는 다양한 방법을 동원하면 알코올중독자를 잠깐 제정신 들게 만들 수는 있지만 늘 깨어 있게 만들 수는 없다. 중독자들은 대부분 이내 다시 술이나 약물, 도박에 빠져버리고 만다. 그보다는 알코올중독자들의 모임^{AA} 등 스스로 재활하려는 의지를 가진 집단에 소속돼 있을 때 회복될 확률이 훨씬 높다.

이런 사실을 알고 나서 나는 AA의 열렬한 팬이 됐다. 내 환자들 중 음주 문제가 있는 이들이 있으면 AA나 알코올중독자를 부모로 둔 성인 자녀 모임^{ACOA}에 보냈다. 알코올중독자가 찾아오면 이것저것 해봐야 시간 낭비, 돈 낭비니까 빨리 AA에 가보라고 권했다. 처음에는 다들 얼떨떨한 얼굴을 했지만, 물론 결과는 좋았다.

어느 날 저녁, 파티에 가는 길에 두 시간 정도 여유가 있어 친구의 사무실에 들렀다. 친구가 물었다. "영화 한 편 볼래, 아니면 AA 모임에 갈래?" 당시 친구는 알코올중독 치료를 받는 중이었다. 환자들을 AA에 보낸 적은 있지만 나 자신은 그 모임에 가본 적이 없었다. 당장 가보자고 했다. 새로운 경험이었다.

AA 모임은 YMCA 지부에서 열렸다. 단출한 방에 들어가니 남자 열두어 명과 여자 몇 명이 접이식 의자에 앉아 있었다. 모임은 한 시간 동안 계속됐는데, 이들이 하는 얘기를 듣고 있자니 너무 놀라웠다. 마치 내 트레이딩 습관에 대해 이야기하는 것 같지 않은가! 물론 이들은 알코올에 대해 이야기하고 있었지만, '알코올'이라는 단어 대신 '손실' 만 넣으면 다 내게 해당되는 이야기였다. 당시 내 계좌의 잔고는 오르락내리락하고 있었다. 나는 모임에서 나오면서 깨달았다. AA가 알코올에 대처하듯 손실에 대처해야 한다는 것을.

08

알코올중독자들의 모임에서 배운 트레이딩 교훈

주정뱅이도 대개 며칠 동안은 술을 끊을 수 있다. 그런데 이내 술을 마시고 싶은 욕구가 몰려와 다시 술병을 집어들게 된다. 술을 마시고 싶은 욕구를 떨쳐버리지 못하는 것은 알코올중독자처럼 생각하고 느끼기 때문이다. 멀쩡한 정신으로 지내느냐, 아니면 계속 술에 절어 지내느냐는 그 사람의 마음에 달려 있다.

알코올중독자들의 모임AA은 음주에 대한 생각과 감정을 바꾸는 시스템을 보유하고 있다. AA 회원은 마음을 바꾸는 12단계 프로그램을 활용한다. 《12단계와 12전통Twelve Steps and Twelve Traditions》이라는 책에서는 이 12단계에 맞춰 인간의 성장을 12개 국면으로 설명한다. 치료 중인 알코올중독자들은 이 모임에 참석해 같은 처지에 있는 다른 사람들에게 자신의 경험을 이야기하고 술을 끊은 상태를 유지하도록 서로 돕고 응원한다. 회원은 누구든 다른 회원을 후원자로 둘 수 있는데, 술을 마시고 싶을 때면 후원자에게 지원을 요청한다.

　AA는 1930년대 두 명의 알코올중독자가 결성한 모임으로, 한 사람은 의사, 한 사람은 여행사 영업사원이었다. 두 사람은 함께 만나 서로 상대가 술을 끊도록 도왔는데, 이들이 개발한 시스템이 효과 만점이어서 다른 사람들도 이들의 모임에 합류하기 시작했다. AA의 목적은 단 하나, 회원들이 술을 끊도록 돕는 것이다. 돈을 내라고 요청하지도 않고, 정치적 입장을 취하거나 회원 모집 캠페인을 벌이지도 않는다. AA는 오로지 입소문만으로 회원이 모인다. 성공 비결은 단 하나, 효과가 있기 때문이다.

　AA의 12단계 프로그램은 그 효과가 뛰어나 알코올 외에 다른 문제가 있는 사람들도 활용하고 있다. 알코올중독자 자녀를 위한 12단계 프로그램도 있고, 도박꾼을 위한 12단계 프로그램도 있다. AA의 핵심 원리를 알고 나서 나는 이를 트레이딩에 적용하면 시장에서 손실 보는 것을 멈출 수 있을 거라고 확신하게 됐다.

받아들이지 못하는 심리 상태

술을 인간관계의 활력소로 생각하고 분위기에 맞춰 즐길 줄 아는 사람은 칵테일을 마시든 와인을 마시든 맥주를 마시든 적당히 마셨다 싶으면 언제든 술잔을 놓을 수 있다. 하지만 알코올중독자는 다르다. 알코올중독자는 일단 술을 입에 대면 필름이 끊기거나 돈이 바닥날 때까지 술을 들이붓는다.

주정뱅이는 술을 줄여야겠다고 입버릇처럼 말하지만 스스로 음주 습관을 통제할 수 없다는 점을 인정하지 않는다. 알코올중독에 빠진 친척이나 친구, 직원에게 이렇게 말해보라. 음주를 통제할 수 없는 지경에 이르러 인생을 망치고 있는 것 같다고. 그러면 '부인'이라는 거대한 벽에 부딪힐 것이다.

알코올중독자는 입버릇처럼 이렇게 말한다. "술이 덜 깬 상태로 출근한 데다 지각했다고 상사가 날 해고했어. 그러자 마누라가 다신 얼굴 볼 생각 말라면서 애들을 데리고 집을 나가버렸네. 설상가상으로 집세가 밀렸다고 집주인이 자꾸 나가라는군. 술을 줄여야겠어. 그러면 다 잘될 거야."

이 사람은 가족도, 직장도 잃었다. 게다가 언제 살던 집에서 쫓겨나 길거리에 나앉을지 모른다. 이렇게 인생이 파탄 나고 있는데도 술을 줄일 수 있다는 소리만 반복한다. 이게 바로 문제를 똑바로 받아들이지 못하는 심리 상태, 즉 부인이다.

알코올중독자는 인생이 파탄 나는 순간에도 문제를 부인한다. "음주를 통제할 수 있다"고 생각하는 한 그에겐 내리막길밖에 없다. 새로 직장을 얻고, 재혼해서 아내가 생기고, 집주인이 바뀌더라도 변하는 건 없다.

알코올중독자는 자신의 인생이 알코올에 휘둘리고 있다는 사실을 부인한다. 말로는 술을 줄이겠다고 하지만 이는 통제할 수 없는 것을 통제하겠다고 얘기하는 것이나 마찬가지다. 산길에서 폭주하는 자동차 운전자를 떠올려보라. 차가 절벽 아래로 구르기 시작하면, 다음엔 조심해서 운전하겠다고 아무리 굳게 마음먹어봐야 때는 늦다. 자신이 알코올중독자라는 사실을 부인하는 사이 인생은 나락으로 떨어져버린다.

손실로 계좌가 깡통이 된 트레이더와 알코올중독자 사이에는 놀라운 공통점이 하나 있다. 알코올중독자가 독한 술 대신 맥주로 바꾸어 문제를 해결하려는 것처럼, 트레이더는 트레이딩 전략만 계속 바꾼다. 패자는 자신이 트레이딩에서 통제력을 상실했다는 사실을 받아들이지 않는다.

바닥을 치는 고통

주정뱅이는 자신이 알코올중독자라는 사실을 인정해야 비로소 금주를 향해 첫발을 뗄 수 있다. 자신의 인생을 뒤흔들고 있는 게 알코올이지 다른 게 아니라는 사실을 직시해야 한다. 알코올중독자들은 대부분 이 고통스러운 진실을 받아들이지 못한다. 그러다 밑바닥까지 떨어져야 비로소 진실을 똑바로 보게 된다. 어떤 이에게는 목숨을 위협하는 질병이, 또 어떤 이에게는 가족에게 버림받거나 직장을 잃는 것이 바닥을 치는 고통이다. 알코올중독자는 밑바닥까지 추락해 도저히 참을 수 없는 지경까지 가야 한다. 그래야 현실을 인정하기 시작한다.

알코올중독자는 나락으로 떨어지는 고통을 느껴야 자신이 어느 정도까지 추락했는지 깨닫는다. 그리고 선택은 단 두 가지뿐이라는 명명백백한 현실을 보게 된다. 돌이키든가 아니면 죽든가. 이 지경이 돼야 알코올중독자는 비로소 회복을 향한 여정을 시작하게 된다.

수익을 거머쥐면 트레이더는 대단한 사람이 된 듯한 기분에 한껏 들뜬다. 그리고 자만감에 휩싸인 채 다시 수익을 올리려고 무분별하게 트레이딩을 하다가 벌어들인 수익을 모조리 토해내고 만다. 대다수의 트레이더가 막대한 손실을 보면 견디지 못한다. 나락으로 떨어져 바닥을 치면 트레이더로서 수명이 다하고 시장에서 퇴출된다. 문제는 트레이딩 기법이 아니라 '생각'에 있다는 것을 깨닫는 극소수만이 살아남는다. 이들은 변할 수 있으므로 트레이더로서 성공하는 것이다.

제1단계가 가장 어렵다

알코올중독에서 벗어나려면 12단계를 거쳐야 한다. 바로 성장의 12단계다. 생각하고 느끼는 방식을 바꾸어야 하며, 자신과 타인을 이해하는 방식을 바꾸어야 한다.

AA에서 가장 어려운 과정은 1단계다. 바로 자신이 알코올 앞에 무기력한 존재라는 사실을 인정하는 것이다. 알코올중독자는 자신의 인생이 통제 불가능해졌고, 알코올이 자신보다 강한 존재라는 걸 인정해야 한다. 대개의 경우, 이 단계에서 실패하고 중도하차해 인생을 망쳐버리고 만다.

알코올이 나보다 강하다고 생각한다면 다시는 술에 손을 대서는 안 된다. 평생 한 방울도 입에 대면 안 된다. 즉, 영원히 음주를 포기해야 한다. 그런데 주정뱅이는 대개 쾌락을 포기하려고 하지 않는다. AA의 첫 단계에 들어서느니 차라리 자신의 인생을 망치는 쪽을 택하는 것이다. 나락으로 떨어지는 아픔을 겪어야 비로소 이 첫 단계를 밟을 마음이 생긴다.

한 번에 하루씩

간혹 '한 번에 하루씩', 혹은 '천천히 여유를 갖고'라는 글귀가 적힌 스티커가 붙은 자동차를 볼 수 있다. 이는 AA의 슬로건으로, 아마 차 주인이 알코올중독 치료를 받고 있을 것이다.

알코올중독자에게 알코올 없는 인생을 계획한다는 건 너무 막막해 보일지도 모른다. 그래서 AA는 한 번에 하루씩만 술을 끊어보라고 격려한다. AA 회원의 목표는 오늘 하루 동안 술을 끊고 저녁에 말짱한 정신으로 잠자리에 드는 것이다. 그러다 보면 하루가 일주일이 되고 일주일이 한 달이 되고, 한 달이 일 년이 된다. AA 모임을 비롯한 각종 모임에선 알코올중독자들끼리 서로 한 번에 하루씩 술을 끊도록 격려한다.

치료 중인 알코올중독자는 AA 모임에서 소중한 도움과 동지애를 주고받는다. AA 모임은 세계 전역에서 언제나 열리고 있는데, 트레이더라면 이 모임에서 배울 점이 많을 것이다.

AA 모임에 참여해보라

트레이더가 할 수 있는 최선의 행위 중 하나는 AA 모임에 가는 것이다. 특히 연달아 손실을 보고 있는 트레이더에게 권하고 싶다. AA에 전화해서 살고 있는 곳 가까이에서 다음 공개 모임이나 초보 모임이 언제 열리는지 물어보라.

　모임은 한 시간 정도 진행되는데, 뒤쪽에 가만히 앉아서 귀를 기울이고 있으면 된다. 억지로 말을 시키는 사람도 없고 이름을 묻는 사람도 없다. 모임은 장기 출석 회원이 일어나 알코올중독에서 벗어나기 위한 싸움에 대해 이야기하는 것으로 시작된다. 이어 몇 사람이 더 발언한다. 비용을 충당하기 위해 모금을 하기도 하는데, 내킨다면 1달러 정도 내면 된다. 그냥 가서 유심히 듣고 있다가 '알코올'이라는 말이 나오면 '손실'을 대입하라. 그러면 모임에 있는 사람들이 나의 트레이딩에 대해 얘기하는 듯한 착각이 들 것이다.

09

패자들의
모임

        사교 수단으로 술을 즐기는 사람은 이따금 일이 있을 때만 술을 마시지만, 알코올중독자는 알코올 자체를 갈구한다. 이들은 술이 자신의 인생을 좌지우지하고 망치고 있다는 걸 부인하다가 위기가 닥쳐야 비로소 인정한다. 생명을 위협하는 질병, 직장을 잃을 위기, 혹은 가족에게 버림받는 일 등 참을 수 없이 고통스러운 사건이 이런 위기다. AA는 이런 위기를 '밑바닥'이라고 표현한다.

  바닥을 치는 고통을 겪으면 끝없이 부인하던 철벽에도 구멍이 나기 시작한다. 알코올중독자는 비로소 자신이 선택의 기로에 섰음을 깨닫는다. 가라앉아 익사하고 말 것이냐, 아니면 딛고 올라와 살 것이냐. 알코올중독에서 회복하는 첫걸음은 자신이 알코올 앞에 무기력하다는 사실을 인정하는 것이다. 그리고 알코올중독에서 회복하려면 다시는 술을 입에 대서는 안 된다.

트레이딩에서 패자의 손실은 알코올중독자의 알코올과 마찬가지다. 적은 손실은 술 한 잔이며, 큰 손실은 말술이다. 계속 손실을 보고 있다면 술독에 빠져 흥청망청하고 있는 셈이다. 패자는 이 시장에서 저 시장으로 옮겨 다니고, 이 사람 저 사람 '지도자'를 찾아다니고, 좀 더 똑똑해 보이는 트레이딩 시스템을 찾아 헤맨다. 돈을 벌 때의 쾌락을 다시 맛보려고 이렇게 몸부림치는 동안 계좌의 잔고는 점점 줄어들 뿐이다.

패자는 혀 꼬부라진 소리를 하지 않을 뿐, 알코올중독자처럼 사고하고 행동한다. 두 집단은 공통분모가 많으므로 알코올중독자 모델을 보면 패자가 어떻게 행동할지 예측할 수 있다. 그런데 알코올중독은 치료 가능한 질병이다. 트레이딩으로 돈을 잃는 습관도 마찬가지다. AA의 행동 수칙을 활용하면 패자도 변할 수 있다.

억제할 수 없는 매매 충동

성공한 트레이더는 사교 수단으로 술을 즐기는 사람과 비슷하다. 사람들과 어울리기 위해 술을 즐기는 사람은 술을 마시다가 적당한 때 멈출 줄 알 듯, 성공한 트레이더는 얼마간 손실을 보면 트레이딩을 멈춘다. 잇달아 손실을 보면 시스템이 현재 시장 환경과 맞지 않는다는 신호로 받아들이고 트레이딩을 멈추는 것이다. 이들은 잠시 쉬면서 새로운 눈으로 시장을 바라볼 때가 되었다고 판단한다. 반면 패자는 멈추지 못하고 계속 트레이딩에 몰두한다. 게임이 주는 짜릿한 흥분과 대박에 대한 기대감에 중독됐기 때문이다.

어느 저명한 투자자문은 빈털터리가 된 뒤 자신은 섹스나 제트기를 조종하는 것보다 트레이딩에서 더 큰 쾌락을 느낀다고 고백했다. 처음에는 사교 수단으로 술을 마시다가 주정뱅이가 되는 알코올중독자처럼, 패자는 점점 더 큰 위험을 감수한다. 그러다 어마어마하게 중요한 선을 넘는다. 즉, 사업상 위험을 넘어서 도박으로 나아간다. 실제로 많은 패자가 사업상 위험과 도박 사이에 경계선이 존재한다는 것조차 알지 못한다.

알코올중독자가 술을 갈구하듯, 패자도 트레이딩을 갈구한다. 패자는 충동적으로 쉴 새 없이 트레이딩하다가 수렁에서 빠져나오려고 발버둥 친다. 계좌에서 돈이 몽땅 빠져나가 파산하면 패자들은 대부분 손을 턴다. 하지만 일부는 자기 돈을 잃고 나서 다른 사람들의 돈을 관리하는 매니저가 된다. 일부는 투자자문 서비스를 팔아먹기도 한다. 빈털터리가 된 주정뱅이가 술집에서 접시 닦이로 연명하듯 말이다.

패자는 대개 돈을 잃었다는 걸 자기 자신에게도 감추고 다른 사람에게도 감춘다. 기록도 하지 않고 주문서도 내다버린다. 패자는 술을 몇 병이나 마셨는지 따위는 알려고 하지 않는 주정뱅이와 같다.

점점 더 깊은 늪 속으로

패자는 주먹구구 식으로 매매하며 자신이 왜 계속 돈을 잃는지 생각하지 않는다. 그런데 이유를 알면 조치를 취하고 승자가 될 수도 있다.

하지만 이들은 앞이 보이지 않는 뿌연 안개 속에서 무모하게 계속 트레이딩을 한다.

마법 같은 해결책이 있을 거라고 믿고 필사적으로 이를 찾아 헤매는 이런 패자들 덕분에 투자자문사들이 돈을 버는 것이다. 패자는 새로운 트레이딩 시스템으로 갈아타고, 추가로 소프트웨어를 구입하고, 새로운 지도자를 찾아가 조언을 구한다.

손실이 커지고 계좌 잔고가 점점 줄어들면 패자는 헤지^{hedge}• 없이 하나의 상품에만 투자했다가, 스프레드 거래••로 바꿨다가, 손실을 보고 있는 포지션을 두 배로 늘리거나 반대 포지션을 취하는 등 온갖 짓을 다한다. 알코올중독자가 독한 술 대신 포도주로 바꿔봤자 달라질 게 없듯이, 이렇게 발버둥 쳐봐야 별무소득이다.

패자는 자신이 제어할 수 없는 것을 제어하려고 몸부림치다가 나락으로 떨어진다. 마치 배 위에서 살려고 버둥대다가 배가 기우뚱해서 물속으로 빠지는 형국이다. 알코올중독자는 단명하고, 트레이더 역시 대개 시장에서 빈털터리로 퇴출돼 다시는 돌아오지 못한다. 자기 자신을 통제하지 못하면 새로운 트레이딩 기법, 따끈한 정보, 업그레이드된 소프트웨어도 아무 소용없다.

패자가 짜릿한 쾌감을 맛보려고 계속 트레이딩에 몰두하는 사이, 계좌의 잔고는 자꾸 줄어든다. 주정뱅이에게서 술병을 뺏으려고 해도 소용없듯, 패자에게 당신은 패자라고 얘기해봐야 듣지 않는다. 패자 역

• 가격 변동에 따른 손실을 막기 위한 투자 행위 - 옮긴이
•• 다른 결제월 종목 혹은 다른 기초자산을 가진 상품 간의 가격 차이(스프레드)가 지금
  보다 벌어질 것인지 아니면 좁혀질 것인지에 베팅하는 거래 - 옮긴이

시 나락으로 떨어져야 치료를 시작할 수 있다. 돈 잃는 걸 멈추고 회복하려면 사고방식을 바꿔야 한다.

나락으로 떨어지는 트레이더

나락으로 떨어지는 건 끔찍한 일이다. 괴롭고 수치스럽다. 결코 날려서는 안 되는 돈을 날려버렸을 때, 모아둔 돈을 도박으로 몽땅 날려버렸을 때, 똑똑하다고 으스대다가 친구들에게 돈을 빌려달라고 손을 내미는 처지가 됐을 때, 이때가 나락이다. 시장이 으르렁거리며 소리친다. "멍청이!" 이 순간이 바로 나락이다.

트레이딩을 시작한 지 불과 몇 주 만에 나락으로 떨어지는 사람도 있다. '최후의 심판'을 늦추기 위해 계좌에 계속 돈을 집어넣는 사람도 있다. 거울에 비친 자신의 모습, 즉 패자의 모습을 보는 건 고통스럽기 때문이다. 인간은 자긍심을 갖기 위해 평생 노력한다. 자부심이 없는 사람은 없다. 이런 지경에 이르면 쥐구멍에라도 숨고 싶어진다. 그러나 명심하라. 이런 경험을 하는 것이 당신 혼자가 아님을. 트레이더라면 누구나 한 번쯤 겪는 일이다.

많은 트레이더가 바닥을 치면 시장에서 사라져 다시는 뒤돌아보지 않는다. 트레이더 중 상당수가 1년 뒤면 사라진다. 바닥을 치고 산산이 부서진 채 떠나는 것이다. 이들은 한바탕 악몽을 꿨다고 생각하고 트레이딩을 머릿속에서 지워버리려고 애쓴다.

일부는 와신상담, 상처를 핥으면서 고통이 가라앉길 기다렸다가 다시 돌아온다. 별로 배운 것도 없이 다시 시장으로 돌아오는 것이다. 이들은 다시 실패할까 봐 두려워하는데, 그 두려움이 트레이딩을 더욱 망친다.

다행히 일부는 바닥을 딛고 올라와 변화와 성장을 향한 여정을 시작한다. 이들에게 나락으로 떨어지는 고통은 악순환을 끊을 계기가 된다. 트레이더에게 악순환이란 바로 승리를 맛보고 높이 솟구쳤다가 바닥으로 추락해 모든 것을 잃는 것이다. **돈을 날리게 만든 문제가 자신에게 있다는 것을 인정하면 새로운 트레이딩 인생을 시작할 수 있다. 그런 다음에야 비로소 승자의 규율과 자제를 체득해 나갈 수 있다.**

트레이더의 첫걸음

알코올중독자가 알코올을 통제할 수 없다는 사실을 인정해야 하듯, 트레이더 역시 손실을 통제할 수 없다는 사실을 인정해야 한다. AA 회원이 밟아야 할 첫 번째 관문은 이렇게 말하는 것이다. "나는 알코올중독자이며 알코올 앞에 무기력하다." 트레이더로서 첫걸음은 이렇게 말하는 것이다. "나는 패자이고 손실 앞에 무기력하다."

알코올중독을 치료하려는 AA 회원은 한 번에 하루씩 술을 끊으려고 애쓴다. AA의 원칙을 활용하면 트레이더는 다시 일어설 수 있다. 한 번에 하루씩 손실 없이 트레이딩하도록 애써보라.

불가능한 일이라고 생각할 수도 있다. 매수했는데 시장이 금방 하락세로 돌아선다면? 공매도했는데 주가가 바닥을 다지고 시장이 급반등한다면? 트레이딩을 하다 보면 고수들도 이따금 돈을 잃는다. 해답은 사업상의 위험과 손실 사이에 선을 긋는 것이다. 트레이더로서 사업상의 위험은 언제나 감수해야 하지만 미리 설정해놓은 위험보다 큰 손실을 보면 안 된다.

예를 들어, 가게 주인은 물건을 새로 들여놓을 때마다 위험을 감수해야 한다. 물건이 안 팔리면 그만큼 손해를 보기 때문이다. 영리한 사업가는 연달아 몇 번 실수를 범해도 사업을 접지 않을 정도의 위험만 감수한다. 두 상자 분량의 물건을 들여오는 건 사리에 맞는 사업상의 위험이지만, 한 트럭씩 들여오는 건 도박이다.

트레이더는 '트레이딩업계'에 있다. 그러므로 사업상의 위험, 즉 한 번의 트레이딩으로 감수할 수 있는 최대 손실이 얼마인지 설정해두어야 한다. 사업에 딱히 '표준'이 없듯, 손실에도 '표준'은 없다. 감수할 수 있는 사업상의 위험은 계좌의 자본금 규모에 따라 달라진다. 트레이딩 기법과 어느 정도까지 손실을 견딜 수 있는지에 따라 달라지기도 한다.

감수할 수 있는 사업상의 위험을 어느 정도로 설정하느냐에 따라 자금 관리 방식이 달라진다(9부 '위험 관리'를 참고하라). 한 번의 트레이딩으로 트레이더가 감수할 수 있는 손실의 최대치는 대개 계좌 자산의 2퍼센트 정도다. 이를테면 계좌에 3만 달러가 있으면 트레이딩당 600달러가 넘는 위험을 감수하면 안 된다. 계좌에 1만 달러가 있으면 200달러가 넘는 위험을 감수하면 안 된다. 계좌에 돈이 얼마 없다면 주식 투자 규모를 줄이고 저렴한 선물시장에 투자하거나, 계약 규모를 최소한으로 줄여야 한다. 구미가 당기는 투자처가 보이더라도 2퍼센트 이상 손실을 감수해야 하는 가격에 손실제한을 설정해야 한다면 투자하지 마라. 무모하게 덤비기보다는 지나치게 조심하는 쪽을 택하라. 알코올중독을 치료 중인 사람이 술집을 피하듯, 한 번의 트레이딩에 2퍼센트 이상 손실을 감수해야 하는 트레이딩은 피하라.

또한 과도한 수수료를 중개인 탓으로 돌리고 체결오차를 장내 트레이더 탓으로 돌린다면 트레이딩에 대한 통제력을 포기하는 것이나 마찬가지다. 수수료와 체결오차를 낮추려고 노력하되 어느 경우에도 책임은 자신의 몫임을 인정하라. 수수료와 체결오차를 포함해 사업상의 위험보다 단돈 1달러라도 더 잃는다면 당신은 패자다.

트레이딩 일지를 꼼꼼히 기록하고 있는가? 트레이딩 일지를 제대로 기록하지 않는 것은 도박꾼이라는 증거다. 훌륭한 사업가는 사업일지를 철저히 기록한다. 진입하고 청산한 날짜와 가격, 체결오차, 수수료, 손실제한 가격, 조정한 손실제한 가격, 진입 이유, 청산 목표가, 최대한의 평가이익 paper profit[•], 최대한의 평가손실 paper loss^{••} 등 필요한 데이터를 모두 트레이딩 일지에 꼼꼼히 기록해 나중에 다시 자신의 트레이딩을 검토하고 철저히 탐구해야 한다.

사업상의 위험 내에서 손실을 보고 트레이딩에서 빠져나온다면 정상적인 사업이다. 여기엔 어떠한 타협도 필요 없다. 가격 변화를 한 번 더 기다릴 필요도 없고, 변화를 바라서도 안 된다. 미리 설정해둔 사업상의 위험보다 단돈 1달러라도 더 잃는 것은, 취해서 시비에 휘말리고 쓰린 속을 움켜쥐고 집으로 가다가 이튿날 아침 시궁창에서 일어나는 주정뱅이나 마찬가지 행위다. 그런 일이 일어나길 바라지는 않을 것이다.

● 아직 실현되지 않은 장부상의 수익 - 옮긴이
●● 아직 실현되지 않은 장부상의 손실 - 옮긴이

트레이더의 자활 조직, '패자들의 모임'

AA 모임에 가보면 여러 해 동안 술을 입에 대지 않은 사람들도 자기소개를 할 때 일어나서 이렇게 말한다. "안녕하세요. 제 이름은 ○○○입니다. 저는 알코올중독자입니다." 몇 년 동안 술을 끊었는데 왜 자신을 알코올중독자라고 소개하는 걸까? 알코올중독을 극복했다고 생각하면 다시 술을 입에 대고 싶어지기 때문이다. 자신이 알코올중독자가 아니라고 생각하면 한 잔 또 한 잔 부담 없이 홀짝이게 되고, 결국 다시 시궁창에 드러눕게 된다. 술이 깬 채 말짱한 정신으로 있고 싶으면 남은 인생 동안 자신이 알코올중독자라는 사실을 끊임없이 상기해야 한다.

트레이더 역시 나름의 자활 조직에서 도움을 받을 수 있다. 나는 이 모임을 '패자들의 모임'이라고 부르고 싶다. '트레이더들의 모임'이라고 하지 않는 이유는 가혹한 명칭을 써야 자기 파괴적 성향을 상기할수 있기 때문이다. AA도 '음주자들의 모임'이라고 부르지 않고 '알코올중독자'라는 단어를 쓴다. 스스로 '패자'라고 부르는 동안에는 손실을 피하는 데 집중할 수 있다.

몇몇 트레이더는 '패자들의 모임'이 부정적 사고를 조장한다며 반대 의사를 내비치기도 했다. 텍사스 출신으로, 크게 성공했지만 이제는 은퇴한 여성 트레이더가 내게 자신의 트레이딩 방법을 설명해준 적이 있다. 그녀는 독실한 신자로 아침마다 기도한 뒤 사무실로 차를 몰고 가서 활발하게 트레이딩을 했다. 그녀는 돈의 주인은 하나님이므로 돈을 잃으면 하나님이 기뻐하지 않으실 거라 생각해서 시장이 불리하게 움직일 때마다 재빨리 손절했다고 말했다. 나는 우리 방식이 비슷하다고 생각한다. 객관적인 외부 원칙에 따라 트레이딩을 멈추는 것이다.

　사업상의 위험 내에서 트레이딩하는 것은 알코올을 끊은 채 사는 것과 비슷하다. 주정뱅이가 자신이 알코올중독자라고 인정해야 하듯, 트레이더는 자신이 패자라는 것을 인정해야 수렁에서 벗어날 수 있다. 그런 다음에야 비로소 회복을 향한 여정을 시작할 수 있다. 매일 아침 주문창 앞에 앉아 이렇게 말하라. "안녕하세요, 제 이름은 ○○○입니다. 저는 패자입니다. 제 속에는 계좌를 뭉텅 떼먹으려는 녀석이 똬리를 틀고 있습니다." AA 모임에서 하는 것과 비슷한데, 이는 첫 번째 원칙, 즉 내가 패자라는 사실을 되새기게 해준다. 하루 동안 시장에서 수천 달러를 벌었더라도 이튿날 똑같이 말하라. "안녕하세요, 제 이름은 ○○○입니다. 저는 패자입니다."

　내 친구는 이런 우스갯소리를 했다. "난 아침이면 시황판 앞에 앉아서 이렇게 말하지. '내 이름은 존이야. 네놈의 숨통을 끊어놓을 거야'라고." 이런 생각은 사람을 긴장하게 만들지만, '패자들의 모임'의 사고방식은 사람을 평온하게 만든다. 마음이 평온하고 느긋한 트레이더는 가장 안전한 최선의 매매 기회를 찾는데 집중할 수 있다. 정신이 말짱한 사람과 취한 사람이 달리기 시합을 하면 누가 이길지 자명하다. 가끔 술 취한 사람이 이길 수도 있지만 베팅해야 한다면 누구든 정신이 말짱한 쪽에 돈을 걸 것이다. 우리도 말짱한 정신으로 경주에 임해야 한다.

10
승자와 패자

제각기 걸어온 인생길도 다르고 정신세계도 다른 사람들이 트레이딩업계에 모여든다. 그런데 평소 하던 식으로 시장에서 행동하면 돈을 잃기 십상이다. 무엇보다 기분 내키는 대로 행동하지 않고 이성을 얼마나 잘 활용하느냐에 승패가 달려 있다. 돈을 벌면 기뻐 날뛰고 잃으면 낙담해 감정을 통제하지 못하는 사람은 시장에 휘둘려 돈을 불릴 수 없다.

시장에서 승자가 되려면 냉철하고 책임감 있게 행동해야 한다. 돈을 잃고 나서 속이 쓰려 도깨비방망이 같은 기법을 찾아 헤매는 이들이 많은데, 이런 사람은 직장이나 사업을 하면서 배운 유용한 지식과 경험을 고스란히 버리는 것이나 마찬가지다.

시장은 바다 같다

시장은 바다 같다. 내 소망에는 아랑곳하지 않고 제멋대로 출렁거린다. 주식을 매수했는데 상승하면 기분이 좋아진다. 공매도했는데 시장이 강세를 보여 틱이 상승할 때마다 계좌에서 돈이 빠져나가면 두려워서 머릿속이 하얗게 된다. 하지만 이런 감정은 시장과 아무런 관련이 없다. 그저 나 혼자 이랬다 저랬다 하는 것일 뿐.

시장은 나라는 존재가 있다는 것조차 모른다. 누구도 시장을 어찌할 수 없다. 바다는 나의 안전 따위는 안중에도 없지만, 그렇다고 일부러 나를 해치려 하지도 않는다. 우리는 단지 자신의 행동을 통제할 수 있을 뿐이다.

선원은 바다를 통제하지 못한다. 다만 자기 자신을 통제할 수 있을 뿐이다. 선원은 해류와 기상 패턴을 연구하고 정확한 항해술을 배우고 경험을 쌓는다. 그리고 바다로 나갈 때가 언제인지, 항구에 정박해야 할 때가 언제인지 배운다. 훌륭한 선원은 이성을 바탕으로 이렇게 자신이 쌓은 지식들을 활용한다.

바다는 고기를 낚아 올릴 수도 있고 파도를 타고 다른 섬으로 이동할 수도 있는 유용한 공간이지만, 한편으로는 자칫 잘못하면 익사할 수 있는 위험한 공간이기도 하다. 이성적이고 합리적으로 접근할수록 원하는 곳에 도달할 확률이 높아진다. 기분 내키는 대로 행동하면 바다의 움직임에 집중할 수 없다.

선원이 바다를 연구하듯, 트레이더도 시장의 추세trend와 반전reversal을 연구해야 한다. 계좌를 통제하는 법을 배우는 동안에는 소규모로 매매해야 한다. 그렇게 하면 시장을 통제할 순 없지만 자신을 통제하는 법은 터득할 수 있다.

초보는 연달아 수익을 올리면 물 위라도 걸을 수 있을 듯한 착각에 빠진다. 그래서 무모하게 위험을 감수하고 결국 계좌의 돈을 모두 날려버린다. 반면 연달아 손실을 본 아마추어는 기가 죽어서 시스템에서 매수 혹은 매도 신호가 나타나도 선뜻 주문을 내지 못한다. 트레이딩으로 기분이 붕 뜨거나 겁에 질려 위축된다면 이성이 제대로 힘을 쓰지 못한다. 좋아서 기뻐 날뛰면 비이성적인 매매를 해서 돈을 잃기 마련이고, 두려움에 사로잡혀 얼어붙으면 수익이 보장된 매매를 놓치기 십상이다.

바닷바람이 배를 강타하면 선원은 돛을 펴 배가 휘청거릴 여지를 줄인다. 시장에 얻어맞은 트레이더가 회복하기 위해 처음 해야 할 일은 트레이딩 규모를 줄이는 것이다. 배우는 동안이나 스트레스가 쌓일 때는 트레이딩 규모를 줄여야 한다.

프로 트레이더는 가슴이 아닌 머리로 움직이며 어느 상황에서도 평정심을 유지한다. 흥분했다 의기소침했다 하는 건 아마추어나 하는 짓이다. 감정적인 트레이딩은 누구도 감당할 수 없다.

감정은 돈을 버는데 치명적 장애다

인간은 대개 짜릿한 쾌감과 오락을 열망한다. 이런 이유로 가수, 배우, 프로 운동선수는 내과 의사나 항공기 조종사, 대학교수보다 훨씬 높은 수익을 올리는 것이다. 사람들은 말초신경을 자극하는 무언가를 원한다. 복권을 사고, 라스베이거스의 카지노로 날아가고, 교통사고 현장을 구경하려고 달리는 차의 속도를 늦춘다. 감정적인 트레이딩 역시 중독성이 강하다. 시장에서 돈을 잃은 사람조차도 황홀한 쾌락을 대가로 받는다.

시장은 관중이 직접 시합에 참여할 수 있는 스포츠다. 메이저리그 야구장에서 외야석에 앉아 있던 관중이 수백 달러를 내고 경기장에 들어가 경기에 참가하는 셈이다. 시장은 공을 방망이 중심에 제대로 맞히기만 하면 프로 선수처럼 돈을 벌 수 있는 경기장이다.

처음 몇 번은 경기장에 뛰어들기 전에 곰곰이 생각해볼 것이다. 이런 신중한 태도 덕분에 도박판에서 말하는 '초보의 운'이라는 말이 나온 것이다. 초보는 몇 번 안타를 쳐서 돈을 벌면 자신이 프로와 맞먹거나 심지어 더 낫다고 생각하고 경기로 충분히 생계를 꾸릴 수 있을 거라고 착각한다. 욕심이 난 아마추어는 경기장의 상황이 여의치 않은데도 툭하면 경기장에 뛰어든다. 그러고는 어쩌된 영문인지도 모른 채 몇 번 실패를 거듭하다 빈털터리가 된다.

시장은 오락을 즐기기에 좋기로 지구상에서 손꼽히는 곳이다. 하지만 감정에 치우친 판단은 치명적인 결과를 낳을 뿐이다. 경마장에 가서 경주마를 보지 말고 주위 사람을 둘러보라. 도박꾼들은 발을 구르고 방방 뛰며 말과 기수를 향해 고래고래 소리를 지른다. 수많은 사람들이 감정을 분출한다. 승자는 서로 얼싸안고 기뻐하고, 패자는 속이 상해 마권을 북북 찢어버린다. 환희와 고통, 돈을 딸 거라는 기대에 들뜬 이런 모습은 마치 시장을 한 컷의 풍자만화로 옮겨놓은 듯하다. 경마장에서 먹고사는 사람은 흥분하지도 소리치지도 않으며 한 번의 레

이스나 하루에 가진 돈을 몽땅 걸지 않는다.[•]

　카지노는 쌍수 들어 술꾼을 환영한다. 카지노에선 도박꾼들에게 공짜 술을 주는데, 술에 취하면 더 감정에 치우치고 더 자주 베팅하기 때문이다. 그런데 침착하고 똑똑한 카드–카운터 cardcounters[••]는 주정뱅이를 내쫓는다. 월스트리트는 카지노처럼 공짜 술은 많이 안 주지만 적어도 트레이딩을 잘한다고 쫓아내지는 않는다.

트레이더가 통제할 수 있는 건 자신뿐이다

원숭이는 나무 등걸에 부딪혀 발을 다치면 화가 머리끝까지 나서 나무를 걷어찬다. 이런 원숭이를 보고 비웃을 수도 있지만, 자신이 원숭이처럼 행동할 때도 이렇게 스스로를 비웃을 것인가? 많은 이들이 롱 포지션(매수 포지션)을 취했다가 주가가 폭락하면 손실이 난 포지션을 두 배로 늘리기도 하고, 본전이라도 건지려고 바로 포지션을 바꿔 숏 포지션(공매도 포지션)을 취하기도 한다. 머리를 쓰지 않고 감정과 기분에 따라 행동하는 것이다. 시장에 맞서 싸우려는 트레이더는 홧김에 나무

● 나는 뉴욕 벨몬트 경마장 평생 무료 출입권을 지갑에 넣고 다닌다. 이 경마장은 고인이 된 내 친구 루 테일러의 소유로, 출입권은 직원 신분증처럼 보이지만 '직위'란에 '승자'라고 적혀 있다. 테일러는 핸디캡핑챔피언십에서 여러 번 우승마에게 베팅했고 사망하기 몇 달 전까지 계속 경마로 돈을 벌었다.

●● 확률과 통계가 적용되는 블랙잭 게임에서 카드 통에 남아 있는 카드를 추적하는 카드–카운팅 기술을 가진 사람. 수백 장의 카드를 기억해 자신이 원하는 카드가 나올 확률을 계산해낸다 – 옮긴이

등걸을 걷어차는 원숭이와 다를 게 없다. 분노, 두려움, 의기양양한 기분에 사로잡혀 행동하면 성공의 기회를 망쳐버리기 쉽다. 감정대로 움직일 게 아니라 먼저 자기 행동을 분석해본 뒤 실행에 나서야 한다.

우리는 시장을 향해 분노를 터뜨리기도 하고 두려워하기도 하면서 스스로 시장에 대한 미신을 만든다. 그러거나 말거나 시장은 폭풍우가 몰아쳤다 어느새 잠잠해지는 바다처럼 상승과 하락을 반복한다. 마크 더글러스 Mark Douglas는 《훈련된 트레이더 The DisciplinedTrader》에서 시장에 대해 이렇게 말했다. "시장에는 시작도 중간도 끝도 없다. 모든 개념은 우리가 머릿속에서 만들어낸 것에 불과하다. 게다가 감정 분출이 전적으로 자유로운 영역, 즉 어떤 외부의 제재나 제한이 없는 영역에서 자신을 통제하는 법을 배우면서 자란 사람은 극히 드물다."

우리는 시장을 구워삶거나 마음대로 조종하려고 한다. 마치 배를 가라앉히려는 듯 사납게 일렁이는 바다에 대고 채찍질하라고 병사들에게 명령한 제왕 크세르크세스처럼 말이다. 우리는 자신이 얼마나 시장을 조종하고 싶어 하며, 얼마나 시장과 흥정하려 하며, 얼마나 시장에서 감정을 분출하고 있는지 모른다. 그런 채로 자기가 우주의 중심이라고 여기며 자신을 기준으로 모든 개인이나 집단의 좋고 나쁨을 판단한다. 그러나 시장은 인격체가 아니므로 당연히 이런 기대는 통하지 않는다.

하버드대학 정신과 의사 레스턴 헤이븐스 Leston Havens는 이렇게 적었다. "식인食人 풍습과 노예제도는 인간의 포식 성향과 굴종 성향을 보여주는 가장 오래된 관습이다. 지금은 식인이나 노예제도를 금지하고 있지만 이것들은 문명사회에 심리적인 형태로 여전히 존재하고 있다. 문명은 똑같은 목적을 추구하되 구체적이고 물리적인 형태를 추상적이고 심리적인 형태로 전환하는데 대성공을 거뒀다." 부모는 자녀를 위협하고, 골목대장은 동네 아이들을 때리고, 선생은 학교에서 아이들의 기를 꺾어놓는다. 인간이 성장하면서 단단한 보호막을 치고 숨어버리거나 자기방어를 위해 타인을 조종하는 법을 터득하는 것은 어찌 보면 당연한 일이다. 따라서 인간이 독립적으로 행동하는 것은 자연스럽지 않다. 그러나 독립적으로 행동하는 자만이 시장에서 살아남을 수 있다.

더글러스는 경고했다. "시장의 행위가 종잡을 수 없는 것처럼 보인다면 그건 내 행위가 종잡을 수 없고 통제 불능이기 때문이다. 내가 앞으로 어떤 행동을 할지 알 수 없으면 시장이 어떻게 움직일지 판단할 수 없다." 그가 내린 결론은 이렇다. "내가 통제할 수 있는 단 한 가지는 나 자신이다. 트레이더로서 내가 가진 권한은 돈을 벌거나 다른 트레이더에게 돈을 뺏기는 것, 단 두 가지뿐이다." 더글러스는 이렇게 덧붙였다. "꾸준히 수익을 올리는 트레이더는 '정신 수양'이라는 관점에서 트레이딩에 접근한다." 트레이더로 성공하려면 우리 모두는 마음속에 있는 악귀를 물리쳐야 한다. 여기 내 이야기를 소개한다. 멋모르고 날뛰는 아마추어에서 변덕스러운 준전문가, 그리고 마침내 침착한 전문가가 되기까지 나를 받쳐준 몇 가지 원칙이 있다. 각자 자신의 개성에 맞게 내용을 바꿔보라.

1. 시장에서 오래 살아남겠다고 다짐하라. 앞으로 20년은 트레이더로 남아 있겠다고 결심하라.

2. 가능한 한 많이 배워라. 전문가들이 쓴 책을 읽고 그들의 말에 귀를 기울

이되 건전한 관점에서 모든 말에 의문을 품어라. 전문가의 말이라고 곧이곧대로 받아들이지 말고 의문을 던져라.

3. 탐욕에 휘둘려 성급하게 트레이딩에 뛰어들지 마라. 시간을 갖고 천천히 배워 나가라. 앞으로 몇 달, 몇 년이 뒤에도 시장은 더 많은 기회를 품은 채 그 자리에 존재할 것이다.

4. 시장을 분석하는 기법을 개발하라. 즉, "A가 일어나면 B가 뒤따를 확률이 높다"는 식으로 자신만의 기법을 만들어보라. 시장은 다양한 측면을 가지고 있으므로 트레이딩을 확증할 수 있는 몇 가지 분석 기법을 활용해보라. 과거의 자료로 모든 것을 시험해보고 난 다음, 시장에서 진짜 돈으로 시도해보라. 시장은 끊임없이 변한다. 강세장, 약세장, 전환기를 구별하는 도구를 보유해야 할 뿐 아니라 장세에 따라 트레이딩할 수 있는 다양한 도구가 있어야 한다(기술적 분석에 관한 내용들을 참고하라).

5. 자금 관리 계획을 세워라. 첫 번째 목표는 오래 살아남는 것이고, 두 번째 목표는 자본을 꾸준히 늘리는 것이며, 그다음 세 번째 목표는 높은 수익을 올리는 것이다. 트레이더들은 대개 세 번째 목표를 처음으로 내세울 뿐, 첫 번째, 두 번째 목표가 있는지도 모른다(9부 〈위험 관리〉를 참고하라).

6. 어떤 트레이딩 시스템을 적용하든 트레이딩에 있어 트레이더 자신이 가장 취약한 부분이라는 사실을 받아들여라. AA 모임에 참석해 손실을 피하는 법을 배우든지 다른 모든 방법을 동원해 충동적인 트레이딩을 중단할 수 있는 자신만의 방법을 개발하라.

7. 승자와 패자는 생각하고 느끼고 행동하는 방식이 다르다. 자신의 내면을 들여다본 뒤 환상을 버리고 낡은 사고방식과 행동 방식, 낡은 자아를 완전히 버리고 거듭나야 한다. 변하는 건 힘들다. 그러나 시장에서 승자가 되고 싶다면 성격까지 환골탈태하고 성장해야 한다.

　성공한 트레이더가 되려면 적극성, 지식, 절제가 필요하다. 돈도 중요하지만 이런 자질들만큼 중요하진 않다. 적극성을 갖고 이 책을 끝까지 읽어 나가면 많은 지식을 습득할 수 있을 것이다. 그런 면에서 이 책의 마지막 장을 절제에 관한 주제로 마무리하는 것에는 상당한 의미가 있다고 할 수 있다.

NEW
TRADING
FOR A LIVING

제 2 부

집단 심리

주식시장에서
살 아 남 는
심   리
투 자 법 칙

월스트리트는 미국 뉴욕 주 맨해튼 남단 마을에서 농장의 가축이 달아나지 못하도록 쳐놓은 울타리에서 유래한 이름이다. 오늘날 트레이더들이 쓰는 은어에는 농장 시절의 잔재가 많이 남아 있다. 월스트리트에서는 특히 네 가지 동물이 자주 언급된다. 황소와 곰, 돼지와 양이다. 트레이더들은 말한다. "황소도 돈을 벌고 곰도 돈을 벌지만 돼지는 도살당한다."

황소^{bull}는 뿔을 위로 치받으며 싸운다. 황소는 매수자로, 상승 쪽에 베팅해 주가가 상승할 때 수익을 거둔다. 곰^{bear}은 앞발로 내리쳐서 싸운다. 곰은 매도하는 사람, 즉 하락 쪽에 베팅해 주가가 하락하면 수익을 거둔다.[1] 돼지는 탐욕스럽다. 어떤 돼지는 분수에 맞지 않게 큰 규모로 매수 포지션 혹은 매도 포지션을 취하는 바람에 시장이 조금만 불리한 쪽으로 움직여도 도살당하고 만다. 어떤 돼지는 포지션을 너무 오래 끌고 간다. 추세가 반전한 뒤에도 수익을 기대하며 꾸물거리는 것이다. 양 떼는 추세나 정보, 지도자를 추종하는 수동적이고 겁 많은 부류다. 이따금 황소 뿔도 달아보고 곰 가죽도 뒤집어쓰며 으스대기도 한다. 변동성이 커지면서 시장이 요동치면 구슬프게 "매애~ 매애~" 우는 소리가 들리는데, 이들이 바로 황소나 곰으로 위장한 양들이다.

장이 열리면 황소는 매수하고 곰은 매도하며 돼지와 양은 무참히 짓밟힌다. 옆으로 비켜서서 관망하는 트레이더는 결정을 유보한 이들이다. 전 세계 시황판에는 끊임없이 최종 거래가가 뜬다. 사람들이 트레이딩 결정을 내리는 동안에도 수많은 눈이 가격을 주시하고 있다.

---

1 시장에는 황소와 곰 모두 거주할 만큼 넉넉한 공간이 있다. 때로 황소와 곰이 동시에 살 수도 있다. 스파이크트레이드닷컴에서 유능한 트레이더 두 사람이 같은 주식을 선택해 한 사람은 롱 포지션, 한 사람은 숏 포지션을 취하는 경우가 있는데, 이를 지켜보는 것은 언제나 흥미진진하다. 한 주가 끝날 무렵 두 사람 모두 수익을 거두는 일이 종종 있다. 이것만 봐도 어떤 주식, 어떤 포지션을 취하느냐보다 트레이딩을 어떻게 관리하느냐가 더 중요하다는 것을 알 수 있다.

Trading for a Living

11

가격이란
무엇인가?

시장에는 세 부류의 트레이더가 있다. 매수자, 매도자, 관망자. 사려는 사람은 되도록 싸게 사려고 하고, 팔려는 사람은 되도록 후하게 받으려고 한다. 양쪽의 충돌이 반영된 것이 매수-매도 스프레드로, 들어가는 글에서 이에 대해 설명한 바 있다. '매도호가'는 매도자가 자신의 상품에 대해 요구하는 값이다. '매수호가'는 매수자가 그 상품에 대해 제시하는 값이다.

매수자는 선택의 기로에 서 있다. 가격이 내릴 때까지 기다리든가 아니면 매도자가 요구하는 가격을 지불해야 한다. 매도자 역시 선택의 기로에 서 있는 셈이다. 가격이 오를 때까지 기다리든가 아니면 자신이 제시한 것보다 더 낮은 가격이라도 받아들일지 선택해야 한다. 두 사람의 마음이 일치하는 순간, 거래가 성사된다. 어떻게 하든 사려는 사람이 매도자의 조건에 동의하고 값을 더 지불하거나, 어떻게 하든 팔려는 사람이 매수자의 조건에 동의하고 좀 더 싸게 팔면 매매가 성사된다.

그런데 시장의 한편에는 결정을 미룬 채 관망하는 트레이더가 존재한다. 이 사실은 매수자와 매도자 양쪽 모두에게 부담으로 작용한다. 언제 어느 순간 끼어들어 거래를 낚아챌지 모르는 트레이더들이 사방에서 노리고 있으므로 매수자와 매도자는 발 빠르게 움직인다.

매수자는 생각하느라 너무 오래 지체하면 다른 트레이더가 끼어들어 물건을 채 갈지도 모른다는 것을 알고 있다. 매도자 역시 가격을 더 받으려고 꾸물대다간 다른 트레이더가 끼어들어 더 낮은 가격에 팔아버릴 거라는 사실을 알고 있다. 결정을 미루고 관망하는 트레이더가 많기 때문에 매수자와 매도자는 상대의 요구에 맞춰주며 타협한다. 이렇게 두 사람이 의기투합하면 거래가 성사된다.

가격은 시장 참여자의 순간적 의견 조율 결과

시황판에 보이는 틱은 매수자와 매도자 사이에 합의된 가격을 나타낸다. 매수자는 가격이 오르리라 예상해 매수하고, 매도자는 가격이 내리리라 예상해 매도한다. 매수자와 매도자는 관망하는 수많은 트레이더에게 둘러싸여 있는데, 이들이 언제든 매수자나 매도자로 돌변할 수 있으므로 매수자와 매도자는 계속 압박을 받는다. 매수세는 주가를 밀어 올리고, 매도세는 주가를 끌어내리며, 관망세는 이들을 재촉해 매매를 앞당긴다.

트레이더들은 전 세계 구석구석에서 시장으로 모여든다. 거래소에서 직접 매매하기도 하고, 컴퓨터로 매매하기도 하고, 중개인을 통해 매매하기도 한다. 누구나 매수 또는 매도할 기회가 있다. **가격은 모든 시장 참여자가 순간적으로 합의한 가치가 행위로 표출된 것이다.** 가격은 트레이더 집단인 매수자, 매도자, 관망자에 의해 형성된다. 이런 점에서 가격과 거래량 패턴은 시장의 집단 심리를 반영한 결과라고 볼 수 있다.

군중의 행동 양식

수많은 사람이 주식, 상품, 옵션을 거래한다. 많은 돈, 적은 돈, 스마트 머니smart money●, 덤 머니dumb money●●, 기관 자금, 개인 자금, 장기 투자자, 단기 투자자 이 모든 것이 거래소에서 만난다. **가격은 매수자, 매도자, 관망자들이 거래가 이뤄지는 시점에 일시적으로 합의를 본 가치를 의미한다. 스크린에 나타난 모든 패턴의 이면에는 이처럼 수많은 트레이더가 존재한다.**

군중의 합의는 순간순간 변한다. 때로는 시장이 아주 차분하게 가라

● 장세 변화에 따라 신속하게 움직이는 자금으로 시장 정보에 민감한 기관들이 보유한 현금 등을 가리킨다 – 옮긴이

●● 움직이는 속도가 스마트 머니에 비해 떨어지는 자금, 정크 머니junk money라고도 한다 – 옮긴이

앉아 있는 상태에서 합의를 보기도 하고, 때로는 장세가 마구 요동치는 가운데 합의하기도 한다. 시장이 조용할 때는 가격이 조금씩 상승한다. 군중이 겁을 집어먹거나 반대로 신이 나서 우쭐대면 가격이 날뛰기 시작한다. 침몰하는 배 위에서 구명조끼를 판다고 상상해보라. 이와 비슷한 심리 상태에서 수많은 트레이더가 추세를 보고 감정에 휩쓸려 움직이면 가격이 폭등한다. 영리한 트레이더는 조용할 때 시장에 진입해 시장이 격변할 때 수익을 거둔다. 아마추어는 이와 정반대로 행동한다. 아마추어는 가격이 날뛰기 시작하면 급히 뛰어들거나 빠져나오지만 가격이 활기 없이 잔잔하면 따분해져서 흥미를 잃는다.

차트 패턴에는 금융시장에서 요동치는 집단 심리가 반영돼 있다. 트레이딩은 주가가 오르면 돈을 벌려는 매수세와 주가가 내리면 돈을 벌려는 매도세가 싸우는 전쟁터다. 진지한 기술적 분석가의 목표는 매수세와 매도세간 힘의 균형을 판단해 이기는 쪽에 돈을 거는 것이다. 매수세가 훨씬 강하면 매수 후 보유해야 한다. 매도세가 훨씬 강하면 롱 포지션을 청산하고 숏 포지션에 진입해야 한다. 양 진영의 힘이 팽팽하면 현명한 트레이더는 물러서서 관망한다. 현명한 트레이더는 양 진영이 격렬하게 싸우도록 놔둔 뒤 어느 쪽이 이길지 충분히 확신이 선 뒤에야 트레이딩에 진입한다.

주가, 거래량, 그리고 주가와 거래량을 추적하는 지표는 모두 군중의 행위가 반영된 결과물이다. 기술적 분석과 여론조사는 둘 다 과학과 예술의 조합이라는 점에서 유사하다. 통계학적 기법과 컴퓨터를 사용한다는 점에서 과학이며, 개인적 판단을 통해 자료를 해석한다는 점에서 예술이다.

12

시장이란
무엇인가?

시장의 가격, 숫자, 그래프 뒤에 있는 실체는 무엇일까? 신문에서 가격을 체크하거나 시황판을 보거나 차트에 지표를 그릴 때 내가 보고 있는 건 정확히 무엇인가? 내가 분석하고 매매하고자 하는 시장은 무엇인가?

아마추어는 트레이딩을 하나의 즉흥적이고 우발적인 사건으로 생각한다. 이를테면 프로들이 뛰고 있는 시합에 뛰어들어 아마추어도 돈을 벌 수 있는 야구 경기쯤으로 생각한다. 과학이나 공학을 공부한 사람은 종종 시장을 하나의 물리적 현상처럼 다루며 신호 처리나 노이즈 제거 등의 원칙을 시장에 적용하려 한다. 반면 프로 트레이더는 시장이 무수히 많은 사람의 집합이라는 점을 정확히 꿰뚫고 있다.

트레이더라면 누구나 시장의 방향을 남보다 먼저 예측해 다른 사람의 돈을 뺏으려고 한다. 시장의 군중은 전 세계 방방곡곡에 살고 있지만, 현대 통신기술 덕분에 남의 돈으로 수익을 취하려는 사람들이 전세계에서 몰려오고 있다. **시장은 거대한 군중의 집합이다. 시장 구성원은 누구나 남보다 한 발 앞서 다른 구성원의 돈을 취하려고 한다.** 시장은 모두가 나를 대적하고 나 또한 모두를 대적하는 가혹한 전쟁터다.

시장은 가혹할 뿐만 아니라 진입하고 퇴장할 때마다 대가를 요구한다. 한 푼이라도 더 수익을 거두려면 수수료와 체결오차라는 장벽을 뛰어넘어야 한다. 주문을 하는 순간, 중개인에게 수수료를 내야 하므로 게임을 시작할 때부터 한 수 접고 들어가는 셈이다. 주문이 객장에 도달하면 이번에는 체결오차로 시장 조성자●들이 돈을 뜯어 가려고 한다. 포지션을 정리하고 시장에서 나가려고 할 때도 계좌에서 돈을 뜯어 간다. **트레이딩 세계에서 살아남으려면 세상에서 가장 영리한 사람들과 경쟁하면서 그 와중에 수수료와 체결오차를 뜯어 가려는 피라냐들까지 물리쳐야 한다.**

하나의 시장을 구성하는 전 세계의 군중

예전에는 시장이 작아서 시장 참가자들끼리 서로 다 아는 사이였다. 1792년 결성된 뉴욕증권거래소는 스무 명 남짓한 중개인들이 모여서 만들었다. 화창한 날에는 미루나무 아래 모이고, 비가 오면 프런시스

● 호가 차익을 추구하기 위해 자기 계좌로 활발하게 거래하는 전문 투자자나 투자 기관 – 옮긴이

태번 Fraunces Tavern이라는 식당으로 자리를 옮겼다. 뉴욕증권거래소를 구성하자마자 이 중개인들은 고정 수수료를 부과했고, 이 수수료는 이후 180년 동안 계속 유지되고 있다.

오늘날에는 소수의 장내 트레이더만이 거래소에 있을 뿐, 대다수의 트레이더는 전자 장비를 이용해 매매한다. 하지만 이들 모두 스크린을 통해 똑같은 시황판을 지켜보며 경제신문에서 똑같은 기사를 읽는다. 이들은 서로 수백 킬로미터 떨어져 살고 있지만 트레이딩이란 특정한 목적 아래 하나의 시장 집단을 이룬다. 첨단 통신기술 덕분에 세계는 점차 가까워지고 시장은 점점 커지고 있다. 런던이 행복에 도취되면 뉴욕까지 행복하고, 도쿄가 온통 우울하면 프랑크푸르트까지 그늘이 드리운다.

시장을 분석한다는 것은 집단 행위를 살피는 것이다. 서로 멀리 떨어져 있는 대륙에 살고 문화도 서로 다르지만, 시장의 군중은 비슷한 행동 양식을 보인다. 사회심리학자들이 집단행동을 지배하는 몇 가지 법칙을 발견했는데, 트레이더라면 시장에 모인 군중이 자신에게 어떤 영향을 미치는지 알아야 하므로 이 법칙들을 반드시 이해해야 한다.

개인과 군중의 힘

사람은 누구나 집단에 소속되고 싶어 하고, '다른 사람들처럼 행동하고 싶어 하는' 강한 욕구를 갖고 있다. 이런 원초적인 욕구는 매매에 임할 때 트레이더의 판단을 흐려놓는다. 트레이더로 성공하려면 독립적으로 사고해야 한다. 홀로 시장을 분석하고 이를 바탕으로 매매 의 사결정을 내릴 만큼 강인해야 한다.

군중은 추세를 만들 만큼 충분히 강력한 힘을 지니고 있다. 군중은 썩 영리하지 않지만, 우리 중 그 누구보다 힘이 세다. 추세를 거스르지 마라. 추세가 상승 곡선을 그리면 매수하거나 관망하거나 둘 중 하나를 택해야 한다. 단순히 '가격이 너무 높다'고 섣불리 공매도하지 마라. 군중과 다투지 마라. 군중과 함께 달릴 필요는 없지만 반대 방향으로 달려 군중과 맞서면 안 된다.

군중의 힘을 존중하되 두려워하지 마라. 군중은 힘이 세지만 원초적이며, 그 행동은 단순하고 반복적이다. 스스로 생각할 수 있는 트레이더라면 충분히 군중의 돈을 취할 수 있다.

어디에서 나온 돈인가?

잠시 멈춰 트레이딩에서 얻을 것으로 기대하는 수익이 어디에서 나오는 것인지 생각해본 적 있는가? 시장에 돈이 있는 이유는 뭘까? 기업의 수익이 좋아서? 아니면 금리가 낮아서? 아니면 콩이 풍작이라서? **시장에 돈이 있는 이유는 딱 하나, 다른 트레이더들이 시장에 돈을 쏟아붓기 때문이다. 내가 벌려고 하는 돈은 다른 사람의 것이며, 그들은 내게 돈을 내줄 생각이 눈곱만큼도 없다.**

트레이딩은 다른 사람이 내 돈을 뺏으려고 달려드는 와중에 나 역시 다른 사람의 돈을 뺏으려고 달려드는 행위다. 당연히 아주 어려운 일일 수밖에 없다. 게다가 중개인과 장내 트레이더들이 승자와 패자 모두에게 돈을 뜯어 가려고 노리고 있다 보니 이기기는 더더욱 어렵다.

팀 슬레이터 Tim Slater는 트레이딩을 중세 시대의 전투에 비유했다. 중세 시대 무사는 무기를 들고 전쟁터에 나가 적을 죽여야 했다. 물론 적도 그를 죽이려 했다. 승자는 패자의 무기와 가산, 아내를 취하고 자녀는 노예로 팔아버렸다. 오늘날 우리는 벌판으로 가는 대신 거래소로 간다. 내가 누군가의 돈을 빼앗았다면 그 사람의 고혈을 빨아먹은 것이나 다름없다. 그는 집과 가산, 부인을 잃었을 수도 있고 자식의 인생이 가시밭길로 변했을지도 모른다.

낙천적인 친구가 있었다. 그는 낄낄거리며 특별한 준비도 하지 않고 전쟁터에 나오는 사람이 많다면서 이렇게 말했다. "중개인의 90~95퍼센트가 리서치의 기본도 몰라. 알지도 못하고 덤비지. 우린 알고 하거든. 나머지 불쌍한 인간들은 그냥 남한테 적선하는 꼴이지, 뭐." 그럴듯한 말 같지만 이 친구는 곧 그렇지 않다는 사실을 깨달았다. 시장에서 '쉽게 버는 돈'은 없다.

시장에는 털을 깎이거나 도살당하기를 기다리는 멍청한 양들이 수없이 많다. 양은 쉽게 다룰 수 있다. 하지만 양고기를 한 점이라도 더 손에 넣으려면 무시무시한 경쟁자들과 싸워야 한다. 미국 총잡이, 영국 기사, 독일 용병, 일본 사무라이 등등 온갖 무사들이 모두 가여운 양 떼를 쫓고 있다. 트레이딩은 수많은 적과 벌이는 전투다. 게다가 전쟁터에 들어가고 나가려면 돈을 지불해야 하며, 결과는 살아나오든지 상처를 입든지 죽든지 세 가지뿐이다.

내부 정보

우리보다 한 발 앞서 정보를 입수하는 집단이 최소 하나 이상은 있다고 생각해야 한다. 기록에 따르면 기업 내부자들^{insider}은 주식시장에서 꾸준히 수익을 올린다. 이 기록은 내부자들이 미국 증권거래위원회^{SEC}에 보고한 합법적 거래만 반영한 것으로, 빙산의 일각에 지나지 않는다. 불법적인 내부자 거래가 아주 빈번하게 이뤄진다고 봐야 한다.

내부 정보를 이용해 트레이딩하는 사람은 우리 같은 사람들의 돈을 강탈한다. 재판을 통해 악명 높은 내부거래자들이 수감되는 사건은 보기 드문 일도 아니다. 특히 강세장이 붕괴한 뒤에는 내부자 거래에 대한 유죄 판결이 연달아 이어진다. 2008년 주가 대폭락 이후 갈레온펀드 CEO를 비롯한 임원들이 장기형을 선고 받았고, 미국 유수 기업의 전직 이사들이 2년형을 선고 받았으며, 최근에는 SAC캐피털 펀드매니저가 유죄 판결을 받기도 했다.

그러나 이렇게 내부자 재판으로 유죄 판결을 받은 사람들은 욕심을 부리다가 주의를 소홀히 해 꼬리를 잡힌 것에 불과하다. 빙산의 일각은 깎여 나갔지만 거대한 빙산은 그대로 남아 둥둥 떠 있다. 언제든 이 빙산에 부딪히는 날이면 계좌는 산산조각 나버릴 것이다.

내부자 거래를 줄이는 것은 농장에서 쥐를 없애는 것만큼이나 어려운 일이다. 쥐약으로 어느 정도 마릿수를 조절할 수는 있지만 완전히

● 일반적인 투자자들이 접근할 수 없는 정보에 접근 가능한 사람. 주로 회사 임원을 가리키나 회사와 맺은 관계를 통해 정보에 접근할 수 있는 외부인도 통칭한다 - 옮긴이

뿌리를 뽑는 것은 불가능하다. 상장사 최고경영자로 일하다 은퇴한 지인은 내게 이렇게 말했다. 영리한 사람은 내부 정보로 자기가 직접 거래하지 않고 컨트리클럽에서 같이 골프를 치는 사람들에게 슬쩍 흘린다는 것이다. 그러면 다음엔 그 친구들이 자기네 회사의 내부 정보로 은혜(?)를 갚는다. 이런 방식으로 양쪽 모두 들키지 않고 수익을 거둔다고 했다. 이처럼 인맥을 통한 내부자 거래는 구성원들이 행동을 통일하고 너무 탐욕을 부리지만 않으면 들키지 않고 언제까지 이어질 수 있다. 단, 선물시장에서는 내부자 거래가 합법이며 최근까지도 하원 의원, 상원 의원, 보좌진의 내부자 거래 역시 합법이었다.

차트는 내부자를 포함해 모든 시장 참여자의 거래를 반영한다. 내부자 역시 다른 사람들처럼 차트에 흔적을 남기는데, 우리는 이런 내부자를 쫓아가며 매매해 수익을 거둬야 한다. 기술적 분석을 이용하면 내부자들의 매수, 매도를 감지하는데 도움이 된다.

13

트레이딩 현장의
집단들

유사 이래 인류는 계속 거래를 해왔다. 이웃을 공격해 약탈하는 것보다는 거래가 안전하기 때문이다. 사회가 발달하면서 교환 수단으로 화폐가 등장했으며, 주식시장과 상품시장은 선진 사회의 상징이 됐다. 공산주의가 붕괴된 이후 동유럽에서 나타난 핵심적인 경제 발전 지표 중 하나가 주식거래소와 상품거래소 설립이었다.

오늘날에는 세계 곳곳에 주식, 선물, 옵션시장이 있다. 중세 이탈리아 상인 마르코 폴로가 이탈리아를 떠나 중국에 도착했다가 다시 돌아오기까지 15년이 걸렸다. 오늘날 유럽 트레이더가 홍콩의 금을 매입하려면 주문 체결까지 몇 초면 충분하다. 전 세계에는 수많은 주식거래소, 선물거래소가 있다. 모든 거래소는 확정된 위치, 상품 등급 기준, 명문화된 계약 규정 이 세 가지 기준을 충족해야 한다. 이 기준들은 고대 그리스의 아고라와 중세 서부 유럽 박람회에서 발전된 것이다.

개인 트레이더

대개 자신의 사업체나 직장에서 괜찮은 경력을 쌓은 사람들이 개인 트레이더로서 시장에 몰려온다. 미국 선물시장 개인 트레이더의 평균 이력을 보면 '평균 나이 50세, 기혼, 대학 교육을 받은 사람'이다. 직업으로 따지면 농부와 엔지니어가 2대 직업군이다.

사람들이 트레이딩에 뛰어드는 이유는 크게 합리적, 혹은 비합리적 이유 두 가지로 구분할 수 있다. 자본금을 크게 불리고 싶은 욕구는 합리적 이유다. 도박과 짜릿한 흥분을 쫓는 것은 비합리적 이유다. 그런데 대부분의 트레이더가 자신의 내면에 이 같은 비합리적인 동기가 도사리고 있다는 사실을 알지 못한다.

트레이딩을 배우려면 시간, 돈, 노력을 투자해야 한다. 트레이더 중 트레이딩만으로 생계를 꾸릴 수 있을 정도로 프로 수준까지 오르는 사람은 극소수다. 아마추어는 자신의 내면에 쌓인 욕구와 응어리를 시장에서 풀지만, 프로는 자신의 내면에 쌓인 욕구와 응어리를 시장 밖에서 해소한다.

트레이더가 경제에 기여하는 부분으로는 주로 중개인을 먹여살리는 것을 들 수 있다. 트레이더 덕분에 중개인은 주택담보 대출금을 갚고 자녀를 사립학교에 보낸다. 그중에서도 투기자는 또 다른 역할을 한다. 기업이 시장에서 자금을 조달하게 해주고, 상품시장에서 가격 위험을 떠안음으로써 생산자들이 생산에 주력하게 해준다. 매수 또는 매도 주문을 낼 때 투기자의 안중에는 이런 고상한 목적 따위는 없지만 말이다.

기관 투자가

시장의 거래량 중 기관 투자가가 차지하는 부분은 어마어마하다. 자본금 규모가 크다는 점에서 기관 투자가는 몇 가지 유리한 면이 있다. 우선 기관의 경우, 수수료가 싸다. 또한 최고의 연구원과 트레이더를 고용할 수 있다. 은행에서 트레이딩 부서 팀장으로 일하는 내 친구는 전직 CIA 요원들이 제공하는 정보를 토대로 매매 결정을 내린다. 그는 이들의 보고에서 최고의 아이디어를 얻을 수 있었다고 설명했다. 물론 이들에게 상당한 보수를 지불해야 했지만 은행의 엄청난 거래 규모에 비하면 새 발의 피였다. 개인 투자자에게는 대개 이런 기회가 주어지지 않는다.

일부 대기업은 탄탄한 정보망을 갖추고 개인 트레이더보다 한 발 앞서 발 빠르게 행동한다. 북해 유전에서 화재가 나 석유 선물 가격이 급등했을 때, 석유 회사에 근무하는 친구에게 전화를 걸었다. 시장이 미처 날뛰고 있었지만 그 친구는 행복해했다. 가격이 폭등하기 30분 전에 석유 선물을 매수해두었기 때문이었다. 화재 사실이 언론에 보도되기 전 그 지역에 있던 정보원이 그 사실을 재빨리 알려준 덕분이었다. 시의적절한 정보는 그 가치를 따질 수 없을 정도로 귀한데, 이러한 정보망 역시 대기업만이 구비할 수 있는 장점이다.

내가 아는 어떤 트레이더는 월스트리트의 한 투자은행에서 근무할 때는 아주 잘나갔지만 직장을 그만두고 독립한 뒤로는 그만한 실적을 내지 못했다. 파크 애비뉴의 아파트에 있는 실시간 주문 시스템은 투자은행 객장에 있는 스퀴크 박스 squawk box 만큼 재빠르게 속보를 전해

주지 못했다. 투자은행에서 근무할 때는 미국 전역에서 중개인들이 전화를 걸어와 따끈따끈한 정보를 전해줬다. 중개인도 트레이더들이 주문을 내야 돈을 벌 수 있기 때문이다. 독립한 지인은 이렇게 말했다. "집에서 트레이딩하면 최신 정보를 절대 먼저 입수할 수 없어."

선물시장과 현물시장 양쪽에서 거래하는 회사는 두 가지 이점이 있다. 첫째는 진짜 내부 정보를 보유하고 있다는 것이고, 둘째는 많은 선물시장에 있는 투기 포지션에 제한이 없다는 것이다. 다국적 석유 기업에 근무하는 지인을 찾아간 적이 있다. 공항보다 까다로운 보안 검색을 거쳐 사방이 유리로 된 통로로 걸어 들어갔다. 통로에서 내려다보니 직원들이 모니터 앞에 앉아 석유 상품을 매매하고 있었다. 지인에게 트레이더들이 헤징 hedging 하는 건지 아니면 투기 speculating 하는 건지 물었다. 그는 내 눈을 똑바로 보더니 "맞아요"라고 대답했다. 둘 다 한다는 의미였다. 기업들은 내부 정보를 이용해 헤징과 투기 사이를 수시로 넘나든다.

기관 투자사의 직원은 정보 면에서 유리할 뿐 아니라 심리적으로도 유리하다. 자기 돈이 걸려 있는 게 아니므로 좀 더 느긋한 마음으로 트레이딩을 할 수 있다. 나는 트레이딩에 관심을 보이는 젊은이가 있으면 트레이딩 회사에 취직해 다른 사람의 돈으로 먼저 트레이딩을 배워보라고 얘기한다. 그런데 기관 투자사에서는 20대 중반을 넘긴 트레이더를 고용하는 경우가 극히 드물다.

정보를 늦게 입수하기 때문에 기관에 비해 뒤늦게 게임에 참여한 개

● 증권사나 투자은행에서 임박한 트레이드를 이야기할 때 사용하는 사내 스피커 – 옮긴이

인 투자자가 기관에 맞서 이기려면 어떻게 해야 할까?

개인 투자자는 자신의 의사에 따라 트레이딩을 하거나 멈출 수 있지만 기관 투자가는 트레이딩을 '해야만 한다'는 점이 아킬레스건이다. 이를테면 가격이 어떻든 은행은 채권시장에서 활발히 거래해야 하고, 곡물 생산자는 곡물시장에서 거래할 수밖에 없다. 반면 개인 투자자는 자신이 생각하는 최적의 기회가 올 때까지 언제까지고 기다릴 수 있다.

그런데도 개인 투자자는 대개 지나치게 잦은 거래로 이런 엄청난 장점을 날려버린다. 개인 투자자가 거대한 기관에 맞서 승리하려면 인내심을 기르고 탐욕을 버려야 한다. **명심하라. 목표는 트레이딩을 '잘'하는 것이지 '자주' 하는 게 아니다.**

기관 트레이더는 실적이 좋으면 연봉이 인상되고 보너스도 받는다. 하지만 회사에 수백만 달러를 벌어준 트레이더로선 아무리 두둑하게 보너스를 받더라도 보잘것없어 보이게 마련이다. 이런 이유로 잘나가는 기관 트레이더들이 툭하면 그만두고 독립하겠다고 말하는 것이다. 하지만 이들이 독립해서 실제로 성공하는 경우는 극소수다.

기관을 떠나 자기 돈을 베팅하기 시작하면서 개인 투자자는 대개 두려움과 탐욕에 사로잡히고, 우쭐대는가 하면 어느새 공포에 휩싸인다. 기관에서 유명세를 떨치던 사람도 자기 돈으로 트레이딩을 하다 보면 실적이 지지부진하기 마련인데, 이는 트레이딩의 성패가 심리에 달려 있다는 것을 보여주는 증거라 할 수 있다. 기관의 경우, 위험 수준을 통제하는 관리자가 있다는 것이 트레이더가 좋은 성과를 거두는데 아주 큰 역할을 하는데, 이 사실을 모르는 트레이더가 대다수다. 독립하면 트레이딩을 하는 것은 물론 스스로 관리자 역할도 해야 한다. 이 점은 이 장 후반에서 트레이딩 관리법을 고찰하면서 다시 살펴보겠다.

트레이딩 툴을 만드는 사람들

중세 기사들이 가장 예리한 무기를 찾아다닌 것처럼 오늘날 트레이더들은 최적의 트레이딩 툴을 찾아다닌다. 트레이딩 소프트웨어를 이용하는 사람이 많아지고 수수료가 낮아지면서 점점 더 공평한 경쟁의 장이 마련되고 있다. 컴퓨터 덕분에 리서치 속도가 빨라지고 시장의 움직임에 대한 여러 가지 단서를 얻기도 쉬워졌다. 컴퓨터는 더 많은 시장을 더 깊이 분석할 수 있도록 도와준다. 컴퓨터와 소프트웨어에 대해서는 간단하게 언급하고 21장 '컴퓨터를 이용한 분석'에서 다시 논의하겠다.

트레이딩 소프트웨어는 툴박스 tool box, 블랙박스 black box, 그레이박스 gray box 세 가지 타입이 있다. **툴박스**는 데이터를 늘어놓고, 차트를 그리고, 지표를 설정하거나, 지표의 변수를 바꾸고, 트레이딩 시스템을 검증한다. 옵션 트레이더를 위한 툴박스는 옵션 평가 option valuation 모델도 갖추고 있다. 툴박스를 각자 필요에 따라 최적화하는 건 자동차 의자를 조정하는 것만큼이나 쉽다.

나는 1977년에 컴퓨터용 기술 분석을 위한 툴박스를 처음 구입했다. 비용은 1,900달러에 매달 데이터 사용료를 따로 냈다. 요즘은 누구나 강력한 툴이 있는 저렴한 소프트웨어를 쉽게 구할 수 있다. 심지어 공짜 소프트웨어도 있다. 이 책이 되도록 많은 트레이더에게 도움이 되기를 바라며 이 책에 나오는 개념은 대부분 스탁차트닷컴 Stockcharts. com을 활용해 설명했다.

스탁차트닷컴은 트레이더를 위해 경기장을 고르게 다지는 역할을 한다. 게다가 명확하고 사용하기 쉬우며, 기능이 다양하다. 기본 버전은 무료이지만 적은 비용을 들여 '회원 버전'을 사용하면 좀 더 정확한 차트를 볼 수 있다. 이 책에서는 회원 버전을 사용했음을 미리 밝혀둔다. 초보 시절이 얼마나 힘든지 잘 알기에 조금만 노력하면 무료나 아주 적은 비용으로도 시장을 분석하는 강력한 도구의 도움을 받을 수 있다는 것을 보여주려고 한다.

블랙박스 내부 설계는 비밀이다. 데이터를 넣으면 언제 매수하고 언제 매도해야 하는지 알려준다. 고민할 필요도 없이 돈을 벌 수 있으니 요술 상자 같을 것이다. 블랙박스의 매매 실적 기록은 놀랍기만 하다. 과거 데이터에 맞춰 만들었으므로 당연한 일이다. 시장은 계속 변하기 때문에 블랙박스를 만들어봐야 폐기처분할 수밖에 없지만, 시장에선 끊임없이 패자가 새로 생겨나므로 블랙박스의 수요는 넘쳐난다. 블랙박스를 살 생각이라면 대동강 물을 팔아먹었다는 봉이 김선달을 기억하라.

그레이박스는 툴박스와 블랙박스의 중간으로, 유명한 시장 전문가에 의해 출시되는데, 구매자가 변수를 조정할 수 있도록 시스템의 대략적인 논리를 공개한다.

투자자문 서비스를 제공하는 사람들

소식지 중에는 간혹 유용한 아이디어를 제공하거나 독자들이 매매 기회를 찾도록 방향을 지시해주는 것이 있다. 교육에 도움이 되는 소식지도 있다. 하지만 대다수 소식지는 내부자가 된 듯한 착각을 파는 것에 불과하다. 소식지는 기분 전환도 된다. 종종 유쾌하고 흥미진진한 소식을 전하지만 답장을 요구하지 않는 펜팔 친구를 얻는 셈이다. 물론 구독 갱신 기간이 되면 돈을 보내달라고 하지만. 언론의 자유 덕분에 미국에선 유죄 판결을 받은 중죄인도 온라인으로 재정 자문 소식지를 발송할 수 있다.

소식지가 제안한 매매를 전부 실행에 옮기는 사람은 없으므로 각종 소식지에 실리는 '실적'은 대개 무의미하다. 소식지의 등급을 매기는 서비스는 소규모 영리사업으로 운영되는데, 자문 서비스 사업과 불가분의 관계를 갖고 있다. 이런 이유로 때로는 자문가를 비판하기도 하지만 대개는 요란하게 선전하는 역할을 한다.

수십 년 전에는 나도 시황 소식지를 썼다. 열심히 일했고, 직설적으로 말해서 평가에서 좋은 등급을 받기도 했다. 그러다가 트레이딩 실적을 날조할 가능성이 얼마든지 있다는 걸 알게 됐는데, 이는 투자자문업계에서 공공연한 비밀이다.

저명한 투자자문 전문가 한 사람이 내 소식지를 읽더니 리서치보다 마케팅에 시간을 쓰라고 조언했다. 소식지 기고문을 쓸 때는 '예측을 해야 한다면 많이 하라'를 제1원칙으로 삼고, 예측이 들어맞을 때마다 홍보용 메일을 두 배로 늘리라고도 조언했다.

14

시장의
군중과 나

시장은 가격의 상승 또는 하락에 돈을 거는 사람들이 모여 있는 느슨한 집단이다. 각각의 가격은 거래가 이뤄지는 순간 군중의 합의를 나타내므로 트레이더는 앞으로 군중의 의견과 심리가 어떻게 변할 것인가 하는 예측에 돈을 거는 셈이다. 시장에 모인 군중은 희망과 공포, 중립과 낙관주의 혹은 비관주의 사이를 오간다. 대다수는 군중의 감정과 행위에 휩쓸려 자신이 세운 트레이딩 계획을 지키지 못한다.

시장에서 황소와 곰이 전투를 벌이면 일면식도 없는 낯선 사람들의 행동에 따라 내 오픈 포지션의 가치가 오르내린다. 시장을 통제할 순 없다. 내가 결정할 수 있는 건 포지션 규모, 진입 여부, 청산 여부, 진입 시점, 청산 시점뿐이다.

트레이딩에 진입할 때 트레이더들은 대부분 신경쇠약 상태가 되며,

군중의 틈에 합류한 뒤에는 판단이 흐려진다. 많은 트레이더가 군중심리에 사로잡혀 자신의 트레이딩 계획을 고수하지 못하고 돈을 날린다.

군중심리 전문가들

스코틀랜드 변호사인 찰스 맥케이 Charles Mackay는 1841년《군중의 미망과 광기 Extraordinary Popular Delusions and the Madness of Crowds》를 펴냈다. 지금은 고전이 된 이 책에서 맥케이는 1634년 네덜란드의 튤립 광풍과 1720년 영국의 남해회사 버블에 대해 썼다.

튤립 광풍은 튤립 구근값이 시장에서 강세를 보이면서 시작됐다. 튤립 구근 시장이 장기간 강세를 유지하자 부유한 네덜란드인들은 튤립이 계속 높은 값에 팔리리라 확신했다. 많은 이가 생업을 접고 튤립 농사에 뛰어들고 튤립 매매상이나 중개인이 됐다. 은행은 튤립을 담보로 받아주었고, 투기꾼은 돈을 벌었다. 결국 갑자기 투매 장세가 닥치면서 광풍은 붕괴되고 말았다. 많은 사람이 파산하고 나라 전체가 타격을 입었다. 맥케이는 이렇게 개탄했다. "인간은 미칠 땐 집단으로 미치고 제정신으로 돌아올 때는 한 사람씩 천천히 돌아온다."

1897년 프랑스 철학자이자 정치가인 귀스타브 르 봉 Gustave Le Bon은 《군중 The Crowd》이라는 책을 펴냈다. 100년도 더 전에 나온 이 책에서 우리는 거울에 비친 듯한 자신의 모습을 발견할 수 있다.

르봉은 사람들이 하나의 군중을 이뤘을 때 어떤 모습을 보이는지 서술했다. "개인은 생활 방식, 직업, 성격, 지능이 서로 비슷하거나 다른 정도와 상관없이 하나의 집단으로 뭉치면 개인으로서 고립된 상태에서 느끼고 생각하고 행동하던 것과 사뭇 다른 방식으로 느끼고 생각하고 행동한다."

군중 속에 합류하면 사람은 변한다. 잘 속아 넘어가고, 충동적이 되며, 지도자를 찾아 애타게 헤맨다. 또한 머리 대신 가슴으로 반응한다. 집단에 발을 들이면 개인은 혼자 힘으로 사고할 능력이 떨어진다.

집단의 구성원이 되면 몇 번 정도는 추세를 제대로 포착할 수 있지만 추세가 반전되는 순간 대부분 처참하게 '몰살'당한다. 독립적으로 사고하는 자만이 트레이더로 성공할 수 있다.

왜 집단에 소속되려고 하는가?

인류는 태초부터 안전을 위해 무리에 합류해 살아왔다. 구석기인이 혼자 사냥하다 날카로운 이빨을 가진 호랑이를 만난다면 살아남을 가능성이 희박하지만, 무리를 지어 사냥에 나섰다면 대다수가 생존할 확률이 높아진다. 이렇듯 구석기 시대 홀로 다니는 사람은 맹수의 밥이 되기 십상이라 후손을 남기기도 힘들었다. 무리에 속한 사람은 생존할 확률이 높았다. 이런 이유로 무리에 합류하려는 성향이 인간의 유전자에 새겨지게 된 것이다.

현대 사회에선 자유의지를 높이 사지만 문명이라는 번드르르한 껍데기를 한 겹 벗겨내고 나면 금세 내면에 도사린 원초적인 충동들이 드러난다. 사람들은 안전을 위해 무리에 소속되고자 하며, 강력한 지도자가 자신을 이끌어주기 바란다. 불확실성이 클수록 무리에 합류해 따르고자 하는 욕구는 더욱 커진다.

월스트리트에는 무시무시한 이빨을 가진 호랑이 따위가 어슬렁거리지는 않지만, 과연 이 금융 전쟁터에서 살아남을 수 있을지 여부가 걸려 있다. 낯선 사람들의 매수와 매도에 따라 내가 보유한 포지션의 가치는 오르락내리락한다. 주가 변화는 통제할 수 없기 때문에 두려움은 점점 커진다. 이러한 불확실성 때문에 트레이더는 대개 행동 방침을 지시해줄 지도자를 찾게 된다.

롱 포지션을 취할지 아니면 숏 포지션을 취할지 합리적으로 판단했더라도 시장에 진입하는 순간, 군중이라는 소용돌이에 휩쓸리게 된다. 눈이 뻘개서 시황판을 노려보다가 주가가 유리하게 움직이면 우쭐해지고 불리하게 움직이면 의기소침해지지 않는가? 이런 상황이라면 독립성을 상실했다고 봐야 한다. 이런 상황에서 손실이 나는 포지션을 충동적으로 늘리거나 역시 충동적으로 반대 방향으로 포지션을 취하면 곤경에 빠지게 마련이다. 자신보다 지도자를 더 믿을 때, 그리고 자신의 트레이딩 계획을 지키지 않을 때 독립성을 잃었다고 보면 된다. 이런 일이 일어나면 정신을 바짝 차리고 이성을 되찾도록 노력해야 한다. 평정심을 되찾을 수 없으면 차라리 포지션을 정리하고 쉬는 게 낫다.

주가는 왜 나와 반대로 가는가?

사람은 군중 속에 합류하면 원초적으로 사고하고 충동적으로 행동하게 된다. 군중은 공포에서 환희로, 공황에서 희열로 이리저리 요동한다. 실험실에서는 냉정하고 이성적인 과학자라도 트레이더가 돼 시장의 집단 광기에 휩쓸리면 경솔하고 무모하게 매매한다. 사람들로 붐비는 증권사 객장에서 트레이딩을 하든 외딴 산봉우리에서 트레이딩을 하든, 집단은 나를 소용돌이처럼 휩쓸어간다. 이렇게 다른 사람들이 나의 트레이딩 결정에 영향을 미치도록 놔두면 성공할 기회는 연기 속으로 사라져버리고 만다.

선사시대 사냥꾼에게는 생존하는 데 있어 집단에 대한 충성이 꼭 필요했다. 직장 모임에 가입하면 근무 실적이 썩 좋지 않아도 자리를 보존하는 데 도움이 된다. 하지만 시장은 다르다. 집단에 합류하면 다칠 확률이 높아진다.

많은 트레이더가 의아해하는 점이 있다. 바로 손실이 나는 포지션을 싼값에 처분하고 나면 왜 언제나 시장이 반전하는가 하는 점이다. 왜냐하면 군중이 하나같이 두려움에 휩싸여 모두 동시에 우르르 처분하기 때문이다. 매도 광풍이 지나가면 시장은 상승할 수밖에 없다. 다시 낙관주의가 시장을 지배하면 군중은 두려움을 잊고 탐욕스러워져 마구 사들이기 시작한다.

군중은 나보다 크고 강하다. 내가 아무리 똑똑해도 군중과 다툴 수는 없다. 선택은 하나뿐이다. 군중 속에 들어가든지 아니면 독립적으로 행동하든지.

군중은 원초적이므로 트레이딩 전략은 단순해야 한다. 로켓을 만드는 과학자가 아니어도 승리하는 트레이딩 기법을 설계할 수 있다. 시황이 불리하게 돌아가면 손절하고 물러나라. 절대 군중에 맞서 싸우지 마라. 언제 합류하고 언제 떠날지만 결정하고 판단하라.

인간은 중압감에 시달리면 본능적으로 독립성을 포기해버리는 경향
이 있다. 트레이딩을 하다 보면 객관적인 신호를 무시하고 타인을 모방
하려는 욕구가 생긴다. 트레이딩 시스템과 자금 관리 규칙을 적어두고
그대로 지켜라. 트레이딩 시스템과 자금 관리 규칙은 트레이딩에 진입
하기 '전에' 만든 합리적이고 개인적인 판단이기 때문이다.

시장을 이끌어가는 것은 무엇인가?

노련한 트레이더라도 주가가 유리하게 움직이면 기분이 날아갈 것 같
고, 불리하게 움직이면 분노하고 낙심한다. 그러곤 두려움에 휩싸여
시장이 또 어떤 행보를 보일지 초조하게 지켜본다. 트레이더는 스트레
스를 받거나 위기감을 느끼면 군중의 일원이 된다. 감정에 휩쓸려 독
립성을 잃고 집단의 다른 구성원들, 특히 집단의 지도자를 모방하기
시작한다.

어린아이는 겁이 나면 부모나 어른들이 어떻게 행동해야 하는지 지
시해주길 바란다. 그리고 어른이 돼서는 교사, 의사, 목사, 상사, 각종
전문가의 지시를 애타게 기다린다. 트레이더는 지도자, 트레이딩 시
스템 개발자, 신문 칼럼니스트 등등 시장의 지도자에게 의지한다. 그
러나 토니 플러머 Tony Plummer가 저서 《금융시장 예측 Forecasting Financial Mar-
kets》에서 영리하게 지적했듯, 시장의 우두머리는 가격이다.

시장의 군중을 이끄는 것은 가격이다. 전 세계의 트레이더들이 시장
의 업틱 uptick •과 다운틱 downtick ••을 쫓는다. 마치 가격이 트레이더들에

게 이렇게 말하는 것 같다. "나를 따르라. 그러면 내가 너희를 보물섬으로 인도하리라." 트레이더는 대개 자신이 독립적으로 사고하고 행동한다고 생각한다. 자신이 집단 지도자의 행위에 얼마나 집중하고 있는지 제대로 인지하지 못하는 것이다.

나에게 유리하게 움직이는 추세는 밥 먹으러 오라고 부르는 관대하고 강한 부모처럼 느껴진다. 나에게 불리하게 움직이는 추세는 화가 나서 벌을 주는 부모처럼 느껴진다. 이런 감정에 사로잡히면 그대로 있거나 포지션을 정리하라고 지시하는 객관적인 신호를 무시하기십상이다. 현실을 인정하고 손실이 나는 트레이딩은 정리하는 것이 합리적인 행동이다. 그러나 감정에 휘둘린 트레이더는 합리적인 행동을취하는 대신 행복에 겨워하거나 겁을 먹거나, 혹은 적당히 타협하거나시장에 자비를 구걸한다.

군중의 바다에 뛰어들지 않으려면

신중하게 짜놓은 트레이딩 계획에 따라 움직여야 하며, 가격 변동에 성급하게 반응하거나 행동해선 안 된다. 계획은 미리 적어두어야 도움이 된다. 어떤 조건에 진입하고 어떤 조건에 청산할지 정확히 정해두어야 한다. 인간은 군중에 휩쓸리기 쉬우므로 순간적인 충동으로 결정

● 직전 거래 가격보다 높게 거래된 가격 - 옮긴이
●● 직전 거래 가격보다 낮게 거래된 가격 - 옮긴이

하지 말아야 한다.

개인으로서 독립적으로 사고하고 행동할 때만이 트레이더로 성공할 수 있다. 트레이딩 시스템에서 가장 취약한 부분은 트레이더 자신이라는 것을 잊지 마라. 계획 없이 트레이딩을 하거나 계획에서 이탈해 트레이딩을 하면 실패하기 마련이다. 계획은 이성적인 개인이 짠 것이고, 충동적인 트레이딩은 땀내 나는 집단 구성원들이 만든 것이기 때문이다.

트레이딩에 임할 때는 자기 자신을 살펴 심리 상태의 변화를 잘 감지해야 한다. 트레이딩에 진입한 이유를 적어두고 자금 관리 규칙과 함께 청산 규칙을 적어둬라. 포지션을 보유하고 있는 동안에는 결코 계획을 변경하면 안 된다.

그리스신화에 나오는 마녀 세이렌은 아름다운 노래로 선원들을 홀려 갑판에서 바다로 뛰어들게 만들어 죽였다. 오디세우스는 부하들에게 전부 귀를 밀랍으로 막으라고 명령했다. 그런데 자신은 세이렌의 노래가 듣고 싶어서 부하들에게 자신을 돛대에 묶고 절대 풀지 말라고 일러두었다. 돛대에 묶여 바다에 뛰어들 수 없었기 때문에 오디세우스는 세이렌의 매혹적인 노래를 듣고도 목숨을 건질 수 있었다. 트레이더는 화창한 날에 미리 트레이딩 계획과 자금 관리 규칙이라는 돛대에다 자신의 몸을 꽁꽁 묶어야 살아남을 수 있다.

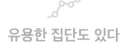

유용한 집단도 있다

그렇다고 속세를 떠나 은둔할 필요는 없다. 군중의 충동성에 휩쓸리지 말라고 해서 완전히 고립된 상태에서 트레이딩을 하라는 말은 아니다. 고립 상태에서 트레이딩하는 사람도 있지만, 똑똑하고 생산적인 집단도 있을 수 있다. 이런 집단이 되려면 독립적으로 의사 결정을 내려야 한다.

금융 저널리스트 제임스 서로위키 James Surowiecki는 저서 《군중의 지혜 The Wisdom of Crowds》에서 똑똑한 집단에 관해 명확하게 설명했다. 대부분의 경우 집단의 일원은 서로 끊임없이 영향을 미쳐 공통된 감정과 행위를 물밀듯이 계속 만들어낸다. 그러나 똑똑한 집단은 다르다. 모든 일원이 다른 사람이 어떻게 하는지 모른 채 독립적으로 결정을 내린다. 똑똑한 집단의 일원들은 서로 영향을 미치고 물결치는 감정의 파도를 만들어내는 대신, 지식과 전문적 식견을 합쳐 이득을 얻는다. 집단 지도자의 기능은 이 구조를 유지하고 개개인의 결정을 모아 평가하는 것이다.

《군중의 지혜》를 읽기 1년 전인 2004년, 나는 이런 방향성을 갖고 트레이더 집단을 조직했다. 나는 지금도 친구 케리 로본 Kerry Lovvorn과 함께 이 집단을 관리하고 있는데, 바로 스파이크트레이드 그룹이다.

우리는 트레이딩 대회를 여는데 한 라운드를 일주일 동안 진행한다. 금요일 시장이 마감되면 웹사이트의 선정주 코너를 일요일 오후 3시까지 그룹 회원들이 보지 못하게 막아둔다. 그동안 그룹 회원은 누구나 다음 한 주 동안 자신이 가장 선호할 주식 하나를 선정하는데, 다른 회원이 어떤 결정을 내리는지는 알 수 없다. 일요일 오후에 웹사이트의 선정주 코너가 다시 열리면 모든 회원이 다른 회원들의 선정주를 전부 볼 수 있다. 대회는 월요일에 시작해서 금요일에 끝나고 우승자에게는 상을 준다.

회원들은 일주일 내내 서로 의견을 주고받고 서로 질문에 답을 해준다. 소통을 독려하기 위해 웹사이트를 구축했는데, 주말은 예외로 누구나 독립적으로 일한다. 실적이 우수한 회원들의 결과는 웹사이트에 올리는데, 아주 눈부시다.

주식 선정과 투자 방향에 대한 모든 결정을 혼자 내려야 한다는 점이 핵심이다. 지도자나 다른 회원이 어떻게 하는지는 보지 않는다. 모두 결정한 다음에 공유가 시작된다. 독립적인 의사 결정과 공유가 결합돼 "군중의 지혜"가 탄생할 때 집단과 지도자의 집합적인 지혜를 활용할 수 있다.

15

추세의 심리학

가격은 시장 참여자들이 순간적으로 합의
한 가치다. 틱은 매매 대상의 가치에 대해 시장 참여자들이 가장 최근
에 내린 의사결정을 보여준다. 트레이더는 누구나 매수 혹은 매도 주
문을 내거나 현 가격 수준에서 트레이딩하기를 거부함으로써 의사를
분명히 할 수 있다. 바^bar와 봉^candle 하나하나는 황소(매수세)와 곰(매
도세)의 전투를 반영한다. 매수세는 강세장이라고 느끼면 더욱 열심히
매수에 나서 장세를 끌어올린다. 매도세는 약세장이라고 느끼면 더욱
열심히 매도에 나서 장세를 끌어내린다.

차트는 군중심리를 들여다볼 수 있는 창이다. 차트를 분석한다는 것
은 트레이더 집단의 행위를 분석하는 것이며, 기술적 지표는 객관적인
차트 분석에 도움이 되는 도구다. **기술적 분석은 영리 목적의 사회심
리학이라고 할 수 있다.**

강렬한 감정

트레이더에게 가격이 오른 이유를 물어보면 십중팔구 매도자보다 매수자가 많아서, 라는 상투적인 대답을 내놓는다. 사실은 그렇지 않다. 주식이든 선물이든 시장에서 매수된 수와 매도된 수는 언제나 동일하다. 구글 주 100주를 매수하고 싶다면 누군가 나에게 구글 주 100주를 매도해야 한다. 아마존 주 200주를 매도하고 싶다면 누군가 나에게 아마존 주 200주를 매수해야 한다. 따라서 주식시장에서 매수된 주식의 수와 매도된 주식의 수는 동일하다. 더구나 선물시장에선 롱 포지션의 수와 숏 포지션의 수가 항상 동일하다. 가격이 오르내리는 이유는 매수, 매도의 수가 달라서가 아니라 매수자의 탐욕 혹은 매도자가 느끼는 두려움의 강도가 변하기 때문이다.

추세가 상승 곡선을 그리면 황소들은 장세를 낙관하면서 더 높은 가격도 기꺼이 지불한다. 곰들은 상승 추세가 나타나면 불안함을 느껴 더 높은 가격에만 매도에 나선다. 장세를 낙관한 탐욕스러운 황소들이 두려움에 빠진 방어적인 곰들을 만나면 시장은 더욱 상승한다. 양측이 느끼는 탐욕이나 공포가 클수록 시장은 더욱 가파른 상승세를 보인다. 그러다가 황소들이 열의를 잃어야 비로소 상승세가 멈춘다.

가격이 하락하면 곰들은 낙관적이 돼 더 낮은 가격에도 까탈스럽지 않게 선뜻 매도한다. 황소는 두려움에 휩싸여 더 낮은 가격에만 매수에 나선다. 곰들은 승자가 된 기분을 느끼면서 더 낮은 가격에도 계속 매도하고, 이에 따라 하락 추세는 계속된다. 곰들이 경계심을 느끼고 매도를 멈춰야 비로소 하락 추세가 멈춘다.

상승과 하락

완벽하게 이성적인 트레이더는 드물기 때문에 시장에는 무수한 감정이 존재한다. 시장 참여자들은 대부분 "원숭이처럼 아무 생각 없이 남을 흉내 낸다." 이렇게 해서 만들어진 공포와 탐욕의 파도가 황소와 곰을 휩쓴다.

얼마나 가파른 상승세를 보이느냐는 트레이더들의 심리에 달려 있다. 매수자들의 탐욕이 매도자들의 두려움보다 조금 더 강하면 시장은 서서히 완만하게 상승하고, 훨씬 더 강하면 시장은 가파르게 상승한다. 매수자들이 언제 강렬한 감정을 느끼는지, 그리고 언제 매수자들의 힘이 빠지는지 밝혀내는 것이 기술적 분석가의 임무다.

시장이 상승해 매도 포지션의 수익이 날아가고 손실로 변하면 매도자들은 덫에 걸린 기분이 된다. 이들이 앞다퉈 환매에 나서면 시장은 포물선을 그린다. 공포는 탐욕보다 훨씬 더 강렬한 감정이다.[1] 숏 커버링 short covering●이 주도하는 상승세는 오래 지속되지 않지만 특히 가파른 모양새를 보인다.

황소들이 공포를 느끼고 곰들이 탐욕을 부리면 시장은 하락한다. 대개 곰들은 상승의 정점에서 매도하고 싶어 하지만 하락장에서도 큰돈을 벌 수 있겠다고 예측되면 하락세가 이어지는 중에도 매도를 꺼리지

---

1 노벨상 수상자인 행동 경제학자 대니얼 카너먼 Daniel Kahneman 교수의 연구에 따르면 공포는 탐욕보다 세 배나 더 강렬한 감정이다. 카너먼의 연구 결과는 뒤에 다시 논의하겠다.

않는다. 두려움에 사로잡힌 매수자들은 잔뜩 움츠러들어 시장가 아래에서만 매수하려고 한다. 이를 파악한 매도자들이 매수호가에 연달아 물량을 내놓으면 시장은 계속 하락한다.

　롱 포지션(매수 포지션)을 취하고 있던 트레이더는 계좌의 수익이 날아가고 손실로 변하면 공황 상태에 빠져 아무 가격에나 팔아버린다. 어떡하든 포지션을 청산하고 싶은 나머지 시장가보다도 낮게 매도 주문을 내는데, 이런 투매 장세가 몰아치면 시장은 급락한다.

가격 쇼크

지도자에 대한 충성심은 집단을 똘똘 뭉치게 하는 접착제다. 집단의 구성원은 지도자가 지시 내리기를 바란다. 또한 잘하면 보상을 주고 잘못하면 벌을 주는 신상필벌을 지도자에게 기대한다. 아주 권위적인 지도자가 있는가 하면 아주 민주적이고 격의 없는 지도자도 있지만, 어쨌든 모든 집단에는 지도자가 있다. 지도자가 없는 집단은 존재할 수 없다. 시장에서는 가격이 군중의 지도자 노릇을 한다.

가격이 유리하게 움직이면 승자가 되어 보상을 받는 기분을 느끼고, 가격이 불리하게 움직이면 패자가 되어 벌을 받는 기분이 든다. 가격에 집중하는 사이 군중은 무의식중에 스스로 지도자를 만들고 있는 셈

● 공매도한 주식을 되사거나 선물 계약의 매도 포지션을 정리하기 위해 매수하는 것 - 옮긴이

이다. 최면에 걸린 듯 가격 변동에 사로잡힌 트레이더들은 이처럼 스스로 우상을 만들어낸다.

시장이 상승 추세를 보이면 황소들은 너그러운 부모에게 상을 받은 아이처럼 우쭐해진다. 상승 추세가 오래 지속될수록 황소들은 더욱 자신감을 얻는다. 어린아이는 행동에 대한 보상을 받으면 그 행동을 계속하는 경향이 있다. 이와 마찬가지로, 돈을 번 황소들은 포지션의 규모를 더욱 크게 키우고, 새로운 황소들이 시장에 유입된다. 이런 상황에서 매도 포지션을 취했던 곰들은 벌을 받는 듯한 기분을 느끼며, 많은 곰이 숏 포지션을 청산하고 롱 포지션을 취하며 황소 무리에 합류한다.

행복에 겨운 황소들이 사들이고, 공포에 빠진 곰들이 숏 포지션을 커버하면 상승 추세는 더욱 가파르게 진행된다. 매수한 사람은 보상을 받는 듯한 기분이 들고, 매도한 사람은 벌을 받는 듯한 기분이 든다. 양쪽 모두 감정에 휩쓸리지만 자신들이 스스로 상승 추세를 만들어내고 지도자를 세우고 있다는 사실은 깨닫지 못한다.

그 결과, 결국 가격 쇼크가 도래한다. 대량 매물이 시장을 강타하고 이를 흡수해줄 매수자가 없으면 상승 추세는 급전직하한다. 황소는 밥을 먹다가 아버지에게 얻어맞은 어린아이처럼 학대받는 기분을 느끼고, 곰은 아버지에게 칭찬을 들은 듯 의기양양해진다.

가격 쇼크는 상승 추세의 반전 가능성이라는 씨앗을 심어놓는다. 시장이 회복해 다시 신고점에 도달해도 황소는 겁을 내고 곰은 더 대담해진다. 장 주도 세력이었던 황소 무리의 응집력이 더욱 약해지고 적수인 곰 무리의 낙관주의가 강해지면 상승 추세는 언제든 반전될 수 있다. 몇 가지 기술적 지표는 약세 다이버전스^{bearish divergence} 패턴을 추적해 천장을 짚어낸다(4부를 참고하라). 약세 다이버전스란 가격이 이전 고점보다 높아졌지만 지표의 고점이 이전 상승의 고점보다 낮은 경우를 가리킨다. 이런 현상이 나타나면 상승 추세가 끝난다는 신호로, 숏 포지션을 취할 절호의 기회라고 할 수 있다.

추세가 하락하면 곰은 똑똑하고 착한 어린이라고 칭찬받거나 상을 받는 듯한 기분을 느낀다. 점점 자신감을 얻은 곰들이 포지션을 늘리면 하락 추세는 지속된다. 그리고 새로운 곰들이 시장에 유입된다. 사람들은 승자를 추켜세우고, 경제신문이나 관련 매체는 약세장에서 활약하는 곰들을 인터뷰한다.

한편, 하락 추세에서 돈을 잃은 황소들은 기분이 나빠진다. 일부 황소는 싼값에 물량을 털어 포지션을 처분해버리고 곰 무리에 합류한다. 이들까지 매도에 나서면서 시장은 더욱 급격한 하락 추세를 나타낸다. 한동안 곰은 자신감에 차 있고 황소는 풀이 죽은 모습을 보인다.

그러다가 갑자기 가격 쇼크가 밀어닥친다. 대량 매수 주문이 들어와 매도 주문을 모조리 빨아들이면서 장세를 끌어올리는 것이다. 곰들은 맛있게 밥을 먹다가 아버지에게 야단맞고 쫓겨난 어린아이 같은 심정이 된다.

가격 쇼크는 하락 추세의 반전 가능성이라는 씨앗을 심어놓는다. 왜냐하면 곰은 겁이 많아지고 황소는 대담해지기 때문이다. 한 번 산타클로스를 의심하기 시작한 어린아이는 다시는 산타클로스를 믿지 않는다. 곰들이 다시 회복해 가격이 신저점으로 떨어져도 기술적 지표는 강세 다이버전스 bullish divergence 패턴을 추적해 곰들의 약세를 짚어낸다. 강세 다이버전스란 가격이 신저점으로 떨어지지만 지표는 앞선 하락세 동안의 저점보다 저점을 높이는 현상을 말한다. 강세 다이버전스가 나타난다면 절호의 매수 기회라는 것을 기억하기 바란다.

군중심리의 움직임을 반영하는 지표

개인은 자유의지를 갖고 있으므로 행동을 예측하기 힘들다. 반면 집단은 원초적이므로 행동을 예측하기 쉽다. 시장을 분석하는 것은 곧 집단행동을 분석하는 것이다. 집단이 어느 방향으로 뛰어가는지, 또 어떤 속도로 변하는지 알아내야 한다. 집단은 개인을 끌어들여 개인의 판단을 흐려놓는다. 대부분의 분석가가 자신들마저 군중심리에 휩쓸려 들어가기 쉽다는 문제에 흔히 마주친다.

상승세가 오래 지속될수록 점점 더 많은 분석가가 집단 강세 심리의 포로가 돼 위험 신호를 무시하는 바람에 언젠가 일어나는 반전 흐름을 놓쳐버리고 만다. 하락세가 오래 지속될수록 점점 더 많은 분석가가 우울한 약세 심리의 포로가 돼 강세 신호를 놓치고 만다. 바로 이렇기 때문에 시장 분석을 위한 계획을 적어두면 도움이 된다. 어떤 지표를 관찰하고, 지표를 어떻게 해석하고, 어떻게 행동할지 미리 결정해야 한다.

프로는 몇 가지 도구를 활용해 군중심리의 강도를 추적한다. 이들은 군중이 최근의 지지선과 저항선을 뚫고 이탈할 능력이 있는지 관찰한다. 예전에 장내 트레이더들은 거래소에서 울려 퍼지는 소음의 높낮이와 울림의 크기가 어떻게 변하는지에 귀를 바짝 기울였다. 그러나 장내 트레이딩이 급속히 역사의 뒤안길로 사라지면서 군중의 행위를 분석할 특별한 도구가 필요해졌다. 다행히 차트와 지표가 있어 군중심리의 움직임을 볼 수 있다. **기술적 분석가는 대개 컴퓨터로 무장한 응용 사회심리학자다.**

16

관리냐
예측이냐

세미나에서 아주 뚱뚱한 외과 의사를 만난 적이 있다. 그 의사는 3년 동안 주식과 옵션으로 25만 달러를 잃었다고 조심스레 털어놓았다. 트레이딩을 할 때 어떻게 결정을 내리느냐고 묻자 그는 수줍은 표정으로 풍만한 배를 가리켰다. 그는 육감에 의지해 병원에서 번 수입을 도박에 쓴 셈이다. 트레이더는 육감 대신 다음 두 가지 것을 사용해야 한다. 하나는 기본적 분석이고, 하나는 기술적 분석이다.

기본적 분석가는 연방준비위원회의 동향을 연구하고, 기업의 수익률 보고서를 분석하고, 농산물 수확량 보고서 등을 살핀다. 주요 강세장과 약세장은 수요와 공급, 즉 매수와 매도의 펀더멘털 변화를 반영한다. 이런 요소들을 꿰뚫고 있더라도 중단기 추세를 놓치면 돈을 날릴 수 있다. 중단기 추세는 집단의 심리에 좌우된다.

기술적 분석가는 가격에 기본적 분석의 요소들을 비롯해 시장에서 알 수 있는 모든 것이 이미 반영돼 있다고 믿는다. 이들은 가격을 거대 자본을 굴리는 큰손, 적은 자본을 운용하는 투기적 거래자, 기본적 분석가, 기술적 분석가, 내부자, 도박꾼 등 시장의 모든 참여자가 합의한 가치라고 정의한다.

기술적 분석은 집단의 심리에 대한 연구로, 과학과 예술의 접목이라 할 수 있다. 기술적 분석가는 게임 이론game theory*, 확률 같은 수학적 개념을 비롯해 다양한 과학적 방법을 이용한다. 또한 컴퓨터를 이용해 지표를 추적한다.

기술적 분석가는 예술가이기도 하다. 바와 봉들이 모여 차트에서 패턴과 구조를 형성한다. 가격과 지표가 움직이면서 일종의 긴장감과 함께 미학적 감성이 생기는 것이다. 이러한 감정은 시장에서 무슨 일이 일어나고 있는지, 어떻게 트레이딩을 해야 하는지 판단할 수 있도록 도와준다.

개인의 행위는 복잡다단하며 예측하기 어려운 반면, 집단의 행위는 원초적이다. 기술적 분석가는 시장에 모인 군중의 행동 패턴을 연구해 과거의 시장 움직임에서 발생했던 패턴이 포착되면 트레이딩에 돌입한다.

● 경제 행위에서 상대의 행위가 자신의 이익에 영향을 미칠 경우, 이익을 극대화하는 방법을 수학적으로 분석하는 의사결정 이론 – 옮긴이

여론조사자와 기술적 분석가

정치인은 당선이나 재선 가능성이 얼마나 되는지 알고 싶어 한다. 그래서 유권자에게 공약을 내걸고 여론조사원을 통해 군중의 반응을 떠본다. 기술적 분석과 정치권의 여론조사는 모두 군중의 의사를 읽으려 한다는 점에서 비슷하다. 단지 여론조사는 고객의 당선 여부, 기술적 분석은 금전적 이익이 목표라는 점이 다르다.

여론조사자는 통계, 표본 추출 등 과학적 방법을 활용해 아주 솜씨 있게 인터뷰와 설문 내용을 작성한다. 또한 정당 내부에 흐르는 감정의 기류를 훤히 꿰뚫고 있다. 여론조사는 과학과 예술의 성격을 동시에 갖는다. 만약 어떤 여론조사자가 자신을 과학자라고 말한다면 왜 민주당이나 공화당에 소속돼 있는지 물어보라. 진짜 과학자라면 정당 같은 데 소속될 리 없다.

시장을 기술적으로 분석하는 사람은 파당에 얽매이지 말아야 한다. 황소도 곰도 아닌 입장에서 오로지 진실만을 추구해야 한다. 황소 편에 기운 사람은 차트를 보면서 이렇게 말한다. "어느 시점에 매수할까?" 곰들의 편에 선 사람은 같은 차트를 보고도 공매도할 시점을 찾는다. 일류 분석가는 강세나 약세 어느 쪽에도 편파적인 태도를 취하지 않는다.

자신이 어느 한쪽에 치우쳐 있는지 알아볼 수 있는 기발한 방법이 있다. 매수하고 싶은 생각이 들면 차트를 뒤집어 보고 매수 기회로 판단되는지 살펴보라. 차트를 뒤집었는데도 매수 기회로 판단된다면 시스템을 무시할 정도로 심리가 매수 쪽에 치우쳐 있다는 의미다. 만약 똑바로 놓은 차트나 뒤집어 놓은 차트가 모두 매도 시점으로 보인다면 심리가 매도에 치우쳐 있다는 의미이므로 이 경우에도 균형을 잡아야 한다.

관리냐 예측이냐

트레이더의 목표는 미래의 주가를 예측하는 것이라고 믿는 사람들이 많다. 어느 분야든 아마추어는 예측을 찾아다니고, 프로는 정보를 종합해 확률을 바탕으로 판단한다. 의료계를 예로 들어보자. 칼에 찔린 환자가 응급실로 실려 오면 가족들은 걱정스러운 얼굴로 두 가지를 묻는다. "살 수 있을까요?" "언제쯤 퇴원할 수 있을까요?" 의사에게 예측을 요구하는 것이다.

하지만 의사는 예측하는 사람이 아니다. 발생한 문제에 대처하는 사람이다. 의사가 가장 먼저 하는 일은 환자가 쇼크사하는 것을 방지하기 위해 진통제를 투여하고 흘린 피를 보충하기 위해 수혈을 하는 것이다. 그런 다음 손상된 장기를 봉합한다. 그다음에는 감염되지 않았는지 관찰한다. 이어 환자의 건강 상태를 점검하고 합병증을 예방하기 위한 조치를 취한다. 이처럼 의사가 하는 일은 관리이지 예측이 아니다. 환자 가족들이 예측을 종용하면 대답할 수는 있겠지만, 그 대답이 과연 얼마나 쓸모 있겠는가?

트레이딩으로 돈을 벌기 위해 미래를 예측할 필요는 없다. 시장에서 정보를 추출해 주도권을 잡고 있는 쪽이 황소인지 곰인지 알아낸다.

시장을 주도하는 세력의 힘이 어느 정도인지 측정하고 현 추세가 얼마나 지속될지 판단한다. 장기적으로 시장에서 살아남겠다는 목표를 세우고, 보수적으로 자금을 관리하고, 수익을 차곡차곡 쌓아 나간다. 자신의 심리 상태를 살피고 탐욕이나 공포에 빠지지 않도록 한다. 이런 일들을 꾸준히 하는 트레이더는 시장을 예측하려는 사람보다 앞서 나간다.

시장을 읽고 스스로를 관리하라

장이 열린 동안 시장에는 어마어마한 양의 정보가 쏟아진다. 가격 변동은 황소와 곰이 싸우는 전황이 어떻게 변해가는지 반영한다. 트레이더가 할 일은 이렇듯 쏟아지는 정보를 현명하게 분석해 시장을 주도하는 집단에 돈을 거는 것이다.

극적인 예측을 들을 때면 '상술'이라는 생각이 든다. 투자자문가들은 투자금을 모으거나 서비스를 팔기 위해 이런 극적인 예측을 내놓곤 한다. 잘못된 예측은 빨리 잊히지만, 제대로 맞아떨어지면 지갑을 여는 고객이 몰려든다.

이 장의 초고를 쓰는 도중에 전화를 한 통 받았다. 유명한 전문가로 슬럼프에 빠져 있었던 사람인데, 수화기 너머로 그가 이렇게 말했다. 옥수수 시장에서 "평생 한 번 있을까 말까 한 매수 기회"를 찾았다고. 그러면서 반년 만에 100배로 불려줄 테니 투자금을 모아달라고 했다! 이런 식으로 얼마나 많은 멍청이를 낚았는지 모르겠지만, 극적인 예측은 언제나 군중을 홀리는 훌륭한 미끼가 된다. 사람은 대개 변하지 않는다. 21년이 지나 원고를 다시 다듬고 있는데 〈월스트리트저널〉에 이 '전문가'가 최근 위법 행위로 미국선물협회에 의해 처벌을 받았다는 기사가 실렸다.

시장을 분석할 때는 상식적으로 생각하라. 새로운 현상이 발생해 판단이 안 설 때는 시장 밖의 일상생활과 비교해보라. 이를테면 두 시장에서 지표가 매수 신호를 내고 있다고 하자. 큰 폭으로 하락했다가 매수 신호가 발효된 시장에서 매수해야 할까? 아니면 소폭 하락했다가 매수 신호가 발효된 시장에서 매수해야 할까? 추락 사고를 당한 사람과 비교해보라. 계단에서 잠깐 굴러 떨어졌다면 툭툭 털고 일어나 뛰어갈 수 있을 것이다. 그러나 2층 창문에서 추락했다면 얘기가 다르다. 뛰어다니려면 한참 걸린다. 회복하는데 시간이 필요하기 때문이다. 낙폭이 큰 하락이 나타난 이후에 주가가 갑자기 급등하는 경우는 거의 없다.

트레이딩에 성공하려면 세 가지 버팀목이 필요하다. 첫째, 황소와 곰 중 어느 쪽이 주도권을 잡고 있는지 분석해야 한다. 둘째, 적절한 자금 관리 규칙을 만들고 이를 잘 지켜야 한다. 마지막으로 트레이딩 계획을 세우고 이를 준수하도록 훈련해서, 시장이 주는 짜릿함에 도취되거나 침울해지지 않아야 한다.

NEW
TRADING
FOR A LIVING

제 3 부

전통적인
차트 분석법

주식시장에서
살 아 남 는
심   리
투 자 법 칙

내가 처음 주식을 샀을 때만 해도 전통적인 차트가 가장 괜찮은 방법이었다. 나는 격자무늬 눈금이 있는 종이에 뾰족하게 깎은 연필로 차트를 그렸다. 몇 년 뒤 휴대용 계산기가 나오자 간단한 이동평균을 추가했다. 이후 전자식 탁상 컴퓨터가 나와 구멍에 조그만 자기대를 넣으면 지수이동평균, 방향성 시스템Directional System 같은 더 복잡한 계산도 할 수 있게 되었다. 드디어 애플 PC가 역사에 등장하자 조이스틱을 사용해 커서를 움직여 추세선을 그릴 수 있게 됐다. 기술은 계속 발달해 요즈음에는 아주 저렴한 비용으로도 고도로 정밀한 분석을 할 수 있게 됐다.

전통적인 차트의 핵심 개념은 아직 유효하지만, 대부분의 도구는 컴퓨터 방식, 그러니까 훨씬 강력한 방법으로 대체되었다. 컴퓨터를 이용한 기술적 분석의 최고 장점은 객관성이다. 이동평균이나 기타 지표는 상승하거나 하락하는데, 방향성 자체에는 논란의 여지가 없다. 신호를 어떻게 해석할지는 각자 골똘히 생각해야 할 문제이지만, 신호 자체는 명명백백하다.

반면 전통적인 차트는 다분히 주관적이며 헛된 희망 사항, 자기기만이 개입되기 쉽다. 극단적인 가격이나 조밀한 구간 가장자리 부근에서 추세선이 그려지면 메시지뿐 아니라 각도도 바뀌기 쉽다. 매수하고 싶다면 추세선을 조금 더 가파르게 그릴 것이다. 공매도하고 싶은 상태에서 눈을 가늘게 뜨고 차트를 보면 머리어깨형 고점이 '보이기도 한다.' 이런 패턴은 객관성이 있다고 보기 어렵다. 이런 주관성 때문에 나는 깃발형, 머리어깨형 같은 전통적인 패턴에 점점 더 회의를 품게 됐다.

수많은 차트를 본 후 내가 내린 결론은 시장은 사선을 모른다는 것이다. 시장은 가격 수준은 기억한다. 따라서 수평선인 지지선과 저항선은 일리가 있지만 사선으로 그어진 추세선은 주관적이며, 따라서 언제든 자기기만일 수 있다.

내 경우, 신뢰할 만큼 객관적인 극소수의 차트 패턴만 트레이딩에 활용한다. 나는 수평으로 그어진 가격 수준을 토대로 지지 영역과 저항 영역에 주목한다. 가격 바나 봉의 시가와 종가, 고가와 저가 사이의 관계 역시 객관적이라고 할 수 있다. 나는 조밀한 구간에서 '손가락'처럼 아주 길게 튀어나온 바가 있으면 꼭 확인한다. 이 바는 '캥거루 꼬리'라고도 부른다. 이 장에선 이런 패턴을 포함해 몇 가지 패턴을 함께 살펴보겠다.

17
차트의 출발점

차트 분석가는 시장의 데이터를 연구해 주가 패턴을 찾아내 수익을 거둔다. 차티스트는 대개 시가, 고가, 저가, 종가, 거래량을 보여주는 바 차트와 봉 차트를 이용한다. 선물 트레이더는 미결제약정까지 살핀다. P&F 차트를 쓰는 사람은 시간, 거래량, 미결제약정을 모두 무시하고 주가 변화만 추적한다.

전통 차트를 그릴 때는 종이와 연필만 있으면 된다. 시각적 감각이 뛰어난 사람에게 적합한 분석 기법이다. 손으로 직접 데이터를 그려 나가다 보면 주가에 대한 동물적인 감각이 발달한다. 컴퓨터로 작업하면 이런 감각을 잃어버리는 건 감수해야 한다. 전통 차트의 가장 큰 문제는 '원하는 대로' 보게 된다는 것이다. 매수하고 싶으면 강세 패턴, 매도하고 싶으면 약세 패턴으로 보인다.

20세기 초반 스위스의 정신과 의사 헤르만 로샤Herman Rorschach는 사람의 심리를 탐색하는 심리테스트를 고안했다. 로샤는 열 장의 종이에 잉크를 떨어뜨리고 반으로 접어 대칭되는 잉크 얼룩을 만들었다. 얼룩을 본 사람들은 신체 일부, 동물, 건물 등등 온갖 형태가 보인다고 말했다. 사실은 잉크가 번져 만들어진 얼룩일 뿐인데도 말이다! 각자 마음속에 있는 것을 보는 것이다. 차트를 보는 트레이더도 마찬가지다. 로샤의 심리테스트 종이를 볼 때처럼 트레이더는 차트에 자신의 소망과 두려움, 환상을 투사해낸다.

간략한 차트의 역사

미국에 차티스트가 처음 등장한 것은 19세기 말에서 20세기 초 무렵이다. 유명한 주식시장 이론 창시자인 찰스 다우^{Charles Dow}와 그 후임으로 〈월스트리트저널〉 편집자를 지낸 윌리엄 해밀턴^{William Hamilton}이 미국 최초의 차티스트다. 다우는 "평균에는 시장의 모든 요소가 반영돼 있다"는 유명한 금언을 남겼다. 다우는 다우존스산업평균과 철도평균지수^{Rail Average}[●]에 경제에 대한 모든 지식이 반영돼 있다고 주장했다.

　다우는 책을 내지 않았고 오로지 〈월스트리트저널〉 사설만 썼다. 다우의 후임인 해밀턴은 다우 이론의 원칙을 모아 《주식시장 지표^{The Stock Market Barometer}》를 펴냈고, 또한 1929년 대공황 이후 〈조류의 반전^{The Turn}

● 다우지수로 확대, 개편되기 전 철도 관련 주식의 비중이 높았던 초창기 미국 주식시장의 대표 지수로, 현재의 운송종합지수^{Transportation Average}를 가리킨다 – 옮긴이

of the Tide〉이라는 유명한 사설을 썼다. 1932년에는 소식지 발행인인 로버트 레아 Robert Rhea가 다우 이론을 집대성한《다우 이론 The Dow Theory》을 출판해 선풍적 인기를 끌었다.

1930년대는 차팅의 황금기였다. 1929년 대공황 이후 많은 혁신가가 나타나 자신의 연구 결과를 책으로 펴냈다. 샤바커 Richard W. Schabaker, 레아, 엘리어트 Ralph Nelson Elliott, 위코프 Richard D. Wyckoff, 갠 등이 대표적인 인물이다. 이들의 연구 작업은 크게 두 갈래로 구분된다. 위코프와 샤바커는 차트를 수요와 공급을 기록하는 시각적 도구로 봤다. 반면 엘리어트와 갠은 완벽한 절대 원리를 찾으려고 했다. 야심 찬 목표이긴 하지만 결국 부질없는 짓이었다(5장을 참고하라).

1948년 에드워즈 Robert D. Edwards(샤바커의 사위)와 매기 John Magee는《주식 추세의 기술적 분석 Technical Analysis of Stock Trends》이라는 책을 펴냈다. 이들은 차트 패턴과 지지, 저항, 추세선, 삼각형, 사각형, 머리어깨형 같은 개념을 유행시켰고, 다른 차티스트들은 앞다퉈 이 개념들을 상품시장에 적용했다.

에드워드와 매기 이후 시장은 엄청나게 변했다. 1940년대 뉴욕증권거래소에서 거래가 활발한 종목이라고 해봐야 일일 거래량이 수백 주에 불과했지만 지금은 일일 거래량이 수백만 주에 이르는 종목도 많다. 주식시장의 균형도 황소 쪽에 유리하게 기울었다. 초기 차티스트들은 천장은 단시간에 가파르게 형성되고 바닥은 오랜 시간에 걸쳐 천천히 형성된다고 설명했다. 그들이 활약했던 디플레이션 시기에는 이 이론이 들어맞았지만 1950년대 이후로는 오히려 반대가 됐다. 지금은 바닥이 단기간에 형성되고 천장이 오랜 기간에 형성되는 경향이 있다.

바 차트가 보여주는 시장 심리

차트 패턴은 투자자와 트레이더의 매수세와 매도세, 탐욕과 공포를 반영한다. 이 책에서는 바 하나가 1거래일을 나타내는 일간 차트를 중심으로 설명하지만 주간, 시간, 일중 차트 등도 읽는 원칙은 대동소이하다.

다음 원칙을 명심하라. **"주가란 모든 시장 참여자가 순간적으로 합의한 가치가 행동으로 나타난 것이다."** 이 원칙을 토대로 각각의 바를 하나씩 하나씩 뜯어보면 황소와 곰 사이의 힘겨루기에 대한 몇 가지 중요한 정보를 알 수 있다(그림 17-1).

일간 바의 **시가**는 대개 아마추어가 가치를 어떻게 판단하는지를 보여준다. 아마추어는 조간신문을 읽고 전날 무슨 일이 있었는지 살핀 뒤 아내에게 매수할지 매도할지 동의를 구하고 나서 일터로 출근하기 전 주문을 낸다. 아마추어는 하루 중 이른 시간과 일주일을 시작하는 주초에 활발히 거래하는 경향이 있다.

수십 년 동안의 자료를 바탕으로 시가와 종가의 관계를 연구한 트레이더들은 다음과 같은 사실을 발견했다. 시가는 대개 일일 바의 고가나 저가 부근에서 형성된다. 아침 일찍 일어난 아마추어의 매도나 매수는 감정의 극단을 형성하는데, 이런 극단적인 값은 시간이 지날수록 되밀리는 경향이 있다.

강세장의 경우, 아마추어들이 주초에 차익을 실현하기 위해 매도하기 때문에 일주일 중 월요일이나 화요일에 주중 저가가 형성된다. 그리고 목요일이나 금요일에 신고점으로 반등한다. 약세장의 경우 월요일이나 화요일에 주중 고점을 형성하고 일주일의 끝 무렵에 주중 저점

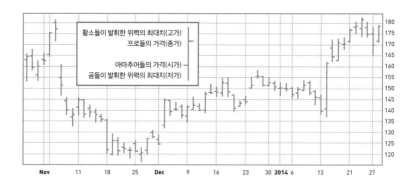

| 그림 17-1 | TSLA 일간(출처: Stockcharts.com)

황소들이 발휘한 위력의 최대치(고가)
프로들의 가격(종가)

아마추어들의 가격(시가)
곰들이 발휘한 위력의 최대치(저가)

바 차트의 의미

시가는 아마추어들에 의해 결정된다. 아마추어는 밤사이 주문을 내는데, 이 주문들이 모여 시가에 영향을 미친다. 종가는 주로 하루 동안 내내 매매하는 시장의 프로들에 의해 결정된다. 시가와 종가는 주가 바의 양쪽 끄트머리에서 자주 형성되는데, 이로써 프로와 아마추어 사이에서 벌어지는 싸움의 양상을 파악할 수 있다.

각 바의 고가는 바가 표시하는 기간 동안 황소들이 발휘한 위력의 최대치를 나타낸다. 각 바의 저가는 바가 표시하는 기간 동안 곰들이 발휘한 위력의 최대치를 나타낸다. 바의 길이가 짧을 때 진입하거나 청산해야 체결오차가 적다.

을 형성한다.

일간 또는 주간의 **종가**는 프로 트레이더들의 활동을 반영한다. 프로는 하루 내내 시장을 지켜보다가 주가 변화에 대응해 장 마감 무렵 시장을 장악한다. 프로들 중 다수가 장 마감 무렵 수익을 거두고 오버나이트, 즉 포지션을 유지한 상태로 마감하는 것을 피한다.

집단으로 볼 때 프로는 대체로 아마추어와 반대로 매매한다. 프로는 낮은 시가에 매수하거나 높은 시가에 공매도한 뒤 장 마감 무렵 포지션을 정리한다. 그러므로 시가와 종가의 관계에 유의해야 한다. **종가가 시가보다 높으면 시장의 프로들은 아마추어보다 시장을 강세로 보**

고 있을 확률이 높다. 종가가 시가보다 낮으면 프로들은 아마추어보다 시장을 약세로 보고 있을 확률이 높다. 프로들의 움직임에 발맞추어 트레이딩하고 아마추어와는 반대로 트레이딩하면 유리하다. 봉 차트는 대체로 각 바의 시가와 종가 사이의 관계를 토대로 만들어진다. 봉은 종가가 더 높으면 흰색이고, 종가가 더 낮으면 검은색이다.

각 바의 고점은 바가 표시하는 기간 동안 황소들의 힘이 최고조에 달한 지점을 가리킨다. 황소는 주가가 오르면 돈을 번다. 황소들이 매수에 나서면 주가는 더욱 올라가고 업틱마다 황소들의 수익은 불어난다. 하지만 거래가 계속되다 보면 주가를 더 이상 1틱도 끌어올릴 수 없는 한계에 도달하고 만다.[1] 일간 바의 고가는 그날 하루 황소들이 가진 힘의 최대치를 가리키고, 주간 바의 고가는 일주일 동안 황소들이 가진 힘의 최대치를 가리킨다. 다시 말해, **각 바의 고점은 바가 표시하는 기간 동안 황소들의 힘이 최고조에 달한 지점을 가리킨다.**

각 바의 저점은 바가 표시하는 기간 동안 곰들의 힘이 최고조에 달한 지점을 가리킨다. 곰은 주가가 내리면 돈을 번다. 곰들이 공매도에 나서면 주가는 더욱 내려가고 다운틱마다 수익이 불어난다. 하지만 이들도 더 이상 주가를 끌어내릴 수 없는 한계에 도달하고 만다. 일간 바의 저가는 그날 하루 곰들이 보유한 힘의 최대치를 가리키고, 주간 바의 저가는 일주일 동안 곰들이 보유한 힘의 최대치를 가리킨다. 다시 말해, **각 바의 저점은 바가 표시하는 기간 동안 곰들의 힘이 최고조에**

---

1 틱은 트레이딩 대상의 최소 가격 변동폭을 말한다. 1틱은 1센트가 될 수도 있고, (주식에 따라) 1센트의 100분의 1이 될 수도 있다. S&P e-mini의 경우 1/4포인트, 금 선물의 경우 10센트가 될 수도 있다.

달한 지점을 가리킨다.

바의 종가는 바가 표시하는 기간 동안 벌어진 황소와 곰의 전투 결과를 나타낸다. 일간 바의 고가 부근에서 종가가 형성되면 그날의 전투에서 황소가 승리했다는 의미다. 일간 바의 저가 부근에서 종가가 형성되면 그날의 전투에서 곰이 승리했다는 의미다. 선물의 경우 계좌의 잔고가 일일 정산 제도에 의해 종가 기준으로 결정되므로 일간 바의 종가는 특히 중요하다.

고점과 저점의 거리는 황소와 곰이 벌인 전투의 강도를 나타낸다. 바의 길이가 평균에 가까우면 시장이 비교적 차분했다는 뜻이다. 바의 길이가 평균의 절반밖에 되지 않으면 시장이 관망세를 보였다는 뜻이다. 바의 길이가 평균보다 두 배 이상 길면 황소와 곰이 시장 전역에서 치열한 전투를 벌여 시장이 과열됐다는 뜻이다.

시장이 조용하면 대체로 체결오차('들어가는 글'을 참고하라)가 적다. 따라서 바의 길이가 짧거나 보통일 때 진입하는 것이 유리하다. 시장이 다급하게 돌아가고 있을 때 포지션에 진입하는 건 달리는 기차에 뛰어드는 것이나 마찬가지다. 기차를 보내고 다음 기회를 기다리는 게 안전하다.

일본식 캔들 차트

미국에서 처음 차트를 쓰기 시작한 시점보다 200년도 더 전에 일본의 쌀 거래상들이 캔들 차트를 쓰기 시작했다. 캔들 차트는 바 대신 양 끝에 심지가 있는 양초(캔들)들을 쭉 나열한 모양이다. 양초의 몸통은 시가와 종가의 차이를 나타낸다. 종가가 시가보다 높으면 몸통을 비워 흰색으로 나타내고, 종가가 시가보다 낮으면 몸통을 채워 검은색으로 나타낸다.

상단에 있는 양초의 심지 끝은 하루의 고가를, 하단에 있는 양초의 심지 끝은 하루의 저가를 표시한다.《캔들 차트 투자기법 Japanese Candlestick Charting Techniques》의 저자 스티브 니슨 Steve Nison 은 일본인들은 고가와 저가보다 시가와 종가를 중요하게 생각했다고 지적했다. 일본인들은 시가와 종가 사이의 관계, 그리고 캔들 몇 개를 아우르는 패턴을 중시했다.

캔들 차트의 최대 장점은 시가를 좌우하는 아마추어와 종가를 좌우하는 프로의 전투에 초점을 맞춘다는 것이다. 그런데 아쉽게도 캔들 차트를 이용하는 차티스트들은 거래량, 기술적 지표 등 다양한 서구의 도구를 외면하는 듯하다.

캔들 차트는 전 세계적으로 꽤 널리 쓰이고 있는데, 왜 계속 바 차트를 쓰는지 내게 묻는 트레이더도 있다. 물론 나도 캔들 차트를 잘 알지만, 트레이딩을 배울 때 바 차트를 이용했고 시가-고가-저가-종가 바와 기술적 지표를 함께 활용하면 더 많은 정보를 얻을 수 있다고 생각하기 때문에 바 차트를 즐겨 사용한다.

바 차트든 캔들 차트든 각자 선호하는 쪽을 선택하면 된다. 이 책에서 설명하는 개념은 모두 바 차트뿐 아니라 캔들 차트에도 활용할 수 있다.

효율적 시장, 랜덤워크, 카오스이론, 자연의 법칙

효율적 시장 이론 Efficient Market Theory 이란 가격은 이용 가능한 모든 정보를 반영하고 있으므로 누구도 시장 평균 이상의 수익을 올릴 수 없다는 학문적 개념이다. 20세기의 가장 성공한 투자자로 꼽히는 워런 버핏 Warren Buffett 은 이렇게 지적했다. "옛날 궤변론자들이 어떻게 그 많은 사람에게 지구가 평평하다고 믿게 만들었는지 정말 놀라울 따름이다. 효율성을 믿는 사람들이 존재하는 시장에 투자하는 것은 마치 카드를 들여다봐야 아무 소용도 없다는 말을 믿는 사람과 브리지게임을 하는 것과 마찬가지다."

효율적 시장 이론의 논리적 맹점은 지식과 행위를 동일시한다는 것이다. 사람들은 제대로 알고 있어도 감정에 휘둘려 불합리한 트레이딩에 나서기도 한다. 훌륭한 애널리스트는 차트에 반복적으로 나타나는 집단 행위의 패턴을 파악해 트레이딩에 활용한다.

랜덤워크 Random Walk 를 주창하는 이론가들은 주가 변화는 어떤 규칙도 없이 무작위로 일어난다고 주장한다. 물론, 군중이 모인 곳이라면 어디나 그렇듯 시장 역시 무작위성이 충분히 작동하며 의미 없는 '노이즈'도 많다. 하지만 영리한 관찰자는 반복되는 군중의 행동 패턴을 식별해 이 같은 패턴이 지속될지 반전될지 판단한다.

사람에겐 기억이라는 것이 있다. 과거의 주가를 기억하고 있는데, 이 기억이 매수, 매도 결정에 영향을 미친다. 이 기억 때문에 시장의 바닥에서 지지 영역이 형성되고 천장에서 저항 영역이 형성되는 것이다. 그런데 랜덤워크 신봉자는 기억이 행동에 영향을 미친다는 사실을 부인한다.

밀턴 프리드먼 Milton Freedman 은 가격에는 공급과 수요의 여력에 대한 정보가 담겨 있다고 지적했다. 시장 참여자들은 매수 및 매도 결정을 내릴 때 이 정보를 이용한다. 이를테면 소비자는 상품 가격이 할인되면 많이 구매하고, 오르면 적게 구매한다. 금융시장의 트레이더 역시 주부처럼 합리적으로 행동한다. 가격이 싸면 저가 매수세가 유입되고, 품귀 현상이 일어나면 공황 매수°가 이어지며, 가격이 오르면 수요가 감소한다.

카오스 이론 Chaos Theory 은 최근 수십 년 사이 유명해졌다. 시장은 대체로 혼돈 상태며 우위를 점할 수 있는 시간은 질서가 있을 때뿐이라고 보는 시각이다.

내 생각을 말하자면, 시장은 대부분의 기간에 혼돈 상태인 것은 맞지만, 이 혼란을 뚫고 계속해서 질서와 구조가 나타났다가 사라진다. 시장 분석의 요체는 이런 질서 있는 패턴이 나타났을 때 이를 인지하고 용기와 확신을 갖고 매매하는 것이다.

시장이 혼돈 상태일 때 매매하면 득을 보는 건 수수료를 챙길 중개인과 내 돈을 낚아챌 프로 단타 매매자뿐이다. 명심해야 할 핵심은 혼돈 상태에서도 이따금 패턴이 나타난다는 점이다. 이런 전환을 시스템이 인식하면 이때가 바로 매매 시점이다! 앞서 개인 트레이더가 프로

● 투자자들이 주가와 관계없이 대량 매수해 주가가 급격하게 상승하는 상황 – 옮긴이

들보다 나은 한 가지 큰 장점을 이야기했다. 바로 개인 트레이더는 매일 활발하게 거래할 필요 없이 좋은 매매 기회가 올 때까지 충분히 기다릴 수 있다는 점이다. 카오스 이론은 이 점을 확인해준다.

또한 카오스 이론에 의하면 혼돈 상태에서 떠오르는 질서 있는 구조는 차원 분열 도형이다. 해안선은 우주에서 보든 비행기에서 보든, 서서 보든 아니면 무릎을 꿇고 앉아 확대경으로 보든 한결같이 들쭉날쭉하다. 시장의 패턴 역시 차원 분열 도형이다. 동일한 시장의 차트를 늘어놓고 시간 표시를 지우면 월간 차트인지 주간 차트인지 일간 차트인지 아니면 5분 차트인지 분간할 수 없다. 나중에(39장) 이 주제를 다시 다루면서 최소 2개 이상 시간 단위로 시장을 분석하는 것이 중요한 이유를 설명하겠다. 시간 단위가 다른 2개의 차트에서 모두 매수 또는 매도 메시지가 나타나는지 확인해야 한다. 이런 경우가 아니라면 시장이 혼돈 상태이므로 잠시 한 발 물러나 관망해야 한다.

자연의 법칙 Nature's Law은 신비주의자들이 소리 높여 외치는 이론으로, 시장에는 완벽한 질서가 있다고 주장한다(돈을 지불하면 이 질서를 보여주기도 한다). 신비주의자는 시장이 마치 불변의 자연법칙을 따르는 것처럼 시곗바늘 움직이듯 완벽한 질서를 갖고 움직인다고 주장한다.

R. N. 엘리어트는 자신의 마지막 저서에 《자연의 법칙 Nature's Law》이라는 제목을 붙였다. '완벽한 질서'를 믿는 군중은 점성술, 수비학**, 음모론 등 미신에 끌리기 쉬우며, 행성의 움직임과 가격 사이의 연결고

●● 숫자와 여러 현상 사이의 숨겨진 의미를 탐구하거나 미래를 예측하는 학문 – 옮긴이

리를 찾으려 한다. 시장의 자연법칙에 대해 말하는 사람이 있으면 슬쩍 점성술 얘기를 꺼내보라. 당장 본색을 드러내면서 별이 어쩌고저쩌고 목소리를 높일 것이다.

시장에 완벽한 질서가 있다고 믿는 이들은 시장의 천장과 바닥을 먼 미래까지 예측할 수 있다고 주장한다. 신비주의자들은 '예언'을 좋아하는 아마추어들의 습성을 이용해 강연, 트레이딩 시스템, 소식지를 판매한다.

신비주의자, 랜덤워크 학파, 효율적 시장 이론가에게는 한 가지 공통점이 있다. 바로 시장의 현실과 동떨어져 있다는 사실이다.

18

지지와 저항

　　공은 바닥에 닿으면 튀어 오른다. 튀어 오른 공은 천장에 부딪쳐 떨어진다. 지지와 저항은 주가가 오르락내리락하며 부딪치는 바닥과 천장이다. 주가의 추세를 이해하려면 반드시 지지와 저항을 이해해야 한다. 지지하는 힘과 저항하는 힘을 측정하면 추세가 지속될지 반전될지 판단하는 데 유용하다.

　지지란 하락 추세를 저지하거나 반전시킬 정도로 강력한 매수세가 형성된 주가 수준을 말한다. 하락 추세가 지지 세력과 만나면 해저의 바닥을 밟고 되튀어 오르는 잠수부처럼 반등한다. 차트 위에 저점을 2개 이상 연결한 수평선이 그려지면 이것이 바로 지지선이다(그림 18-1).

　저항은 상승 추세를 저지하거나 반전시킬 정도로 강력한 매도세가 형성되고 있는 주가 수준을 말한다. 상승 추세가 저항 세력과 만나면 나무를 오르다 가지에 머리가 부딪힌 사람처럼 움직임을 멈추거나 하락 반전한다. 차트 위에 고점을 2개 이상 연결한 수평선이 그려지면 이것이 바로 저항선이다.

지지선이나 저항선을 그릴 때는 극단적인 값보다는 바들이 총총하게 밀집된 구간의 가장자리를 가로질러 그리는 게 좋다. 밀집 구간은 많은 트레이더가 마음을 바꾼 지점이고, 극단적인 값은 자본력이 딸려 패닉에 빠진 트레이더들의 행위가 반영된 지점이다.

강력한 지지와 저항은 추세를 반전시키지만 약한 지지와 저항은 추

| 그림 18-1 | NFLX 주간(출처: Stockcharts.com)

지지와 저항

밀집 구간의 상단 가장자리와 하단 가장자리를 통과하는 수평선을 긋는다. 바닥선은 매수자가 매도자를 압도하는 지지 수준이다. 상단선은 저항선을 나타내며, 매도자가 매수자를 압도하는 영역이다. 지지 영역과 저항 영역은 종종 서로 역할을 바꾸기도 한다. 영역 ❶에서 결정적인 상향 돌파가 나타나 주가가 저항선을 건드리지만 이 수준 위로 올라간 뒤에는 이 수준이 지지 영역(❷로 표기)이 되는 것에 주목하라. 주가가 지지선이나 저항선을 건드리고 팅겨 나오는 횟수가 많을수록 버티고 있는 지지선과 저항선의 강도는 장벽처럼 굳건해진다. 주가가 지지선과 저항선을 이탈하는 '가짜 돌파'에 유의하라. 위 차트에 표시된 ❶는 가짜 돌파다. 아마추어는 돌파를 뒤쫓아가며 매매하지만 프로는 돌파가 발생하면 반대로 매매한다. 차트 오른쪽 끝을 보면 주가가 지지선을 뚫고 계속 상승하면서 앞서 상승한 구간이 저항 영역이 되는 것을 볼 수 있다.

세를 잠시 멈추게 할 뿐이다. 지지선에서 매수하고 저항선에서 매도하면 트레이더는 예측대로 성과를 거둔다.

추세는 어떻게 확인할 수 있을까? **추세선**으로 확인하는 게 아니다. 내가 가장 선호하는 도구는 지수이동평균으로, 다음 장에서 살펴볼 것이다. 추세선은 매우 주관적인 지표로, 자기기만에 빠지기 가장 쉬운 도구에 속한다. 추세 식별은 전통적인 차트보다 컴퓨터 활용 분석이 훨씬 앞서 있는 분야이기도 하다.

기억, 고통, 그리고 후회

이전에 시장이 반전했던 기억이 자극하기 때문에 트레이더들은 일정 수준에서 매수하고 매도하게 된다. 수많은 트레이더가 행동에 나서면 지지 영역과 저항 영역이 형성된다. **지지와 저항이 존재하는 이유는 인간에게 기억이 있기 때문이다.**

최근 일정 수준에서 주가 하락이 멈추고 상승세로 돌아섰다는 사실을 트레이더들이 기억하면, 이들은 주가가 다시 그 수준 가까이 갈 때 매수에 나설 확률이 높다. 또 상승 추세가 특정 지점에서 고점을 찍은 후 반전한 사실을 기억한다면 주가가 그 수준에 다시 접근할 때 매도하거나 공매도에 나서는 경향이 있다.

이를테면 1966~1982년 주식시장은 크게 상승하다가도 다우존스 공업평균이 950~1050선 구간까지 반등하면 멈추는 모습을 보였다. 저항 세력이 너무 강력해 트레이더들은 이 저항 구간을 "하늘의 묘지 ^{Graveyard in the Sky}"라고 불렸다. 황소들이 몰려와 이 수준을 돌파하면서 저항 영역은 지지 영역이 됐다. 차트(그림 18-2)에서 보듯, 최근 몇 년 동안 금시장에서도 비슷한 현상이 일어났다. 금값은 네 차례 온스당 1,000달러 수준까지 오르다가 매번 다시 하락했다. 다섯 번째 시도에서 금값이 이 수준을 돌파한 뒤 온스당 1,000달러 수준은 강력한 지지 수준이 됐다.

트레이더 집단이 고통을 느끼고 후회하기 때문에 지지와 저항이 만들어진다. 손실이 나는 포지션을 보유한 트레이더는 뼈저린 고통을 느낀다. 패자들은 시장이 다시 한 번 기회를 주기만 하면 재빨리 빠져나

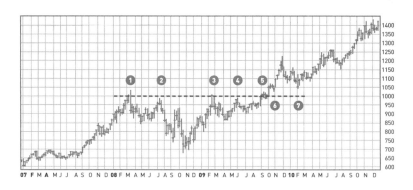

| 그림 18-2 | 금 주간(출처: Stockcharts.com)

저항 영역이 지지 영역으로 바뀐다
금값이 저항선인 온스당 1,000달러를 다섯 번 건드렸다. 대체로 한 번, 두 번, 혹은 세 번 건드리면 반전이 일어난다. 시장이 같은 수준을 네 번 이상 건드리면 그 방향대로 계속 갈 것이라고 봐도 된다. 저항선을 다섯 번째 건드리면서 금값은 온스당 1,000달러를 돌파했다. 이후 ❻과 ❼ 두 번에 걸쳐 금값은 과거 저항 수준으로 회귀하려고 시도한다. 하지만 이 수준으로 되돌아오는 데 실패함으로써 곰의 힘이 약하다는 것이 입증됐다. 이를 기점으로 주요 강세장이 시작됐다.

오리라 벼른다. 매수나 공매도 기회를 놓친 트레이더 역시 후회하면서 시장이 두 번째 기회를 주기를 학수고대한다. 거래 범위가 좁아 가격 변동폭이 비교적 작고 패자들의 상처가 깊지 않으면 트레이더들이 느끼는 고통과 후회의 강도도 약하다. 그러나 이 범위가 돌파되면 극심한 고통과 후회에 시달리게 된다.

시장이 한동안 횡보를 계속하면 트레이더들은 거래 범위(박스권) 하단 근처에서 매수하고 상단 근처에서 매도 또는 공매도하는 데 익숙해진다. 상승 추세가 시작되면 공매도한 곰은 고통에 몸부림치고 황소는 더 많이 매수하지 못한 것을 뼈저리게 후회한다. 곰과 황소는 모두 시장이 돌파점까지 하락하면 숏을 커버하거나 매수하리라 다짐한다. 곰은 고통 때문에, 황소는 후회 때문에 언제든 기회만 오면 매수에 나서려고 안달한다. 이런 이유로 상승 추세가 조정을 받을 때 **지지** 영역이 형성된다.

주가가 거래 범위를 이탈해 하락하면 매수한 황소는 덫에 걸린 듯 괴로워하며 본전을 건지고 빠져나가려고 반등을 기다린다. 반면 곰은 더 많이 공매도하지 못한 것을 후회하며 또 공매도할 기회인 반등을 기다린다. 황소의 고통과 곰의 후회가 하락 추세의 천장을 이루며 **저항 영역**을 형성한다. 이처럼 지지하는 힘과 저항하는 힘은 트레이더들이 고통과 후회를 얼마나 강렬하게 느끼느냐에 따라 결정된다.

지지와 저항의 강도

주가가 밀집 구간에 오래 머물수록 황소와 곰은 그 구역에 감정적으로 더욱 집착한다. 추세와 여러 차례 접촉한 밀집 구간은 마치 격전이 벌어져 분화구가 파인 전쟁터 같다. 방어하는 쪽은 막을 여력이 충분하고, 공격하는 쪽은 공격을 늦춘다. 주가가 위에서부터 밀집 구간으로 접근하면 밀집 구간은 지지선 역할을 한다. 주가가 아래에서부터 밀집 구간을 향해 상승하면 밀집 구간은 저항선 역할을 한다. 이처럼 밀집 구간은 상황에 따라 역할을 바꿔 지지선 역할을 하다가 저항선 역할을 하기도 하며, 저항선 역할을 하다가 지지선 역할을 하기도 한다.

지지 영역과 저항 영역의 강도는 세 가지 요소에 의해 결정된다. 길이, 높이, 그리고 지지 혹은 저항 영역의 거래량이다. 이 요소들을 밀집 구간의 길이, 높이, 거래량으로 한눈에 알아보게 그릴 수 있다.

지지나 저항 영역의 길이, 즉 기간이 길거나 각 영역에 부딪힌 바의 수가 많을수록 강도는 세다. 묵을수록 향이 좋아지는 고급 와인처럼 지지와 저항도 시간이 지나면서 힘을 얻는다. 2주에 걸쳐 형성된 거래 범위는 단기 지지나 저항을 만들고, 2개월에 걸쳐 형성된 거래 범위는 중기 지지나 저항을 만든다. 이 정도면 사람들은 이 지지와 저항에 어느 정도 익숙해지기 시작한다. 한편 2년에 걸쳐 지지와 저항이 형성되면 하나의 표준 가치로 수용돼 주요 지지나 저항이 된다.

지지 수준과 저항 수준은 무르익을 대로 무르익으면 서서히 힘이 빠진다. 손실을 본 패자들은 시장에서 계속 퇴출되고 신입들로 대체된다. 이들은 아주 오래된 과거의 주가 수준에 감정적으로 집착하지 않는다.

최근에 손실을 본 사람들만 무슨 일이 있었는지 또렷이 기억한다. 이들은 고통과 후회에 빠진 채 손실을 만회하기 위해 시장을 서성인다. 이에 반해 몇 해 전 잘못된 판단을 했던 사람들은 아마도 시장에 남아 있지 않을 것이므로, 이들의 기억은 시장에 영향을 미치지 못한다.

주가가 이 영역을 건드릴 때마다 지지나 저항 영역은 힘이 커진다. 주가가 일정 수준에 도달하면 반전하는 것을 경험한 트레이더는 주가가 다시 그 수준에 도달하면 반전하는 쪽에 돈을 건다.

지지나 저항 영역의 높이가 높을수록 강도는 세다. 밀집 구간의 가격 변동폭이 위아래로 긴 것은 마치 담장을 높이 친 것과 같다. 밀집 구간의 높이가 시장가치의 1퍼센트에 해당하면 단기 지지나 저항이다. 밀집 구간이 3퍼센트 높이라면 중기 지지나 저항이며, 7퍼센트 높이라면 주요 추세를 무너뜨릴 수 있을 만큼 강력한 힘이 내재돼 있다고 봐야 한다.

지지나 저항 영역의 거래량이 많을수록 강도는 세다. 거래량이 많다는 것은 트레이더들이 시장에 활발하게 참여하고 있다는 뜻이다. 다시 말해, 트레이더들이 감정적으로 강하게 집착하고 있다는 뜻이다. 거래량이 적다는 것은 트레이더들이 그 수준에서 거래하는 데 별 관심이 없다는 뜻이므로 지지하는 힘이나 저항하는 힘도 약하다.

주식이 밀집 구간에 머문 일수에 일평균 거래량과 주가를 곱하면 지지나 저항의 강도를 달러로 측정할 수 있다. 물론 강도를 비교하려면 같은 주식으로 지지 영역과 저항 영역을 측정해봐야 한다. 사과와 오렌지를 비교하거나 애플 주식을 하루에도 100만 주씩 거래되는 10달러짜리 주식과 비교하면 안 된다.

지지와 저항을 활용한 매매 기법

1. 내가 편승한 추세가 지지나 저항 영역에 접근하면 손실제한 수준을 좁
   혀라.

손실제한은 롱 포지션일 때는 시장가 이하로 팔고 숏 포지션일 때는
시장가보다 비싸게 청산하도록 설정한 주문이다. 이렇게 손실제한 주
문을 설정해두면 시장이 반대로 움직일 때 심각한 손실이 발생하는 것
을 방지할 수 있다.

추세의 강도는 지지나 저항을 건드렸을 때 어떻게 반응하는지 보면
알 수 있다. 추세가 지지나 저항 영역을 돌파할 정도로 강하다면 좁게
설정해둔 손실제한을 건드리지 않는다. 지지나 저항 영역을 돌파하지
못하고 튕겨 나온다면 추세가 약하다는 뜻이다. 이런 경우, 손실제한
을 좁게 설정해두면 지금까지의 수익을 보호할 수 있다.

2. 지지와 저항은 단기 차트보다 장기 차트에서 더 중요하다.

훌륭한 트레이더는 몇 가지 시간 단위의 차트를 살피는데, 장기 차
트를 더 중시한다. 쉽게 말해, 주간 차트가 일간 차트보다 더 중요하다
고 본다. 주간 추세가 강력하면 일간 추세가 저항 영역을 건드리더라
도 그다지 걱정하지 않는다. 주간 추세가 주요 지지나 저항 영역에 접
근하면 얼른 청산에 돌입해야 한다.

3. 지지 수준과 저항 수준은 트레이딩 기회를 알려준다.

밀집 구간의 바닥은 지지 영역의 하한선이다. 주가가 이 구간을 향해 하락한다면 매수 기회이므로 바짝 긴장해야 한다. **가짜 돌파**는 기술적 분석에서 아주 유용한 패턴이다. 주가가 지지선 이하로 떨어졌다가 다시 지지 영역으로 반등하면 곰들이 기회를 잃었다는 증거다. 가짜 하락 이탈 이후 주가 바의 종가가 밀집 구간 안에 있다면 매수 기회다. 최근 가짜 하락 이탈의 바닥 부근에 손실제한 주문을 설정하라.

마찬가지로, 상향 돌파가 진짜라면 돌파 후 밀집 구간으로 되돌아가지 않는다. 로켓이 발사대로 되돌아오지 않는 것과 같은 이치다. 가짜 상향 돌파라면 주가 바가 밀집 구간으로 되돌아오므로 공매도 신호다. 공매도할 때는 가짜 돌파 고점 근처에 손실제한 주문을 설정하라.

손실제한 설정하기

노련한 트레이더는 손실제한을 설정할 때 어림수를 피하는 경향이 있다. 52달러 부근에서 주식을 매수하고 51달러 부근에서 포지션을 보호하고 싶다면 51달러보다 몇 센트 낮은 가격에 손실제한을 설정한다. 당일치기 매매로 33.70달러에 매수하고 33.50달러 부근에서 포지션을 보호하고 싶다면 33.50달러보다 몇 센트 낮은 가격에 손실제한을 설정한다. 인간은 본능적으로 어림수를 사용하려고 하므로 손실제한도 어림수에 몰린다. 나는 이렇게 몰리는 구간에서 멀리 떨어진 곳에 손실제한을 설정하는 편이다.

진짜 돌파와 가짜 돌파

시장은 일정한 추세를 나타내는 시간보다 박스권에 머물러 있는 시간이 더 길다. 박스권을 벗어나 돌파하거나 이탈하는 주가의 움직임은 대부분 가짜 돌파다. 추세추종자들이 이러한 가짜 돌파에 휩쓸려 한 차례 매매하고 나면 주가는 곧 다시 박스권으로 회귀한다. 아마추어는 가짜 돌파에 다치지만 프로는 가짜 돌파를 즐거워한다.

프로는 주가가 거의 대부분의 시간 동안 그다지 멀리 이탈하지 않고 등락을 반복할 것이라고 예측한다. 따라서 주가가 박스권 상단을 돌파해 신고점을 기록하거나 하단을 돌파해 신저점을 찍을 때를 기다린다. 그런 다음 돌파의 반대 방향(역추세)으로 매매하고, 가장 최근의 고점이나 저점 부근에 손실제한을 걸어둔다. 손실제한을 좁게 잡아서 금전상의 위험이 적은 반면, 만약 주가가 밀집 구간 한가운데를 향해 되돌림할 경우 기대수익은 크다. 이렇게 하면 위험/보상 비율이 좋아서 트레이딩 횟수의 절반만 성공해도 수익을 올릴 수 있다.

일간 차트에서 상단 돌파 시 최고의 매수 기회는 **주간** 차트가 새로운 상승 추세를 형성하는 시점이다. 진짜 돌파인지 확인할 수 있는 잣대는 **거래량**과 기술적 지표다. 가짜 돌파는 거래량이 적고 진짜 돌파는 거래량이 많다. 진짜 돌파는 거래량 증가와 함께 기술적 **지표**들이 새로운 추세의 방향으로 신저점이나 신고점을 기록하면서 주가 움직임을 확증한다. 반면 가짜 돌파의 경우, 주가와 지표 사이에 다이버전스가 일어나는데 이 점은 앞으로 다시 논의하겠다.

| 그림 18-3 | EGO와 유로화 일간(출처: Stockcharts.com)

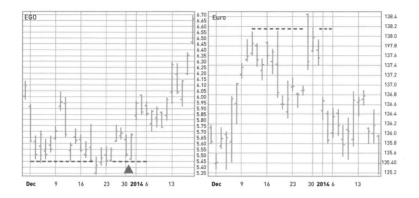

가짜 돌파

왼쪽 엘도라도 골드 ^{EGO} 차트를 보면 2013년 12월, 금값 하향세를 예측하는 곰들이 주가를 끌어내리려고 시도하면서 가짜 하향 돌파가 발생한다. 시가가 지지선 아래로 급락해 전일 종가보다 낮은 하락 갭이 발생하고 여기서부터 다시 반등이 시작된다. 1주일 뒤 화살표로 표시한 지점에서 주가가 지지선으로 되돌림하는 것에 유의하라. 항상 이런 되돌림이 발생하지는 않지만, 되돌림이 발생하면 새로운 추세에 올라탈 절호의 기회라고 보면 된다.

오른쪽은 유로화 차트로, 상승 추세가 가짜 상향 돌파로 끝나는 모습을 보여준다. 가격이 저항선을 뚫으면서 상승 갭이 발생해 손실제한 수준을 건드리자 취약한 매도세가 시장에서 떨어져 나가면서 하락 추세가 시작된다. 이 시장은 다시 되돌림할 기회가 없었다.

19

추세와 박스권

상당 기간에 걸쳐 주가가 상승하거나 하락하는 것을 **추세**라고 한다. 완벽한 **상승 추세**에서는 앞선 상승보다 더 높이 상승해 신고점을 찍고 하락하더라도 앞선 반락의 저점보다 더 높은 수준에서 하락이 멈춘다. 완벽한 **하락 추세**에서는 앞선 저점보다 더 낮은 수준에서 신저점을 찍고 반등하더라도 앞선 고점보다 더 낮은 수준에서 멈춘다. 그런데 **박스권**에서는 주가가 반등해도 대체로 전고점 부근에서 멈추고 하락해도 전저점 부근에서 멈춘다. 물론 금융시장에서 완벽한 패턴이 나타나는 경우는 흔하지 않다. 오히려 다양한 일탈이 나타나 분석가와 트레이더를 힘들게 한다(그림 19-1).

차트들을 잠깐 살펴보기만 해도 시장이 대부분의 시간 동안 박스권에 머문다는 사실을 알 수 있다. 추세 구간인지 박스권인지에 따라 각기 다른 매매 전략이 필요하다. 상승 추세에서 롱 포지션을 취하거나

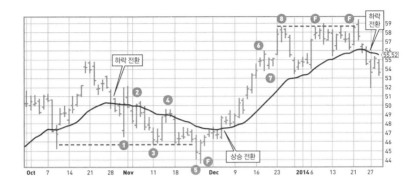

| 그림 19-1 | FB 일간, 22일 EMA(출처: Stockcharts.com)

추세와 박스권

고점과 저점이 동시에 상승하면 상승 추세, 고점과 저점이 동시에 하락하면 하락 추세다. 페이스북^{FB} 주가는 차트 중간 ❶, ❸, ❺로 표시된 곳에서 세 번 저점을 낮추고, ❷, ❹로 표시된 곳에서 두 번 고점을 낮추면서 하락 추세를 보인다. 느린 22일 지수이동평균(22장에서 논의한다)이 하락 추세를 보이면서 주가 하락 추세를 확인시켜준다. 지수이동평균이 상승 전환하면서 상승 반전을 예고하는데 ❻, ❽로 표기된 곳에서 주가가 신고점을 찍는다.

18장에서 가짜 돌파를 살펴보았는데, 이 차트가 바로 그 예다. 가짜 돌파란 주가가 지지선이나 저항선을 돌파해 하루나 이틀 지지선이나 저항선 밖에 머물지만 다시 되돌림해서 돌파 방향으로 움직이는데 실패하고 반대 방향으로 움직이는 것을 말한다. 이 차트에서는 가짜 하향 돌파가 나타난 이후 이동평균이 상승 전환하면서 강력한 매수 신호를 보낸다.

고점 ❽ 이후 이 패턴의 반대되는 현상이 나타나는 것을 볼 수 있다. 두 차례 가짜 상향 돌파가 일어나고 두 번째 가짜 상향 돌파가 나타난 이후 이동평균이 하락 전환하면서 매도 신호를 보낸다. 차트 오른쪽 끝에서 주가는 하락해 이동평균 수준으로 되돌림한다. 이런 패턴이 나오면 공매도할 좋은 기회다.

하락 추세에서 숏 포지션을 취했다면 추세를 믿고 쉽게 청산되지 않도록 손실제한을 넓게 잡아야 한다. 반면 박스권에서 매매할 때는 손실제한을 좁게 잡아서 기민하게 움직이고, 조금이라도 반전의 기미가 보이면 재빨리 포지션을 정리해야 한다.

추세 구간과 박스권에서의 전략 차이는 또 있다. 바로 강세와 약세에 대한 대응 방식이다. 추세 구간에서는 강한 쪽을 쫓아 상승 추세에서 매수하고 하락 추세에서 공매도해야 한다. 반면 주가가 박스권에 머물며 움직일 때는 약세에서 매수하고 강세에서 공매도해야 한다.

추세에 투영되는 군중심리

추세가 상승하면 황소가 곰보다 열심히 움직여 매수세가 주가를 더 끌어올린다. 곰들이 주가를 끌어내리는 데 성공하더라도 저가 매수세가 다시 주식을 사 모으기 시작한다. 이렇게 되면 하락세가 꺾이고 주가는 다시 상승한다. 그런데 곰들이 더 공격적으로 움직이면 매도세가 주가를 끌어내린다. 매수세가 돌풍을 일으킬 때마다 주가를 끌어올려도 곰들이 반등 구간에서 공매도에 나서면 반등이 멈추고 주가는 신저점으로 떨어진다.

황소와 곰의 힘이 막상막하면 주가는 박스권에 머문다. 황소가 주가를 끌어올려도 곰들이 끼어들어 공매도에 나서면서 주가가 하락한다. 주가가 하락하면 저가 매수세가 끼어들어 매수한다. 그러면 곰들이 숏을 커버하면서 상승세에 기름을 붓는다. 시장에서는 이러한 사이클이 오랫동안 반복된다.

박스권은 힘이 비슷한 집단 간의 싸움 같다. 서로 밀고 당기지만 어느 쪽도 확실히 우위를 점하지 못하는 형국이다. 추세란 힘 센 패거리가 약한 패거리를 거리에서 몰아내는 형세라고 할 수 있다. 이따금 약한 쪽이 멈춰 서 잠시 싸우다가도 다시 등을 보이며 도망간다.

군중은 대부분의 시간을 목적 없이 서성거리기 때문에 시장도 추세를 형성하는 시간보다 박스권에서 머무는 시간이 더 많다. 군중이 동요해야 시장이 출렁이며 추세가 형성된다. 그러나 군중의 흥분 상태는 오래가지 않고 다시 목적 없는 상태로 돌아간다. 프로는 추세인지 박스권인지 알쏭달쏭하면 대체로 박스권에 무게를 둔다.

정말 중요한 것은 차트 오른쪽 끝에서 결정을 내리는 일이다

차트 중간에서는 추세와 횡보 구간을 식별하기가 쉽지만 오른쪽 끝으로 갈수록 눈앞은 안개가 낀 것처럼 점점 뿌옇게 변한다. 이미 고정돼 있는 과거는 확연히 드러나 있지만 미래는 유동적이고 불확실하기 때문이다. 오래된 차트는 추세를 포착하기 쉽지만 안타깝게도 과거에서 트레이딩을 할 수는 없다. 우리는 가뜩이나 어려운 차트 오른쪽 끝에서 결정을 내려야 한다. 추세가 뚜렷해질 무렵이면 벌써 추세가 한참 지나가고 난 뒤다. 추세가 사라지고 박스권에 돌입한다고 누가 종을 쳐서 알려주지도 않는다. 차트 오른쪽 끝에서는 많은 차트 패턴과 지표의 신호가 서로 모순되는 모습을 보인다. 우리는 이 같은 불확실성 속에서 확률에 의존해 결정을 내려야 한다.

사람들은 대개 불확실성을 참지 못한다. 추세가 분석한 대로 움직이지 않으면 손실이 나고 있는 포지션에 집착하면서 시장이 돌아서서 본전을 건질 수 있기를 기다린다. 자신이 옳다고 고집 부리며 집착하면 시장에서 비싼 대가를 치러야 한다. 프로 트레이더는 트레이딩에서 손실이 나면 재빨리 빠져나온다. 시장이 내 예상에서 벗어나면 수선 피우지 말고 손절하는 것이 상책이다.

추세와 박스권을 식별하는 방법

모든 추세와 박스권을 분명하고 확실하게 식별할 수 있는 왕도는 없다. 몇 가지 분석 도구를 결합하면 유용하기는 하지만, 어떤 도구도 완벽하지는 않다. 하지만 여러 도구가 서로를 확증하면 정확도는 훨씬 높아진다. 여러 방법이 서로 충돌하면 트레이딩을 포기하는 편이 낫다.

1. 고점과 저점의 패턴을 분석하라. 반등 시 계속 신고점을 경신하고 하락 시 저점이 전저점보다 계속 높다면 상승 추세다. 반대로 저점과 고점이 계속 낮아지면 하락 추세고, 고점과 저점이 불규칙하면 박스권이다(그림 19-1).

2. 20바, 30바 지수이동평균을 구해서 그린다(22장을 참고하라). 지수이동평균 기울기의 방향은 추세를 나타낸다. 이동평균이 한 달 동안 신고점이나 신저점을 기록하지 못하면 시장은 박스권에 머문다.

3. MACD 히스토그램(23장을 참고하라) 같은 오실레이터가 신고점을 찍으면 추세가 강력하다는 증거로, 주가가 전고점을 재검증하거나 넘어설 확률이 높다.

| 그림 19-2 | UNP 일간, 22일 EMA, 방향성 시스템, MACD 히스토그램
(출처: Stockcharts.com)

추세 식별

추세를 식별하는 가장 중요한 한 가지 척도를 꼽으라면 고점과 저점의 패턴이라고 할 수 있
다. 유니언 퍼시픽 UNP의 일간 차트를 보자. 주가가 박스권에서 탈출해 상단 수평선으로 표
시된 고점(❶, ❷, ❸)들을 찍으면서 계속 고점을 높인다. 마찬가지로 하단 수평선으로 표시
된 저점(❹, ❺, ❻) 역시 계속 상승한다. 주가 바닥이 일렬로 늘어서지 않았으므로 추세선을
그리는 것은 아주 주관적인 행위가 된다.

주가 위에 겹쳐 그린 22일 지수이동평균 EMA(❼)은 꾸준히 상승하면서 상승 추세를 확증한
다. 주가가 잠시 조정을 받아 이동평균으로 떨어질 때가 절호의 매수 기회라는 사실에 주목
하라(이 패턴은 22장에서 다루겠다).

방향성 시스템(24장에서 설명하겠다)을 보자. 평균방향성지수 ADX가 20 아래로 떨어졌다가
다시 그 수준으로 반등한 다음 더 낮은 방향성선 위를 돌파하면(수직 화살표 ▲로 표시) 새로
운 추세가 시작된다는 신호다. MACD 히스토그램(23장에서 설명하겠다)이 몇 달 동안의 고
점을 돌파해 상승하면 매우 강력한 추세다(사선 화살표 ⓑ로 표시). 차트 오른쪽 끝을 보면
주가가 아주 소폭 전고점 아래로 떨어지지만 추세는 상승하고 있다. 지수이동평균으로 되
돌림하면 새로운 매수 기회가 생긴다.

4. 방향성 시스템(24장을 참고하라) 같은 몇 가지 시장 지표는 추세를 식별하는 데 유용하다. 방향성 시스템은 특히 새로운 추세의 초기 단계를 포착하는 데 유용하다.(〈그림 19-2〉를 참고하라).

기다릴 것인가, 매매할 것인가?

상승 추세를 확인했다면 즉시 매수할지 아니면 조정을 기다릴지 판단해야 한다. 즉시 매수한다면 추세에 편승할 수는 있지만 손실제한이 멀어져 위험이 커지는 단점이 있다.

만약 조정을 기다린다면 위험은 줄어들지만 네 가지 경쟁자가 생긴다. 첫째, 이미 롱 포지션을 취하고 있으면서 포지션을 늘리려는 사람이다. 둘째, 숏 포지션을 취하고 있으면서 본전을 건지고 빠져나오려는 사람이다. 셋째, (나처럼) 아직 롱 포지션을 취하지 않은 트레이더다. 마지막으로 너무 일찍 매도해서 다시 매수하고 싶은 트레이더다. 되돌림을 기다리는 대기실은 복잡하기로 악명이 자자하다! 게다가 되돌림의 폭이 크다면 매수 기회라기보다는 추세 반전의 신호일 수도 있다. 하락 추세 시 공매도할 때도 마찬가지 원리가 적용된다.

시장이 박스권에 있어서 박스권을 돌파하기를 기다린다면 돌파하기 이전에 매수할지, 돌파하는 도중에 매수할지, 아니면 유효한 돌파가 나타난 이후 되돌림에서 매수할지 결정해야 한다. 확신이 서지 않으면 몇 단계에 걸쳐 진입하는 것을 고려해보라. 예를 들면, 계획한 포지션의 3분의 1은 돌파 이전, 3분의 1은 돌파 시, 3분의 1은 되돌림 시 매수하는 것이다.

어떤 방법을 쓰든 가장 중요한 것은 위험 관리 규칙을 반드시 적용해야 한다는 것이다. 진입 포인트와 손실제한까지 거리에 포지션 규모를 곱한 값이 계좌 잔고의 2퍼센트를 넘지 말아야 한다(50장을 참고하라). 잔고의 2퍼센트 이상 위험을 감수해야 한다면 아무리 구미가 당기는 트레이딩이라도 포기하라.

박스권에서는 진입 시점을 잘 잡는 것이 관건인데, 기대수익이 제한돼 있으므로 아주 정밀하고 민첩해야 한다. 추세 구간에서는 추세의 방향만 틀리지 않으면 다소 엉성하게 진입해도 크게 문제가 되지 않는다. 이와 관련, 노련한 트레이더는 "강세장만 잡겠다고 애태우지 마라"라고 조언한다.

추세 구간과 박스권에서는 위험 관리 전략이 달라진다. 추세 구간에서는 포지션의 크기를 줄이고 손실제한을 넓게 잡아야 한다. 이렇게 하면 위험이 통제되고 시장이 추세와 반대로 움직일 때 퇴출될 확률도 적어진다. 박스권에서는 포지션을 크게 늘리고 손실제한을 좁게 설정하는 게 좋다.

시간 단위별로 상충되는 차트

차트상에서 시장은 동시에 여러 가지 시간 단위로 움직인다(32장을 참고하라). 10분, 시간, 일간, 주간이 동시에 한 방향으로 움직이기도 하고, 때로는 반대 방향으로 움직이기도 한다. 어떤 시간 단위에서는 매수 기회로 보이지만 다른 시간 단위에서는 매도 기회로 보이기도 한다. 같은 주식이라도 시간 단위에 따라 지표가 서로 상충되는 신호를 보내기도 한다. 이럴 때는 어느 쪽을 따를 것인가?

대다수 트레이더는 시장이 시간 단위에 따라 동시에 다른 방향으로 움직일 수도 있다는 사실을 자주 망각한다. 이들은 일간 차트나 일중 시간 차트 중 하나를 선택한 다음 거기서 매매 기회를 찾는다. 바로 이 때, 다른 시간 단위에서 추세가 쥐도 새도 모르게 살금살금 다가와 계획을 망가뜨린다.

같은 시장인데 시간 단위에 따라 차트들이 상충되는 신호를 내는 현상은 시장 분석가들에게 가장 난해한 수수께끼 중 하나다. 일간 차트에서 추세로 보이는 것이 횡보세를 보이는 주간 차트에서는 일시적인 변화로 보일 수도 있다. 일간 차트에서 횡보 구간으로 보이는 것이 일중 시간 차트에서는 가파른 상승 추세나 하락 추세로 보이기도 한다.

이런 상황에서는 다음과 같이 행동하는 것이 현명하다. 가장 선호하는 차트에서 추세를 살피기 전에 일단 물러서서 한 단계 더 큰 시간 단위 차트를 먼저 살펴보라. 더 넓은 시각에서 바라보는 것은 삼중 스크린 매매 시스템의 핵심으로, 뒤에 더 자세히 논의하겠다.

프로는 미심쩍으면 큰 그림을 보지만 아마추어는 단기 차트만 들여다본다. 시야를 넓히면 더 잘 보일 뿐 아니라 덜 초조하다.

20

캥거루 꼬리

       추세가 걷잡을 수 없이 계속되리라 생각하는 순간, 짠! 바 세 개가 캥거루 꼬리를 형성하며 반전을 알린다. 캥거루 꼬리[1]는 촘촘한 주가들 사이에서 불쑥 튀어나온 아주 긴 바와 양쪽에 있는 평균 길이의 바 두 개로 이루어진다. 위로 향한 캥거루 꼬리는 시장 고점에서 매도 신호를 내고, 아래로 향한 캥거루 꼬리는 시장 저점에서 나타난다(그림 20-1).

  아래 그림은 일간 차트들이지만 모든 시간 단위에서 캥거루 꼬리를 발견할 수 있다. 시간 단위가 길수록 신호는 더욱 유의미하다. 주간 차트에 캥거루 꼬리가 나타나면 5분 차트에서 캥거루 꼬리가 나타날 때

---

1 이 패턴에 캥거루 꼬리라는 이름을 붙인 모스크바 번역가 마르가리타 볼코바^{Margarita} ^{Volkova}에게 고마움을 전한다.

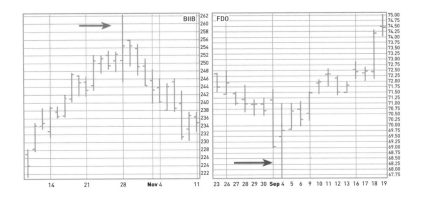

| 그림 20-1 | BIIB 일간, FDO 일간(출처: Stockcharts.com)

캥거루 꼬리

왼쪽을 보라. 바이오젠 아이덱[BIIB] 주가가 위로 튀어나온 캥거루 꼬리를 형성하며 꾸준한 상승 추세를 보이고 있다. 전일 종가보다 소폭 낮게 시가가 형성되지만 평균 길이보다 세 배나 긴, 아주 긴 바를 그린다. 신고점을 기록한 뒤 미끄러져 시가 부근에서 마감한다. 다음 날, 바가 평균 길이로 돌아오고 캥거루 패턴이 완성되며 추세가 반전된다.

오른쪽을 보라. 패밀리 달러 스토어[FDO] 주가가 하락하다가 급락하면서 평균 바 길이보다 몇 배나 긴 바가 아래로 길게 형성되어 있다. 이 바의 시가와 종가 모두 전일 거래 범위 안에 있다는 점에 주목하라. 이번 급락이 하락 추세의 종말임을 알리고 다음 바는 평균 길이로 돌아온다. 이후 추세는 상승 반전된다.

보다 시장이 더 크게 움직일 확률이 높다.

'손가락'이라고도 부르는 캥거루 꼬리는 내가 신뢰하는 몇 안 되는 차트 패턴 중 하나다. 캥거루 꼬리는 눈에 확 띄므로 식별하기 쉽다. 캥거루 꼬리인지 아닌지 미심쩍으면 아닌 것으로 쳐라. 진짜 캥거루 꼬리는 못 알아볼 리 없기 때문이다. 이 패턴은 개별 주식, 선물, 기타 트레이딩 대상뿐 아니라 시장지수 차트에서도 나타난다.

시장은 끊임없이 요동치며 최고 거래량을 만들어내는 수준을 찾는다. 반등해도 주문이 없으면 시장은 방향을 바꿔 더 낮은 수준에서 주문을 찾는다. 하락 추세를 보이는 가운데 거래량이 실종되면 시장은 반등해 더 높은 가격에서 주문을 찾는다.

캥거루 꼬리는 황소의 실패 또는 곰의 급습을 나타낸다. 위로 향한 캥거루 꼬리는 황소들이 시장을 끌어올리는 데 실패했다는 의미다. 마치 병사 몇 명이 적을 물리치고 고지를 탈환했지만 주력 부대가 따라오지 않은 셈이다. 목숨을 보전하려면 언덕 아래로 줄행랑쳐야 한다. 고지를 확보하는 데 실패했으므로 군대는 멀리 퇴각할 확률이 높다. 아래로 향한 캥거루 꼬리는 곰의 급습이 실패했음을 의미한다. 곰들이 공격적으로 매도에 나서 주가를 끌어내렸지만 낮은 가격으로 거래가 부진하자 곰들은 다시 박스권으로 퇴각한다. 주가를 계속 끌어내리는 데 실패한 뒤 시장은 어떻게 움직일까? 낮은 주가에서 주문이 없었으므로 시장은 상승해 반등할 확률이 높다.

시장이 캥거루 꼬리에서 후퇴한다면 매매 기회다. 오래전 J. 피터 스테이들마이어 J. Peter Steidlmayer 는 조밀한 차트 패턴에서 손가락이 길게 튀어나와 있으면 단기 트레이더에게 소중한 참고 지점이 된다고 지적했다. 캥거루 꼬리는 특정 주가가 시장에서 거부당했음을 보여준다. 캥거루 꼬리가 나타난 다음에 시장은 대개 반대 방향으로 돌아선다. 캥거루 꼬리가 발견되면 즉시 반대 방향으로 매매해야 하는 것을 잊지 말자(그림 20-2).

노련한 트레이더는 세 번째 바가 형성되는 도중, 그러니까 세 번째 바가 마감되기 전에 캥거루 꼬리를 알아볼 수 있다. 예를 들어, 일간 차트에서 며칠 동안 박스권에서 횡보하다가 월요일에 주가가 폭등하면서 아주 긴 바가 형성되었다고 하자. 화요일 시가가 월요일 바의 하단에서 형성되고 더 이상 주가가 반등하지 않는다면 화요일 장 마감

| 그림 20-2 | IGT 일간(출처: Stockcharts.com)

캥거루 꼬리를 활용한 매매

캥거루 꼬리는 방향에 따라 강세 또는 약세의 마지막 불꽃이라고 보면 된다. 이 차트에서 보이는 캥거루 꼬리(❶)는 인터내셔널 게임 테크놀로지IGT의 상승 추세가 종말을 맞았음을 보여준다. 바의 길이가 평소보다 두 배쯤 길고 양옆에 짧은 바들이 형성돼 있다. 세 번째 바에서 숏 포지션에 진입한다면 바의 중간쯤에 손실제한을 설정하라. 캥거루 꼬리 끝에 손실제한을 설정하면 감수해야 할 리스크가 너무 커진다.

화살표 ❷가 가리키는 아래쪽으로 길게 뻗은 꼬리를 보라. IGT 주가는 이를 기점으로 하락 추세가 멈추고 1주일 동안 반등했다.

전에 공매도를 고려하라. 일주일 동안 시장이 박스권이었고 수요일에 긴 바가 아래로 향했다면 목요일에 매매 태세를 갖추어야 한다. 주가가 수요일 바의 고점 부근 좁은 영역에서 형성되면 목요일 장 마감 전에 롱 포지션에 진입하라.

꼬리와 반대로 매매하는 것은 단기 전략임을 명심하라. 일간 차트에서 이 신호는 며칠 후면 연기처럼 사라진다. 현재 시장이라는 넓은 맥락에서 캥거루 꼬리를 평가해야 한다. 예를 들어, 장기 강세장이 나타날 것으로 예상한다면 캥거루 꼬리를 기민하게 살펴야 한다. 위로 향한 꼬리는 기존 포지션에서 수익이 발생함을 의미하고, 아래로 향한 꼬리는 롱 포지션을 추가할 좋은 기회를 가리킨다.

시장에서 살아남고 성공하려면 손실제한을 설정하는 것은 필수다. 꼬리 끝에 손실제한을 설정하면 손실제한을 너무 넓게 잡아 너무 많은 위험을 감수해야 한다. 꼬리 반대 방향으로 매매할 때는 꼬리 중간쯤에 손실제한을 걸어두라. 시장이 '꼬리를 씹어 먹기' 시작하면 빠져나와야 한다.

NEW TRADING FOR A LIVING

제 4 부

컴퓨터를 이용한
기술적 분석

주식시장에서
살 아 남 는
심   리
투 자 법 칙

《심리투자 법칙》초판을 쓸 당시, 컴퓨터는 신문물이었다. 내가 기술적 분석을 위해 처음 사용한 컴퓨터는 애플 2E 데스크톱으로, 상자 같은 모뎀과 플로피 디스크 드라이브 두 개가 달려 있었다. 플로피 디스크 드라이브 하나에 300KB 디스켓이 들어갔는데, 하나는 분석 프로그램(기술적 분석을 위한 최초의 프로그램인 컴퓨트랙Computrac용), 하나는 시장 데이터용이었다. 처음 나온 하드 드라이브는 2MB, 5MB, 10MB(기가바이트가 아니다!)였다. 10MB는 너무 과한 것 같아서 5MB 하드 드라이브를 구입했다. 새삼 기술의 변화가 놀랍다!

컴퓨터가 없는 트레이더는 자전거 여행자 같다. 다리가 튼튼해지고 주변 풍경을 느긋하게 감상할 수 있지만, 속도가 느리다. 출장을 가는 데 목적지에 빨리 도착하고 싶다면 자동차를 타야 한다.

요즘은 컴퓨터 없이 트레이딩하는 사람이 드물다. 컴퓨터가 있으면 더 다양한 시장을 더 심도 있게 추적하고 분석할 수 있다. 컴퓨터가 차트 업데이트 같은 귀찮은 일을 대신 해주므로 생각할 여유도 생긴다. 복잡한 지표를 더 많이 활용할 수 있으므로 기회를 더 많이 포착할 수 있다. 정보 싸움인 트레이딩 게임에서 수많은 정보를 처리해주는 컴퓨터는 든든한 지원군이다. 단점이라면 종이 위에 연필로 직접 차트를 그리다 보면 주가 움직임에 대한 감이 생기게 마련인데 이런 감이 점차 떨어진다는 것이다.

21

컴퓨터를 이용한 분석

컴퓨터를 활용한 기술적 분석은 전통적인 차트보다 객관적이다. 지지 영역이나 저항 영역이 나타났는지 여부는 논쟁거리가 될 수 있지만, 지표의 방향성에는 논란의 여지가 없다. 물론 지표의 메시지를 식별한 뒤 어떻게 할지 결정하는 것은 트레이더 자신의 몫이다.

툴박스

나무나 금속으로 작업할 때는 철물점에 가서 효율적이고 깔끔하게 작업할 수 있는 공구 세트를 사면 된다. 기술적 분석을 위한 툴박스는 시장 데이터를 처리하는 전자 연장이라 할 수 있다.

컴퓨터로 기술적 분석을 하기로 마음먹었다면 먼저 컴퓨터가 대신 해줬으면 하는 작업을 목록으로 만들어라. 물론 신중하게 고민해야 하는 일이지만, 덜컥 패키지부터 샀다가 나중에 패키지로 무얼 할 수 있는지 알아보느라 골머리를 앓는 것보다는 훨씬 낫다. 어떤 시장을 추적하고 싶은지, 어떤 차트를 보고 싶은지, 어떤 지표를 활용하고 싶은지 먼저 결정하라.

툴박스는 화면을 여러 개로 나누어 일간 차트와 주간 차트, 일중 차트의 주가와 지표를 표시해 나간다. 괜찮은 툴박스에는 이동평균, 채널, MACD, 스토캐스틱, 상대강도지수 등 널리 쓰이는 지표 수십 개가 포함돼 있는데, 모든 지표를 조정할 수 있고 심지어 자신만의 지표를 구축할 수도 있다.

괜찮은 툴박스가 있으면 두 시장을 비교하고 스프레드를 분석할 수 있다. 옵션을 거래한다면 옵션 평가 모델이 포함된 툴박스를 선택해야 한다. 고급 패키지라면 트레이딩 시스템을 백테스트할 수도 있다.

괜찮은 툴박스에는 주식을 검출하는 기능도 있다. 예를 들어, 나스닥100 주식 중 지수이동평균이 상승하되 주가가 지수이동평균 위 1퍼센트 이하로 솟은 종목을 전부 찾고 싶은데, 내가 가진 소프트웨어로 가능할까? 수익 증가 등 기본적(펀더멘털) 분석 변수를 추가할 수 있을까? 원하는 것을 먼저 생각해놓은 다음 제품에 이런 기능이 있는지 판매자에게 문의하라.

시중에는 다양한 가격대의 툴박스가 나와 있다. 초보라면 먼저 무료로 기본 툴을 제공하는 온라인 서비스에 가입해 이용해본 다음, 나중에 유료 서비스로 갈아타라. 이 책의 차트는 대부분 스탁차트닷컴을 활용해 그렸다. 별로 돈을 들이지 않고도 많은 작업이 가능하다는 걸 보여주고 싶었기 때문이다. 이 정도면 충분하다고 생각하는 사람도 있지만, 다양한 맞춤형 기능을 갖춘 프로그램을 구매하려는 사람도 많다. 소프트웨어 가격이 계속 내려가고 있으므로 너무 걱정할 필요는 없다. 간단하고 저렴한 것을 이용하다가 나중에 업그레이드하면 된다. 결혼하기 전에 먼저 데이트부터 하는 것처럼.

어떤 패키지를 쓸지 결정했다면 사용해본 사람을 써서 컴퓨터에 패키지를 설치한다. 경험이 없는 사용자는 이렇게 하면 시간과 노력을 상당히 절약할 수 있다.

많은 증권사가 고객에게 무료로 분석 소프트웨어를 제공한다. 이런 소프트웨어는 값은 적당하지만 대개 두 가지 심각한 제약이 있다. 첫째, 법적인 문제 때문에 조정하기 아주 어렵게 만들어졌다. 둘째, 온라인상에서만 이용할 수 있다. 종종 트레이더들이 증권사 소프트웨어에 자신의 지표를 추가할 수 있는지 묻는데 내가 해줄 수 있는 답은 언제나 "못 해요"다.

대다수 증권사 프로그램의 경우, 같은 분석 소프트웨어로 주문을 내거나 변경할 수 있다. 당일치기 단타매매자인 데이 트레이더에게는 꽤 편하고 유용한 기능이지만 장기 트레이더에게는 그다지 중요하지 않은 기능이다. 실시간 수익, 손실 보기 기능은 반드시 막아놓아야 한다. 틱이 움직일 때마다 돈이 불었다 줄었다 하는 걸 지켜보면 스트레스가 쌓이고 집중하기도 어렵다. 이런 노래도 있지 않은가? "탁자에 앉아 있는 동안에는 절대 돈을 세지 마세요. 거래가 끝나면 돈 셀 시간은 얼마든지 있으니까요." 계좌의 돈을 보면서 뭘 살지 고민할 시간에 주가와 지표에 집중하라.

기술적 분석 소프트웨어는 계속 변화하고 발전하고 있으므로 책을 통해 소프트웨어를 추천 받는 건 별로 좋은 선택 방법이 아니다. 엘더 닷컴에서는 소프트웨어 가이드 ^{Software Guide}를 운영하고 있는데 정기적으로 정보를 업데이트하고, 요청하는 트레이더가 있으면 공익을 위해 이메일로 보내주고 있다.

앞서 언급했듯, 기술적 분석 프로그램은 크게 볼 때 툴박스, 블랙박스, 그레이박스 세 가지 유형이 있다. 툴박스는 진지한 트레이더, 블랙박스는 산타클로스를 믿는 사람, 그레이박스는 그 중간쯤에 있는 사람을 위한 것이다. 새 소프트웨어 패키지를 쓸까 생각하고 있다면 자신이 택한 소프트웨어가 어떤 유형에 속하는지 확실히 알아보라.

블랙박스와 그레이박스

블랙박스 소프트웨어는 요술 같다. 언제 무엇을 살지, 언제 무엇을 팔지 알려주지만 이유는 설명해주지 않는다. 데이터를 다운로드하고 버튼을 누르면 불빛이 깜박이고 찰칵찰칵 돌아가다가 어떻게 해야 할지 알려주는 메시지가 뜬다. 마술이다!

블랙박스에는 늘 과거의 수익 실적을 보여주는 화려한 기록이 딸려 있다. 그러나 시장은 계속 변하기에 모든 블랙박스는 결국 폐기 처분되고 만다. 최적화 기능이 있는 시스템이라도 마찬가지다. 미래에는 어떤 형태의 최적화가 필요한지 알 수 없기 때문이다. 인간의 판단을 대신할 수 있는 것은 그 무엇도 없다. 블랙박스로 돈을 버는 길은 블랙박스를 남에게 파는 것뿐이다. 대개 사기꾼이 자본이 부족하거나 잘 속아 넘어가는 트레이더에게 블랙박스를 판매한다.

정직한 개발자가 판 것이라도 블랙박스는 실패할 수밖에 없다. 트레이딩 같은 복잡다단한 인간의 행위는 결코 자동화될 수 없기 때문이다. 기계가 도움이 될 수는 있지만, 인간을 대신할 순 없다.

블랙박스로 트레이딩하는 것은 과거의 어떤 시점에 존재했던 타인의 머리를, 그것도 한쪽만 쓰는 것과 같다. 시장은 변하고 전문가의 생각도 바뀌지만 블랙박스는 여전히 예전처럼 매수, 매도 신호를 보낸다. 패자들이 큰돈을 날리지만 않는다면 웃어넘길 수도 있으련만.

그레이박스는 등록 상표가 붙은 공식을 토대로 매매 신호를 생성한다. 블랙박스와 다른 점은 대략이나마 공식을 이해할 수 있게 공개하고, 어느 정도 변수를 조정할 수 있다는 점이다. 툴박스에 가까울수록 좋은 그레이박스다.

컴퓨터 선택 시 중요 요소

온라인 프로그램은 어떤 컴퓨터에서나 구동할 수 있지만, 자립형 프로그램은 대개 윈도 환경 전용으로 만들어져 있다. 일부 트레이더는 에뮬레이션 소프트웨어를 이용해 맥에서 자립형 프로그램을 구동하기도 한다. 아이패드 같은 태블릿용 프로그램도 있다. 기술적 분석 소프트웨어를 사용하기 위해 컴퓨터 처리 능력이 탁월할 필요는 없지만, 오랫동안 쓰려면 가능한 한 최신 컴퓨터를 사는 게 좋다.

많은 데이 트레이더가 다양한 시각에서 시장을 보기 위해 창을 여러 개 열어두고 여러 매매 대상을 동시에 지켜보며 작업한다. 나는 여행을 좋아해서 여행을 떠날 때면 작은 외장 모니터를 들고 다니면서 시장을 살피고 매매한다. 노트북 크기지만 훨씬 더 얇고 UBS 케이블을 부착해서 전원 코드 없이도 쓸 수 있다.

어느 정도의 데이터가 필요한가?

스윙 트레이더와 포지션 트레이더는 며칠 혹은 몇 주 사이에 진입하고 청산한다. 데이 트레이더는 몇 분까지는 아니더라도 몇 시간 내에 진입하고 청산한다. 포지션 트레이더라면 장 마감 후 데이터로도 충분하지만, 데이 트레이더라면 실시간으로 데이터를 수집해야 한다.

조사를 위해 일간 데이터를 다운로드한다면 두 번의 강세장과 두 번의 약세장이 포함된 데이터나 약 10년간의 데이터를 수집하는 것이 좋다. 주식의 경우, 나는 매번 12년간의 트레이딩 역사를 살펴 12년 동안의 거래 범위와 비교해 저렴한지 비싼지 판단한다.

트레이딩에 접근할 때마다 자신의 강점이 무엇인지, 돈을 버는 데 도움되는 것이 무엇인지 알아야 한다. 내 경우, 패턴 식별 능력이 강점인데, 수집해놓은 과거 데이터 기간이 너무 짧으면 식별 가능한 확실한 패턴이 보이지 않는다. 이런 이유로 나는 상장된 지 1년이 되지 않은 주식은 매매하지 않는다.

데이터를 수집하고 분석할 때 한 번에 너무 많은 시장을 쫓아다니면 안 된다. 양보다는 질과 심도에 집중하라. 처음에는 다우, 나스닥, S&P 같은 핵심 시장지수를 추적하라. 프로 트레이더의 경우, 많은 사람이 비교적 소수의 주식에 집중한다. 이렇게 하면 해당 주식에 대해 숙지하게 되고 주식의 행동 패턴에도 익숙해진다.

처음에는 12개 정도의 종목에 집중하는 것이 좋다. 많은 프로가 종목 수를 100개 이하로 제한해두고 주말마다 검토해 스프레드시트에 의견을 기록한다. 이중에서 다음 주 전망이 괜찮아 보이는 주식을 열 개 이하 선정해 이들 주식에 집중한다. 그해에 가장 인기 있는 주식 가운데서 몇 종목, 가장 유망한 업종에서 몇 종목, 그리고 이전에 거래했던 주식 가운데 몇 종목, 이런 식으로 차츰차츰 주식을 추가하라. 관찰목록 만드는 일은 정원 가꾸기와 비슷하다. 한 철 만에 근사한 정원이 생기지는 않는다. 계절이 몇 번 지나야 멋진 정원을 가질 수 있다.

거주 지역의 시간대와 일치하는 주식의 데이터를 수집하라. 해외에서 강연할 때면 종종 그 나라 주식을 트레이드하는지 질문을 받는다. 그러면 트레이딩은 남이 내 주머니를 털려고 할 때 나도 남의 주머니를 터는 행위라고 말해준다. 깨어 있을 때도 아주 어려운 게임인데 시간대가 다른 지역의 주식을 트레이딩하는 일은 위험할 수밖에 없다. 내가 잠든 사이 현지 사람들이 내 주머니를 털어가기 때문이다. 이런 이유로 나는 대체로 미국 시장에 한해 트레이딩을 한다. 많은 해외 트레이더가 국내 시장은 유동성이 부족하다고 불평하면서 규모가 크고 유동성이 풍부한 미국 시장에서 거래해야 하는 것 아닌지 묻곤 한다. 미국 시장과 어느 정도 시차가 있는지에 따라 대답은 달라진다. 예를 들어, 미국 시장은 유럽 현지 시각으로 오후 3시 30분에 개장하고 밤 10시에 마감하므로 유럽에서는 미국 주식을 거래하기 쉽다. 이런 이

유로 아시아나 호주에서는 미국 주식을 거래하기가 훨씬 힘든데, 장기전으로 보고 장기 추세를 포착한다면 크게 지장은 없다.

초보 트레이더라면 데이 트레이딩은 피해야 한다. 데이 트레이딩을 하려면 바로바로 결정을 내려야 하는데, 잠깐 머뭇거리는 사이 끝장날 수도 있다. 조금 더 느리게 돌아가는 환경에서 트레이딩하라. 데이 트레이딩을 시도하기 전에 포지션 트레이딩, 스윙 트레이딩에 능숙해져야 한다. 스윙 트레이딩과 데이 트레이딩을 비교하자면 비디오 게임 레벨 1과 레벨 9라고 할 수 있다. 미로도 같고 피해야 하는 괴물도 같지만 레벨 9는 속도가 너무 빨라 반사적으로 대응해야 한다. 우선 레벨 1 시장부터 분석하라. 스윙 트레이딩부터 하고 데이 트레이딩을 시도하라. 이 주제는 33장 '트레이딩 시간 단위'에서 다시 자세히 다루겠다.

첫 출발점으로는 며칠 정도 포지션을 보유하는 스윙 트레이딩이 좋다. 가격 변동도 활발하고 거래량도 많은 인기 종목을 몇 개 골라라. 처음에는 몇 개 종목만 추적하라. 스윙 트레이딩은 포지션을 며칠만 보유하는데, 일부는 실시간 데이터를 사용해 진입과 청산 시점을 잡지만, 일부는 장 마감 후 하루치 데이터로도 너끈하게 해낼 수 있다.

세 가지 주요 지표

지표는 추세와 반전을 식별하는 데 유용하다. 지표를 활용하면 황소와 곰 사이 힘의 균형을 좀 더 깊이 있게 통찰할 수 있다. 게다가 지표는 차트 패턴보다 더 객관적이다.

문제는 다양한 지표가 서로 모순되는 경우가 생긴다는 점이다. 추세를 보이는 시장에 잘 들어맞는 지표가 있는가 하면, 횡보장에 잘 적중하는 지표가 있다. 전환점을 잘 포착하는 지표가 있는가 하면, 추세를 타는 데 유용한 지표가 있다. 따라서 다양한 지표군에서 소수의 지표를 선정해 서로 조합하는 법을 익혀야 한다.

많은 초보가 단 하나의 '묘책', 그러니까 '돈 나와라, 뚝딱' 하면 돈이 쏟아지는 도깨비 방망이 같은 지표를 찾는다. 하지만 시장은 하나의 도구로 다루기에는 너무 복잡하다. 많은 지표를 뭉뚱그려서 신호의 평균을 산출하려는 사람도 있다. 이렇게 '여론조사'하듯 지표를 활용하면 선정한 지표가 무엇이냐에 따라 결과가 심하게 왜곡될 수 있다.

대다수 지표는 시가, 고가, 저가, 종가, 거래량, 이 다섯 가지 데이터를 토대로 한다. 주가는 지표를 산출하는 근원이다. 지표의 밑바탕은 모두 같으므로 지표를 열 개, 스무 개, 오십 개 쓴다고 해서 더 심도 있는 분석을 얻을 수 있는 것은 아니다.

지표는 추세추종지표, 오실레이터, 기타 군소 지표 세 부류로 나눌 수 있다. 추세추종지표는 시장이 움직이고 있을 때는 제대로 작동하지만 횡보장에서는 신호의 정확도가 급격히 떨어진다. 오실레이터는 횡보장에서 전환점을 포착하는 데는 적절하지만 시장이 추세를 보이기 시작하면 성급하고 위험한 신호를 보낸다. 기타 군소 지표는 군중심리를 통찰하는 데 요긴하다. 어떤 지표든 활용하기 전에 지표가 측정하는 것이 무엇인지, 어떤 원리로 작동하는지 알아야 한다. 그래야 지표가 보내는 신호를 신뢰할 수 있다.

추세추종지표에는 이동평균, MACD선(이동평균 수렴확산), 방향성 시스템, 거래량균형 ^{OBV}, 매집/분산 $^{A/D}$ 지표 등이 있다. 추세추종지표는 추세가 반전된 다음에 방향을 선회하므로 동행 ^{同行} 혹은 후행 ^{後行} 지표다.

오실레이터는 전환점을 식별하는 데 유용하다. 오실레이터 지표로는 MACD 히스토그램, 강도지수, 스토캐스틱, 변화율 ^{ROC}, 모멘텀, 상대강도지수 ^{RSI}, 엘더-레이, 윌리엄스%R 등이 있다. 오실레이터는 종종 주가 전환에 앞서기 때문에 선행 혹은 동행 지표에 속한다.

군소 지표는 강세, 약세의 강도가 어느 정도인지 나타낸다. 신고점/신저점 $^{NH/NL}$ 지수, 풋콜 비율, 강세합의 지수, 트레이더동향 ^{COT} 보고서 등이 있다. 이들 지표는 선행 혹은 동행 지표다.

지표를 선정할 때는 서로 다른 그룹에 속하는 다수의 지표를 결합하는 것이 유리하다. 이렇게 하면 각각의 약점은 상쇄되고 장점은 그대로 유지할 수 있다. 이것이 삼중 스크린 매매 시스템의 목표다(39장을 참고하라).

지표를 탐색하기 전에 주의해야 할 사항이 있다. 어떤 때는 신호가 아주 명확하지만 어떤 때는 아주 모호하다. 오래전 나는 지표의 신호가 '불을 보듯' 명확할 때만 진입하라고 배웠다. 신호를 이해하느라 차트를 노려봐야 한다면 그 차트는 넘기고 다음 종목으로 넘어가라.

익숙한 지표를 보고 있는데 메시지를 이해할 수 없다면 분석 대상인 주식이 혼조세를 보이고 있을 확률이 높다(17장을 참고하라). 지표의 신호가 분명하지 않다면 신호를 조작하거나 다른 지표를 더 추가하지 말고 한동안 가만 놔두고 다른 종목을 찾아 나서라. 개인 투자자가 누리는 가장 큰 장점은 아무도 매매를 강요하지 않는다는 점이다. 개인 투자자는 여유를 갖고 자신에게 유리한 최상의 신호, 가장 뚜렷한 신호를 기다릴 수 있다.

　서로 다른 지표의 신호를 읽으면서 하나의 지표로만 매매 결정을 내려선 안 된다는 점을 명심하라. 자신이 이해하고 신뢰하는 몇 가지 지표를 골라서 트레이딩 시스템에 결합시켜라. 이어지는 지면에서는 다양한 지표들을 살펴보고, 책 후반에서 이 지표들로 자신만의 시스템을 구축하는 방법을 설명하겠다.

22

이동평균

월스트리트에서 잔뼈가 굵은 사람들은 이동평균이 제2차 세계대전 이후 금융시장에 도입됐다고 주장한다. 대공포병이 이동평균을 이용해 적기를 격추했는데, 전쟁이 끝난 후에 이 방법을 주가에 적용했다는 것이다. 초기 이동평균 전문가로 리처드 돈키언Richard Donchian과 J. M. 허스트J. M. Hurst를 꼽을 수 있다. 물론 이들 두 사람 모두 포병대 출신은 아니다. 돈키언은 메릴린치 직원으로 이동평균 교차를 이용한 매매 기법을 개발했으며, 허스트는 이제는 고전이 된 책《주식 거래 타이밍의 비법The Profit Magic of Stock Transaction Timing》에서 이동평균을 주식 매매에 적용했다.

이동평균은 일정 기간 동안 데이터의 평균값을 말한다. 쉽게 말해, 5일 이동평균은 지난 5일 동안의 주가 평균, 20일 이동평균은 지난 20일 동안의 주가 평균을 나타낸다. 매일매일의 이동평균값을 연결하면 이동평균선을 얻을 수 있다.

$$\text{단순이동평균} = \frac{P_1 + P_2 + \cdots + P_N}{N}$$

- P = 주가
- N = 이동평균 산출 기간(트레이더가 선택)

이동평균값은 평균을 산출하는데 이용되는 값들로, 산출 기간에 따라 달라진다. 한 종목의 3일 단순이동평균을 구해보자. 3일 동안 종가가 19, 21, 20이었다면 종가의 3일 단순이동평균은 '(19+21+20)÷3'으로, 20이다. 4일째 되는 날의 종가가 22라면 3일 이동평균은 마지막 3일간의 종가의 합(21+20+22) 나누기 3으로, 21이다.

이동평균에는 단순이동평균, 지수이동평균, 가중이동평균 세 가지가 있다. 컴퓨터가 대중화되기 전에는 계산하기 쉬운 단순이동평균이 널리 사용됐다. 돈키언과 허스트도 단순이동평균을 활용했다. 그런데 단순이동평균에는 치명적인 결함이 있다. 바로 주가가 한 번 추가될 때마다 두 번 변한다는 점이다.

두 번 짓는 지표, 단순이동평균

우선, 단순이동평균에 새로운 데이터(주가)가 추가되면서 변한다. 이동평균은 가장 최근의 주가를 반영해야 하므로 이 점은 당연하다. 하지만 가장 오래된 주가가 떨어져 나가면서 이동평균이 또 한 번 변한다는 문제가 있다. 가장 오래된 주가가 높은 편이면 그 가격이 떨어져 나감으로써 단순이동평균이 하락하고, 가장 오래된 주가가 낮은 편이면 그 가격이 떨어져 나감으로써 단순이동평균이 상승한다. 현재 시황과는 아무런 관련 없이 말이다.

주가가 80~90 사이에서 움직이고 10일 단순이동평균이 85라고 하자. 그런데 이 10일 동안 어느 날의 주가가 105를 기록했다. 이 데이터(105)가 가장 오래된 주가가 되어서 빠질 때 이동평균은 뚝 떨어진다. 이런 하락 현상은 현재 추세와 관계 없으므로 무의미하다.

가장 오래된 데이터가 떨어져 나가면서 단순이동평균이 출렁일 수 있다. 이런 현상은 단기 이동평균에서는 문제가 될 수 있지만, 장기 이동평균에서는 그다지 문제가 되지 않는다. 10일 이동평균을 사용한다면 하루가 전체 값의 10퍼센트를 차지하므로 데이터가 떨어져 나가면서 이동평균이 크게 달라질 수 있다. 반면 200일 이동평균을 사용한다면 하루의 비중이 0.5퍼센트에 불과하므로 하루치 데이터가 떨어져 나가도 크게 영향을 받지 않는다.

단순이동평균은 두 번 짖는 경비견이라고 할 수 있다. 경비견은 누군가 집에 접근할 때 한 차례 짖고, 누가 집을 나갈 때 다시 한 번 짖는다. 그런데 경비견이 한 번 짖고 한참 후에 짖는다면 언제 짖은 것이 낯선 자의 침입을 경고하는 것인지 알 수가 없다. 이런 이유로 첨단 컴퓨터를 활용하는 요즘 트레이더들은 지수이동평균으로 과거보다 더 높은 수익을 올리는데, 이에 대해서는 이 장의 뒷부분에서 다시 논의하겠다.

이동평균이 보여주는 시장 심리

각각의 가격은 현 시점에서 모든 시장 참여자가 순간적으로 합의를 본 가치를 가리킨다(11장을 참고하라). 하지만 사진 한 장만 보고 낙천적인 사람인지 비관적인 사람인지 알 수 없듯, 주가 하나로는 군중이 강세 쪽으로 기울었는지 약세 쪽으로 기울었는지 알 수 없다. 그러나 사진을 열 장 정도 모아 보면 그 사람의 전형적인 특성이 드러난다. 앨범에 매일 사진을 추가한다면 그 사람의 기분이 어떤지 추세를 살펴볼 수 있다. 이동평균은 며칠 동안의 주가를 모아놓은 것으로 시장의 앨범이라 할 수 있다. 시장은 거대한 군중으로 이뤄져 있으며, 이동평균의 기울기는 시장이 어느 방향으로 관성을 갖고 움직이는지를 보여준다. **이동평균은 일정 기간 동안 합의된 가치의 평균치를 나타낸다.**

이동평균이 제공하는 가장 중요한 정보는 기울기다. 이동평균선이 상승하면 군중이 시장을 점점 더 낙관하고 있다, 즉 시장이 강세를 보일 것으로 예측하고 있다는 의미다. 이동평균선이 하락하면 군중이 시장을 점점 더 비관적으로 보고 있다, 즉 시장이 약세를 보일 것으로 예측하고 있다는 의미다. 주가가 이동평균선 위로 상승하면 군중이 과거보다 더 적극적으로 매수에 나서고 있다고 판단하면 된다. 마찬가지로, 주가가 이동평균선 아래로 하락하면 군중이 과거보다 더 적극적으로 매도에 나서고 있다고 보면 된다.

한 번 정확히 짖는 지표, 지수이동평균

지수이동평균[EMA]은 단순이동평균[SMA]보다 탁월한 추세추종지표다. 지수이동평균은 가장 최근의 데이터에 가중치를 두며 단순이동평균보다 주가 변화에 기민하게 반응한다. 게다가 지수이동평균은 과거 데이터가 빠져도 요동치는 일이 없다. 경비견으로 치면 귀가 예민해 누가 집에 접근할 때만 짖는 지표다.

$$EMA = P_{tod} \times K + EMA_{yest} \times (1 - K)$$

- $K = \dfrac{2}{N+1}$
- N = EMA 산출 기간(트레이더가 선택)
- P_{tod} = 오늘 주가
- EMA_{yest} = 전일 EMA

기술적 분석 소프트웨어를 사용하면 지수이동평균 산출 기간을 선택할 수 있다. 지수이동평균은 단순이동평균에 비해 두 가지 장점이 있다. 첫째, 가장 최근의 거래일에 가장 큰 가중치를 부여한다. 가장 최근의 군중심리가 더 중요하다고 보기 때문이다. 단순이동평균에서는 하루하루에 동일한 비중이 적용되지만, 10일 지수이동평균의 경우 마지막 날의 종가가 지수이동평균값의 18퍼센트 비중을 차지한다. 둘째, 지수이동평균은 단순이동평균처럼 단박에 과거 데이터를 탈락시키지 않는다. 앨범에 있는 과거의 추억과 분위기가 서서히 사라지듯, 지수이동평균의 과거 데이터 역시 서서히 사라진다.

이동평균 산출 기간 선택

지수이동평균의 기울기가 상승하면 강세장, 하락하면 약세장이라는 표시이므로 지수이동평균의 기울기를 늘 주시해야 한다. 산출 기간이 짧을수록 지수이동평균은 주가 변화에 민감하게 반응한다. 따라서 새로운 추세를 빨리 감지할 수 있는 반면, 속임수 신호 whipsaw를 많이 만들어낸다. 속임수 신호는 매매 신호가 너무 자주 급박하게 반전되는 것이다. 지수이동평균 산출 기간이 길어질수록 속임수 신호는 적게 발생하지만 전환점을 더 자주 놓치게 된다.

이동평균이나 기타 지표의 기간을 어느 정도로 잡을지 결정하는 방법은 여러 가지다. 시장 사이클을 알 수 있다면 지수이동평균 기간을 시장 사이클에 맞추는 게 유리하다. 이동평균은 지배적인 시장 사이클의 절반으로 잡아야 한다. 시장 사이클이 22일이라면 11일 이동평균을 사용하라. 시장 사이클이 34일이라면 17일 이동평균을 사용하라. 문제는 시장 사이클이 계속 변하는 데다 자취를 감추기도 한다는 것이다.

지수이동평균을 산출하는 단 하나의 마법 같은 '최고의' 기간은 없다. 건실한 지표가 좋은 지표다. 변수가 조금만 변해도 움직일 정도로 너무 예민한 지표는 좋은 지표라고 할 수 없다. 장기 추세를 포착하려면 이동평균 산출 기간을 길게 잡아야 한다. 월척을 낚으려면 큰 낚싯대가 필요한 법이다. 시장의 큰 추세에 편승하려는 장기 투자자라면

200일 이동평균이 적합하다.

대다수 트레이더의 경우, 10~30일 이동평균이면 무리가 없다. 추세추종이라는 이동평균 본연의 기능을 상실하지 않으려면 적어도 8일이상의 평균을 사용해야 한다. 내가 좋아하는 숫자는 22와 26이다. 한달에는 약 22거래일이 있고, 1년에는 약 52거래주가 있는데 그 절반이 26이기 때문이다.

트레이딩 대상마다 각각 변수를 만드는 것은 극소수 주식 또는 선물을 추적할 때나 실용적이다. 트레이딩 대상이 두 자릿수가 넘어갈 경우, 개별 변수를 사용하면 혼란스럽게 마련이다. 동일한 시간대에서는 하나의 척도를 갖고 이동평균의 변수를 모두 통일하는 것이 낫다.

트레이딩 기회를 찾는 동안에는 지표 변수를 바꾸지 마라. 신호를 얻으려고 변수를 만지작거리다 보면 지표의 가장 소중한 특성인 객관성을 잃어버리고 만다. 일단 변수를 설정했으면 쭉 유지하는 것이 좋다.

지수이동평균을 활용한 매매 기법

초보 트레이더는 미래를 예측하려고 한다. 프로는 예측하지 않는다. 프로는 황소와 곰의 힘을 비교하고 추세를 살피며 포지션을 관리한다.

이동평균은 추세의 방향대로 트레이딩하는 데 유용한 지표다. 이동평균이 제공하는 가장 중요한 정보는 이동평균의 기울기 방향에서 나온다(그림 22-1). 이동평균은 시장의 관성을 보여준다. 지수이동평균이 상승하면 롱 포지션을 취하고, 지수이동평균이 하락하면 숏 포지션을 취하는 것이 최선이다.

1. 지수이동평균이 상승하면 롱 포지션에 진입할 기회를 찾아라. 주가가 이동평균선 부근에서 일시 하락(조정)할 때 매수하라. 일단 롱 포지션을 취하면 가장 최근의 단기 저점 아래 손실제한 주문을 설정하고, 종가가 더 높이 형성되자마자 손실제한을 손익분기점으로 옮겨라.

2. 지수이동평균이 하락하면 숏 포지션을 취하라. 주가가 지수이동평균 부근으로 반등하면 숏 포지션에 진입하고 가장 최근의 단기 고점 위에 손실제한 주문을 설정하라. 주가가 하락하면 손실제한을 손익분기점으로 옮겨라.

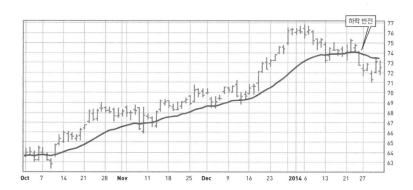

| 그림 22-1 | DIS 일간, 22일 EMA(출처: Stockcharts.com)

지수이동평균 EMA

월트디즈니 DIS의 차트에서 보듯, 이동평균의 기울기 방향은 트레이딩 대상의 추세를 식별하는 데 유용하다.

3. 지수이동평균이 소폭 등락하며 수평선을 그리면 시장에 지향점이나 추세가 없다는 뜻이다. 이런 경우, 추세추종기법으로 트레이딩하면 안 된다.

오래전에는 이동평균선의 장단기 교차를 추적하기도 했다. 이동평균을 활용한 매매 기법은 돈키언이 창시했는데, 돈키언이 선호한 방법은 4일, 9일, 18일 이동평균선 교차를 활용하는 것이었다. 세 가지 이동평균선이 모두 같은 방향으로 돌아서면 매매 신호가 발효됐다. 돈키언의 기법은 다른 기계적 트레이딩 기법과 마찬가지로 강한 추세를 보이는 시장에서만 적중한다.

기계적 규칙을 적용해 속임수 신호를 걸러내려고 하면 더 골치 아파진다. 필터는 손실도 줄이지만 수익도 줄인다. 이를테면 종가가 이동평균선 반대편에서(이동평균선 하락 시 이동평균선보다 높게, 이동평균선 상승 시 이동평균선보다 낮게) 한 번이 아니라 두 번 형성되거나, 종가가 일정 폭 이상으로 이동평균선을 돌파할 때 걸러내는 규칙이 있다고 하자. 이런 기계적인 필터를 활용하면 손실을 줄일 수는 있지만 이동평균선의 가장 큰 장점, 즉 초기에 추세에 편승하는 능력은 감퇴될 수밖에 없다.

다른 트레이딩 도구도 마찬가지이지만, 이동평균선 역시 장점은 물론 단점이 있다는 것을 인정해야 한다. 이동평균선은 추세를 식별하고 추종하도록 돕지만 박스권에서는 속임수 신호가 발생한다. 삼중 스크린 매매 시스템을 다룰 때 이 딜레마의 해결책을 찾아보겠다.

이동평균에 대한 추가 정보

이동평균선은 **지지 혹은 저항**의 기능도 한다. 상승하는 이동평균선은 주가를 떠받치는 바닥 역할을 하며, 하락하는 이동평균선은 위에서 내리누르는 천장 역할을 한다. 따라서 상승하는 이동평균선 부근에서 매수하고 하락하는 이동평균선 부근에서 매도하면 수익을 올릴 수 있다.

이동평균선은 주가뿐만 아니라 **지표**에도 적용할 수 있다. 예를 들어, 일부 트레이더는 거래량과 5일 이동평균을 활용한다. 거래량이 5일 이동평균선(거래량) 아래로 떨어지면 단기 추세에 군중이 흥미를 잃었다는 의미이므로 시장이 반전될 가능성이 있다고 본다. 거래량이 이동평균선(거래량)을 돌파하면 군중이 시장에 지대한 관심을 가지고 있다는 의미이므로 주가 추세가 확증됐다고 받아들인다. 강도지수를 다룰 때 지표의 이동평균을 활용해보겠다(30장을 참고하라).

단순이동평균을 그리는 적절한 방법은 현재 시점보다 **뒤처져서** 산출 기간의 중간쯤에 표시하는 것이다. 예를 들어, 10일 단순이동평균은 10일의 중간쯤, 그러니까 다섯 번째 날이나 여섯 번째 날 밑에 표시한다. 지수이동평균은 최근 데이터에 가중치를 두므로 10일 지수이동평균이라면 2일이나 3일 전에 표시한다. 대부분의 소프트웨어 패키지에는 이처럼 이동평균을 늦춰서 표시하는 기능이 있다.

대부분 종가로 이동평균을 산출하지만, **고가와 저가의 평균값**으로 이동평균을 산출하기도 하는데, 이 값은 데이 트레이더에게 유용하다.

가중이동평균 WMA; weighted moving average이라는 것도 있다. 지수이동평균이 가장 최근 트레이딩한 날에 가중치를 부여하는 데 비해 가중이동평균은 각자 중요하다고 생각하는 날에 가중치를 부여한다. 가중이동평균은 아주 복잡하므로 숙련된 트레이더가 아니라면 지수이동평균을 활용하는 것이 낫다.

이중 지수이동평균

나는 차트를 분석할 때 언제나 하나가 아닌 두 가지 지수이동평균을 사용한다. 장기 지수이동평균은 가치에 대한 장기 합의를, 단기 지수이동평균은 단기 합의를 보여준다.

나는 지수이동평균 산출 기간 비율을 대략 2 대 1로 유지한다. 예를 들어, 주간 차트에서는 26주, 13주 지수이동평균을 사용하고, 일간 차트에서는 22일, 11일 지수이동평균을 사용한다. 요술 방망이 같은 숫자 조합은 없다는 것을 명심하라. 자신에게 맞는 조합을 선택해 자유롭게 활용하면 된다. 다만 두 가지 지수이동평균 산출 기간의 차이가 대략 2 대 1이 되도록 유의한다. 주간이든, 일간이든, 일중이든 모든 시간 단위에 동일한 조합을 활용하는 것이 간단하고 효율적이다(예를 들어 26/13, 22/11).

단기 지수이동평균은 가치에 대한 단기 합의를 나타내며 장기 지수이동평균은 가치에 대한 장기 합의를 나타낸다. 나는 가치가 이 두 선 사이에 '거주한다'고 믿는다. 그런 이유로 나는 두 지수이동평균 사이의 공간을 가치 구간이라고 부른다.

이동평균과 채널

채널은 이동평균선 위 아래로 그린 두 개의 평행선으로 이루어져 있다. 채널 상단선과 하단선 사이의 거리를 어떨 때는 '높이', 어떨 때는 '너비'라고 부른다.

제대로 그린 채널이라면 지난 100개의 바에서 발생한 모든 가격의 95퍼센트를 아우른다. 100일보다 100주 동안 주가가 더 많이 오르내리는 법이므로 장기 시장은 단기 시장보다 채널이 넓다. 변동성이 심한 시장은 잔잔하고 활기 없는 시장보다 채널이 넓다.

채널은 트레이딩 기회를 포착하고 실적을 평가하는 데 아주 유용하다. 41장(채널 트레이딩 시스템)에서 전자를, 59장(트레이딩 일지)에서 후자를 살펴보겠다.

가격, 가치, 가치 구간

시장 분석의 핵심 개념 중 하나는 가격은 가치와 다르다는 것이다. 누구나 직관적으로는 알고 있지만 누구도 명확하게 설명하기 어려운 개념이다. 우리는 현재 주가가 실제 가치보다 싸다고 생각하고 앞으로 주가가 오르리라 예상하면 주식을 산다. 또 주가가 실제 가치보다 비싸다고 생각하고 앞으로 주가가 내리리라 예상하면 주식을 팔거나 공매도한다.

우리는 저평가된 주식을 사고 고평가된 주식을 판다. 하지만 가치를 어떻게 규명할 수 있을까?

기본적 분석은 대차대조표, 연말 결산 보고서를 연구해 가치를 규명한다. 그런데 이런 자료들은 생각만큼 객관적이지 않다. 기업에서는 종종 재정 데이터를 조작한다. 기본적 분석가가 가치 개념을 독점하는

| 그림 22-2 | DIS 일간, 26일, 13일 EMA(출처: Stockcharts.com)

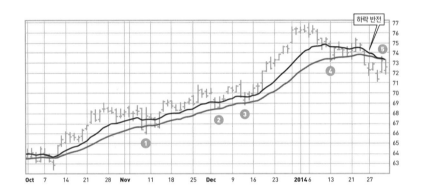

지수이동평균과 가치 구간

단기 이동평균은 가치에 대한 단기 합의를, 장기 이동평균은 가치에 대한 장기 합의를 보여준다. 가치는 두 이동평균 사이의 구간에 '거주한다'. 장기 지수이동평균이 단기 지수이동평균의 약 두 배가 되도록 한 쌍의 지표를 선택하라. 빠른 지수이동평균이 주가를 더 가까이에서 감싸고, 느린 지수이동평균은 더 느리게 움직이므로 차트를 보면 장기선과 단기선을 금방 구별할 수 있다. 빠른 이동평균은 가치 구간의 경계를 정하는 데 유용하며, 느린 지수이동평균은 추세를 식별하는 데 유용하다.

주식을 매수하려고 고려 중이라면 가치보다 높을 때 비싼 값을 지불하지 말고 기다렸다가 가치 구간에서 매수해야 한다. 마찬가지로 공매도할 때는 주가가 붕괴할 때가 아니라 가치 구간으로 반등할 때까지 기다렸다가 숏 포지션에 진입해야 한다.

차트에서 보듯 상승 추세를 보이는 가운데 가치 구간으로 되돌림하는 ❶, ❷, ❸, ❹가 매수 호기다. 느린 지수이동평균이 하락 반전하면서 상승 추세는 막을 내린다. 차트 오른쪽 끝에서 추세가 하락하며 가치로 되돌림하는 ❺가 공매도 기회다.

건 아니다. 기술적 분석가도 빠른 지수이동평균과 느린 지수이동평균 사이의 격차를 추적해 가치를 규명한다. 이중 하나가 단기간에 합의한 가치를, 나머지 하나가 장기간에 합의한 가치를 반영한다. **가치는 두 이동평균 사이에 존재한다(그림 22-2).**

아주 중요한 사항을 하나 말하겠다. 하나의 지표, 또는 한 쌍의 이동평균만으로 트레이딩에 성공할 수는 없다. 시장은 한 가지 도구로 돈을 캐기에는 너무 복잡하다. 두 가지 이상의 시간 단위로 시장을 분석해야 할 뿐 아니라 여러 가지 지표로 트레이딩 시스템을 구축해야 한다. 다양한 지표를 검토할 때는 이 점을 명심해야 한다. 다양한 지표는 트레이딩 시스템을 만드는 기본 요소다. 뒤에서 트레이딩 시스템에 관해 좀 더 자세히 살펴보겠다.

이 점을 명심해야 더 합리적으로 트레이딩을 할 수 있다. 일단 가치를 규명하는 방법을 알고 나면 가치보다 싸게 사거나 가치보다 비싸게 팔 수 있다. 주가 채널(엔벨로프)을 다룬 41장 '채널 트레이딩 시스템'에서 고평가된 시장, 저평가된 시장의 매매 기회에 대해 살펴보겠다.

23

MACD : MACD 선과
MACD 히스토그램

이동평균은 추세와 반전을 식별하는 데
유용하다. 뉴욕의 분석가이자 펀드매니저였던 제럴드 아펠 ^{Gerald Appel}
은 이동평균보다 한 발 더 나아간 지표인 MACD 지표를 개발했다.
MACD는 세 개의 지수이동평균으로 산출하는데, 차트상에 두 개의
선으로 나타나며 두 선의 교차를 기준으로 매매 신호가 발효된다.

MACD 산출 방식

원래 MACD 지표는 실선(MACD선)과 점선(시그널선) 두 개의 선으로
구성된다. MACD선은 두 개의 지수이동평균으로 산출되며, 시그널선

보다 주가에 빨리 반응한다. 시그널선은 MACD선을 지수이동평균으로 평활화한 것이다. 시그널선은 MACD선보다 주가에 느리게 반응한다. 아펠이 만든 최초의 시스템에서는 주가에 빠르게 반응하는 MACD선이 주가에 느리게 반응하는 시그널선과 위에서 아래로 혹은 아래에서 위로 교차할 때 매수, 매도 신호가 발효된다고 봤다.

기술적 분석 프로그램에는 대체로 MACD선이 포함돼 있다. MACD를 산출하는 방식은 아래와 같다.

1. 종가의 12일 지수이동평균을 구한다.

2. 종가의 26일 지수이동평균을 구한다.

3. 12일 지수이동평균에서 26일 지수이동평균을 뺀다. 이 값을 실선으로 그린다. 이것이 주가에 빠르게 반응하는 빠른 MACD선이다.

4. 빠른 MACD선의 9일 지수이동평균을 구한다. 구한 값을 점선으로 그린다. 이것이 주가에 느리게 반응하는 느린 시그널선이다.

MACD선과 시그널선 교차의 의미

각각의 가격은 트레이딩이 일어난 순간 시장 참여자 집단이 합의한 가치를 반영한다. 이동평균은 선택한 산출 기간 동안 합의한 가치의 평균을 나타낸다. 즉, 집단 합의를 담아낸 일종의 앨범이다. 장기 이동평균선은 장기 합의를 보여주고, 단기 이동평균선은 단기 합의를 보여준다.

MACD선과 시그널선의 교차를 보면 황소와 곰 사이 힘의 균형이 어떻게 변하는지 알 수 있다. 빠른 MACD선은 단기간의 집단 합의를, 느린 시그널선은 장기간의 집단 합의를 반영한다. 빠른 MACD선이 느린 시그널선을 상향 돌파하면 황소들이 시장을 장악한 것이므로, 롱 포지션을 취해야 한다. 빠른 MACD선이 느린 시그널선을 하향 돌파하면 곰들이 시장을 장악한 것이므로, 숏 포지션을 취해야 한다.

MACD선을 활용한 매매 기법

MACD선과 시그널선의 교차는 시장의 조수가 변화함을 의미한다. 교차하는 방향에 따라 트레이딩하면 시장의 기류에 편승할 수 있다. 이 시스템은 단순이동평균을 토대로 하는 기계적 시스템보다 매매 신호와 속임수 신호를 적게 보낸다.

1. 빠른 MACD선이 느린 시그널선을 상향 돌파해 교차하면 롱 포지션을 취하고 가장 최근의 단기 저점 아래에 손실제한 주문을 설정하라.

2. 빠른 MACD선이 느린 시그널선을 하향 돌파하면서 교차하면 매도 신호가 발효된다. 숏 포지션을 취하고 가장 최근의 단기 고점 위에 손실제한 주문을 설정하라(그림 23-1).

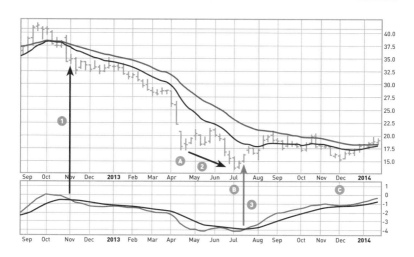

| 그림 23-1 | ABX 주간, 26일, 13일 EMA, 12-26-9 MACD선(출처: Stockcharts.com)

MACD선

바릭 골드 ᴬᴮˣ는 미국에 상장된 금 생산업체 중 최고 시가총액을 자랑한다. 2012~2013년 금값이 하락하면서 ABX 주가가 하락했다. 화살표 ❶로 표시된 곳에서 빠른 선이 느린 선 아래로 교차하면서 매도 신호를 보낸다. 1년 이상 지난 뒤 화살표 ❸으로 표시된 곳에서 빠른 선이 느린 선 위로 교차하면서 신호가 역전된다.

이 차트에서는 추가로 몇 가지 패턴에 주목해야 한다. ❽에서 ABX가 신저점으로 하락할 때 MACD선은 주가를 확증하지 않았다. 즉, MACD선이 신저점으로 떨어지지 않고 이중 바닥을 그렸다. 신저점 ❽는 가짜 하향 돌파로, 강세 신호였음이 드러난다. ❿에서 매도세가 나타나 마지막으로 ABX 주가를 끌어내리려고 시도하지만 MACD선은 이를 확증하지 않고 꾸준히 상승세를 유지한다. 차트 오른쪽 끝에서 MACD선은 신고점을 기록하며 상승하고, 강세를 보인다. 26일 지수이동평균, 13일 지수이동평균이 모두 상승하며 상승 추세를 확증한다.

〈그림 23-1〉ABX 차트의 바닥 A, B, C는 역머리어깨형 바닥으로 보이기도 한다. 어쨌든 기술적 지표는 전통적인 차트 패턴보다 훨씬 객관적인 메시지를 전달한다.

MACD에 대한 추가 정보

MACD의 기본 산출 기간은 12, 26, 9일 지수이동평균이지만 노련한 트레이더는 산출 기간을 바꿔 MACD를 자신에게 맞게 조정한다. MACD를 너무 자주 최적화하지 마라. 자꾸 매만지면 자신이 원하는 신호는 무엇이나 보내도록 왜곡될 수 있다.

만약 사용 중인 소프트웨어에 이 지표가 포함돼 있지 않다면 **임시변통**으로 MACD선을 그릴 수 있다. 일부 패키지에서는 두 개의 지수이동평균만 그려지는데(예컨대 12일 지수이동평균과 26일 지수이동평균), 이런 경우 두 평균의 교차를 MACD선과 시그널선의 교차처럼 이용할 수 있다.

MACD 히스토그램

MACD 히스토그램을 보면 황소와 곰 사이 힘의 균형을 MACD선보다 더 깊이 있게 통찰할 수 있다. MACD 히스토그램은 황소와 곰 중 어느 쪽이 시장을 장악하고 있는지 보여주지만 덧붙여 어느 세력이 약해지고 있는지 강해지고 있는지도 알려준다. MACD 히스토그램은 기술적 분석가가 활용할 수 있는 최고의 도구로 손꼽힌다.

MACD 히스토그램 = MACD선 - 시그널선

MACD 히스토그램은 MACD선에서 시그널선을 뺀 값이다. MACD 히스토그램은 차감한 값을 히스토그램, 즉 일련의 수직 막대로 그린 것이다. 차이가 너무 근소하면 컴퓨터로 스케일을 조정해서 화면을 가

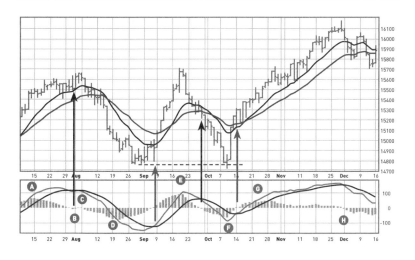

| 그림 23-2 | DJIA 일간, 26일, 13일 EMA, 12-26-9 MACD선
(출처: Stockcharts.com)

MACD 히스토그램

MACD선들이 교차할 때 MACD선에서 산출되는 MACD 히스토그램이 0선 위 또는 아래에서 교차한다. 화살표로 표시된 곳에서 MACD선들이 보내는 매수, 매도 신호가 나타난다. 종종 신호가 지연돼 나타나기도 하지만, MACD 히스토그램은 비교적 정교한 신호를 보낸다. 4부 뒷부분에서 이에 대해 다시 논의하겠지만, 지금은 이 차트만 살펴보자.
다우존스산업평균^{DJIA}은 ❶, ❷에서 바닥을 찍는다. 두 번째 바닥이 조금 더 낮지만(가짜 하향 돌파로 드러남), MACD 히스토그램은 처음보다 바닥을 높여 매도세의 힘이 빠지고 있으므로 상승 반전이 나타날 것을 경고한다.

득 채우도록 그리면 된다(그림 23-2).

빠른 선(MACD선)이 느린 선(시그널선)보다 위에 있으면 MACD 히스토그램값은 양수가 돼 막대가 0선 위로 올라간다. 빠른 선이 느린 선보다 아래 있으면 MACD 히스토그램값은 음수가 돼 막대가 0선 아래로 내려간다. 두 선이 서로 만나면 MACD 히스토그램은 0이 된다.

MACD선과 시그널선의 간격이 멀어질수록 MACD 히스토그램의 막대는 위나 아래로 더 길어지고, 두 선이 가까워질수록 MACD 히스토그램의 막대는 짧아진다.

MACD 히스토그램의 기울기는 인접한 두 막대의 관계에 따라 규정된다. 뒤의 막대가 더 높으면(예컨대 알파벳 p와 P처럼) MACD 히스토그램의 기울기는 상승한다. 뒤의 막대가 더 낮으면(예컨대 알파벳 P와 p처럼) MACD 히스토그램의 기울기는 하락한다.

MACD 히스토그램의 기울기와 주가 추세

MACD 히스토그램은 가치에 대한 장기 합의와 단기 합의의 차이를 보여준다. 빠른 MACD선은 단기간에 걸친 시장의 합의를 나타내고 느린 시그널선은 장기간에 걸친 시장의 합의를 나타낸다. MACD 히스토그램은 이 두 선의 차이를 기록한 것이다.

MACD 히스토그램의 기울기를 보면 어느 쪽이 시장 주도 세력인지 판별할 수 있다. MACD 히스토그램의 기울기가 상승하면 황소가 점점 세력을 키우고 있다는 의미고, MACD 히스토그램의 기울기가 하락하면 곰이 점점 세력을 키우고 있다는 의미다.

빠른 MACD선이 느린 시그널선에 앞서 상승하면 MACD 히스토그램도 상승한다. 이러한 현상은 황소의 세력이 과거보다 강해질 때 나타나므로 롱 포지션을 취할 기회다. 빠른 MACD선이 느린 시그널선보다 빨리 하락하면 MACD 히스토그램도 하락한다. 이러한 현상은 곰의 세력이 과거보다 강해지고 있을 때 나타나므로 숏 포지션을 취할 기회다.

MACD 히스토그램의 기울기가 주가와 같은 방향으로 움직이면 주가 추세가 안정적이라고 봐도 된다. 반대 방향으로 움직이면 추세의 강도와 안정성에 의심을 제기해야 한다.

MACD 히스토그램이 중간선(0선) 위에 있느냐 아래 있느냐보다 MACD 히스토그램의 기울기가 더 중요하다. MACD 히스토그램의 기울기 방향대로 트레이딩하는 것이 최선이다. 왜냐하면 MACD 히스토그램은 황소와 곰 중 시장을 주도하는 세력이 어느 쪽인지 보여주기 때문이다. MACD 히스토그램이 0선 아래 있지만 기울기가 위를 향하면 곰들의 힘이 소진됐다는 뜻으로, 이때 최적의 매수 신호가 켜진다. MACD 히스토그램이 0선 위에 있지만 기울기가 아래로 향하면 황소들의 힘이 소진됐다는 뜻으로, 이때 최상의 매도 신호가 켜진다.

MACD 히스토그램을 활용한 매매 기법

MACD 히스토그램은 두 종류의 매매 신호를 보낸다. 하나는 흔히 볼 수 있는 신호로, 각각의 막대마다 발효된다. 하나는 드물지만 아주 강력한 신호로, 일간 주가 차트에서 1년에 단 몇 차례만 발효된다. 주간 차트에서는 더더욱 드물게 발효되지만 일중 차트에서는 좀 더 빈번히 발효된다.

흔히 볼 수 있는 신호는 MACD 히스토그램의 기울기에 의해 발효된다. 현재의 막대가 앞선 막대보다 높으면 기울기는 위를 향한다. 이는 황소가 패권을 쥐고 있다는 뜻이므로, 매수 기회다. 현재의 막대가 앞선 막대보다 낮으면 기울기는 아래로 향한다. 이는 곰이 패권을 쥐고 있다는 뜻이므로, 매도 기회다. 주가와 MACD 히스토그램의 기울기 방향이 다른 것은 주도 세력이 열의를 상실하고 있다는 표시로, 추세가 보기보다 미약하다는 의미로 해석하면 된다.

1. MACD 히스토그램이 하락을 멈추고 이전 막대보다 높이 올라가면 매수하라. 가장 최근의 단기 저점 아래 손실제한 주문을 설정하라.

2. MACD 히스토그램이 상승을 멈추고 이전 막대보다 낮아지면 숏 포지션을 취하라. 가장 최근의 단기 고점 위에 손실제한 주문을 설정하라.

일간 차트에서 MACD 히스토그램은 등락을 거듭한다. 따라서 MACD 히스토그램이 등락할 때마다 롱이나 숏 포지션에 진입하는 것은 실효성이 없다. MACD 히스토그램의 기울기 변화는 주간 차트에서 의미를 갖는다. 이 책에서 삼중 스크린 매매 시스템을 소개하는 것도 이런 이유다(39장을 참고하라). 지수이동평균과 MACD 히스토그램을 결합하면 40장에 설명된 임펄스 시스템을 만들 수 있다.

신고점과 신저점 예측

일간 차트의 MACD 히스토그램(일일 MACD 히스토그램)에서 최근 3개월 동안의 고점이 나타나면 황소들이 강한 세력을 형성하고 있으며 주가가 더 상승할 가능성이 높다는 의미다. 일간 차트의 MACD 히스토그램에서 최근 3개월 동안의 저점이 나타나면 곰들이 강한 세력을 형성하고 있으며 주가가 더 하락할 가능성이 높다는 뜻이다.

상승하는 중에 MACD 히스토그램이 신고점에 도달하면 상승 추세는 더욱 견고해진다. 따라서 다음번 상승 시 주가가 전고점을 재검증하거나 넘어설 가능성이 높다. 하락 추세를 보이는 가운데 MACD 히스토그램이 신저점으로 떨어지면 곰들의 위세가 강한 것으로, 주가가 가장 최근의 저점을 재검증하거나 이탈할 가능성이 높다.

MACD 히스토그램은 앞으로 운전해 갈 길을 비춰주는 자동차 전조등 같은 역할을 한다. 집까지 가는 내내 길을 비춰주지는 않지만 적당한 속도로 안전하게 운전하기에는 충분히 도움이 된다.

MACD 히스토그램에 대한 추가 정보

MACD 히스토그램은 주간, 일간, 일중 차트 등 어떤 시간 단위에도 적용할 수 있다. 장기 MACD 히스토그램에서 신호가 발효되면 주가는 더욱 크게 움직인다. 예를 들어, 주간 차트의 MACD 히스토그램에서 신호가 발효되면 일간 차트나 일중 차트에서보다 주가 움직임이 더 크게 나타난다. 이 원칙은 모든 기술적 지표에 적용된다.

주간 차트에서 MACD와 MACD 히스토그램을 사용한다면 신호를 받기 위해 금요일까지 기다릴 필요는 없다. 추세는 주중에도 바뀔 수 있다. 시장은 달력 따위는 쳐다보지 않고 제 갈 길을 간다. 따라서 매일 주간 시황을 점검해야 한다.

나는 종래의 방식대로 월요일부터 금요일까지 주간 차트를 그리도록 소프트웨어를 설정하고 살짝 변화를 준다. 월요일부터 마지막 주간 바가 최근 주의 매매를 반영하도록 만드는 것이다. 월요일 장 마감 이후 마지막 '주간 바'는 월요일 일간 바와 동일하다. 화요일 주간 바는 2거래일을 반영한다. 따라서 월요일에 새로 생긴 바는 신뢰도가 그다지 높지 않지만 목요일 무렵이면 바에 대한 신뢰도가 아주 높아진다.

다이버전스

다이버전스는 기술적 분석에서 가장 강력한 신호라고 할 수 있다. 여기서는 MACD 히스토그램에 대해 집중적으로 논의하겠지만, 다이버전스 개념은 대다수 지표에도 적용된다.

MACD 히스토그램과 주가의 다이버전스는 드물게 일어나지만 가장 강력한 신호로 손꼽힌다. 주가와 MACD 히스토그램의 다이버전스는 종종 주요 반전의 신호가 된다. 주요 천장이나 바닥마다 다이버전스가 발생하는 것은 아니지만 다이버전스가 발견되면 주요 반전이 임박했다는 뜻이라 봐도 된다.

강세 다이버전스는 하락 추세가 끝날 무렵에 발생하므로 시장이 바닥을 쳤다는 신호라고 보면 된다. 주가와 오실레이터가 모두 신저점으로 떨어졌다가 주가가 반등하고 오실레이터도 0선보다 위로 상승하면서 반등했다가 다시 주가와 오실레이터가 모두 하락할 때 전형적인 강세 다이버전스가 발생한다. 이때 주가는 저점을 더 낮추지만 오실레이터는 앞선 하락보다 낙폭을 줄인다. 종종 급반등에 앞서 이런 강세 다이버전스가 나타난다.

아래 소개하는 DJIA(다우존스공업평균 지수) 주간 차트와 MACD 히스토그램은 다이버전스를 보여주는 완벽한 사례다. 매매하는 책상 옆에 붙여둘 만한 차트다. 언제나 이처럼 완벽한 그림이 나오는 건 아니지만 그림이 이와 비슷할수록 신뢰도는 높아진다.

지표의 두 바닥 사이에서 **중간선 이탈**이 발생해야 진짜 다이버전스다. MACD 히스토그램이 중간선 위로 올라왔다가 다시 바닥으로 미끄러져야 한다. 이런 중간선 이탈이 없으면 다이버전스가 아니다.

반드시 갖추어야 할 요건이 하나 더 있다. MACD 히스토그램이 **두 번째 바닥에서 틱을 높이면 매수 신호**다. MACD 히스토그램이 또 다시 중간선 위로 올라올 필요는 없다. MACD 히스토그램이 0보다 밑에 있더라도 앞선 바보다 낙폭을 줄이고 틱을 올린다면 매수 신호다.

〈그림 23-3〉을 보자. MACD선의 두 번째 바닥이 첫 번째 바닥보다 낙폭을 줄이면서 바닥 A와 C 사이에 강세 패턴이 형성된다. 이것으로 MACD 히스토그램 다이버전스에 더 힘이 실린다. 이런 MACD선 패턴이 나타나는 경우는 상당히 드물다. MACD선에는 0선이 없으므로

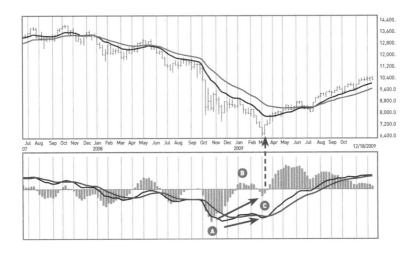

강세 다이버전스

다이버전스가 2007~2009년 약세장의 바닥을 알리며 강력한 매수 신호를 보내고 있다. Ⓐ에서 리먼 브러더스Lehman Brothers가 파산하고 매도 광풍이 시장을 강타하면서 다우존스 산업평균DJIA은 급강하한다. MACD 히스토그램이 Ⓐ에서 신저점을 기록하면서 엄청나게 강력한 매도세가 나타나 나타나 바닥인 Ⓐ를 재검증하거나 넘어설 것처럼 보인다. Ⓑ에서 MACD 히스토그램이 중심선 위로 반등하면서 "곰들의 기세를 꺾어놓았다." 단기간의 반등 이 두 이동평균 사이의 '가치 구간'에 도달했다는 점에 주목하라. 약세장 반등에서 흔히 나타나는 현상이다. Ⓒ에서 DJIA가 약세장의 신저점으로 미끄러지지만 MACD 히스토그램은 낙폭을 훨씬 줄인다. MACD 히스토그램이 상승하면서 강세 다이버전스가 완성되며 강력한 매수 신호를 보낸다.

다이버전스라고 할 수 없지만, MACD선이 이런 패턴을 보이면 앞으로 강력한 상승 추세가 나타날 것이라는 신호다. 2009년에 시작된 상 승세는 1년 가까이 지속되다가 상당폭 조정을 받았다.

또한 바닥 C 이후 지표의 고점이 낮아지는 현상은 다이버전스가 아니다. 시간이 흐르면서 상승 추세가 차츰 약해지기 때문에 고점이 낮아지는 현상이 나타난 것이다. 다이버전스가 되려면 MACD 히스토그램이 0선 위로 올라갔다가 다시 떨어져야 한다.

약세 다이버전스는 상승 추세에서 발생하는데, 천장을 식별하는 수단이 된다. 주가가 신고점을 찍고 되돌림하는데 오실레이터가 0선 이하로 떨어지는 것이 전형적인 약세 다이버전스다. 주가는 안정된 상태에서 고점을 높이면서 상승하지만 오실레이터는 이전 상승보다 고점을 낮춘다. 이런 약세 다이버전스가 나타난 뒤에는 대체로 주가가 급락하는 움직임을 보인다.

약세 다이버전스가 발생하면 황소들의 힘이 소진돼 주가가 더 이상 탄력을 받지 못하고 곰이 주도권을 쥘 차례다. 유효한 다이버전스는 차트에서 튀어나온 듯 뚜렷하게 눈에 보인다. 다이버전스인지 아닌지 자를 대봐야 한다면 다이버전스가 아니라고 보면 된다(그림 23-4).

〈그림 23-3〉은 2009년 주식시장에서 나타난 뚜렷한 강세 다이버전스를 보여주는 차트다. 시간을 되돌려 2007년 강세장 천장을 살펴보면서 강력한 약세 다이버전스에 대해 알아보자. 이것 역시 아주 두드러진 사례다.

진짜 다이버전스가 되려면 지표의 두 천장 사이에서 반드시 **중간선 이탈**이 발생해야 한다. 쉽게 말해, MACD 히스토그램이 중간선 아래로 떨어졌다가 다시 상승하면서 두 번째 천장을 형성해야 한다.

반드시 갖추어야 할 요건이 하나 더 있다. MACD 히스토그램이 **두 번째 천장에서 틱을 내리면 매도 신호**다. MACD 히스토그램이 또 다시 중간선 아래로 내려갈 필요는 없다. MACD 히스토그램이 0보다 위에 있더라도 상승폭을 줄여 앞선 바보다 짧아진다면 매도 신호다.

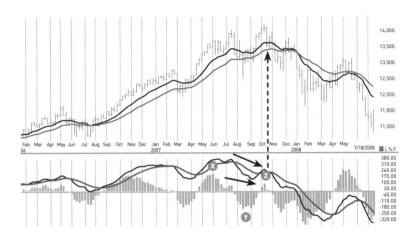

| 그림 23-4 | DJIA 주간, 26일, 13일 EMA, 12-26-9 MACD선과 MACD 히스토그램
(출처: TC2000, 《갈라진 두 길; 다이버전스 트레이딩》)

약세 다이버전스

❌에서 DJIA가 강세장 신고점으로 상승하고 MACD 히스토그램도 전고점을 상향 돌파하면서 동반 상승해 매수세가 매우 강력함을 보여준다. 이는 고점 ❌를 재검증하거나 넘어설 확률이 높다는 신호다. MACD 히스토그램의 고점 ❌가 모양은 복잡하지만 하락해도 중심선인 0 밑으로 내려가지 않으므로 다이버전스가 아니라는 점에 유의하라.

❌에서 MACD 히스토그램이 중심선 밑으로 떨어지면서 "황소들의 기세를 꺾어놓았다." 두 이동평균 사이의 가치 구간 아래로 DJIA가 하락하는 것에 유의하라. 이처럼 강세장이 잠시 주춤하는 것은 아주 흔한 현상으로, 이때를 목표로 하는 트레이딩도 있다. 바닥 ❌에서 보이는 캥거루 꼬리도 주목하라. ❌에서 DJIA가 강세장 신고점으로 상승하지만 MACD 히스토그램은 약세 다이버전스를 완성하면서 강력한 매도 신호를 보내고 수십 년 만에 가장 끔찍한 약세장이 나타날 것임을 예고한다.

〈그림 23-4〉를 보라. MACD선이 천장 X와 Z 사이에서 약세 패턴을 그리면서 약세 다이버전스가 보내는 메시지에 더욱 힘을 실어준다. MACD선의 두 번째 천장이 첫 번째 천장보다 상승폭을 줄이면서 MACD 히스토그램의 약세 다이버전스를 확증한다. MACD선이 이런 패턴을 보이면 앞으로 아주 심각한 하락 추세가 다가올 것이라는 신호다.

두 번째 고점이 0선을 넘지 못하고 '오른쪽 어깨가 실종되는' 다이 버전스는 상당히 드물게 나타나는 경우이지만 이는 아주 강력한 트레이딩 신호다. 노련한 트레이더만이 이런 다이버전스를 찾아낸다. 단연코 초보들은 찾아내기 어려운 신호다. 나는 전자책《갈라진 두 길; 트레이딩 다이버전스 Two Roads Diverged: Trading Divergences》에서 이런 유형의 다이버전스에 대해 설명했다.

케리 로본은 광범위하게 연구한 끝에 MACD 히스토그램의 두 고점 또는 두 저점 사이의 거리가 20~40바일 때가 절호의 매매 기회며, 20바에 가까울수록 좋다는 결론을 얻었다. 즉, 두 고점 또는 두 저점 사이가 너무 멀면 안 된다. 20바는 주간 차트의 경우 20주, 일간 차트의 경우 20일에 해당한다. 또한 케리의 연구 결과에 따르면, 다이버전스에서 두 번째 천장(바닥)의 높이가 첫 번째 천장(바닥) 높이(깊이)의 절반보다 작을 때 최상의 신호가 발효된다.

삼중 강세 다이버전스나 **삼중 약세 다이버전스**는 주가의 삼중 바닥과 오실레이터의 삼중 바닥 혹은 주가의 삼중 천장과 오실레이터의 삼중 천장으로 구성된다. 삼중 다이버전스는 일반적인 다이버전스보다 강력한 신호다. 일반적인 강세나 약세 다이버전스가 발생하려다 실패한 다음 삼중 다이버전스가 발생한다. 이래서 철저한 자금 관리가 필요한 것이다! 속임수 신호에서 손실을 최소화하면 재정적으로나 심리적으로 재진입할 여력을 가질 수 있다. 세 번째 천장이나 바닥이 첫 번째 천장이나 바닥보다 폭이 작아야 하지만 두 번째 천장이나 바닥보다 작을 필요는 없다.

바스커빌 가의 사냥개

이 신호는 신뢰할 만한 차트나 지표 패턴이 보이지만 주가가 예상대로 움직이지 않고 반대로 움직일 때 발효된다. 다이버전스는 상승 추세의 종말을 가리키는데, 만약 주가가 계속 상승한다면 '바스커빌 가의 사냥개' 신호가 완성된다.

이 신호는 코난 도일의 추리소설 중 명탐정 셜록 홈즈가 시골 영지에서 일어난 살인 사건을 해결하는 이야기에서 이름을 따왔다. 홈즈는 범인이 살인을 저지른 시각에 개가 짖지 않았다는 데서 결정적 단서를 포착한다. 개가 짖지 않았다는 건 개가 범인을 알고 있다는 뜻으로, 면식범의 소행임을 의미한다. **응당 있어야 할 행위가 없었다는 것**, 즉 응당 짖어야 할 개가 짖지 않았다는 것이 **신호**가 된 셈이다!

완벽한 신호에 맞춰 시장이 '짖지' 않는 것이 '바스커빌 가의 사냥개' 신호다. 이 신호는 표면 아래에서 무언가가 근본적으로 변하고 있다는 것을 보여준다. 새롭게 나타난 강력한 추세에 발맞춰야 할 때라는 얘기다.

나는 손실제한 – 반대 주문stop-and-reverse을 썩 좋아하지 않지만 바스커빌 가의 사냥개는 예외다. 드물게 발생하지만, 약세 다이버전스가 무효화되면 나는 롱 포지션을 취한다. 드물게 발생하지만, 강세 다이버전스가 무효화되면 나는 숏 포지션을 취한다.

24

방향성 시스템

방향성 시스템은 추세추종기법으로, 1970년
대 월레스 윌더 주니어^{Welles Wilder, Jr.}가 개발했고, 이후 몇몇 애널리스트
가 수정했다. 방향성 시스템은 추세를 식별하고 추세에 편승할 적기,
즉 추세에 충분히 속도가 붙는 시점을 알려준다. 방향성 시스템을 활
용하면 주요 추세가 한창 진행될 때 큰 수익을 거둘 수 있다.

방향성 시스템 구축 방법

방향성 운동^{Directional Movement}은 오늘의 거래 범위 중 전일의 거래 범위에
서 이탈한 부분으로 판단한다. 방향성 시스템을 통해 오늘의 거래 범

위가 전일의 거래 범위 위로 혹은 아래로 어느 정도 벗어나 있는지 살펴고 일정 기간 동안 이 데이터의 평균을 산출한다. 연산 방법이 복잡하므로 대개 컴퓨터를 활용해 산출해낸다. 대부분의 기술적 분석 프로그램에는 방향성 시스템이 포함돼 있다.

1. '전일의 고가 - 저가'와 '오늘의 고가 - 저가'를 비교해 '**방향성 운동** DM'을 확인한다. DM은 전일의 거래 범위에서 이탈한 오늘 거래 범위의 최대치를 가리킨다. DM에는 네 가지 유형이 있다(그림 24-1). DM은 항상 양수다 (+DM과 -DM은 단지 위로 벗어났는지 아래로 벗어났는지를 가리키는 구분일 뿐이다).

2. 분석하는 시장의 '**실제 거래 범위** TR; True Range'를 확인한다. TR은 다음 세 가지 중 가장 큰 수로, 언제나 양수다.
   가. 오늘 고가와 오늘 저가의 차이
   나. 오늘 고가와 전일 종가의 차이
   다. 오늘 저가와 전일 종가의 차이

3. 일일 **방향성 지표**인 +DI Directional Indicator와 -DI를 산출한다. 방향성 지표는 각 시장의 TR 비율로 시장의 방향성 움직임을 표시하므로 시장간 비교가 가능하다. DI는 언제나 양수다. 상향 움직임이 없는 날 +DI는 제로 (0)가 되며, 하향 움직임이 없는 날 -DI는 제로(0)가 된다.

$$+ DI = \frac{+DM}{TR} \qquad - DI = \frac{-DM}{TR}$$

| 그림 24-1 | 방향성 운동

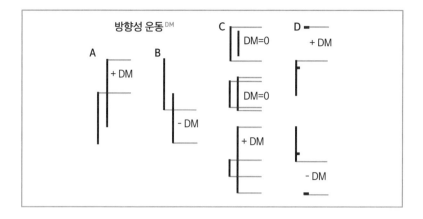

방향성 운동 ^{DM}은 전일의 거래 범위를 벗어나는 오늘의 거래 범위 중 큰 쪽이다.

1. 오늘의 거래 범위가 전일의 거래 범위를 위쪽으로 넘어서면 + DM이다.
2. 오늘의 거래 범위가 전일의 거래 범위를 아래쪽으로 넘어서면 - DM이다.
3. 오늘의 거래 범위가 전일의 거래 범위보다 안쪽에 있거나 위, 아래로 같은 양을 넘어서면 DM은 0이다. 오늘의 구간이 위, 아래로 전일의 거래 범위를 넘어설 때 거래 범위를 벗어난 쪽이 위, 아래 중 어느 쪽이 더 크냐에 따라 + DM 혹은 - DM이 된다.
4. 거래 범위를 위쪽으로 이탈해 상승한 날, + DM은 전일의 고가와 오늘의 종가 사이의 거리와 같다. 거래 범위를 아래쪽으로 이탈해 하락한 날, - DM은 전일의 저가와 오늘의 종가 사이의 거리와 같다.

4. 이동평균으로 **평활화한 방향성 선인** + DI₁₃과 − DI₁₃을 산출하라. 대부분의 소프트웨어는 평활화 기간을 자유롭게 선택할 수 있게 되어 있다. 여기서는 13일로 산출한다. 두 개의 방향성 선들, 즉 평활화된 양의 DI(+ DI₁₃)와 평활화된 음의 DI(- DI₁₃)를 구하라. + DI₁₃과 − DI₁₃은 모두 양수다. 두 선은 색깔을 달리해서 구분한다.

+ DI₁₃선과 − DI₁₃선의 관계로 추세를 식별한다. + DI₁₃선이 위에 있으면

추세가 상승한다고 보면 된다. - DI₁₃선이 위에 있으면 추세가 하락하고 있는 것이다. +DI₁₃선과 - DI₁₃선이 교차할 때 매수, 매도 신호가 발효된다.

5. **평균 방향성 지표** ADX; Average Directional Indicator를 산출하라. ADX는 방향성 시스템을 구성하는 독특한 지표로, 언제 추세를 따라야 할지 보여준다. ADX는 +DI₁₃선과 - DI₁₃선의 스프레드로 측정한다. ADX를 산출할 때는 다음 두 단계를 거친다.

가. **일일 방향성 지표** DX를 구한다.

$$DX = \frac{+DI_{13} - -DI_{13}}{+DI_{13} + -DI_{13}} \times 100$$

예를 들어, +DI₁₃ = 34, - DI₁₃ = 18 이라고 하면

$$DX = \frac{34 - 18}{34 + 18} \times 100 = 30.77 \text{(반올림하면 31)}$$

나. DX를 이동평균(13일 지수이동평균 등)으로 평활화해 평균 방향성 지표ADX를 산출한다.

추세가 꾸준하게 진행되면 평활화된 두 개의 DI선 사이에서 스프레드가 커지고 ADX는 상승한다. 추세가 반전되거나 시장이 박스권에 돌입하면 ADX는 하락한다. ADX가 상승할 때만 추세추종지표를 활용해야 한다.

방향성 시스템이 보여주는 시장 심리

방향성 시스템은 황소와 곰이 전일 거래 범위 밖으로 주가를 끌어내는 능력을 측정해 군중이 강세 혹은 약세로 어느 정도 변하고 있는지를 추적한다. 오늘의 고가가 전일의 고가보다 위에 있으면 시장의 군중이 시장을 더욱 강세로 몰고 가고 있다고 보면 된다. 오늘의 저가가 전일의 저가보다 아래 있으면 군중이 시장을 더욱 약세로 몰고 가고 있는 것이다.

DI의 위치로 추세를 식별할 수 있다. +DI선이 −DI선보다 위에 있으면 황소들이 시장을 장악하고 있다는 의미며, 반대라면 곰들이 시장을 장악하고 있다는 의미다. 위에 있는 DI선을 따라 트레이딩을 해야 한다.

+DI선과 −DI선의 스프레드가 커지면 ADX는 상승한다. 이런 현상은 시장의 주도 세력(상승장이라면 매수세)이 더욱 세력을 키우고, 패자들은 힘이 빠지고 있음을 보여주는 신호로, 추세가 지속될 확률이 높다고 보면 된다. ADX가 상승하면 추세추종지표를 활용해 위에 있는 DI선의 방향대로 트레이딩하라.

$+DI_{13}$과 $-DI_{13}$의 스프레드가 좁아지면 ADX는 하락하는데 시장의 주도 세력이 약해지고 반대 세력이 힘을 키우고 있다는 의미다. 이런 경우 시장은 혼조세를 보이므로 추세추종기법을 활용하면 안 된다.

방향성 시스템을 활용한 매매 기법

1. +DI이 - DI보다 위에 있으면 롱 포지션 관점에서만 트레이딩하라. - DI이 +DI보다 위에 있으면 숏 포지션 관점에서만 트레이딩하라. ADX가 상승하면 시장 주도 세력이 더욱 힘을 얻고 있다는 의미이므로 절호의 매매 기회다.

2. ADX가 하락하면 시장의 방향성이 점차 소멸되고 있다는 신호다. 이런 시장에서는 속임수 신호가 자주 발효된다. ADX가 하락하면 추세추종지표를 활용하지 마라.

3. ADX가 +DI선, - DI선보다 아래로 하락하면 횡보장이다. 다시 말해, 활기 없는 시장으로 돌입한 것이다. 이런 상황에선 추세추종 시스템을 활용하지 말되, 언제든 매매할 태세를 갖추고 있어야 한다. 대개 이런 조용한 시장에서 주요 추세가 폭발적으로 분출하기 때문이다.

4. ADX가 +DI선, - DI선보다 아래로 하락한 뒤 방향성 시스템은 최고의 신호를 보낸다. ADX가 +DI선, - DI선 아래 머무는 시간이 길수록 다음 움직임은 더욱 강력하게 나타난다. 두 선보다 아래 있던 ADX가 두 선보다 위로 올라오면 동면하던 시장이 깨어나고 있다는 의미다. 또한 두 선보다 아래 있던 ADX가 최저점에서 4단계(이를테면 9에서 13으로) 상승하면 새로운 추세(그림 24-2)가 만들어졌다는 뜻이다. +DI선이 가장 높으면 새로운 강세장, - DI선이 가장 높으면 새로운 약세장이 탄생했다고 보면 된다.

| 그림 24-2 | ANV 일간, 22일 EMA, 방향성 시스템(13) (출처: Stockcharts.com)

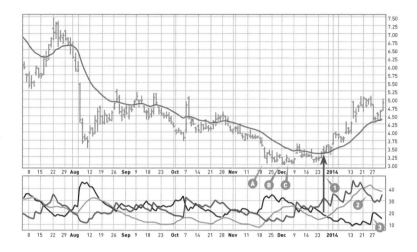

방향성 시스템

주가는 강세와 약세를 오가면서 출렁이는데, 이는 시장의 전형적인 특징이다. 상승주들이 점차 하락하기 시작하고 약세주가 점점 상승하다가 다시 서로 역할을 바꾸기도 한다. 금은 관련 주는 2013년 가장 약세를 보인 업종이었지만 12월에 바닥을 치고 올라왔다. 나는 당시 얼라이드 네바다 골드 ANV; Allied Nevada Gold Corp를 비롯해 몇몇 금은 관련 종목을 매수하기 시작했다.

주가는 ❹에서 3.07달러로 바닥을 찍더니 ❸에서 3.01달러로 다시 떨어져 주춤하면서 가짜 하향 돌파를 남긴다. 이후 ❻에서 3.08달러로 하락하면서 지지선을 재검증한 후 지수이동평균이 상승하면서 주가가 치솟기 시작한다. 방향성 시스템은 화살표 ❶로 표시된 바에서 매수 신호를 보낸다. 강세 방향성 선 ❷가 약세선 ❸ 위에 있으며 ADX가 약세선을 뚫고 올라온다.

알파벳으로 표기한 구역에서 유사한 공매도 신호를 볼 수 있지만 분별 있는 트레이더는 신호가 보인다고 해서 매번 트레이딩하지 않는다. 45달러에서 3달러로 하락한 주식을 3달러 부근에서 공매도하는 것은 묵을 대로 묵은 추세를 뒤쫓는 셈이다. 차트 오른쪽 끝에서 주가가 가치로 되돌림하는데, 이때가 롱 포지션을 추가할 절호의 기회다.

5. ADX가 +DI선과 − DI선 위로 올라오면 시장이 과열 상태라고 보면 된다.
   +DI선과 − DI선 위에 있던 ADX가 하락하면 주요 추세가 주춤한다는 의
   미이므로, 이때가 차익을 실현할 적기다. 포지션 규모가 크다면 일부는
   반드시 차익을 실현해야 한다.

시장의 지표는 '엄격한' 신호와 '유연한' 신호로 나눌 수 있다. 이를
테면 이동평균의 방향이 전환되는 것은 엄격한 신호이고, ADX가 하
락하는 것은 유연한 신호다. ADX가 하락하면 포지션을 늘리는데 신
중에 신중을 기해야 한다. 차익 실현을 시작하는 한편, 포지션을 줄이
고 청산할 기회를 살펴야 한다.

평균 실제 거래 범위와 변동성

평균 실제 거래 범위^{ATR; Average True Range}는 일정 기간(예를 들어, 13일) 동
안 실제 거래 범위(앞서 방향성 시스템 구축 방법에서 설명했다)의 평균
을 구한 지표다. 트레이딩에서 변동성은 핵심 요소이므로 이동평균 위
아래로 ATR 선을 그리면 변동성을 추적할 수 있다. ATR 선은 현재
의 변동성을 시각적으로 보여주는데, 이를 이용해 의사결정을 내릴 수
있다.

케리 로본은 지수이동평균 위아래로 1ATR, 2ATR, 3ATR 선을 그
렸다. 이렇게 하면 수익 목표뿐 아니라 진입점과 손실제한을 설정하는
데도 도움이 된다(그림 24-3).

| 그림 24-3 | LULU 일간, 21일 CMA, 거래량과 8일 EMA, ATR 채널(출처: TradeStation)

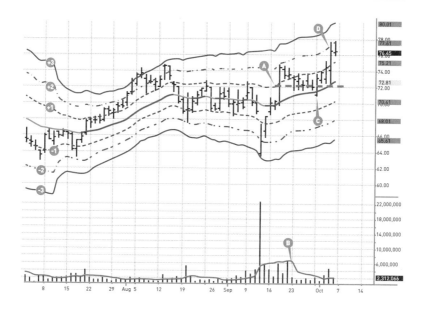

ATR 채널

이 일지는 ATR 채널을 이용해 룰루레몬 애슬래티카 LULU; Lululemon Athletica Inc.를 트레이딩해 차익을 실현한 사례로, 케리 로본이 스파이크트레이드닷컴에 올린 것이다.

LULU는 수익 보고 후 9월 18일 하락 갭을 보이면서 거래 범위가 아주 넓게 형성된다. 이후 주가는 추가 하락 없이 반등하는데, 케리는 긴 Ⓐ 바의 중간에 수평선을 그었다. 이 선이 단기 지지선 역할을 한다.

이후 주가가 되돌림하면서 일일 거래 범위가 좁아지다가 Ⓑ 구역에 오면 거래량이 급감한다. 케리는 주가가 가짜 하향 돌파에서 회복되는 9월 30일 월요일, Ⓒ에서 72.02달러에 LULU를 매수했다. 같은 날 주가가 +1ATR의 몇 센트 이내에 도달하자 73.70달러에 전체 포지션의 3분의 1을 청산해 차익을 실현했다. 목요일 Ⓓ 바에서 주가가 76.63달러로 오르며 +2ATR이 되자 케리는 포지션의 3분의 1을 청산했다. 나머지 3분의 1은 Ⓓ 바 중간 지점에서 차익을 실현했다.

진입 앞서 이동평균을 다룬 장에서 가치보다 싸게, 그러니까 지수이동평균 아래에서 매수해야 한다는 것을 배웠다. 그런데 얼마나 아래여

야 할까? 일반적으로 되돌림은 −1ATR 부근에서 바닥을 친다.

손실제한 진입에서 적어도 1ATR 떨어진 곳에 손실제한을 설정해야 한다. 이보다 가까이 설정하면 평범한 시장의 노이즈 범위 안에 손실제한이 설정돼 의미 없는 단기 움직임에도 포지션이 청산되고 만다. 손실제한을 멀리 설정하면 진짜 반전이 있을 때만 손실제한에 걸린다.

목표 주식을 산 다음에는 어느 정도를 강세로 보느냐에 따라 +1ATR, +2ATR, 심지어 +3ATR에 차익 실현을 하도록 주문을 낼 수 있다. 케리는 수익이 나는 포지션을 몇 단계로 나눠 청산하는데, 3분의 1은 1ATR, 3분의 1은 2ATR, 나머지는 3ATR에 차익을 실현하도록 설정한다.

어떤 시장이든 장기간 3ATR, 그러니까 평균 실제 거래 범위의 세 배를 벗어나 거래되는 경우는 드물다. 이런 경우는 매우 극단적인 움직임이다. 아래든 위든 시장이 3ATR을 벗어나 거래된다면 되돌림이 나타날 것으로 예상하는 게 합리적이다.

ATR 채널은 주가에만 쓸 수 있는 지표가 아니다. 기술적 지표에 활용하면 추세 반전 가능성이 높은 극단적인 수준을 식별하는 데 유용하다. 나는 강도지수의 주간 차트에 ATR 채널을 활용한다.

25

오실레이터

MACD선, 방향성 시스템 같은 추세추종지표는 추세를 식별하지만, 오실레이터는 전환점을 포착한다. 트레이더들이 탐욕이나 공포에 사로잡힐 때마다 추세가 발생하는데, 대개 얼마 지나지 않아 맥이 빠져 흐지부지되고 만다. 오실레이터는 휘몰아치는 감정의 속도를 측정해 모멘텀이 붕괴되는 순간을 보여준다.

오실레이터로 군중의 극단적인 감정을 식별할 수 있다. 또한 낙관주의와 비관주의가 버티지 못하는 수준을 확인할 수 있다. 프로는 이런 극단적인 값이 나타나면 반대 매매하는 경향이 있다. 프로는 군중의 이탈과 반대 방향으로 매매해 주가가 정상 수준으로 돌아오도록 만든다. 시장이 상승해 탐욕에 휩싸인 군중이 날뛰면 공매도할 준비를 한다. 시장이 하락해 두려움에 사로잡힌 군중이 울부짖으면 프로는 매수할 준비를 한다. 오실레이터는 바로 이 시점이 언제인지 짚어낸다.

과매수와 과매도

과매수 상태란 주가가 너무 높아 하락이 임박했음을 의미한다. 오실레이터가 상승해 과거의 천장 수준에 이르면 오실레이터는 과매수 상태가 된다. **과매도** 상태란 주가가 너무 낮아 상승이 임박했음을 의미한다. 오실레이터가 하락해 과거의 바닥 수준에 이르면 오실레이터는 과매도 상태가 된다.

하지만 이것이 절대적인 기준은 아니라는 사실을 명심해야 한다. 강력한 상승 추세가 새로 시작될 때 오실레이터가 과매수 상태에 머물며 성급한 매도 신호를 내기도 한다. 강력한 하락 추세에서 오실레이터가 과매도 상태에 머물며 성급한 매수 신호를 내기도 한다. 언제 오실레이터를 활용하고 언제 추세추종지표를 신뢰할지 알아야 제대로 된 분석가라고 할 수 있다(39장을 참고하라).

기준이 되는 수평선을 그리면 오실레이터가 과매수 상태인지 과매도 상태인지 판단할 수 있다. 과거 6개월 동안 오실레이터의 봉우리(천장)들을 가로지르는 선과 계곡(바닥)들을 가로지르는 선을 그어라. 오실레이터가 이 선들 밖으로 벗어나는 시간이 5퍼센트 정도면 적당하다. 이 선들을 3개월마다 조정하라.

오실레이터가 기준선 위로 상승하거나 기준선 아래로 하락하면 극단값이 유지되기 어렵고 곧 고점이나 바닥이 나타날 거라는 의미다. 오실레이터는 박스권에서는 적중률이 아주 높지만, 박스권을 이탈해 새로운 추세가 분출될 때는 성급하고 위험한 신호를 나타낸다.

앞서 중요한 오실레이터인 MACD 히스토그램에 대해 살펴봤다. 이

지표는 추세추종지표인 MACD선에서 파생된 지표라서 '예정보다 일찍' 검토했다. 지금부터 아주 널리 쓰이는 오실레이터인 스토캐스틱과 상대강도지수^{RSI}에 대해 알아보자.

26

스토캐스틱

스토캐스틱은 조지 레인 ^{George Lane}이 개발해 대중화시킨 오실레이터다. 지금은 많은 소프트웨어 프로그램에 포함돼 있어서 컴퓨터를 활용하는 트레이더들 사이에서 널리 사용되고 있다. 스토캐스틱은 종가와 최근의 '고가 – 저가' 거래 범위의 관계를 추적한다. 스토캐스틱은 빠른 선인 %K와 느린 선인 %D, 두 가지 선으로 구성된다.

1. 스토캐스틱을 산출하는 첫 번째 단계로 '기본 스토캐스틱^{raw stochastic}', 즉 %K를 구한다.

$$\%K = \frac{C_{tod} - L_n}{H_n - L_n} \times 100$$

- C_{tod} = 오늘의 종가
- L_n = 산출 기간(선택) 동안의 최저 가격
- H_n = 산출 기간(선택) 동안의 최고 가격
- $_n$ = 산출 기간(트레이더가 선택)

일부 트레이더는 산출 기간을 좀 길게 잡기도 하지만 스토캐스틱 산출 기간의 표준은 5일이다. 기간을 좁게 잡으면 전환점을 더 많이 포착할 수 있고, 넓게 잡으면 주요 전환점을 포착하는 데 유용하다.

2. 두 번째 단계로 %D를 구한다. %D는 %K를 평활화해서 구한다. 기간은 대개 3일로 잡는데 몇 가지 산출 방법이 있다.

$$\%D = \frac{(C_{tod} - L_n)의 \ 3일 \ 총합}{(H_n - L_n)의 \ 3일 \ 총합} \times 100$$

스토캐스틱을 차트에 그리는 방법은 두 가지로, 빠른 스토캐스틱과 느린 스토캐스틱이 있다. **빠른 스토캐스틱**은 %K와 %D 두 선으로 구성되며 하나의 차트에 그린다. 아주 예민하게 반응하지만, 속임수 신호가 자주 발생한다. 이런 이유로 많은 트레이더가 **느린 스토캐스틱**을 선호하는데, 평활화한 지표를 추가한다. 느린 스토캐스틱은 빠른 스토캐스틱의 %D를 %K로 하고 이를 평활화해 %D를 구한다. 노이즈를 대부분 걸러내므로 속임수 신호가 적게 생성된다(그림 26-1).

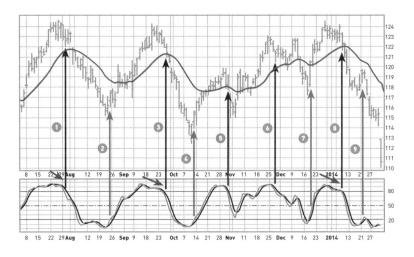

| 그림 26-1 | CVX 일간, 26일 EMA, 5일 느린 스토캐스틱(출처: Stockcharts.com)

스토캐스틱

셰브런 ^{CVX}의 차트로, 스토캐스틱의 유용성과 위험성을 모두 보여준다. 차트의 구간 대부분에서 보이는 것처럼 주가가 거래 범위에서 횡보하면 스토캐스틱이 단기 천장과 바닥을 계속 짚어준다. 화살표 **❷, ❹, ❼, ❾**에서 스토캐스틱이 하단 기준선 위로 상승하면서 매수 신호를 보낸다. 화살표 **❶, ❸, ❺, ❻, ❽**에서 스토캐스틱이 상단 기준선 아래로 하락하면서 매도 신호를 보낸다. 차트 하단의 사선 화살표로 표시된 곳에서 보듯, 스토캐스틱 고점이 광폭으로 하락하면서 이 신호들에 힘을 보탠다.

〈그림 26-1〉을 자세히 보라. 몇 차례 가짜 돌파가 나타나 스토캐스틱 신호에 힘을 보탠다. 거래 범위에서 스토캐스틱 신호를 활용하는 것은 현금 인출기를 이용하는 것이나 마찬가지다. 거래 범위에서 벗어나 추세가 분출되면 현금인출기는 작동을 멈춘다. 차트 오른쪽 끄트머리에서 나타난 급격한 하락 추세는 스토캐스틱의 매수 신호를 무효로 만든다.

거래 범위에서는 스토캐스틱을 신뢰할 수 있지만 추세가 시작되면 거래 범위에서 실행한 마지막 트레이딩은 항상 손실이 나므로 보호용 손실제한을 설정해야 한다. 54장에서 손실제한 설정에 대해 자세히 다루겠다.

스토캐스틱은 0과 100 사이를 오간다. 대체로 20퍼센트와 80퍼센트를 기준선으로 그려 과매수 및 과매도 영역을 표시한다.

스토캐스틱이 보여주는 시장 심리

가격은 모든 시장 참여자가 거래가 이뤄지는 순간 합의한 가치를 반영한다. 계좌는 일일 종가를 기준으로 정산되므로 종가가 가장 중요하다. 일정 기간 동안의 최고점은 그 기간에 황소들이 발휘한 역량의 최대치며, 일정 기간 동안의 최저점은 그 기간에 곰들이 발휘한 역량의 최대치다.

스토캐스틱은 황소나 곰이 최근 거래 범위의 상단 또는 하단 가까이에서 종가를 형성하는 데 미치는 역량이 어느 정도인지 측정한다. 상승 추세를 보일 때 시장의 종가는 최근 거래 범위의 고점 부근에서 형성되는 경향이 있다. 황소들이 장중에는 주가를 끌어올리지만 종가를 고점 부근까지 끌어올리지 못하면 스토캐스틱은 하락한다. 이런 현상은 황소들이 보기보다 위력이 떨어질 때 나타나므로 매도 신호다.

하락 추세에서는 일일 종가가 최근 거래 범위의 저점 부근에서 형성되는 경향이 있다. 일간 차트의 종가가 고점 부근에서 형성되면 곰들이 장중에는 주가를 끌어내리지만 계속 주가를 억누르지 못했다는 것을 의미한다. 스토캐스틱이 상승 전환하면 곰들이 보기보다 위력이 떨어진다는 뜻이므로 매수 신호다.

스토캐스틱을 활용한 매매 기법

스토캐스틱은 황소나 곰의 역량이 강해지는 시기와 약해지는 시기를 보여준다. 이러한 정보를 통해 황소가 이길지 곰이 이길지 판단할 수 있다. 스토캐스틱은 세 가지 매매 신호를 만들어낸다. 중요한 순서대로 나열하면 다이버전스, 스토캐스틱 선들의 수준(과매수와 과매도), 그리고 방향이다.

다이버전스

스토캐스틱의 경우, 스토캐스틱과 가격 사이에 다이버전스가 발생할 때 가장 강력한 매매 신호가 켜진다.

1. 주가가 신저점으로 떨어지지만 스토캐스틱이 이전 하락의 저점보다 저점을 높이면 강세 다이버전스가 발생한다. 이는 곰들의 힘이 빠지고 있어 주가가 하락 탄성을 잃었다는 신호다. 스토캐스틱이 두 번째 바닥에서 상승세로 돌아서자마자 강력한 매수 신호가 발효된다. 이 시점에 롱 포지션으로 진입하고 가장 최근의 저점 아래 손실제한 주문을 설정하라. 첫 번째 저점이 하단 기준선 아래 있고 두 번째 저점이 하단 기준선 위로 올라올 때가 최상의 매수 신호다.

2. 주가가 신고점을 찍지만 스토캐스틱이 이전 고점보다 고점을 낮추면 약세 다이버전스가 발생한다. 황소들의 힘이 떨어지고 있어 주가의 상승 탄력이 소진되고 있다는 신호다. 스토캐스틱이 두 번째 고점에서 하락하자마자 매도 신호가 발효된다. 이 시점에 숏 포지션으로 진입하고 가장 최근의 고점 위에 손실제한 주문을 설정하라. 첫 번째 고점이 상단 기준선 위에 있고 두 번째 고점이 상단 기준선 아래 있을 때가 최상의 매도 신호다.

과매수와 과매도

스토캐스틱이 상단 기준선 위로 올라오면 시장은 과매수 상태라는 의미다. 과매수 상태는 주가 혹은 전체 장세가 지나친 상승세를 보여 하락이 임박했다는 뜻을 갖는다. 스토캐스틱이 하단 기준선 아래로 떨어지면 주가 혹은 전체 장세가 과매도 상태라는 의미로, 주가가 너무 낮아 상승이 임박했다는 신호다.

과매수 신호와 과매도 신호는 박스권에서는 적중하지만 시장이 뚜렷한 추세를 보일 때는 조심해야 한다. 상승 추세를 보일 때 스토캐스틱은 성급하게 과매수 상태라고 보고 시장이 상승하고 있는데도 여전히 매도 신호를 보낸다. 하락 추세일 때 스토캐스틱은 성급하게 과매도 상태라고 보고 시장이 하락하고 있는데도 지속적으로 매수 신호를 보낸다. 이를 보완하기 위해 장기 추세추종지표를 함께 활용하는 것이 좋다(39장을 참고하라). 삼중 스크린 매매 시스템을 활용하면 주간 차트의 추세가 상승할 때만 일일 스토캐스틱에서 매수 신호를 취할 수 있다. 반대 추세일 때는 일일 스토캐스틱에서 매도 신호만 취한다.

1. 주간 차트에서 상승 추세가 확인되면 일일 스토캐스틱 선이 하단 기준선 아래로 떨어질 때까지 기다려라. 그런 다음 선들의 교차나 상승 전환을 기다리지 말고 가장 최근의 고점 위에 역지정가 매수 주문 stop order●을 내

● 거래되는 가격이 지정한 가격을 한 번이라도 건드리면 시장가 주문으로 전환되도록 하는 주문. 일정 가격을 상향 돌파할 때 롱 포지션에 진입하거나 하향 돌파할 때 숏 포지션에 진입하기 위해 사용한다. 포지션을 보유 중일 때 롱 포지션의 경우 일정 가격을 하향 돌파하면 매도되도록 하고, 숏 포지션의 경우 일정 가격을 상향 돌파하면 환매되도록 하는 손실제한 주문도 역지정가 주문이다 - 옮긴이

라. 롱 포지션에 진입했으면 거래 당일 저점과 전일 저점 중 더 낮은 쪽의 저점 아래 손실제한 주문을 설정하라.

스토캐스틱 바닥의 형태를 보면 상승의 강도, 즉 상승세가 강력한지 미약한지 알 수 있다. 좁고 얕은 바닥이면 곰들이 약하므로 강력한 상승이 나타나며, 바닥이 깊고 넓으면 곰들이 강력하므로 미약하게 상승하는 데 그친다. 이럴 경우 강력한 매수 신호만 취해야 한다.

2. 주간 차트에서 하락 추세가 확인되면 일일 스토캐스틱 선이 상단 기준선 위로 올라올 때까지 기다려라. 그런 다음 선들의 교차나 하락 전환을 기다리지 말고 가장 최근의 저점 아래에서 역지정가 매도 주문을 내라.

스토캐스틱 선들이 서로 교차하며 주가가 종종 곤두박질친다. 숏 포지션에 진입했으면 거래 당일과 전일의 고점 중 높은 쪽 고점 위에 손실제한 주문을 설정하라.

스토캐스틱 천장의 형태를 보면 하락이 급격히 진행될지 아니면 느리게 진행될지 예견할 수 있다. 스토캐스틱의 봉우리가 좁고 뾰족하면 황소들의 힘이 미약하다는 뜻이므로 급락으로 이어질 확률이 높다. 스토캐스틱의 봉우리가 넓고 높으면 황소들의 힘이 강력하다는 뜻이다. 이 경우, 매도 신호를 무시하는 게 안전하다.

3. 스토캐스틱이 과매수일 때 매수하지 말고 스토캐스틱이 과매도일 때 공매도하지 마라. 이 규칙만 지켜도 큰 실수는 피할 수 있다.

선의 방향

스토캐스틱의 두 선이 모두 같은 방향을 향하면 단기 추세가 확증된
다. 주가가 상승하고 스토캐스틱의 두 선도 상승하면 상승 추세가 지
속될 것으로 판단해도 된다. 주가가 하락하고 스토캐스틱의 두 선도
하락하면 하락 추세가 지속될 것이라 봐도 된다.

스토캐스틱에 대한 추가 정보

스토캐스틱은 주간, 일일, 일중 등 모든 시간 단위에 활용할 수 있다.
주간 스토캐스틱은 대개 주간 MACD 히스토그램보다 1주일 앞서 방
향을 선회한다. 주간 스토캐스틱이 방향을 바꾸면 그다음 주에 MACD
히스토그램이 방향을 전환할 것이라는 경고 신호다. 이런 현상이 발생
하면 기존 포지션의 손실제한을 좁히거나 차익을 실현해야 한다.

　스토캐스틱의 산출 기간을 선택하는 문제는 아주 중요하다. 단기 오
실레이터는 예민한 지표이고, 장기 오실레이터는 중요한 천장이나 바
닥일 때만 방향을 전환한다. 트레이딩 시스템의 일부로 스토캐스틱 하
나만 활용한다면 장기 스토캐스틱을 쓰는 편이 낫다. 추세추종지표와
함께 활용한다면 단기 스토캐스틱이 낫다.

27
상대강도지수

상대강도지수 ^{RSI}는 웰레스 윌더 주니어 _{Welles Wilder Jr.}가 개발한 지표로, 종가의 변화를 살펴 강도를 측정한다. 선행 혹은 동행 지표로 기능하며, 결코 후행지표는 아니다.

$$RSI = 100 - \frac{100}{1 + RS}$$

$$RS = \frac{산출\ 기간\ 동안\ 종가\ 상승분의\ 평균}{산출\ 기간\ 동안\ 종가\ 하락분의\ 평균}$$

RSI는 0과 100 사이를 오간다. RSI가 봉우리를 이뤘다가 다시 하락하면 천장이고, RSI가 하락했다가 다시 상승하면 바닥이다. 산출 기간을 바꿔도 RSI의 봉우리와 계곡 패턴은 변하지 않는다. 7일, 9일처럼 산출 기간이 짧으면 매수 신호가 더 뚜렷하게 보인다(〈그림 27-1〉을 참고하라).

상대강도지수 RSI

앞서 스토캐스틱을 다루면서 〈그림 26-1〉에서 검토한 셰브런 CVX 차트에 13일 RSI를 적용해보자. RSI와 스토캐스틱 모두 거래 범위에서는 적중하지만 주가가 추세를 보이기 시작하자 섣부르게 위험한 신호를 보낸다.

종가로 산출하는 RSI는 스토캐스틱보다 노이즈가 적다. 화살표 ❷, ❹, ❼로 표시된 곳처럼 RSI는 하단 기준선 위로 상승하면서 주가 반등을 알린다. 화살표 ❶, ❸, ❺로 표시된 곳처럼 RSI는 상단 기준선 아래로 떨어지면서 하락을 알린다. 〈그림 26-1〉, 〈그림 27-1〉 두 차트를 비교해보면 RSI 신호가 조금 빠르게 나타난다는 것을 알 수 있다.

실선으로 그은 사선 화살표와 화살표 ❻으로 표시된 곳에서 RSI가 약세 다이버전스를 보이면서 강력한 매도 신호가 켜진다. 주가는 신고점을 기록하지만 RSI는 상단 기준선에 미치지 못하면서 상승세 이면에 숨어 있는 약세를 지적한다.

차트 오른쪽 끝에서 RSI는 매수 신호를 보내지만 주가는 급락한다. 추세가 시작되면 거래 범위에서 실행한 마지막 트레이딩은 손실이 나기 쉬우므로 치명타를 피하려면 보호용 손실제한을 사용해야 한다.

RSI의 과매수 및 과매도 수준은 시장에 따라 달라지며, 같은 시장이라도 연도에 따라 달라진다. 모든 고점과 바닥을 다 아우를 수 있는 수준은 없다. 과매도 신호와 과매수 신호는 창문에 붙이는 온도계 같다. 같은 온도라도 여름과 겨울 등 계절에 따라 의미가 다르지 않은가.

RSI의 가장 높은 봉우리와 가장 낮은 계곡들을 관통해 수평으로 기준선을 그려야 한다. 대체로 30퍼센트와 70퍼센트에 기준선을 그린다. 강세장에서는 40퍼센트/80퍼센트, 약세장에서는 20퍼센트/60퍼센트 수준에서 기준선을 그리기도 한다. 5퍼센트 규칙을 활용하라. 지난 4~6개월 동안 전체 기간의 5퍼센트 이하에 머문 RSI 수준에 기준선을 그려라. 기준선은 3개월마다 조정하라.

상대강도지수가 보여주는 시장 심리

가격은 모든 시장 참여자들 사이에서 순간적으로 이루어진 가치에 대한 합의다. 계좌의 일일 정산은 종가에 의해 결정되므로 종가는 그날의 합의 중 가장 중요하다. 시장이 종가를 높여서 장을 마감하면 황소는 돈을 벌고 곰은 돈을 잃는다. 시장이 종가를 낮춰서 장을 마감하면 곰은 돈을 벌고 황소는 돈을 잃는다.

이런 이유로 트레이더들은 하루 중 어떤 가격보다 종가에 더 신경을 쓴다. 선물시장에서는 매 거래일 장 마감 때 패자의 계좌에서 빠진 돈이 승자의 계좌로 들어간다. RSI는 시장에서 가장 중요한 결산 시간인 장 마감 때 황소가 힘이 센지 곰이 힘이 센지 보여준다.

상대강도지수를 활용한 매매 기법

RSI는 세 가지 매매 신호를 생성한다. 중요한 순서대로 나열하면 강세 및 약세 다이버전스, 차트 패턴, RSI 수준이다.

강세 및 약세 다이버전스

주가와 RSI의 다이버전스는 시장의 중요한 천장이나 바닥에서 발생하는데, 기존 추세가 힘을 잃고 반전 태세에 돌입했음을 나타낸다.

1. 강세 다이버전스는 매수 신호다. 가격이 신저점으로 하락하지만 RSI가 이전 저점보다 저점을 높이면 강세 다이버전스다. RSI가 두 번째 저점에서 상승하자마자 매수하고 가장 최근의 단기 저점 아래 손실제한 주문을 설정하라. 첫 번째 RSI 저점이 하단 기준선 아래 있고 두 번째 저점이 하단 기준선 위에 있을 때 매수 신호는 더욱 강력해진다.

2. 약세 다이버전스는 매도 신호다. 가격이 신고점으로 상승하지만 RSI가 이전 고점보다 고점을 낮추면 약세 다이버전스다. RSI가 두 번째 고점에서 하락하자마자 숏 포지션으로 진입하고 가장 최근의 단기 고점 위에 손실제한 주문을 설정하라. 첫 번째 RSI 고점이 상단 기준선 위에 있고 두 번째 고점이 상단 기준선 아래 있을 때 매도 신호는 더욱 강력해진다.

차트 패턴

RSI는 종종 주가보다 며칠 앞서 지지선이나 저항선을 뚫고 나와 추세 변화를 예고한다. 대개 주가 추세가 변하기 하루나 이틀 전에 RSI 추세선들이 붕괴한다.

1. RSI가 하락 추세선을 뚫고 위로 올라오면 가장 최근의 주가 고점 위에 매수 주문을 내서 상향 돌파를 포착하라.

2. RSI가 상승 추세선 아래로 내려가면 가장 최근의 주가 저점 아래 공매도 주문을 내서 하향 돌파를 포착하라.

상대강도지수 수준

RSI가 상단 기준선 위로 상승하면 황소들의 힘이 강력하지만 시장은 과매수 상태, 즉 매도 구간으로 진입했다고 보면 된다. RSI가 하단 기준선 아래로 하락하면 곰들의 힘이 강력하지만 시장은 과매도 상태, 즉 매수 구간에 진입했다고 보면 된다.

주간 차트의 추세가 상승할 때만 일일 RSI의 매수 신호를 활용해 매수하라. 주간 차트의 추세가 하락할 때만 일일 RSI의 매도 신호를 활용해 매도하라(39장을 참고하라).

1. RSI가 하단 기준선 아래로 떨어졌다가 다시 하단 기준선 위로 올라올 때 매수하라.

2. RSI가 상단 기준선 위로 올라왔다가 다시 상단 기준선 아래로 떨어질 때 공매도하라.

　시장을 분석할 때는 각 바의 시가, 고가, 저가, 종가, 거래량 등 몇 가지만 살펴본다. 선물이나 옵션 같은 파생시장에서 미결제약정을 추가하는 정도라고 생각하면 된다. 초보가 흔히 저지르는 실수로 '지표 쇼핑'이 있다. 주식을 매수하고 싶은데 다우, S&P, 이동평균이 여전히 하락하고 있다고 가정해보자. 이런 약세 메시지가 마음에 들지 않는 초보는 소프트웨어 메뉴에서 스토캐스틱, RSI 같은 오실레이터를 이것저것 훑어본다. 물론 이런 오실레이터는 과매도 상태로, 하락 추세일 때는 이게 정상이다. 그런데 매수하고 싶어서 안달이 난 초보는 과매도 상태를 매수 신호로 받아들인다. 그러다 하락 추세가 계속되면 돈을 날리고 기술적 분석이 맞지 않는다고 불만을 터뜨린다.

　소수의 지표만 사용하되, 엄격한 위계질서를 설정하고 다양한 시간대에서 분석해야 한다. 이는 아주 중요한 주제로, 삼중 스크린 매매 시스템을 논의할 때 다시 살펴보겠다.

NEW TRADING FOR A LIVING

제 5 부

거래량과 시간

주식시장에서
살 아 남 는
심   리
투 자 법 칙

Trading for a Living

많은 트레이더가 가격에만 신경을 곤두세운다. 물론 가격은 지극히 중요하지만, 시장에는 가격 외에도 중요한 것들이 많다. 거래량은 시장을 가늠할 수 있는 또 하나의 지표로, 아주 중요한 요소다. 거래량 연구의 선구자 조셉 그랜빌 Joseph Granville 은 "거래량은 기차를 움직이는 증기"라고 말했다.

시장을 분석하는 데 있어서 아주 중요한 또 다른 요소로 시간이 있다. 시장은 동시에 다른 시간대에 존재하고 움직인다. 일간 차트를 아무리 꼼꼼하게 분석해도 다른 시간 단위의 움직임이 일간 차트의 추세를 뒤엎어버릴 수 있다.

여기서는 거래량과 거래량 기반 지표들을 집중적으로 살펴보고 시간 단위와 매매 결정의 관계를 살펴보겠다.

28

거래량

거래량은 트레이더와 투자자의 활동을 반영한다. 거래량 한 단위에는 두 사람의 행위가 포함돼 있다. 쉽게 말해, 한 사람이 1주나 1계약을 팔면 다른 사람이 그 주식이나 계약을 사는 것이다. 일일 거래량은 하루 동안 거래된 주식이나 계약의 수를 의미한다(그림 28-1).

대개 거래량은 히스토그램으로 표시한다. 수직 막대의 높이로 매일의 거래량을 나타낸다. 거래량 히스토그램은 주로 주가 차트 아래 그린다. 거래량의 변화는 주가 등락에 황소와 곰이 어떻게 반응했는지, 추세가 지속될지 반전될지 전망할 수 있는 단서가 된다.

거래량을 무시하는 트레이더도 있다. 이들은 시장에서 알 수 있는 모든 정보는 가격에 이미 반영돼 있다고 생각한다. 이들의 논리는 이렇다. "가격대로 돈 받지 거래량대로 돈 받는 것 아니다." 반면 프로는

| 그림 28-1 | BID 일간, 22일 EMA, 거래량(출처: Stockcharts.com)

거래량

세계 최대의 경매 회사 소더비즈 홀딩스^{BID}의 차트다. BID는 전 세계 큰손들의 과시적 소비 행태를 엿볼 수 있는 창구다. 아시아에서 새로 자금이 유입되면서 2013년 사업이 크게 번 창해 그해 마지막 분기에 주가가 최고점에 달했다가 이후 하락했다.

주가가 상승하는 A, B를 보라. 거래량이 증가해 상승 추세를 확증하면서 추가 상승을 예고 한다. C, D에서는 주가가 상승을 시도할 때마다 거래량이 감소하면서 매수세에 경고 신호 를 깜박인다. C, D 구역의 가짜 상향 돌파들과 C 구역의 특이한 캥거루 꼬리에 주목하라. 차 트 오른쪽 끝에서 거래량이 증가하면서 매도세의 위력이 입증된다.

거래량을 분석하면 시장을 더 깊이 있게 통찰할 수 있고 트레이딩에 도움이 된다는 사실을 꿰뚫고 있다.

거래량은 트레이딩하는 군중의 규모, 매수자와 매도자의 활동 수준 에 따라 달라진다. 두 시장의 거래량을 비교하면 어떤 시장에서 거래 가 더 활발한지, 즉 유동성이 큰지 알 수 있다. 대체로 유동성이 적은 시장, 거래량이 적은 시장보다 유동성이 큰 시장이 거래가 잘 체결되 며 체결오차도 적다.

거래량을 측정하는 방법은 세 가지다.

1. 실제 매매된 주식 혹은 계약 수. 뉴욕증권거래소가 이 방법으로 거래량을 발표한다.

2. 매매가 일어난 횟수. 일부 해외 거래소가 이 방법으로 거래량을 발표한다. 이 방식은 100주를 매매하든 5,000주를 매매하든 구분되지 않으므로 객관성이 떨어진다.

3. 틱 거래량 tick volume. 10분 혹은 1시간 등 일정 기간 동안 일어난 주가 변동 횟수를 말한다. 한 번의 주가 변동을 대개 틱이라고 부른다. 일부 거래소는 장중 거래량을 발표하지 않아서 데이 트레이더들은 거래량 대용으로 틱 거래량을 활용한다.

외환 트레이더는 다음 사항에 유의해야 한다. 외환시장은 주식이나 선물과 달리 가격을 관리하는 중앙 집중 방식의 거래소를 거칠 필요가 없어서 거래량이 발표되지 않는다. 따라서 거래량 대용으로 통화 선물 거래량을 활용하면 된다. 주요 통화 선물은 모두 미국 달러를 기준으로 시카고에서 거래되며, 온라인으로도 거래된다. 통화 선물과 외환 모두 시장을 움직이는 동력은 동일하므로, 통화 선물 거래량의 추세는 외환시장과 상당히 유사하다.

거래량이 보여주는 시장 심리

거래량에는 시장 참여자가 시장에 어느 정도 재정을 투입하고, 어느 정도 감정적으로 몰입돼 있는지가 반영된다. 물론 시장 참여자가 어느 정도 고통을 느끼고 있는지도 반영된다. 거래는 두 사람이 재정적 결단을 내리고 행동하면서 시작된다. 이성적인 판단에 따라 매수 결정 혹은 매도 결정을 내렸더라도 매수 혹은 매도를 하게 되면 대부분의 경우 감정에 치우치게 된다. 매수자나 매도자 모두 자신의 결정이 옳기를 간절히 바란다. 시장에서 비명을 지르고 울부짖고 기도한다. 어떤 이들은 부적을 지니고 다니기도 한다. 거래량 수준은 트레이더들이 얼마나 감정적으로 몰입해 있는지 보여주는 지표다.

틱이 한 번 움직일 때마다 패자가 잃은 돈이 승자에게 돌아간다. 주가가 오르면 롱 포지션을 취한 사람은 돈을 벌고 숏 포지션을 취한 사람은 돈을 잃는다. 주가가 하락하면 숏 포지션을 취한 사람은 돈을 벌고 롱 포지션을 취한 사람은 돈을 잃는다. 승자는 행복감을 맛보고 의기양양하며, 패자는 낙담하고 분노한다. 주가가 출렁일 때마다 트레이더의 절반은 고통에 몸부림친다. 주가가 상승하면 곰들이 괴로워하고, 주가가 하락하면 황소들이 괴로워한다. 거래량이 많을수록 시장에서 고통받는 참여자는 늘어난다.

손실에 반응하는 트레이더들의 모습은 뜨거운 물에 들어간 개구리와 비슷하다. 개구리를 펄펄 끓는 물에 넣으면 갑작스러운 고통에 펄쩍 뛰어오른다. 그러나 찬물에 집어넣고 서서히 열을 가하면 산 채로 삶을 수 있다. 주가가 급변하면 갑작스러운 고통에 깜짝 놀라 모조리 손실 포지션을 정리하기 바쁘다. 그러나 손실이 야금야금 커지면 서서히 달궈지는 물속의 개구리처럼 꾹 참는다.

거래가 활발하지 않은 주식시장이나 선물시장에서는 큰돈을 잃기가 더 쉽다. 이를테면 옥수수 시장에서는 1센트의 가격 변동으로 계약당 50달러의 손실이 발생한다. 하루 동안 옥수수 가격이 불리한 쪽으로 몇 센트 정도 움직이면 고통을 참을 만하다. 그러나 계속 손실을 감수하다 보면 가랑비에 옷 젖듯 손실이 수천 달러로 불어난다. 반면 가격이 급변하면 투자자들은 패닉에 빠져 손절매한다. 일단 자본력이 달리는 투자자들이 떨어져 나가고 나면 거래량이 치솟고 시장은 반전 태세에 돌입한다. 거래량이 적당하면 추세가 오랫동안 지속되지만, 거래량이 폭증하고 난 뒤에는 추세가 소멸될 수 있다.

손실이 발생하는 매수 포지션을 정리하려는 트레이더가 있다. 그렇다면 그때 매수하는 사람은 누구일까? 숏 포지션을 환매해 차익을 실현하려는 사람일 수도 있고, 가격이 '너무 떨어졌다'고 생각하고 매수하려는 저가 매수자일 수도 있다. 저가 매수세는 시장에서 손을 털고 나가는 패자의 포지션을 취하는 사람이다. 따라서 바닥에서 매수한 것일 수도 있고, 운이 나쁘면 또 다른 패자가 돼 패자 무리에 합류하게 될 수도 있다.

손실이 나는 숏 포지션을 환매하기 위해 주식을 매수하려는 트레이더가 있다. 그렇다면 누가 이들에게 주식을 팔까? 롱 포지션을 취하고 있다가 차익을 실현하려는 현명한 투자자일 수도 있고, 주가가 너무 높다고 판단하고 공매도하려는 트레이더일 수도 있다. 아무튼 이들은 손실이 나서 환매하려는 사람의 포지션을 취하는 셈이다. 이들의 판단이 옳은지 그른지는 시간이 지나봐야 알 수 있다.

주가 상승으로 숏 포지션을 취한 투자자들이 수익을 포기하고 환매하기 위해 매수에 나서면 주가 상승 압력으로 작용한다. 주가가 오르면 숏 포지션을 취한 투자자들이 더 많이 떨어져 나가고 주가 상승도 더 탄력을 받는다. 주가 하락으로 롱 포지션을 취한 투자자들이 포지션을 포기하고 매도에 나서면 시장은 더욱 하락 압력을 받는다. 이처럼 패자들이 손실 포지션을 포기하면 추세는 탄력을 받는다. 거래량이 꾸준히 유지되면서 진행되는 추세는 지속될 가능성이 높다. 거래량이 꾸준하다는 것은 퇴출되는 패자들을 대신해 새로운 패자들이 계속 유입되고 있다는 의미다.

거래량이 떨어진다는 것은 시장에 새로 공급되는 패자가 줄어들고 있다는 뜻으로, 반전이 임박했다는 신호다. 수많은 패자가 자신의 잘못을 깨달은 뒤에야 비로소 거래량 감소 현상이 나타난다. 손실 포지션을 오랫동안 보유하고 있던 패자가 계속 시장을 빠져나가고, 새로 유입되는 패자는 점점 줄어드는 것이다. 거래량 감소는 추세 반전이 임박했다는 신호다.

거래량 폭증 역시 추세의 종말이 임박했다는 신호다. 거래량이 폭증한다는 것은 수많은 패자가 떼를 지어 빠져나가고 있다는 의미다. 손실 포지션을 너무 오랫동안 보유하고 있었다는 사실을 깨닫고 빠져나가는 것이다. 이들이 고통을 참을 수 없어서 시장에서 빠져나오고 나면 추세는 반전돼 이들이 원했던 방향대로 움직인다. 그러면 무엇하랴. 이미 빠져나왔는데! 시장에선 이런 일이 계속 반복된다. 왜냐하면 인간은 스트레스에 비슷하게 반응하게 마련이므로 거의 동시에 시장에서 빠져나오기 때문이다. 반면 프로는 시장이 이기면 고집 부리거나 미적대지 않는다. 손실 포지션을 재빨리 청산하고 반대 방향으로 매매하든가 옆으로 물러나 다시 진입할 기회를 엿본다.

거래량 폭증은 상승 추세보다는 하락 추세의 반전이 임박했다는 신호일 가능성이 높다. 하락 추세를 보이는 가운데 거래량이 폭증하면 사람들의 두려움이 폭발했다는 의미다. 두려움은 강력하지만 곧 소멸하는 감정이다. 사람들이 허겁지겁 달려들어 주식을 싼값에 투매하면 추세가 반전될 확률이 높다. 상승 추세를 보이는 가운데 거래량이 폭증하면 이는 탐욕이 작용한 결과일 가능성이 높다. 탐욕은 느리지만 행복한 감정이다. 거래량이 폭증한 후 상승 추세가 잠시 주춤할 수도 있지만 추세가 다시 진행될 확률이 아주 높다.

시장이 박스권에 머물 때는 거래량도 비교적 낮은 수준에 머문다. 시장 참여자들이 느끼는 고통이 적기 때문이다. 가격이 소폭 변동할 경우, 시장 참여자들이 동요하지 않고 느긋한 태도를 보이기 때문에 뚜렷한 추세가 나타나지 않는 시장이 장기간 지속된다. 그러다 패자들이 한꺼번에 시장을 빠져나가면서 거래량이 급증하면 박스권이 돌파된다. 거래량이 적은 가운데 박스권 돌파가 일어나면 새로운 추세에 많은 참여자가 심리적으로 몰입하고 있지 않다는 뜻이다. 이런 경우, 당연히 주가는 박스권으로 회귀할 가능성이 높다.

주가가 상승하면서 거래량이 증가한다면 더 많은 매수자와 매도자가 시장에 쏟아져 들어오고 있다는 의미다. 매수자는 더 높은 값에도 사려고 하고, 매도자는 이들에게 팔려고 한다. 거래량이 증가한다는 것은 패자들이 떠나가고 새로운 패자 무리가 들어와 그 공백을 메우고 있다는 의미다.

주가가 상승하면서 거래량이 감소한다면 황소는 점점 열의를 잃고 곰도 더 이상 몰려오지 않는다는 의미다. 약삭빠른 곰들은 진즉에 시장을 떠났고, 고통을 견디지 못한 곰들도 뒤이어 시장을 떠났다. 이 경우, 거래량이 줄어드는 것은 상승 추세를 떠받치던 동력이 사라지고 반전이 임박했다는 신호라고 할 수 있다.

주가가 하락하면서 거래량이 줄어들면 곰들의 매도가 줄어들고 황소들도 시장을 빠져나가려 하지 않는다는 의미다. 영리한 황소들은 진즉 팔았고, 자본력이 달리는 황소들은 퇴출됐다. 거래량 감소는 남아 있는 황소들이 고통을 견딜 수 있게 됐다는 것을 의미한다. 아마도 자금력이 탄탄하거나, 주가 하락이 시작되고 한참 후에 매수했거나, 아니면 둘 다일 수도 있다. 거래량이 감소하면 그 영역에서 하락 추세가 반전될 확률이 높다.

이 원리는 시간 단위와 상관없이 적용된다. 대체로 오늘 거래량이 전일 거래량보다 높으면 오늘 추세가 지속될 것이라고 봐도 된다.

거래량을 활용한 매매 기법

'높은 거래량', '낮은 거래량'이라고 말할 때 높고 낮다는 것은 상대적인 의미다. 아마존에서는 낮은 수준의 거래량이지만 동일한 거래량이 비인기 종목에서 나타나면 높은 거래량이다. 금 시장에서는 낮은 거래량이지만 동일한 거래량이 백금 시장에서 나타나면 높은 거래량이다. 거래량이 높은 매매 대상을 선택할 때만 다양한 주식, 선물, 옵션의 거래량과 비교한다. 대부분은 한 주식의 현재 거래량을 평균 거래량과 비교한다. 어떤 시장이든 대체로 지난 2주 동안의 평균 거래량을 25퍼센트 상회하면 '높은 거래량'이라고 보며, 25퍼센트 하회하면 '낮은 거래량'이라고 본다.

1. 높은 거래량은 추세를 확증한다. 주가가 신고점을 찍고 거래량이 신고점에 도달하면 주가는 신고점을 재검증하거나 경신할 확률이 높다.

2. 시장이 신저점으로 하락하고 거래량이 신고점을 경신하면 과도한 하락이라는 인식이 공유돼 조만간 저점을 재검증하거나 저점을 돌파할 확률이 높다. 이처럼 거래량이 아주 높은 바닥을 '클라이맥스 바닥 climax bottom'이라고 한다. 저점을 재검증할 때는 거의 언제나 거래량이 낮다. 이는 절호의 매수 기회다.

3. 추세가 지속되면서 거래량이 줄어들면 반전의 기운이 무르익은 것이다. 주가가 신고점을 경신하면서 거래량이 전고점보다 떨어지면 롱 포지션의 차익을 실현하거나 숏 포지션에 진입할 기회를 찾아라. 주가가 하락할 때는 거래량이 적어도 하락세가 계속되므로 이 기법은 하락 추세에는 잘 적용되지 않는다. 월스트리트에 떠도는 말이 있다. "가격을 올리려면 매수세가 필요하지만, 가격은 스스로의 무게를 견디지 못하고 떨어진다."

4. 추세에 반하는 움직임이 나타날 때는 거래량에 유의하라. 상승 추세가 이어지는 도중에 일시 하락 dip이 발생할 때 차익 실현 매물이 쏟아지면서 종종 거래량이 증가하는 현상이 나타난다. 일시 하락이 지속되지만 거래량이 줄어드는 것은 황소들이 더 이상 시장에서 허겁지겁 빠져나가려고 하지 않는다는 의미, 즉 매도 압력이 소진됐다는 뜻이다. 거래량이

미미하면 반작용이 끝나고 곧 상승 추세가 다시 시작될 거라는 신호다. 바로 이때가 매수 기회다. 주요 하락 추세가 나타날 때도 종종 거래량 증가와 함께 반등이 발생한다. 심약한 곰들이 떨어져 나가고 거래량이 줄어들 때가 적절한 숏 진입 기회다.

29

거래량 지표

거래량으로 매매 신호를 포착할 때는 몇 가지 기술적 지표가 도움이 된다. 예를 들어, 5일 거래량 지수이동평균을 추적하면 거래량의 추세를 판별할 수 있다. 거래량 지수이동평균이 상승하면 현재 주가 추세가 강력하다는 의미며, 거래량 지수이동평균이 하락하면 현재 주가 추세가 약하다는 의미다.

거래량 지수이동평균 외에도 다양한 거래량 지표가 있는데, 이런 지표들을 참고하면 거래량 바보다 더 정확하게 매매 시기를 포착할 수 있다. 이 장에서는 OBV, 매집/분산에 대해 설명하겠다. 주가와 거래량 데이터를 통합한 강도지수는 주가 반전 영역을 식별하는 데 유용하다.

거래량균형 OBV

OBV는 조셉 그랜빌이 개발한 지표다. 그랜빌은 자신의 저서 《일간 마켓 타이밍의 새로운 전략New Strategy of Daily Stock Market Timing for Maximum Profit》에서 이 지표에 대해 설명했다. 그랜빌은 OBV를 주식시장의 선행 지표로 활용했는데, 이후 다른 분석가들이 선물에도 이를 적용했다.

OBV는 거래량 누계로, 종가의 전일 대비 등락에 따라 그날의 거래량을 더하거나 뺀다. 종가가 전일보다 상승하면 황소가 그날의 전투에서 이겼다는 의미이므로 그날 거래량을 OBV에 더한다. 종가가 전일보다 하락하면 곰이 그날의 전투에서 이겼다는 의미이므로 그날 거래량을 OBV에서 차감한다. 따라서 종가가 변하지 않았으면 OBV도 변하지 않는다. OBV는 종종 주가 변화에 앞서 상승 또는 하락하므로 선행 지표로 작용한다.

OBV가 보여주는 시장 심리

가격은 가치에 대한 합의점을, 거래량은 시장 참여자의 심리를 보여준다. 거래량은 트레이더들이 재정적, 심리적으로 얼마나 이입돼 있는지 그 강도를 반영하며 또한 패자들이 느끼는 고통의 강도를 보여주는데, OBV는 바로 이 강도를 추적하는 지표다.

OBV가 신고점을 기록하면 황소들은 힘을 내고 있으며, 곰들은 상처를 입고 피를 흘리고 있다고 보면 된다. 따라서 주가가 상승할 가능성이 높다. OBV 패턴이 주가 패턴에서 이탈하면 군중의 심리가 그들의 합의와 다르게 움직이고 있다는 뜻이다. 군중은 이성보다 감정을 따르기 때문에 종종 거래량 변화가 주가 변화에 선행해 나타나기도 한다.

OBV를 활용한 매매 기법

OBV 천장과 바닥의 패턴이 OBV 지표의 절대적 수준보다 훨씬 중요하다. OBV 지표의 절대적 수준은 OBV를 산출하기 시작한 시점에 따라 달라진다. OBV가 주가와 함께 움직이며 주가를 확증하면 추세의 방향대로 트레이딩하는 것이 안전하다(그림 29-1).

1. OBV가 신고점을 경신하면 황소들이 힘을 발휘하고 있어 주가가 계속 상승할 여력이 있다는 신호다. 따라서 이 경우 매수 신호가 발효된다. OBV가 신저점보다 떨어지면 곰들이 힘을 발휘하고 있어 주가가 더 하락할 여지가 있다는 신호다. 따라서 이 경우 공매도 신호가 발효된다.

2. OBV는 주가와 다이버전스가 발생할 때 가장 강력한 매수 및 매도 신호를 생성한다. 주가가 상승하다가 차익 실현 매물이 쏟아져 일시 하락한 후 다시 신고점을 경신하는데 OBV는 이전 고점보다 낮은 수준에 머문다면 약세 다이버전스다. 이 경우 매도 신호가 발효된다. 주가가 하락했다가 반등하고 다시 신저점으로 떨어지는데 OBV는 저점을 높인다면 강세 다

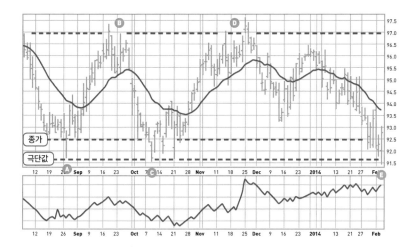

| 그림 29-1 | MCD 일간, 22일 EMA, 거래량균형(OBV)(출처: Stockcharts.com)

OBV

맥도날드 ^{MCD} 주가가 안정적으로 천천히 움직이고 있다. 거래 범위가 꽤 좁은 것을 볼 수 있
다(저점을 이은 맨 위 점선과 맨 아래 점선으로 표시). 주가의 움직임에서 가짜 돌파가 보인다
(바닥 Ⓐ, Ⓒ, 천장 Ⓑ, Ⓓ). Ⓐ 구역에 나타난 캥거루 꼬리에 주목하라.

차트 오른쪽 끝에서 주가가 곤두박질친다. 그런데 주가는 최근 저점 부근에 있지만 OBV 지
표는 고점 근처에 머물며 강세를 예고하므로 매도 대신 매수를 권고한다.

이버전스다. 이 경우 매수 신호가 켜진다. 장기 다이버전스는 단기 다이

버전스보다 훨씬 중요하다. 며칠에 걸쳐 형성된 다이버전스보다는 몇 주

에 걸쳐 지속적으로 무르익은 다이버전스가 훨씬 강력한 신호를 보낸다.

3. 주가가 박스권에 머무는데 OBV가 박스권을 돌파해 신고점을 경신하면

　매수 신호가 발효된다. 주가가 박스권에 머무는데 OBV가 박스권을 하향

　돌파해 신저점으로 떨어지면 공매도 신호가 켜진다.

OBV에 대한 추가 정보

그랜빌이 주식시장에서 성공적으로 매매 시점을 포착할 수 있었던 것은 OBV를 다른 두 지표와 결합시킨 덕분이다. 그랜빌은 OBV와 함께 **순추세 지표** Net Field Trend Indicator 와 **클라이맥스 지표** Climax Indicator를 활용했다. 그랜빌은 다우존스공업지수에 속한 종목들의 OBV를 산출한 다음, OBV 패턴을 상승, 하락, 중립으로 분류하고 +1, –1, 0으로 값을 매겼다. 그랜빌은 이를 그 종목의 순추세[NFT]라고 불렀다. 클라이맥스 지표는 총 30개 다우 종목 NFT의 총합이다.

주식시장이 상승세를 보이고 클라이맥스 지표가 신고점에 도달하면 강세가 확증되며 매수 신호가 발효된다. 주식시장이 상승세를 보이지만 클라이맥스 지표가 고점을 낮추면 매도 신호가 켜진다.

다우존스공업평균은 시장이라는 마차를 말 30필이 끌고 있는 상황에 비유할 수 있다. 클라이맥스 지표는 몇 필의 말이 언덕을 오르고 있는지, 몇 필의 말이 언덕을 내려가고 있는지, 또 몇 필의 말이 가만히 서 있는지 알려준다. 30필 중 24필이 올라가고 1필이 내려가며 5필이 쉬고 있다면 시장이라는 마차는 위로 올라갈 것이다. 9필이 올라가고 7필이 내려가며 14필이 쉬고 있다면 마차는 얼마 못 가 언덕을 내려갈 것이다.

놀랍게도 그랜빌은 이 모든 것을 손으로 직접 계산했다.[1] 물론 지금은 컴퓨터 프로그램으로 간단하게 OBV, NFT, 클라이맥스 지표를 만들 수 있다.

S&P500지수에 포함된 모든 종목을 아우르는 데이터베이스에 이

지표들을 적용하면 좋다. 이렇게 하면 S&P500 선물이나 옵션 트레이딩에 유용한 매수, 매도 신호를 얻을 수 있다.

매집/분산지표

매집/분산^{A/D}지표는 래리 윌리엄스가 개발해 1973년《나는 어떻게 백만장자가 되었는가^{How I made a Million Dollars}》라는 책에서 소개한 지표다. 원래는 주식의 선행 지표로 고안됐는데, 몇몇 분석가들이 이 지표를 선물에 응용했다. 매집/분산지표는 거래량과 더불어 시가와 종가의 관계를 추적한다는 독특한 특징을 갖는다. 이 지표의 개념은 일본식 캔들차트와 유사한데, 윌리엄스가 책을 쓸 무렵 서구에서 일본식 캔들 차트는 생소한 개념이었다.

매집/분산지표는 그날 승리한 정도에 비례해 일 거래량의 극히 일부분만 황소 또는 곰에게 귀속시키므로 OBV보다 더 미세하게 조정할 수 있다.

---

1 나는 2005년 캔자스시티에 있는 그랜빌을 만나러 간 적이 있다. 그랜빌은 이 모든 것을 직접 손으로 전부 계산했다. 혹시 훔쳐보는 사람이 있을까 봐 온라인은 선호하지 않는다고 했다. 실제로 몇 년 뒤 정부의 사찰 활동이 폭로되기도 했다. 그랜빌은 컴퓨터를 이용할 때는 인터넷 연결을 끊었다가 소식지를 보낼 때만 연결했다. 그랜빌은 TV로 CNBC 채널을 틀고 소리를 끈 다음 수건으로 화면 윗부분을 가리고 화면 아래쪽에 자막으로 지나가는 일중 주가만 참고했다.

$$매집/분산값 = \frac{종가 - 시가}{고가 - 저가} \times 거래량$$

종가가 시가보다 높으면 황소가 그날의 전투에서 승리한 것으로, 매집/분산값은 양수가 된다. 종가가 시가보다 낮으면 곰들이 그날의 전투에서 승리한 것으로, 매집/분산값은 음수가 된다. 종가가 시가와 같으면 무승부로 매집/분산값은 0이 된다. 이런 식으로 하루하루의 매집/분산값을 누계하면 매집/분산지표가 산출된다.

예를 들어, 고가와 저가의 차이가 5포인트고 시가와 종가의 차이가 2포인트라면, 그날 거래량의 2/5만 승리 진영에 포함된다. 매집/분산지표의 고점과 저점 패턴은 지표의 절대 수준보다 중요한데, 이는 지표 산출 기산일에 따라 좌우된다.

시장이 상승하면 트레이더들은 대개 신고점에 주목한다. 그러나 시가가 상승해도 종가가 낮아지면 시가와 종가의 관계에 따라 결정되는 매집/분산지표는 하락한다. 매집/분산지표가 하락하는 것은 상승 추세가 보기보다 약하다는 경고다. 반면, 주가가 하락하는데 매집/분산지표는 상승한다면 황소들이 세력을 모으고 있다는 증거다.

매집/분산지표가 보여주는 시장 심리

시가는 장 마감 이후 결집된 매수매도 압력을 반영하는데. 시가는 저녁에 신문을 읽고 아침에 트레이딩하는 아마추어에 의해 결정되는 경향이 있다.

프로 트레이더는 장중 내내 활발하게 움직인다. 프로는 종종 아마추어의 움직임과 반대로 매매한다. 장이 진행될수록 아마추어의 매도세와 매수세는 파도처럼 몰려왔다 몰려가고 기관의 느린 움직임도 가라앉는다. 장 마감 시간에는 대개 프로가 시장을 지배한다. 계좌의 정산은 종가에 의해 결정되므로 종가는 특히 중요하다.

매집/분산지표는 하루 동안 아마추어와 프로의 전투 결과를 추적한다. 종가가 시가보다 높으면 매집/분산지표가 상승하는데, 이는 프로들이 아마추어에 비해 시장을 더 강세로 예측한다는 의미다. 종가가 시가보다 낮으면 매집/분산지표는 하락하는데, 이는 프로들이 아마추어보다 시장을 더 약세로 예측한다는 의미다. 현명한 트레이더라면 아마추어의 반대 진영에 돈을 걸어야 한다.

매집/분산지표를 활용한 매매 기법

시가가 낮고 종가가 높으면 시장은 약세에서 강세로 이동한다. 이 경우 매집/분산지표가 상승하는데, 이는 프로들이 아마추어에 비해 시장을 더 강세로 예측하고 있다는 의미다. 즉, 시장의 상승세가 지속될 확률이 높다고 보는 것이다. 매집/분산지표가 하락하면 프로들이 아마추어에 비해 시장을 더 약세로 예측하고 있다는 의미다. 그날 시장이 약세를 보이면 앞으로 며칠 동안 저점을 낮출 확률이 높다.

매집/분산지표와 주가가 다이버전스를 보일 때 최상의 매매 신호가 발효된다.

1. 주가가 신고점을 경신하지만 매집/분산지표가 신고점을 경신하는데 실패하면 공매도 신호가 나타난다. 이런 약세 다이버전스는 상승세가 나타나는 가운데 프로들이 매도에 나서고 있다는 것을 의미한다.

| 그림 29-2 | GOOG 일간, 매집/분산지표(출처: Stockcharts.com)

매집/분산지표

"일이 생기려면 조짐이 나타난다." 이 속담은 기술적 분석가들에게 의미하는 바가 크다. 구글GOOG 주가가 몇 개월 동안 하락 추세를 보였지만 매집/분산지표A/D는 상승 추세를 보여 큰손들이 매수에 나서고 있음을 알려준다. ⓑ에서 ⓐ보다 주가가 하락하지만 매집/분산지표는 큰 폭으로 바닥을 높인다. '깜짝 실적'이 발표된 후 주가가 상승 갭을 보이기 전에 매집/분산지표가 먼저 신고점을 돌파한다(화살표 ❶). 다가올 일을 예측한 사람들이 대량 매수에 나서면서 A/D 매집 패턴이 상향 돌파를 보인다. 기술적 분석은 외부자와 내부자의 정보 불균형을 해소하는 데 요긴하다.

2. 주가가 신저점으로 하락하지만 매집/분산지표가 전일보다 저점을 높이면 강세 다이버전스가 발생한다. 이런 강세 다이버전스는 시장의 프로들이 하락세를 이용해 매수에 나서고 있으며 반등이 임박했다는 신호다 (그림 29-2).

매집/분산지표에 대한 추가 정보

매집/분산지표와 주가의 다이버전스를 이용해 롱 또는 숏 포지션을 취할 때는 프로의 판단도 틀릴 때가 있다는 사실을 명심해야 한다. **바스커빌 가의 사냥개** 법칙(23장을 참고하라)에 따라 손실제한을 설정해 자산을 보호하라.

매집/분산지표와 일본식 캔들 차트에는 중요한 공통점이 있다. 둘 다 시가와 종가의 차이를 중시한다는 점이다. 매집/분산지표는 거래량까지 포함해 산출하므로 일본식 캔들 차트보다 한발 더 나아간 지표라 할 수 있다.

30

강도지수

강도지수는 필자가 개발한 오실레이터다. 강도지수는 주가와 거래량을 결합해 상승 또는 하락 뒤에 있는 황소 또는 곰의 힘을 보여준다. 강도지수는 거래량 데이터만 있으면 주간, 일간, 일중 등 모든 주가 바에 적용할 수 있다. 이 지표는 주가 변화 방향, 변동폭, 변동 기간의 거래량 등 세 가지 기본적인 정보를 결합해서 만들어진다. 강도지수를 이용하면 거래량을 활용해 매매 결정을 내릴 수 있다.[1]

강도지수는 그대로 사용해도 되지만 이동평균으로 평활화하면 신호가 훨씬 뚜렷해진다. 강도지수의 단기 지수이동평균을 활용하면 진입

---

[1] 물리법칙이 아니라 시장 군중의 위력에 대해 이야기하고 있다는 점을 명심하라.

과 청산 시점을 정확하게 짚어낼 수 있다. 강도지수의 장기 지수이동 평균을 활용하면 추세를 확인하거나 중요한 반전을 식별할 수 있다.

강도지수 산출 방식

가격 변동의 힘이 어느 정도인가는 방향, 거리, 거래량 세 가지 요소에 의해 결정된다.

1. 종가가 이전 바의 종가보다 높으면 강도는 양의 값을 갖는다. 종가가 이전 바의 종가보다 낮으면 강도는 음의 값을 갖는다.

2. 가격 변동폭이 클수록 강도는 더 커진다.

3. 거래량이 많을수록 강도는 더 커진다.

강도지수 = 오늘 거래량 × (오늘 종가 - 전일 종가)

강도지수는 중간선을 0으로 해서 히스토그램으로 그린다. 종가가 상승하면 강도지수는 양수가 되고 중간선 위로 올라간다. 종가가 하락하면 강도지수는 음수가 되고 중간선 아래로 내려간다. 종가가 변동이 없으면 강도지수는 0이 된다.

강도지수의 히스토그램은 들쭉날쭉 변화가 심한데 이동평균으로 평활화하면 훨씬 더 나은 매매 신호를 제공한다(22장을 참고하라). 최단 기간으로 평활화하려면 2일 지수이동평균을 이용하라. 강도지수의 2일 지수이동평균은 시장 진입 시점을 포착하는 데 유용하다. 추세 방향대로 매매하려면 2일 지수이동평균이 음수일 때 매수하고 양수일 때 매도하라.

강도지수의 13일 이동평균은 황소와 곰의 위력이 장기적으로 변하는 양상을 보여준다. 강도지수의 13일 이동평균이 중간선 위로 올라오면 황소가 시장을 장악한 것이므로 롱 포지션을 취해야 한다. 강도지수의 13일 이동평균이 음수가 되면 곰이 시장을 장악한 것이므로 숏 포지션을 취해야 한다. 주가와 강도지수의 13일 이동평균 사이에 다이버전스가 발생하면 추세가 중요한 전환점을 맞았다는 뜻이다.

강도지수가 보여주는 시장 심리

종가가 상승하면 그날의 전투에서 황소가 승리했다는 의미이고, 종가가 하락하면 그날의 전투에서 곰이 승리했다는 의미다. 오늘 종가와 전일 종가의 차이는 황소나 곰이 어느 정도 우세한지를 나타낸다. 이 차이가 클수록 한 편이 더 큰 승리를 거머쥐었다고 해석하면 된다.

거래량은 시장 참여자들의 감정 이입 정도를 나타낸다(28장을 참고하라). 많은 거래량을 동반하면서 주가가 상승하거나 하락하면 관성이 커져서 그 추세가 오래 지속된다. 많은 거래량을 동반하면서 가격이 움직이는 것은 눈덩이가 굴러가면서 점점 가속이 붙는 것과 같은 경우다. 반면 거래량이 적으면 시장에 유입되는 패자들이 적다는 뜻이므로 추세는 십중팔구 종말에 가까워졌다고 보면 된다.

주가는 시장 참여자들의 생각을 가늠하게 해주고, 거래량은 시장 참여자들의 감정이 어느 정도 강한지를 보여준다. 강도지수는 주가와 거래량을 조합해 시장 참여자들의 이성과 감정이 조화를 이루고 있는지 여부를 보여준다.

강도지수가 신고점으로 상승하면 황소들의 위력이 커서 상승 추세가 지속될 것으로 전망한다. 강도지수가 신저점으로 하락하면 곰들의 위세가 강해 하락 추세가 지속될 것으로 예상한다. 주가 변동이 거래량으로 확증되지 않으면, 즉 주가는 움직이지만 거래량이 적으면 강도지수가 줄어들면서 추세 반전이 임박했음을 경고한다. 거래량이 높지만 주가 변동이 적어도 역시 강도지수가 줄어들면서 추세 반전이 임박했음을 경고한다.

강도지수를 활용한 매매 기법

단기 강도지수

강도지수의 2일 지수이동평균은 황소와 곰의 단기 위력을 보여주는 아주 민감한 지표다. 강도지수의 2일 지수이동평균이 중간선 위로 상승하면 황소의 힘이 강력한 것이고, 중간선 아래로 하락하면 곰의 힘이 더 강력한 것이다.

강도지수의 2일 지수이동평균은 아주 민감한 지표이므로, 다른 지표들의 신호를 미세 조정하는 데 활용할 수 있다. 추세추종지표로 상승 추세가 확인되고 강도지수의 2일 지수이동평균이 0선 아래로 하락하면 최상의 매수 시점으로, 장기 상승 구간의 되돌림에서 매수할 수

| 그림 30-1 | ADBE 일간, 26일 EMA, 2일 강도지수(출처: Stockcharts.com)

단기 강도지수

뒤에 다시 논의하겠지만 추세를 판단할 때는 반드시 여러 개의 시간 단위로 시장을 분석해야 한다. 예를 들어, 강세에 돈을 걸 것인가 혹은 약세에 돈을 걸 것인가에 관한 전략은 주간 차트로 결정하고, 언제 매수할 것인가 혹은 매도할 것인가에 관한 전술은 일간 차트를 사용해 결정한다.

어도비 시스템[ADBE]의 경우, 주간 차트가 지속적으로 상승 추세를 보이고 있으며 지수이동평균이 동반 상승해 상승 추세를 확증한다(차트에는 표시되지 않음). 주간 추세가 상승하는 가운데 일간 차트의 2일 강도지수가 매수 지점을 식별해 계속 신호를 보내고 있다. 주가가 높을 때 추격 매수하지 말고 파도가 조수를 거스를 때, 즉 단기 되돌림에서 매수해야 한다. 2일 강도지수가 0 아래로 하락할 때가 바로 단기 되돌림이다. 2일 강도지수가 음수가 되면 가장 최근 바의 고점 위에서 매수 주문을 내는 것이 현명하다. 이렇게 하면 파도가 힘을 잃자마자 매수 주문이 체결된다.

있다(그림 30-1). 추세추종지표로 하락 추세가 확인되고 강도지수의 2일 지수이동평균이 상승하면 최상의 공매도 구간이다.

1. 상승 추세가 나타나는 도중 강도지수의 2일 지수이동평균이 음수로 전환되면 매수하라.

   상승 추세가 아무리 빠르고 격렬해도 때때로 조정이 이뤄진다. 강도지수의 2일 지수이동평균이 음수로 전환될 때까지 기다렸다가 매수하면 단기 바닥 부근에서 매수할 수 있다. 대다수의 트레이더가 상승세를 쫓다가 조정에 부딪히면 흔들리는 모습을 보인다. 강도지수를 활용하면 위험이 적은 매수 기회를 발견할 수 있다.

   상승 추세가 나타나는 도중 강도지수의 2일 지수이동평균이 음수로 전환되면 그날의 고점 위에 역지정가 매수 주문을 내라. 상승 추세가 다시 시작되고 주가가 반등하면 매수 주문이 체결된다. 주가가 계속 하락한다면 주문이 체결되지 않는다. 이 경우에는 가장 최근 바의 고점 근처로 계속 낮춰서 역지정가 매수 주문을 내라. 매수 주문이 체결되면 가장 최근의 저점 아래 손실제한 주문을 설정하라. 이렇게 손실제한을 좁게 잡으면 강력한 상승 추세가 나타날 때는 손실제한에 걸리지 않지만 추세가 약하면 시장에서 빨리 빠져나올 수 있다.

2. 하락 추세가 나타나는 도중에 강도지수의 2일 지수이동평균이 양수로 전환되면 공매도하라.

   추세추종지표로 하락 추세가 확인되면 강도지수의 2일 지수이동평균이 양수로 전환될 때까지 기다려라. 황소들이 반짝 힘을 낼 때 이런 현상이 발생하므로, 이는 공매도 기회다. 가장 최근 주가 바의 저점 아래 역지정가 공매도 주문을 내라.

주문을 낸 뒤에 강도지수의 2일 지수이동평균이 계속 상승하면 다음 날 주문 수준을 앞선 바의 저점 근처까지 높여라. 주가가 내려가서 공매도 주문이 체결되면 가장 최근의 고점에 손실제한 주문을 설정하라. 그리고 가능한 한 빨리 손실제한을 손익분기 수준으로 낮춰라.

덧붙여, 강도지수의 2일 지수이동평균은 포지션 추가 시점을 결정하는 데 유용하다. 상승 추세가 나타나는 도중 강도지수가 음수로 전환될 때마다 롱 포지션을 늘리고 하락 추세가 나타나는 도중 강도지수가 양수로 전환될 때마다 숏 포지션을 늘린다.

강도지수로 미래를 예측할 수도 있다. 강도지수의 2일 지수이동평균이 한 달 동안의 신저점으로 하락하면 곰의 힘이 막강한 것이므로 주가는 더 하락할 확률이 높다. 강도지수의 2일 지수이동평균이 한 달 동안의 신고점으로 상승하면 황소들이 기세등등한 것이므로 주가는 더 상승할 확률이 높다.

강도지수의 2일 지수이동평균은 포지션 청산 시점을 결정하는 데도 유용하다. 강도지수의 2일 지수이동평균은 대규모 매수세 또는 매도세가 단기에 분출되는 지점을 짚어내기 때문이다. 단기 트레이더가 강도지수의 2일 지수이동평균이 음수일 때 매수했다면 양수로 전환되면 매도해야 한다. 단기 트레이더가 강도지수의 2일 지수이동평균이 양수일 때 공매도했다면 음수로 전환될 때 환매해야 한다. 중장기 트레이더라면 추세가 전환될 때(13일 지수이동평균의 기울기로 확인한다) 혹은 강도지수의 2일 지수이동평균과 추세 사이에 다이버전스가 발생할 때 포지션을 정리해야 한다.

3. 강도지수의 2일 지수이동평균과 주가 사이에 강세 다이버전스가 발생하면 강력한 매수 신호다. 주가는 신저점으로 하락하지만 강도지수가 저점을 높이면 강세 다이버전스가 발생한다.

4. 강도지수의 2일 지수이동평균과 주가 사이에 약세 다이버전스가 발생하면 강력한 매도 신호다. 주가는 신고점으로 상승하지만 강도지수가 고점을 낮추면 약세 다이버전스가 발생한다.

5. 강도지수의 2일 지수이동평균이 평소 저점보다 다섯 배 이상 급락해 아래로 좁고 깊이 파인 골짜기를 그린 후 반등하면 주가가 상승할 것으로 예측해도 된다.

   시장은 과매수와 과매도 사이를 오가는데, 급락 후 반등하면 주가가 상승할 것으로 전망해도 된다. 단, 이 신호는 상승 추세에서는 적중하지 않는다는 점을 기억하라. 급등 후 되돌림이 아니라 급락 후 반등 시 적용된다. 아래로 좁고 깊이 파인 골짜기는 시장 참여자의 공포심이 강하다는 의미다. 그러나 공포는 그다지 오래 지속되지 않는다. 위로 뾰족하게 솟은 봉우리는 과도한 열정과 탐욕을 나타내는데, 이는 꽤 오래 지속되는 게 보통이다.

   강도지수의 2일 지수이동평균은 삼중 스크린 매매 시스템에 적합하다 (39장을 참고하라). 강도지수의 2일 지수이동평균이 장기 추세추종지표와 결합하면 단기 매수 또는 단기 매도 시점을 파악하는 능력이 배가된다.

중기 강도지수

강도지수의 13일 지수이동평균으로 황소와 곰 사이 힘의 균형이 장기적으로 변하는 양상을 파악할 수 있다. 강도지수의 13일 지수이동평균이 0선 위로 상승하면 황소가 더 강한 것이고, 0선 아래로 떨어지면 곰이 시장을 장악한 것이다. 강도지수의 13일 지수이동평균이 주가와 다이버전스를 보이면 중기 또는 장기 전환점이다(그림 30-2).

특히 강도지수의 13일 지수이동평균이 바닥 근처로 급락해 좁고 깊이 파인 골짜기를 형성하면 추세 반전이 다가오고 있다는 신호다.

강도지수는 원래 주간, 일간, 일중을 막론하고 주가 바에서 벌어지는 황소와 곰의 전투에서 어느 진영이 이겼는지 보여주는 지표다. 강도지수를 이동평균으로 평활화하면 훨씬 더 명확한 신호를 얻을 수 있다.

1. 강도지수의 13일 지수이동평균이 중간선 위로 올라오면 황소들이 시장을 장악한 것이고, 강도지수의 13일 지수이동평균이 중간선 아래로 내려가면 곰들이 시장을 장악한 것이다.

   상승이 시작될 무렵, 주가가 높은 거래량을 수반하면서 급등하는 경우가 종종 있다. 강도지수의 13일 지수이동평균이 신고점에 도달하면 상승 추세가 확증된다. 상승 추세가 무르익으면 주가 상승세가 완만해지고 거래량이 감소한다. 강도지수의 13일 지수이동평균이 고점을 점점 낮추다가 결국 중간선 아래로 하락하면 황소들의 기세가 꺾였다는 신호다.

2. 강도지수의 13일 지수이동평균이 신고점을 기록하면 황소들이 기세등등해 상승세가 지속될 확률이 높다. 강도지수의 13일 지수이동평균과 주가 사이에 약세 다이버전스가 발생하면 강력한 공매도 신호다. 주가

는 신고점을 기록하지만 이 지표가 고점을 낮추면 황소들의 기운이 빠

지고 곰들이 시장을 장악할 태세를 갖췄다는 의미다.

다이버전스가 유효하려면 이 지표가 신고점을 기록한 후 0선 아래로 하

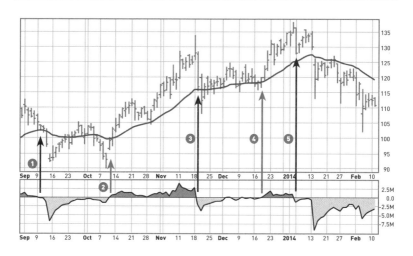

| 그림 30-2 | SSYS 일간, 26일 EMA, 13일 강도지수(출처: Stockcharts.com)

장기 강도지수

스트라타시스^{SSYS}는 적층 가공^{AM} 시장에서 급부상하고 있는 2대 기업 중 하나다. 나는 적
층기술 투자에 관한 전자책을 펴낸 바 있는데, 이 책은 세계 최초로 널리 읽히는 전자책이
되었고, 2년 뒤 AM 종목들은 투자자들의 총애를 받게 되었다.

차트를 보자. 아마추어들이 몰려오면서 주가가 상승하다가 이들이 공황에 빠져 탈출하면
서 주가가 급락한다. 13일 강도지수는 이처럼 요동치는 주가를 잘 포착한다.

13일 강도지수가 0선 위로 교차할 때(화살표 ❷, ❹로 표시) 매수 거래량이 유입된다. 이 지
점에서 장기 투자자는 매수 후 보유한다. 13일 강도지수가 0선 아래로 떨어져 계속 0선 아
래 머물면 곰들이 시장을 점령한 것이다.

차트 오른쪽 끄트머리에서 강도지수가 신저점을 기록하지만, 이후 곰들의 힘이 빠지기 시
작하면서 강도지수가 0선을 향해 올라온다. 평정심을 유지하며 매집 패턴이 나타나고 강도
지수가 0선 위로 교차해 패턴을 확증할 때를 기다려라. 천장에서 주식이 강자의 손에서 약
자의 손으로 넘어가고, 바닥에서 다시 넘어가는 일진일퇴의 움직임이 끝없이 계속되기 때
문이다. 강도지수는 어느 편에 서야 할지 판단하는 데 요긴한 지표.

락했다가 다시 0선 위로 상승하지만 고점을 낮추어야 다이버전스다. 0선 아래위를 교차하지 않으면 유효한 다이버전스가 아니다.

3. 강도지수의 13일 지수이동평균이 신저점으로 떨어지면 하락 추세가 계속될 것으로 전망한다. 주가는 신저점으로 떨어지지만 이 지표가 0선 위로 상승했다가 다시 하락하되, 저점을 높이면 강세 다이버전스가 완성된다. 이러한 강세 다이버전스는 곰들의 힘이 소진되고 있다는 의미로 강력한 매수 신호다.

하락 추세가 시작되면 주가는 대개 높은 거래량을 수반하면서 급락한다. 강도지수의 13일 지수이동평균이 신저점으로 하락하면 하락 추세가 확증된다. 하락 추세가 무르익으면 주가 하락세가 완만해지고 거래량이 점점 감소하면서 반전을 예고한다.

강도지수 위아래로 채널을 추가하면 정상적인 움직임에서 벗어나 극단으로 일탈할 때를 포착할 수 있는데, 일탈 현상이 발생하면 주가 반전이 이어진다. 일탈 움직임을 포착해 반전을 식별하는 방식은 주간 차트에서는 적중률이 높지만 일간 차트, 일중 차트에서는 적중률이 그다지 높지 않다. 이 방식은 장기 트레이딩에 적합하다.

Trading for a Living

31
미결제약정

미결제약정이란 선물이나 옵션 같은 파생 시장에서 매수자가 보유하고 있는 계약 수 혹은 매도자가 보유하고 있는 계약 수를 말한다. 선물이나 옵션에 대해 잘 모른다면 이 장을 건너뛰고 옵션을 다룬 44장, 선물을 다룬 46장부터 읽고 다시 돌아오라.

기업이 하나의 독립된 사업체로 운영되는 동안, 그 기업의 주식은 시장에서 거래된다. 주식 물량은 대부분 롱 포지션으로 보유되며, 숏 포지션 보유 물량은 아주 적은 비율을 차지한다. 반면 선물과 옵션은 미래에 인도하는 계약이므로 롱 계약 수와 숏 계약 수가 항상 동일하다. 누가 계약을 매수하고 싶다면 다른 누군가가 매도해야 한다. 즉, 숏 포지션을 취해야 한다. 내가 구글 주 100주를 콜 옵션 매수하고 싶다면 다른 트레이더가 옵션을 매도해야 한다. 즉, 내가 롱 포지션을 취하고 다른 사람이 숏 포지션을 취해야 한다. **미결제약정은 롱 포지션의**

총수 또는 숏 포지션의 총수와 동일하다.

선물과 옵션 계약은 일정 기간 동안에만 지속된다. 선물이나 옵션을 인도하기 바라는 매수자나 선물이나 옵션을 인도해야 하는 매도자나 최초 인도일 first delivery day 까지 기다려야 한다. 이처럼 기다리는 기간이 있기 때문에 롱 계약 수와 숏 계약 수는 항상 동일하다. 선물이나 옵션의 실물을 인도 혹은 인수하려는 트레이더는 극소수다. 대부분 최초 인도 통지일 first notice day 훨씬 이전에 포지션을 정리하고 현금을 확보한다. 선물과 옵션은 트레이딩 대상을 다룬 8부에서 다시 논의하겠다.

새로운 계약이 성립되면 미결제약정이 증가하고, 포지션을 정리하면 미결제약정이 감소한다. 이를테면 4월물 뉴욕상품거래소 COMEX 금 선물의 미결제약정이 2만 계약이라면 롱 포지션 계약이 2만 계약, 숏 포지션 계약이 2만 계약이라는 의미다. 미결제약정이 2만 200계약으로 증가했다면 200계약이 새로 매수되고 매도됐다는 의미다.

롱 포지션을 취한 황소가 숏 포지션을 환매하려는 곰에게 매도하면 미결제약정은 감소한다. 황소와 곰 모두 포지션을 정리하면 1계약 이상 사라지므로 미결제약정은 그만큼 감소한다. 새로운 황소가 들어와 롱 포지션을 마감하려는 기존 황소에게서 매수하면 미결제약정은 변하지 않는다. 새로운 곰이 들어와 숏 포지션을 마감하려는 기존 곰에게 매도해도 미결제약정은 변하지 않는다. 요컨대 미결제약정은 '새로운 피'가 시장에 유입될 때 증가하고, 기존 황소나 곰이 시장을 떠날 때 감소한다.

기술적 분석가는 대개 가격 바 차트 아래 선 그래프로 미결제약정을 그린다(그림 31-1). 생산 주기의 각 단계마다 헤저들이 대량 헤징에 나서기 때문에 많은 시장에서 철따라 미결제약정의 수는 달라진다. 미결

매수자	매도자	미결제약정
새로운 매수자	새로운 매도자	증가
새로운 매수자	기존 매수자가 매도	불변
기존 매도자가 환매	새로운 매도자	불변
기존 매도자가 환매	기존 매수자가 매도	감소

제약정이 주기에 따른 정상적인 양상에서 벗어날 때가 중요하다.

미결제약정이 보여주는 시장 심리

선물이나 옵션 계약이 성립되려면 한 명의 매수자와 한 명의 매도자가 있어야 한다. 황소는 가격이 상승할 것으로 확신하면 계약을 매수하고, 곰은 가격이 하락할 것으로 확신하면 계약을 매도한다. 새로운 황소와 새로운 곰 사이에 거래가 성립되면 거래한 계약 수만큼 미결제약정이 증가한다. 1계약으로 시장이 요동치지는 않지만, 수천 명이 거래하면 시장의 추세에 힘이 붙거나 추세가 반전되기도 한다.

미결제약정은 황소와 곰 사이에서 벌어지는 전투가 얼마나 치열한지 보여준다. 미결제약정을 보면 롱 포지션을 취하고 있는 세력이 롱 포지션을 유지하려는 의지가 얼마나 강한지, 숏 포지션을 취하고 있는 세력이 숏 포지션을 유지하려는 의지가 얼마나 강한지 알 수 있다. 시장이 불리하게 움직일 것으로 예측한 황소와 곰이 포지션을 정리하면 미결제약정은 감소한다.

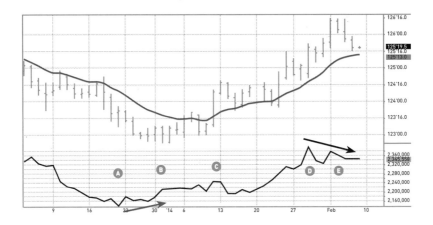

| 그림 31-1 | TYH14 일간, 13일 EMA, 미결제약정(출처: TradeStation)

미결제약정

미결제약정은 선물이나 옵션시장에서 숏 또는 롱 포지션의 총합을 표시한다. 파생시장에서는 숏 포지션 수와 롱 포지션 수가 동일하므로 미결제약정을 통해 황소와 곰이 어느 정도 확신에 차 있는지 알 수 있다. 미결제약정이 증가하면 황소와 곰의 싸움이 치열해지고 있다는 의미다. 따라서 기존 추세가 지속된다. 반면 미결제약정이 감소하면 승자들은 차익을 실현하고 패자들은 시장을 떠나고 있는 것이다. 즉, 추세가 종말을 향해 가고 있다는 의미다. 차트 왼쪽 끄트머리에서 재무부 증권 선물^{TYH14}은 하락 추세를 보이지만 미결제약정이 감소하면서 곰들에게 하락 추세에 오래 머물지 말라는 경고 신호를 보낸다. Ⓐ에서 미결제약정이 바닥을 치고 올라오자 재무부 증권 선물은 Ⓑ, Ⓒ에서 뚜렷한 상승 추세를 보인다. 이때 미결제약정도 동반 상승하면서 가격이 추가 상승할 것임을 예고한다. 가격은 Ⓔ까지 계속 상승하지만 미결제약정은 Ⓓ에서 고점을 찍고 하락한다. 이처럼 미결제약정이 하락 추세에 접어들면서 차트 오른쪽 끄트머리에서 황소들에게 경고를 보낸다.

모든 미결제약정 차트가 이 차트처럼 잔잔하고 명확한 것은 아니다. 진지한 트레이더는 요술 방망이 같은 단 하나의 지표를 찾지 않는다. 이들은 다양한 지표들을 활용해 지표들이 서로 확증할 때만 행동에 나선다.

모든 거래에는 상반된 입장의 두 사람이 있다. 가격이 움직이면 한쪽은 반드시 피해를 입게 돼 있다. 가격이 상승하면 곰이 다치고, 가격이 하락하면 황소가 상처를 입는다. 그런데 패배 진영이 나아지리라

기대하고 포지션을 유지하고 버티면 미결제약정은 변하지 않는다.

미결제약정이 증가하는 것은 확신에 찬 황소와 역시 확신에 찬 곰이 용호상박의 기세로 맞서고 있다는 의미다. 양 진영이 한 치의 양보도 없이 제 갈 길을 가는 것이다. 한쪽은 분명 손실을 볼 수밖에 없지만, 패자가 될 세력이 계속 유입되는 한 추세는 지속된다. L. 디 벨빌 L. Dee Belveal은 《상품시장의 가격 변동 습성 Charting Commodity Market Price Behavior》에서 이 현상에 대해 잘 설명했다.

황소와 곰 모두 자신의 예측을 확신하면 추세는 지속된다. 미결제약정이 증가하면 양 진영 모두 계속 포지션을 늘리고 있다는 의미다. 앞으로 가격이 어떻게 될지 양 진영의 의견이 확실히 갈리면 계속 패자들이 유입되면서 현 추세가 지속된다. 미결제약정이 증가한다는 것은 기존 추세에 청신호가 켜졌다는 의미다.

상승 추세가 나타나는 가운데 미결제약정이 증가하면 황소는 계속 매수하고, 가격이 너무 높다고 생각한 곰은 매도에 나서고 있다는 의미다. 상승 추세가 계속돼 곰들을 옥죄면 곰들은 일제히 환매에 뛰어드는데, 그러면 가격은 더욱 상승한다.

하락 추세가 나타나는 도중 미결제약정이 증가하면 매도세가 공격적으로 매도에 나서는 한편 저가 매수세가 매수에 나서고 있다는 의미다. 가격이 떨어져 손실이 발생하면 저가 매수세는 손절매하고 빠져나오는데, 이렇게 되면 가격은 더욱 하락한다.

황소가 가격이 상승할 것으로 확신하고 매수를 결심하지만 곰이 매도를 두려워하면, 매수 포지션을 유지하다가 현금을 쥐고 빠져나가려는 다른 황소에게서 매수할 수밖에 없다. 이 둘이 거래하면 새로운 계약이 아니므로 미결제약정은 변하지 않는다. 상승하는 가운데 미결제약정이 변화 없으면 패자들이 더 이상 유입되지 않는다는 의미다.

가격 하락을 확신하면 곰은 매도를 원한다. 그런데 황소가 매수하기를 꺼리면 곰은 숏 포지션을 환매해 차익을 실현하고 빠져나가려는 다른 곰에게 매도할 수밖에 없다. 이 둘이 거래하면 새로운 계약이 아니므로 미결제약정은 변하지 않는다. 하락 추세가 나타나는 도중 미결제약정이 변하지 않으면 저가 매수세가 더 이상 유입되지 않는다는 의미다. 미결제약정이 횡보하며 수평선을 그리면 노란 불이 켜진 것이다. 즉, 추세가 노쇠해서 최상의 청산 시점이 이미 지났다는 의미다.

롱 포지션을 마감하려고 결심한 황소와 숏 포지션을 청산하려고 결심한 곰이 서로 거래하면 1계약이 사라지므로 미결제약정은 감소한다. 미결제약정이 감소한다는 것은 승자들이 차익 실현에 나서고, 패자들은 손절매하고 빠져나오고 있다는 의미다. 양 진영의 이견이 좁혀지면 추세가 무르익어 반전을 준비하는 것으로, 추세의 종말에 대비해야 한다.

미결제약정을 활용한 매매 기법

1. 가격이 상승하는 도중 미결제약정이 증가하면 상승 추세를 확증하므로 롱 포지션을 늘려도 된다는 신호다. 이는 또한 시장에 매도세가 점점 더 유입되고 있다는 의미다. 이들이 손절매하고 빠져나가기 위해 숏 포지션을 청산하면 상승세에 탄력이 붙는다.

가격이 하락하는 도중 미결제약정이 상승하면 시장에서 저가 매수세가 활발하게 움직이고 있다는 의미다. 저가 매수세가 패배를 선언하고 포지션을 정리하면 가격이 더 하락하므로 숏 포지션을 취하라는 신호다.

가격이 박스권에 머무는데 미결제약정이 증가하면 약세 신호다. 헤저는 투기자보다 더 많이 매도하는 경향이 있다. 가격은 변동 없는데 미결제약정이 급증하면 눈치 빠른 헤저들이 시장에서 매도하고 있을 가능성이 높다. 나보다 정보력이 뛰어난 이들과 반대로 매매해선 안 된다.

2. 가격이 박스권에 있는데 미결제약정이 급감하면 주요 헤저들이 숏 포지션을 청산하고 있다는 뜻이므로 매수 신호다. 이는 헤저들이 시장 가격이 상승할 것으로 예측한다는 의미다.

가격이 상승하는 가운데 미결제약정이 감소하면 승자, 패자 양 진영이 모두 조심하고 있다는 의미다. 롱 포지션을 취하고 있는 진영은 차익을 실현하고, 숏 포지션을 취하고 있는 진영은 환매하고 있다고 보면 된다. 이는 이제까지 대다수가 수용해온 추세에 반전이 임박했다는 신호다. 가격이 상승하는 도중 미결제약정이 줄어들면 매도하고 빠져나올 준비를 하라.

가격이 하락하는 가운데 미결제약정이 감소하면 숏 포지션을 취하고 있는 진영이 환매하고, 롱 포지션을 취하고 있는 진영은 손절매하고 빠져나오고 있다는 의미다. 가격이 하락하는 가운데 미결제약정이 줄어들면 숏 포지션의 차익을 실현하라.

3. 가격이 상승하는 도중에 미결제약정이 횡보하면 상승 추세가 노쇠해 최상의 수익을 볼 기회가 이미 지나갔다는 의미다. 롱 포지션을 취한 진영은 손실제한을 좁히고 신규 매수를 피해야 한다. 가격이 하락하는 도중

미결제약정이 횡보를 거듭하면 하락 추세가 막바지에 이르렀다는 의미이므로 숏 포지션을 취한 진영은 손실제한을 좁히는 게 최선의 대응책이다. 가격이 박스권에 머물 때 미결제약정이 횡보하면 시장은 어떤 신호도 보내지 않는다.

미결제약정에 대한 추가 정보

미결제약정이 많을수록 시장은 활발하게 움직이며 포지션 진입 및 청산 시 **체결오차**도 줄어든다. 단기 트레이더라면 미결제약정이 가장 많은 계약에 주목하라. 선물시장에서는 대체로 근월물*이 미결제약정이 가장 많다. 최초 인도 통지일이 다가오고 근월물의 미결제약정이 감소하는데 익월물의 미결제약정이 증가하면 포지션을 익월로 롤오버**하라는 신호다.

32

시간

           대부분의 사람이 영원히 살 것처럼 행동한다. 쉽게 말해 과거의 실수를 되풀이하고, 과거에서 교훈을 얻지도 않고, 미래에 대한 계획도 없이 살아간다. 프로이트는 무의식에는 시간 개념이 없다고 말했다. 사람들의 마음속 깊은 곳에 있는 소망은 평생 바뀌지 않는다.

  인간은 군중 속에 들어가면 혼자 있을 때보다 훨씬 원초적이고 충동적으로 행동하는 경향이 있다. 시간의 흐름에 영향을 받으면서도 시간에 아랑곳하지 않는다. 개인은 달력과 시계에 따라 살지만, 군중은 시간에 주목하지 않는다. 군중은 마치 세상의 시간을 다 가진 것처럼 자신의 감정을 그대로 행동에 옮긴다. 트레이더들은 대개 주가 변화에만 신경 쓰고 시간에는 관심을 두지 않는다. 이 역시 군중심리에 사로잡혀 있기 때문에 나타나는 행동이다.

시간을 인식하는 것은 문명의 징표다. 생각하면서 사는 사람은 시간을 의식하지만, 충동적으로 행동하는 사람은 시간을 의식하지 않는다. 시간에 주목하는 시장 분석가는 시장의 군중 뒤에 숨어 있는 또 하나의 차원을 염두에 둔다.

사이클

장기 주가 사이클은 분명히 존재한다. 이를테면 미국 주식시장은 대략 4년 주기를 보이는데, 대통령 선거가 4년마다 실시되기 때문이다. 대통령 선거 기간이 되면 집권 여당은 선거에 승리하기 위해 팽창 정책을 펼친다. 그러나 선거에서 승리하고 나면 어느 정당이든 긴축 정책을 펼친다. 왜냐하면 유권자가 표로 심판할 수 있는 시기, 즉 다음 선거까지는 아직 시간이 많이 남아 있기 때문이다. 팽창 정책으로 유동성이 증가하면 주식시장은 상승하고, 긴축 정책으로 유동성이 감소하면 주식시장은 하락한다.[1]

농산물의 주요 사이클은 날씨, 기본적인 생산 요소, 생산자의 군중 심리가 결합해서 형성된다. 예를 들어보자. 가축 가격이 상승하면 축산업자들은 너도나도 가축 사육 두수를 늘린다. 그러다 가축을 시장에 내다 팔 때가 되면 가격이 떨어지고, 축산업자는 사육 두수를 줄인다.

---

1 이 사이클은 2008년 대폭락 이후 연방준비제도의 '양적 완화'로 심하게 왜곡됐다. 하지만 일단 대침체에서 벗어나고 나면 이 같은 사이클이 되풀이될 가능성이 높다.

공급 물량이 소진되면서 공급이 부족해지면 가격이 상승하고, 축산업자는 다시 사육 두수를 늘린다. 이런 식으로 가축 시장의 강세와 약세는 주기적으로 반복된다. 돼지가 소보다 빨리 자라므로 돼지 시장의 주기가 소 시장의 주기보다 짧다.

프로는 이런 식으로 만들어지는 장기 사이클을 통해 시장의 큰 흐름을 식별해낸다. 많은 트레이더가 단기 사이클로 단기 전환점을 예측하려 하기 때문에 어려움을 겪는다. 때로는 가격이 일정한 패턴을 따라 오르내리는 것처럼 보이기도 한다. 이런 경우, 트레이더는 인접한 봉우리 사이의 거리를 재고, 그 거리만큼 오른쪽으로 연장시켜 다음 천장을 예측한다. 그리고 인접한 바닥 사이의 거리를 재서 그 거리만큼 오른쪽으로 연장시켜 언제쯤 다시 바닥을 찍을지 예측한다. 이런 이들이 있기 때문에 고점과 저점을 예측하는 서비스를 제공하는 분석가가 사이클 예측으로 주머니를 채우는 것이다. 이들 전문가 중 차트상에서 보이는 사이클이 실은 상상이 만들어낸 그림이라는 사실을 아는 사람은 거의 없다. 존 엘러스John Ehlers의 MESA 같은 수학적 프로그램을 활용해 주가 데이터를 분석해보면 사이클처럼 보이는 패턴의 80퍼센트가량이 노이즈, 즉 의미 없는 움직임이라는 것을 알 수 있다. 인간은 질서를 발견하고 싶어 하는 심리를 갖고 있다. 그래서인지 많은 사람이 비록 착각일지라도 자신이 찾아낸 질서를 의심없이 받아들이는 모습을 보인다.

하늘 위에서 강을 바라보면 강물이 사이클을 갖고 왼쪽, 오른쪽으로 굽이치는 것처럼 보인다. 강물은 강가보다 가운데가 더 빨리 흐르기 때문에 소용돌이를 만들면서 계곡으로 굽이쳐 내려간다. 자와 연필로 단기 사이클을 찾는 건 수맥 탐지봉으로 지하수를 찾는 것이나 마찬가지다. 이런 불합리한 방식으로 매매하다 보면 소 뒷걸음질에 쥐 잡듯 몇 번 돈을 벌 수는 있지만 결국 손실을 거듭하다 번 돈을 다 날려버리고 만다.

금융시장 지표에 적용한 계절 개념

농부는 봄에 씨를 뿌리고, 늦여름에 수확하고, 가을에 생활필수품을 사들여 겨울에 대비한다. 뿌릴 때가 있으면 거둘 때도 있는 법이다. 추세의 봄에는 돈을 뿌리고, 추세가 겨울을 맞으면 다음을 기약해야 한다. 이런 계절 개념은 금융시장에도 적용된다. 트레이더도 농부의 방식을 차용해 봄에 매수해 여름에 매도하고, 가을에 공매도하고, 겨울에 환매해야 한다.

마틴 프링 Martin Pring 은 가격의 계절 모델을 개발했는데, 이 개념은 기술적 지표에 더 잘 적용된다. 지표의 계절은 시장 사이클이 현재 어느 지점에 있는지 알려준다. 간단하지만 효과적인 이 모델은 시장의 군중에게서 한 발짝 떨어져 가격이 낮을 때 매수하고 높을 때 공매도하도록 도와준다.

다양한 지표의 계절은 기울기, 그리고 중간선을 기준으로 위 또는 아래 있는지 이 두 가지 요소에 의해 결정된다. MACD 히스토그램에 지표의 계절 개념을 적용해보자(23장을 참고하라). MACD 히스토그램의 기울기는 인접한 두 개의 바에 의해 결정된다. MACD 히스토그램이 중간선 아래에서 상승하면 봄, 중간선 위로 상승하면 여름, 중간선 위에서 하락하면 가을, 중간선 아래로 하락하면 겨울이다. 봄이 롱 포지션으로 진입하기 가장 좋은 계절이며, 가을이 숏 포지션으로 진입하기 가장 좋은 계절이다(그림 32-1).

| 그림 32-1 | VRTX 일간, MACD 히스토그램 12-26-9(출처: Stockcharts.com)

지표에 적용한 계절 개념

거의 모든 지표와 시간 단위에 계절 개념을 적용할 수 있다. 다양한 트레이딩 대상에 계절 개념을 적용할 수 있는데 위 차트의 경우 나스닥100 종목인 버텍스제약[VRTX]의 일간 MACD 히스토그램에 초점을 맞췄다.

- 가을: 지표가 중간선 위로 올라갔다가 하락한다. 숏 포지션을 구축하기에 가장 좋은 계절이다.
- 겨울: 지표가 중간선 아래로 떨어진다. 약세를 활용해 숏 포지션의 차익을 실현하라.
- 봄: 지표가 중간선 아래에서 위를 향해 올라온다. 롱 포지션을 구축하기에 가장 좋은 시기다.
- 여름: 지표가 중간선 위로 상승한다. 날씨가 따뜻해지면 롱 포지션의 차익을 실현하라.

이 사례에서 MACD 히스토그램은 매끄러운 모양을 보이지만 중간선 위나 아래에서 잠시 출렁일 때에 대비해야 한다. 봄에도 꽃샘추위가 있고 겨울에도 한동안 날씨가 푸근할 수 있다.

지표의 기울기	중간선 기준 현재 위치	계절	행동 수칙
상승	아래	봄	롱 포지션 진입
상승	위	여름	매도 시작
하락	위	가을	숏 포지션 진입
하락	아래	겨울	환매 시작

MACD 히스토그램이 중간선 아래 있지만 기울기가 상승하면 시장에 봄이 왔다는 신호다. 아직 날씨가 쌀쌀하지만 서서히 따뜻한 기운이 밀려오고 있다. 그러나 대다수 트레이더가 언제까지나 겨울이 계속되리라 생각하고 매수를 꺼린다. 하락 추세의 기억이 아직 생생해서 심리적으로 매수에 나서기 어려운 게 당연하다. 그러나 사실 기대수익이 최대치인 계절은 봄이다. 봄은 매수하기에 최상의 계절이다. 게다가 시장가 바로 아래 손실제한 주문을 설정할 수 있으므로 위험도 낮다.

MACD 히스토그램이 중간선 위로 상승하면 시장에 여름이 온 것이다. 이쯤이면 대부분의 트레이더가 상승 추세를 감지한다. 여름에는 많은 이가 매수에 동참하기 때문에 심리적으로 선뜻 매수에 나서게 된다. 그러나 실은 여름은 기대수익이 봄보다 낮고, 변동성이 높으며, 손실제한도 시장가보다 멀리 떨어져 있으므로 위험이 크다.

MACD 히스토그램이 중간선 위에 있지만 기울기가 하락세로 돌아서면 시장이 가을로 접어든 것이다. 그러나 변화를 감지하는 트레이더는 거의 없다. 대부분의 트레이더가 여름이 다시 오길 기대하며 계속 매수에 나선다. 심리적으로 가을에 공매도하는 것은 매우 어려운 일이다. 무리에서 한 발짝 떨어져 나와야 한다. 사실 가을은 공매도하기에 가장 좋은 계절이다.

MACD 히스토그램이 중간선 아래로 떨어지면 시장에 겨울이 온 것이다. 이 무렵이면 대부분의 트레이더가 하락 추세를 감지한다. 겨울에는 곰들이 요란하게 공매도에 나서기 때문에 심리적으로 공매도에 나서기 쉽다. 그러나 사실 위험/보상 비율이 공매도 세력에게 급격히 불리하게 돌아가는 상황이다. 기대수익 역시 점점 줄어들고, 시장가보다 비교적 떨어진 곳에 손실제한 주문을 설정해야 하므로 위험이 크다.

농부가 날씨를 살펴야 하듯, 트레이더도 정신을 바짝 차려야 한다. 가을이 왔어도 잠깐 인디언 섬머˙가 찾아올 수도 있다. 시장도 마찬가지여서 가을에 강력한 상승이 찾아올 수도 있다. 봄 역시 들에 꽃샘추위가 몰아치듯, 상승세가 나타난 초반에 갑자기 시장이 하락세를 보일 수도 있다. 트레이더는 여러 지표와 기법을 활용해 이런 속임수 신호에 휘말리지 않도록 주의해야 한다. 지표의 계절 개념으로 시간 흐름에 주목하면 다른 사람의 행동에 부화뇌동하지 않고 계절이 오기 전에 미리 계획을 세울 수 있다.

시장의 시간

우리는 달력과 시계로 시간을 재지만 인간의 시간 개념이 우주의 시간과는 거리가 멀다는 생각은 하지 못한다. 우리는 시간을 인간의 관점

● 북아메리카 대륙에서 발생하는 기상 현상. 늦가을에서 겨울로 넘어가기 직전 일주일 정도 따뜻한 날이 계속된다 – 옮긴이

에서 바라볼 뿐이다. 그러나 생명이라는 광대한 영역은 엄청나게 다양한 연대표 위에서 움직이고 있다. 예를 들어, 우리는 발밑의 땅이 가만히 있다고 생각하지만 사실 대륙은 끊임없이 움직이고 있다. 대륙들은 1년에 겨우 몇 센티미터 정도 이동하지만, 이 정도 움직임으로도 수백만 년이 지나면 지구 표면이 획기적으로 바뀐다. 더 짧은 시간 단위를 살펴보자. 계절 패턴은 수백 년에 걸쳐 변하며, 빙하기와 온난기가 교차한다. 저울 반대쪽 끝에는 몇 분의 1초 동안만 생존하는 먼지 같은 존재가 있다. 하루 사이에 태어나고 성숙해 새끼를 낳고 죽는 곤충도 있다.

트레이딩 세계는 어떨까? 시장의 시간은 일상에서 개인이 겪는 속도와는 달리 움직인다. 수많은 인간이 모여 있는 시장은 훨씬 느리게 움직인다. 차트에서 찾아낸 패턴은 앞으로의 추이를 예측하는 데 도움이 될 수도 있다. 하지만 차트가 예측한 전환이 예상보다 훨씬 늦게 일어날 가능성이 높다는 것을 잊지 말아야 한다.

군중이 비교적 느리게 움직이기 때문에 노련한 트레이더도 혼란을 겪고 곤란에 빠지기도 한다. 너무 많은 트레이더가 거듭 너무 일찍 진입했다고 한탄한다. 초보는 대체로 느리다. 초보가 추세나 반전을 식별할 때쯤이면 이미 시장이 한참 움직인 뒤라서 대부분의 기회를 놓치게 마련이다. 초보는 오래된 추세를 뒤쫓는 경향이 있지만 노련한 분석가와 트레이더는 정반대 문제에 부딪힌다. 이들은 멀찍이서 다가오는 반전과 떠오르는 새로운 추세를 보고는 너무 빨리 뛰어든다. 종종 시장이 바닥을 치기 전에 매수하거나 천장이 완성되기 전에 공매도하는 것이다. 이들은 추세가 반전되기 전에 너무 일찍 들어가는 바람에 결국 돈을 날리고 만다.

그렇다면 어떻게 해야 할까? 우선 시장의 시간은 우리 생각보다 훨씬 느리게 움직인다는 점을 기억해야 한다. 둘째, 조기에 반전 신호를 발견했더라도 섣불리 트레이딩하지 말아야 한다. 나중에 더 좋은 신호가 발효되기 마련이다. 특히 천장은 형성되는 데 바닥보다 시간이 더 오래 걸린다.

욕심부리지 말고 작은 규모로 트레이딩하라. 반전이 나타나기까지 시장이 늑장을 부리는 동안에는 규모가 작아야 포지션을 보유하기 쉽다. 시장을 분석할 때는 반드시 여러 가지 시간 단위를 활용하라. 이것이 앞으로 살펴볼 삼중 스크린 시스템의 핵심이다.

5의 법칙

초보는 일중 차트든 10분 차트든 좋아 보이는 시간 단위를 무심코 선택하고는 다른 건 무시한다. 시장이 다양한 시간 단위 속에 존재한다는 사실을 고려하는 사람은 드물다. 시장은 월간 차트, 주간 차트, 일간 차트, 일중 차트에서 동시에 움직이며 시간 단위에 따라 반대 방향으로 움직이는 경우도 허다하다.

일간 차트에서는 상승 추세를 보이고 있는데 주간 차트에서는 하락 추세가 나타나고, 일간 차트에서는 하락 추세를 보이고 있는데 주간 차트에서는 상승 추세가 나타난다. 이 중 어떤 추세를 따를 것인가? 게다가 우리가 고려해야 할 것 중에는 일중 차트도 있다. 그런데 일중 차트는 대개 주간 차트, 일간 차트 모두와 반대로 움직인다. 대다수 트레이더는 하나의 시간 단위를 선택하고 다른 건 모조리 무시한다. 그러다가 자신이 선택한 시간 단위에서 벗어나 시장이 갑작스럽게 움직이면 타격을 입는다.

대략 '5'라는 요소로 인접한 시간 단위를 연결할 수 있다는 점을 명심하라. 월간 차트로 시작해 주간 차트로 넘어가면 1개월에는 4.5주가 있다. 주간 차트에서 일간 차트로 넘어가면 1주일에는 5거래일이 있다. 일중 시간 차트를 보면 1거래일에는 5~6시간이 있다. 데이 트레이더라면 시간 단위를 더 좁혀서 10분 차트, 2분 차트도 살펴본다. 인접한 시간 단위는 모두 대략 5라는 공통 인수를 갖고 있다.

어떤 시장이든 제대로 검토하려면 적어도 인접한 두 개의 시간 단위를 분석해야 한다. 긴 시간 단위부터 시작해 전략적인 관점을 정리한 다음, 짧은 시간 단위로 전환해 전술적인 시점을 포착한다. 일간 차트를 활용하려면 먼저 주간 차트를 분석해야 한다. 10분 차트를 이용해 데이 트레이딩 하려면 일중 시간 차트부터 분석해야 한다. 이것이 삼중 스크린 매매 시스템의 핵심 원리 중 하나다(39장을 참고하라).

Trading for a Living

33
트레이딩
시간 단위

다음 트레이딩을 얼마나 오랫동안 보유할 계획인가? 1년, 1주, 아니면 1시간? 진지한 트레이더라면 트레이딩 할 때마다 보유 기간을 미리 정해둔다. 시간 단위가 다르면 기회도, 위험도 달라진다. 이를 대체로 세 가지 유형으로 구분할 수 있다.

1. **장기 트레이딩(투자)** — 포지션 보유 예상 기간이 월 혹은 년 단위인 경우.
   장점: 매일 신경 쓸 필요가 없고 초대박 수익으로 이어지기도 한다.
   단점: 견딜 수 없을 만큼 심각한 손실로 이어질 수도 있다.

2. **스윙 트레이딩** — 포지션 보유 예상 기간이 일 단위인 경우. 간혹 주 단위도 있다.
   장점: 트레이딩 기회가 풍부하고 위험을 줄일 수 있다.

단점: 주 추세를 놓칠 수 있다.

3. **데이 트레이딩** — 포지션 보유 예상 기간이 분 단위인 경우. 드물지만 시간 단위도 가능하다.
장점: 트레이딩 기회가 아주 많고 마감 전에 청산하므로 오버나이트의 위험이 없다.
단점: 반사적으로 즉각 반응해야 한다. 거래 비용이 발생한다.

두 개 이상의 시간 단위를 참고하기로 결정했다면 각각 다른 계좌로 트레이딩하라. 이렇게 하면 서로 뒤섞이지 않고 시간 단위별로 실적을 평가할 수 있다.

투자

장기 트레이딩, 즉 투자 결정은 언제나 펀더멘털을 기초로 한다. 신기술 동향을 감지하고 투자하기도 하고, 회사의 가치를 크게 높일 수 있는 흥미진진한 제품이 출시되어 투자하기도 한다. 포지션을 오래 보유하다 보니 되돌림이나 횡보를 피할 수 없다. 이런 이유로 장기 트레이딩하기 위해서는 아주 굳건한 확신, 대단한 인내심이 필요하다. 되돌림이나 횡보 같은 난관을 견뎌내고 투자에 성공하기란 매우 힘들기 때문이다.

장기 차트에서는 쉽게 보이는 주추세가 실제 시간에서는 흐릿하고 희미하게 보인다. 특히 주가가 하락세에 돌입할 때는 더욱 그렇다. 투자한 종목이 50퍼센트 이상 하락해 평가이익이 뭉텅 날아가는데도 확신을 갖고 강단 있게 계속 포지션을 보유할 수 있는 사람은 드물다. 그런데 이는 장기 포지션을 보유하고 있는 경우 흔히 벌어지는 일이다. 초강세를 보인 애플을 예로 들어 설명하겠다(그림 33-1).

애플은 2003년 주가가 폭락하면서 인수 대상이라는 소문이 도는 등

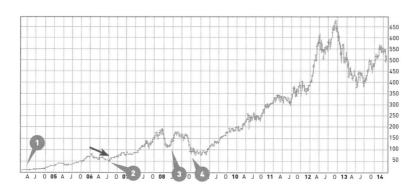

| 그림 33-1 | AAPL 주간(출처: Stockcharts.com)

투자
장기 투자는 힘든 일이다. 시장을 주도하는 애플 ^AAPL^ 주식도 마찬가지다. 애플 10년 차트를 통해 알아보자.

1. 2003년 - 주가 10달러 선이 무너졌다. 애플의 생존이 불확실하다. 매수하겠는가?
2. 2006년 - 주가가 86달러로 상승한 후 51달러로 떨어졌다. 1,000주를 갖고 있다면 계속 보유하겠는가? 주가가 80달러선을 회복하고 거기서 머무를 것 같다면 매도하겠는가?
3. 2008년 - 주가가 202달러로 상승했다가 115달러로 떨어졌다. 1,000주를 갖고 있어 8만 7,000달러를 날렸다면 계속 보유하겠는가, 매도하겠는가?
4. 2009년 - 주가가 192달러 선을 회복했다가 전저점 아래인 78달러로 떨어졌다. 50퍼센트 넘게 손실을 봤는데, 계속 보유하겠는가, 아니면 얼마 남지 않은 현금이라도 챙겨 빠져나가겠는가?

빈사 상태에 빠졌지만 이후 세계에서 시가총액이 가장 높은 상장회사로 성장했다. 2012년 고점을 찍은 이후 애플 주가는 하락세를 보였다. 이제 와서 돌아보면 거대한 상승 추세가 확연히 보이지만, 여러 차례 하락했고 어떨 때는 50퍼센트 넘게 떨어지기도 했다. 당신이라면 애플 주식을 그대로 보유했겠는가? 정직하게 답해보자. 이 정도의 주가 하락은 종종 상승 추세의 종말을 의미한다는 것을 생각해보라.

투자하다가 난관에 부딪쳤을 때 이를 해결하는 현명한 방법을 한 가지 소개하겠다. 바로 펀더멘털에 대한 생각을 실행에 옮기되 기술적 도구의 도움을 받는 것이다. 매수하기로 결정했으면 기술적 신호를 점검해 적정 가격이 아니라 비교적 싼값에 매수하라. 투자한 종목이 급등하면 기술적 도구를 사용해 고평가된 구역을 식별하고 이 구역에서 차익을 실현한 뒤 필연적인 되돌림이 발생하면 다시 매수할 태세를 갖춰라. 이렇게 하려면 집중, 또 집중하고 끈기 있게 버텨야 한다. 〈그림 33-2〉는 내 트레이딩 일지에서 뽑은 사례다.

펀더멘털 분석은 매수 가치가 있는 주식을 식별하는 데 유용하다. 진입 시점과 청산 시점을 포착할 때는 기술적 분석을 활용하라. 주요 상승 추세를 만나면 한 차례 이상 매수하고 매도할 채비를 갖춰라.

스윙 트레이딩

주 추세와 박스권은 몇 년 동안 지속될 수 있지만, 그동안 중간중간 단기 상승 스윙과 하락 스윙이 발생한다. 이처럼 스윙이 발생할 때 요건

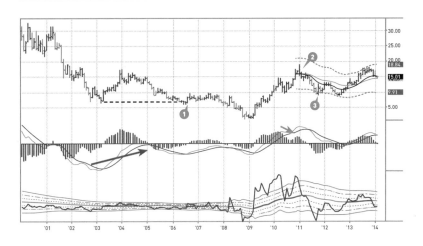

기술적 분석과 펀더멘털

1. 2007년 - 신임 CEO가 부임할 당시, 포드^F는 궁지에 몰려 있었다. 신임 CEO는 최일선에서 보잉을 회생시킨 사람이었다. 위세 좋은 상승 분위기 속에서 포드는 30달러 고점 재탈환을 시도하는 듯했다. 나는 강세 다이버전스를 동반하는 가짜 하락 돌파를 보고 매수했다. 그런데 약세장을 만나 암울했다.

2. 2011년 - 주가가 좁은 월간 채널을 돌파하고 치솟으며 캥거루 꼬리를 그리지만 월 MACD는 약세를 보였다. 나는 차익을 실현했다.

3. 2011년 - 월간 주가가 가치 구간에 안착했고 나는 다시 매수했다.

한 트레이딩 기회가 생긴다. 이 책에 있는 많은 차트가 스윙 트레이딩을 보여준다. 특히 초보 또는 중급 트레이더에게 스윙 트레이딩을 추천한다. 위험을 관리하고 착실히 기록한다면 트레이딩을 자주 할수록 더 많이 배울 수 있다. 장기 트레이딩에서 배우려면 몇 년이 걸리지만 스윙 트레이딩은 단기간에 배울 수 있다. 스윙 트레이딩은 즉시 반응해야 하는 데이 트레이딩보다 생각할 시간이 많다. 데이 트레이딩은

초보가 하기에는 너무 긴박하다.

단기 스윙은 충분히 의미 있는 수익을 창출할 수 있으며, 포지션 트레이딩처럼 감내하기 힘든 손실이 발생하지도 않는다. 스윙 트레이딩은 하루 종일 컴퓨터 화면을 들여다볼 필요도 없다. 수백 명의 트레이더가 경쟁하는 스파이크트레이드닷컴에서는 대다수 트레이딩의 포지션이 며칠 동안 지속된다. 몇 주, 심지어 몇 달 동안 포지션을 끌고 가는 회원도 있고 진입했다가 몇 시간 만에 청산하는 회원도 있지만 대다수 회원은 며칠 동안 포지션을 보유한다. 시간이라는 관점에서 볼 때 트레이딩하기에는 스윙 트레이딩이 가장 적당해 보인다.

나는 거의 매주 스파이크트레이드닷컴 회원들이 발탁한 종목을 하나 이상 선택한다. 내 트레이딩 일지에서 고른 〈그림 33-3〉 HES 차트도 이런 경우다. HES를 매매해서 얻은 수익은 주당 1.92달러였다. 주식을 얼마나 매매할지 결정하면 감수할 위험과 기대수익을 계산할 수 있다. 이는 트레이딩의 핵심 문제로, 50장에서 '철의 삼각형 위험 관리'를 다루면서 다시 논의하겠다.

최상의 학습법은 트레이딩을 마감한 후 2개월쯤 지난 뒤 차트를 다시 그려보는 것이다. 트레이딩을 할 당시 화면 오른쪽 끝에서 볼 때는 흐릿했던 매매 신호가 차트 중간에서 보면 또렷하게 보인다. 이처럼 후속 차트를 만들면 앞으로 어떤 일을 계속하고 어떤 일을 피해야 할지 배울 수 있다. 마감한 매매 차트를 업데이트하면 그 차트가 스승이 된다.

〈그림 33-4〉는 스파이크트레이드닷컴 관련 차트다. 스파이크트레이드닷컴에선 매주 경쟁에서 우승한 회원의 트레이딩 일지를 게시한다. 회원마다 사용하는 지표와 변수는 다르다.

| 그림 33-3 | HES 일간, 26일, 13일 EMA, 4% 엔벨로프, MACD선,
MACD 히스토그램(12-26-9), 임펄스 시스템, 2일 강도지수(출처: Stockcharts.com)

스윙 트레이딩

프로 트레이더는 매수만큼 공매도도 쉽게 다룬다. 주가는 오를 때보다 두 배 빨리 떨어지므로 신호는 비슷해도 행동은 더 재빨라야 한다.

이 차트는 내가 헤스 HES를 공매도한 지점을 보여준다. 나는 주가가 단기 쌍봉을 그리고 모든 지표가 약세 다이버전스를 보일 때 공매도했다. 주가가 두 지수이동평균 사이 가치 구간 바로 밑에 머물고 지표들이 과매도가 될 때 환매해 차익을 실현했다.

이 차트를 게시한 피터는 이 트레이딩으로 사흘 만에 11퍼센트에 가까운 수익을 올렸다. 물론 이런 수치에 도취되면 안 된다. 이런 수치를 보면 초보 트레이더들은 1년의 주수를 곱하고는 미친 듯이 흥분해서 시장에 돈을 내다버린다. 이런 대박 수익을 얻기까지의 과정에는 필연적으로 틈틈이 손실이 섞여 있게 마련이다. 프로는 손실 포지션을

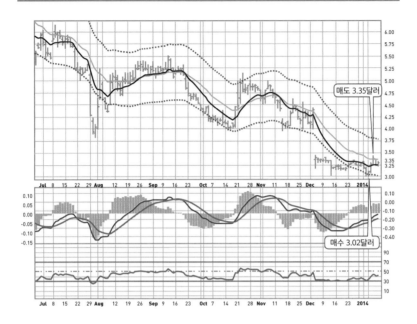

| 그림 33-4 | TRQ 일간, 22일, 12일 EMA, 11% 엔벨로프, MACD선, MACD 히스토그램(12-26-9), 20일 RSI(출처: Stockcharts.com)

매도 3.35달러

매수 3.02달러

바닥 부근에서 스윙 트레이딩

이 트레이딩은 네덜란드 출신으로 스파이크트레이드닷컴의 오랜 회원인 피터[Peter D.]가 제출한 차트다. 이 게시물의 제목은 '저점 부근에서 낚기'다. 다음은 그의 설명이다.

주간 상황 : 지표들이 크게 움직이지 않는다. MACD는 높이가 낮지만 양수이며 RSI가 서서히 개선되고 있다.

일간 : MACD가 양의 다이버전스를 확증하기 직전이며 RSI도 마찬가지다. 지난주 주가는 급락했지만 지지선 근처에서 멈췄다.

최근 저점에 맞춰 3.02달러에서 최초 진입을 설정했다. 월요일 아침 3.02달러에 주문이 체결되었는데 그날과 그 주 저점보다 1센트 높은 가격이었다. 그날 고점 부근에서 종가가 형성되었고 화요일, 수요일 계속 상승했다. 주가가 계속 상승하다 수요일 목표가에 도달했다. 이후 되돌림이 있었지만 주말까지 주가는 크게 벗어나지 않고 비교적 높이 형성되었다.

재빨리 정리해 자본을 보호하는 등 신중하게 관리하면서 자신의 자산을 불린다.

투자가 큰 짐승을 사냥하는 것이라면 스윙 트레이딩은 토끼를 사냥하는 것이다. 사냥으로 생계를 이어가려면 토끼를 노리는 편이 훨씬 확실하게 먹을거리를 마련할 수 있는 방법이다. 조심스럽게 자금을 관리하면서 스윙 트레이딩에 신중하게 진입, 청산하는 것이 시장에서 살아남고 번성할 수 있는 현실적인 방법이다.

데이 트레이딩

데이 트레이딩은 진입한 당일 청산하는 트레이딩이다. 번쩍이는 화면 앞에 앉아 재빠르게 매수하고 매도해야 하므로 엄청난 집중력과 훈련이 필요하다. 역설적으로 가장 충동적이고 도박에 잘 끌리는 사람이 데이 트레이딩에 몰려든다.

데이 트레이딩은 얼핏 보기에는 쉬워 보이지만 이는 엄청난 착각이다. 증권사들은 흔히 고객 통계를 숨기는데, 2000년 매사추세츠 주 의원들이 증권사들에 기록 제출을 요구해서 살펴봤더니 6개월 동안 데이 트레이더 중 16퍼센트만이 수익을 올렸다.

지식이든 훈련이든 트레이더에게 결핍된 부분이 있으면 데이 트레이딩은 재빨리 이 약점을 찾아내 공격한다. 스윙 트레이딩은 멈춰 서서 생각할 시간이 있지만 데이 트레이딩은 어림없다.

트레이딩을 익히는 중이라면 장 마감 후 완성된 차트를 활용하라.

스윙 트레이딩으로 꾸준히 수익을 올리게 되면 그때 데이 트레이딩을 시도해보라. 스윙 트레이딩으로 갈고닦은 기량을 그대로 적용하되 빠른 속도로 이뤄지는 거래에 익숙해지기만 하면 된다. 시장에 처음 들어온 신참이 멋모르고 데이 트레이딩을 하다간 프로의 먹잇감이 되기 십상이다.

데이 트레이딩에 발을 디디기 전에는 반드시 시행 계획을 작성하라. 시행 계획에는 언제 진입하고 청산할지, 언제 보유하고 손절할지가 포함돼야 한다. 시간을 넉넉하게 투자하겠다고 마음먹어라. 데이 트레이딩을 하려면 화면을 여러 개 켜놓고 진득하게 앉아 있어야 한다.

데이 트레이딩이 어려운 이유는 또 있다. 바로 표적이 훨씬 작다는 점이다. 이는 주가 채널의 너비만 봐도 알 수 있다. 앞으로 논의하겠지만 채널의 몇 퍼센트를 포착했는지에 따라 실적을 측정한다. 채널 너비의 30퍼센트면 A등급, 채널의 10퍼센트면 C등급이다(55장을 참고하라). 이를 데이 트레이더에게 인기 있는 몇 가지 종목에 적용해보자. 독자가 이 책을 읽을 무렵에는 정확한 수치가 바뀌겠지만 오늘 기준으로 일간 차트와 5분 차트의 채널 너비는 다음과 같다.

	일간 채널	A등급	C등급	5분 채널	A등급	C등급
애플 AAPL	55	16.5	5.5	2.5	0.75	0.25
아마존 AMZN	27	8.1	2.7	2.2	0.66	0.22
몬산토 MON	7	2.1	0.7	0.6	0.18	0.06

일간 차트를 사용하는 스윙 트레이더라면 표에 나온 종목처럼 활발하게 거래되는 종목으로 짭짤한 수익을 거둘 수 있다. A등급이라면 돈

을 쓸어 담을 수 있고, C등급으로 채널의 10퍼센트만 확보해도 트레이딩을 배우면서 여유 있게 게임을 계속할 수 있다. 반면 같은 주식이라도 데이 트레이딩으로 살아남으려면 A등급이 돼야 한다. A등급보다 낮으면 체결오차, 수수료, 기타 비용으로 계좌가 금세 바닥난다.

스윙 트레이딩으로 꾸준히 수익을 올린 다음 데이 트레이딩에 뛰어들기로 결심했다면 이미 익힌 도구와 기법을 최대한 활용하라. 39장에서 삼중 스크린을 활용한 데이 트레이딩의 실례를 볼 수 있다.

올림픽 조정팀 감독인 친구가 노 젓는 법을 가르쳐줬는데 무엇보다 중요한 것은 정확하게 젓는 법에 집중하는 것이라고 강조했다. 훌륭한 조정 선수는 주말에 놀러갔을 때나 경기에서 마지막 결승선을 통과할 때나 항상 똑같은 방식으로 노를 젓는다. 달라지는 것은 힘과 속도다. 데이 트레이딩도 마찬가지다. 기법은 같지만 속도가 다르다. 스윙 트레이딩을 배웠다면 동일한 기법을 데이 트레이딩에 적용할 수 있다. 반대로 데이 트레이딩 기법을 스윙 트레이딩 시 진입과 청산에도 적용할 수 있다.

데이 트레이딩으로 수익을 낼 수는 있다. 하지만 데이 트레이딩은 고도로 어려운 프로의 게임이며 초보가 건성건성 할 수 있는 게임이 아니라는 점을 명심해야 한다.

NEW
TRADING
FOR A LIVING

제 6 부

전체 시장을
분석하는 지표

주식시장에서
살 아 남 는
심   리
투 자 법 칙

Trading for a Living

앞서 검토한 기술적 지표들은 주식, 선물, 인덱스 등 어떤 트레이딩 대상을 분석하든 활용할 수 있다. 이동평균, MACD, 강도지수 같은 도구는 거래 대상이나 시간 단위와 상관없이 신호를 보낸다. 이제 다른 유형의 도구를 살펴보자. 바로 특정 종목이 아닌 전체 시장을 분석하는 지표다. 개별 종목의 움직임에서 전체 시장의 추세가 좌우하는 비중이 절반이므로 전체 시장 지표를 살펴볼 필요가 있다.

전체 시장 지표는 수십 가지가 있지만, 이 책은 백과사전이 아니므로 트레이딩에 도움이 되는 도구만 공유하고자 한다. 이 책에 나오는 도구를 사용해도 좋고 다른 도구를 사용해도 좋지만, 끌리는 도구를 선정했다면 반드시 시장 데이터로 검증해봐야 한다. 검증된 지표만이 신뢰할 수 있는 지표다.

34

신고점/
신저점 지수

특정일에 1년 동안의 신고점에 도달한 종목이 있으면, 이 종목들이 시장의 강세를 주도한다. 같은 날 1년 동안의 신저점에 도달한 종목이 있으면, 이 종목들이 시장의 약세를 주도한다. 신고점/신저점 지수 NH/NL는 신고점을 기록한 종목 수에서 신저점을 기록한 종목 수를 차감해 시장 주도 세력의 행동을 추적한다. 내경험으로 판단하자면, 신고점/신저점 지수는 주식시장을 분석하는 데있어 최상의 선행 지표다.[1]

---

1 2012년 나는 케리 로본과 함께 신고점/신저점 지수에 대한 전자책을 펴냈다. 스파이크트레이드닷컴에서는 매일 밤 신고점/신저점 지수 신호를 업데이트하고 있다.

신고점/신저점 지수 산출 방식

다양한 온라인 사이트와 주요 일간지 정보를 활용하면 손으로도 쉽게 신고점/신저점 지수를 구할 수 있다.

NH/NL = 신고점을 기록한 종목 수 - 신저점을 기록한 종목 수

미국 데이터서비스 제공업체들은 대부분 매일 신고점 종목과 신저점 종목을 발표한다. 그런데 데이터에 포함시키는 범위가 천차만별이다. 어떤 곳은 데이터 범위가 너무 좁아서 뉴욕증권거래소^{NYSE} 종목만 추적하고 다른 거래소는 죄다 무시한다. 어떤 곳은 데이터 범위가 너무 방대해서 금리연동형 ETF까지 다 포함시킨다. 내가 선호하고 신뢰하는 데이터는 바차트닷컴 www.barchart.com 이다. 나는 이곳에서 데이터를 얻어 신고점 종목 수에서 신저점 종목 수를 차감한 결과를 S&P500 일간 차트 밑에 기록한다.

신고점 종목과 신저점 종목을 발표하지 않는 나라에 살고 있다면 신고점/신저점 지수를 산출하기 어렵다. 이 경우, 프로그래밍이 필요하다. 먼저 모든 국내 종목을 매일 훑어보면서 그날 1년 동안의 신고점을 기록한 종목과 신저점을 기록한 종목을 찾는다. 두 가지 목록이 나오면 위 공식에 숫자를 대입한다.

신고점 종목 수가 신저점 종목 수보다 많은 날은 신고점/신저점 지수가 양수이므로 중간선 위에 위치한다. 신저점 종목 수가 신고점 종목 수보다 많은 날은 신고점/신저점 지수가 음수이므로 중간선 아래 위치한다. 신고점 종목 수와 신저점 종목 수가 같으면 신고점/신저점 지수는 0이다. 대개 기준선을 0으로 잡고 수평선을 그은 다음 신고점/신저점 지수를 선으로 그린다.

나는 S&P500 차트 밑에 신고점/신저점 지수를 그리는데, 이때 신고점/신저점 지수는 ETF, 단위투자신탁, 폐쇄형 펀드 ^{CEF; closed-end fund}, 워런트, 우선주를 제외하고 뉴욕증권거래소, AMEX, 나스닥 데이터를 포함시키므로 S&P500보다 훨씬 방대한 데이터를 포괄한다. S&P500 차트 밑에 그리는 이유는 단순히 편하게 비교하기 위해서다.

신고점/신저점 지수가 보여주는 시장 심리

한 종목이 과거 52주간의 고점을 넘어서 신고점을 보일 때, 즉 과거 1년 동안을 기준으로 가장 강세를 보일 때 그 종목은 신고점 종목에 오른다. 이것은 황소들이 무리를 지어 열심히 이 종목을 추격 매수하고 있다는 뜻이다. 한 종목이 과거 52주간의 저점을 이탈해 신저점을 보일 때, 즉 과거 1년 동안을 기준으로 가장 약세를 보일 때 그 종목은 신저점 종목에 포함되며 곰들이 적극적으로 이 종목을 매도하고 있다는 의미다.

신고점/신저점 지수는 거래소에서 가장 강세를 보인 종목과 가장 약세를 보인 종목 수를 추적해 강세를 주도하는 종목과 약세를 주도하는 종목 중 어느 쪽이 센지 힘의 균형을 비교하는 지표다.

뉴욕증권거래소, 나스닥 또는 어떤 거래소를 종목이라는 병사로 이루어진 부대라고 생각해보자. 신고점 종목과 신저점 종목은 대령쯤 된다. 신고점 종목은 언덕 위 고지를 공격하는 대령이고, 신저점 종목은 고지를 버리고 언덕 아래로 퇴각하는 대령이다.

전투에서 승패를 가르는 핵심 요소는 지도력이다. 대령 훈련을 받을 때 나는 나쁜 사병은 없고 단지 나쁜 대령이 있을 뿐이라는 말을 귀가 아프게 들었다. 신고점/신저점 지수는 언덕 위로 올라가는 대령이 많은지, 아니면 언덕 아래로 퇴각하는 대령이 많은지를 보여준다. 병사들은 대령이 이끄는 곳으로 따라갈 뿐이다. S&P500 같은 시장 지수는 신고점/신저점 지수의 추세를 뒤따르는 경향이 있다(그림 34-1).

신고점/신저점 지수가 중간선 위로 상승하면 강세를 예고하며, 강세장을 이끄는 주도 세력이 시장을 지배한다. 신고점/신저점 지수가 중간선 아래로 하락하면 약세를 예고하며, 약세장을 이끄는 주도 세력이 시장을 장악한다. 시장이 신고점으로 반등하고 신고점/신저점 지수가 신고점을 기록하면 강세를 이끄는 시장 주도 세력이 힘을 얻고 있는 것으로, 상승 추세가 지속된다. 시장은 상승하지만 신고점/신저점 지수가 하락하면 주도 세력의 힘이 빠지고 있으므로, 상승세는 위기에 처한다. 언제든 대령이 고지를 버리면 병사들은 퇴각할 것이다.

신고점/신저점 지수가 신저점을 기록하면 약세를 이끄는 주도 세력이 강한 것으로, 하락 추세가 지속될 확률이 높다. 대령들이 사병들보다 빨리 도망가면 그 부대는 대패할 수밖에 없다. 주가는 하락하는데 신고점/신저점 지수가 상승세로 돌아서면 대령이 더 이상 도망치지 않는다는 의미다. 대령이 사기를 회복하면 부대 전체가 고지를 향해 언덕을 오르게 된다.

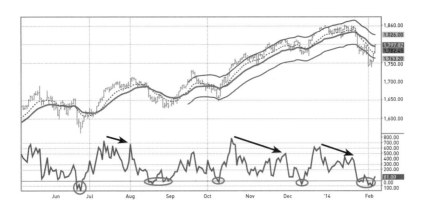

신고점/신저점 지수 - 일간 차트, 기간 1년

주식시장이 대체로 강세를 보인 1년 동안의 일간 신고점/신저점 지수 차트다. 추세가 강세를 보일 때마다 되돌림이 끼어든다. 사선 화살표로 표시한 곳에서 신고점/신저점 지수가 약세 패턴을 보이면서 하락장이 다가오고 있다는 경고를 보낸다. 대령들은 후퇴하기 시작하는데 병사들은 아직 퇴각하지 않았을 때 이런 신호가 나타난다.

차트 하단 원으로 표시한 곳에서 신고점/신저점 지수가 음수 영역에서 양수 영역으로 올라오며 하락은 끝나고 반등이 시작된다. 이 신호는 S&P가 과매도 상태일 때, 즉 하단 채널선에 가까울 때 특히 잘 적중한다. 언제나 그렇듯 독립적인 신호들이 서로를 확증할 때 가장 강력한 신호가 켜진다.

신고점/신저점 지수를 활용한 매매 기법

트레이더는 신고점/신저점 지수의 세 가지 측면에 주목해야 한다. 첫째, 중간선 위와 아래의 지수 수준이다. 둘째, 지수의 추세다. 셋째, 지수 패턴과 주가 패턴의 다이버전스다.

신고점/신저점 0선

신고점/신저점 지수가 중간선을 사이에 두고 어느 쪽에 있는지 보면 시장을 장악한 쪽이 황소인지 곰인지 알 수 있다. 신고점/신저점 지수가 중간선 위에 있으면 강세를 주도하는 세력이 약세를 주도하는 세력보다 많다는 뜻이므로 롱 포지션을 취해야 한다. 신고점/신저점 지수가 중간선 밑에 있으면 약세를 주도하는 세력이 더 강하다는 뜻이므로 숏 포지션을 취해야 한다. 강세장에서는 신고점/신저점 지수가 몇 달 동안 계속 0선 위에 머물기도 하고, 약세장에서는 신고점/신저점 지수가 몇 달 동안 계속 0선 아래에 머물기도 한다.

신고점/신저점 지수가 몇 달째 계속 음수 영역에 머물다가 중간선 위로 반등하면 상승세가 기지개를 켠다는 신호다. 매수 기회를 살필 때로, 오실레이터를 활용해 정확한 시점을 포착해야 한다. 신고점/신저점 지수가 몇 달째 계속 양수 영역에 머물다가 중간선 아래로 떨어지면 하락세가 꿈틀댄다는 신호다. 공매도 기회를 살필 때로, 오실레이터를 활용해 정확한 시점을 포착해야 한다.

신고점/신저점 추세

주가가 상승하고 신고점/신저점 지수도 상승하면 상승 추세가 확증된다. 주가가 하락하고 신고점/신저점 지수도 하락하면 하락 추세가 확증된다.

1. 신고점/신저점 지수가 상승하면 롱 포지션을 보유하거나 롱 포지션을 늘려야 한다. 이 경우, 시장은 횡보세를 보이거나 상승하는데, 신고점/신

저점 지수가 하락하면 롱 포지션의 차익을 실현할 때다. 신고점/신저점 지수가 0선 아래로 떨어지면 약세를 주도하는 세력이 강하다는 의미이므로 숏 포지션을 보유하거나 숏 포지션을 늘려야 한다. 시장은 계속 하락하는데 신고점/신저점 지수가 상승하면 하락 추세의 힘이 빠진 것으로, 숏 포지션을 환매할 시점이다.

2. 시장이 횡보세를 보이면서 신고점/신저점 지수가 상승하면 이는 강세를 알리는 메시지로 매수 신호다. 대령들은 고지 위로 올라가는데 병사들은 아직 참호에 웅크리고 있는 형세다. 시장이 횡보세를 보이면서 신고점/신저점 지수가 하락하면 공매도 신호다. 병사들은 아직 자기 위치를 지키고 있는데 대령들이 고지를 버리는 형세다. 병사들은 바보가 아니다. 대령들이 도망가기 시작하면 위치를 고수하며 싸우지 않을 것이다.

신고점/신저점 다이버전스

주가가 신고점으로 상승하고 신고점/신저점 지수가 신고점을 기록해 주가 상승세를 확증하면 주가가 일시 하락하더라도 상승세는 이어진다. 주가가 신저점으로 하락하고 신고점/신저점 지수가 신저점으로 떨어지면 곰들이 시장을 장악한 것으로, 하락 추세가 지속된다. 반면 신고점/신저점 지수와 시장 지표 사이에 다이버전스가 나타나면 주도 세력이 달아나고 있는 것으로, 추세는 반전된다.

1. 시장이 신고점을 기록하며 상승하지만 신고점/신저점 지수가 고점을 낮추면 약세 다이버전스다. 약세 다이버전스는 시장이 여전히 상승세

를 보이더라도 강세를 주도하는 세력이 사실상 약해지고 있음을 나타낸다. 약세 다이버전스는 종종 상승 추세가 끝나가고 있음을 알리는 신호다. 이런 상황에서는 두 번째 고점의 높이에 유의해야 한다. 두 번째 고점의 높이가 100~150 사이로 0선보다 조금 위에 있으면 반전이 임박한 것으로, 숏 진입 시점이다. 반면 신고점/신저점 지수의 마지막 고점이 150~200이면 상승을 주도하는 세력이 시장의 붕괴를 막을 만한 충분한 여력이 있다고 생각해도 된다.

2. 시장이 신저점으로 하락하지만 신고점/신저점 지수가 저점을 높이면 강세 다이버전스다. 강세 다이버전스는 시장이 하락세를 보이고 있지만 사실상 하락세를 주도하는 세력이 약해지고 있음을 의미한다. 지수의 마지막 저점이 100~150 사이라면 곰들의 힘이 소진돼 주요 상승 반전이 임박했다는 신호다. 지수의 마지막 저점이 이보다 낮으면 곰들이 여전히 강력한 세력을 이루고 있으므로 하락 추세가 잠시 주춤할 수도 있지만 추세 반전은 일어나지 않는다. 주식시장의 바닥에서 일어나는 강세 다이버전스는 시장 천장의 약세 다이버전스보다 빨리 발전하는 경향이 있다는 것을 명심하라. 따라서 매수는 재빨리, 매도는 천천히 해야 한다.

다양한 시간 단위와 산출 기간

시장은 동시에 다양한 시간 단위로 움직인다. 처음 신고점/신저점 지수를 활용할 당시, 나는 일간 차트에 집중했고 지수 산출 기간을 1년으로 잡아 최소 과거 52주간의 고점이나 저점을 넘어 신고점 또는 신저점에 도달한 종목을 셌다. 이후 이 핵심 지표를 더 깊이 이해하기 위해 몇 가지 차원을 추가했다.

주간 신고점/신저점 지수

주간 신고점/신저점 지수는 주식시장의 주요 추세를 확인하고 반전을 식별하는 데 유용하다. 나는 앞서 언급한 바차트닷컴에서 일간 데이터를 구해 5일 동안의 총계를 구하고 S&P500 주간 차트 밑에 기록한다.

주간 신고점/신저점 지수가 극단적인 수준에 도달할 때, 그리고 다이버전스가 일어날 때 가장 중요한 신호가 발효된다. 그 원리를 이해하려면 주간 신고점/신저점 지수가 구축되는 방식을 명심해야 한다. 예를 들어 주간 신고점/신저점 지수가 +1,500 수준으로 상승하면 지난 5거래일 동안 매 거래일 신고점 종목보다 신저점 종목이 평균 300개 이상 많았다는 의미다. 강세나 약세가 일정 기간 버틸 힘이 있어야 주간 신고점/신저점 지수를 극단적인 수준까지 밀어붙일 수 있다.

주간 신고점/신저점 지수의 가장 중요한 신호는 다음과 같다.

☐ 주간 신고점/신저점 지수가 -4,000 밑으로 하락한 후 이 수준으로 반등하면 중요한 매수 신호다.

☐ 주간 신고점/신저점 지수가 +2,500 위로 상승하면 강세장이 확증된다.

☐ 주간 신고점/신저점 지수의 천장과 바닥이 주가 패턴과 다이버전스를 보이면 중요한 반전을 알리는 신호다.

주간 신고점/신저점 지수가 −4,000 밑으로 하락하면 시장을 지배하는 공황 상태가 지속되기 어려울 것으로 봐도 된다. 이 정도로 지수가 하락하려면 닷새 연속 매일 신저점 종목이 신고점 종목보다 평균 800개 더 많아야 한다. 이런 엄청난 공황은 지속되기 어렵다. 주간 신고점/신저점 지수가 −4,000 위로 상승하면 내가 '스파이크 Spike'라고 부르는 매수 신호가 켜진다. 이 신호는 강세장과 약세장 모두에서 아주 강력하고 효과적인 신호로, 스파이크트레이드그룹의 이름을 따서 붙였다. 수십 년 동안 이 신호가 빗나간 적은 단 한 번뿐이었다. 〈그림 34-2〉 차트에서 이를 살펴보겠다.

주간 신고점/신저점 지수가 +2,500 수준으로 상승하면 강세장이 확증된다. 약세장에서 반등할 때 이렇게 높이 오르는 경우는 결코 없다. 지수가 +2,500 수준보다 상승하면 강세장이며, 향후 주가가 더 오를 것으로 봐도 된다.

65일, 20일 신고점/신저점 지수

최근 몇 년 사이에 신고점/신저점을 활용한 분석에서 혁신적인 변화가 있었는데, 바로 20일, 65일 두 가지 산출 기간이 추가된 것이다. 일간 신고점/신저점 지수는 과거 1년 동안 매일 신고점에 이른 종목과 신저점에 이른 종목 수를 비교하지만 20일 신고점/신저점 지수는 과거 1개월 동안, 그리고 65일 신고점/신저점 지수는 과거 1분기 동안 매일 신고점에 이른 종목과 신저점에 이른 종목 수를 비교한다. 이처럼 기간을 짧게 잡으면 단기 시점을 포착하는 데 요긴하다.

이 두 가지 기간은 비교적 장기 지표인 1년 신고점/신저점 지수보다

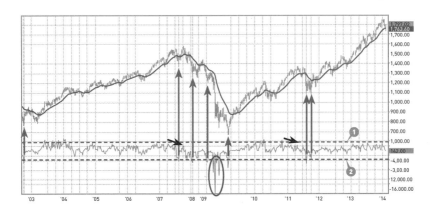

| 그림 34-2 | S&P500 주간, 26주 EMA, 신고점/신저점 지수 주간,
점선 ❶ +2,500, 점선 ❷ -4,000(출처: TradeStation.com)

신고점/신저점 지수 - 주간 차트

주간 신고점/신저점 지수가 -4,000 이하로 떨어진 후 이 수준보다 높아지면 중요한 바닥
이 확정된다. 차트에서 수직 화살표로 표시된 지점이다. 이 차트에 포함된 기간은 11년으
로, 신호는 강세장과 약세장 모두에서 통했다. 2008년 10월과 11월이 유일한 예외로 당시
는 21세기 들어 최악의 약세장이었다(타원으로 표시). 모든 기간에 100퍼센트 통하는 시장
신호는 없다는 점을 상기하고, 생존과 성공을 위해서는 위험 관리가 필수라는 점을 다시 한
번 명심하자.

사선 화살표는 중요한 약세 다이버전스가 발생한 지점이다. 주간 신고점/신저점 지수가
+2,500 수준을 건드리면서 강세장을 확정한다. 이후 주가는 조정을 받지만 계속 상승세를
보인다.

예민하게 신호를 보낸다. 이유는 간단하다. 어떤 종목이든 1년 동안의
신고점에 도달하기 전에 반드시 1개월, 1분기 동안의 신고점에 차례
로 도달하기 때문이다. 이 종목이 하락 추세를 보이고 있다면 회복해
서 1년 동안의 신고점에 도달하기까지 오랜 시간이 걸리겠지만 1개월,
1분기 동안의 신고점에는 그보다 훨씬 빨리 도달한다.

20일 신고점/신저점 지수가 −500 이하로 떨어진 후 이 수준 위로 반등하면 추세나 다이버전스 같은 일반적인 신호에 더해 아주 뚜렷한 단기 매수 신호가 켜진다. 이는 시장이 극단적인 단기 약세에 도달했다가 이를 극복해냈다는 의미다. 이 경우 대체로 단기 상승이 뒤따르는데 이를 '스파이크 바운스 Spike bounce' 신호라고 부른다(54장 참고).

신고점/신저점 지수로 시장의 주도 세력을 추적하면 매매 시점을 더 정확하게 잡을 수 있다. 신고점/신저점 지수가 보내는 신호를 활용하는 방법은 두 가지다. 첫째, 개별 종목은 전체 시장 추세에 크게 좌우되므로 신고점/신저점 지수 신호로 언제 종목을 매수 또는 매도할지 결정할 수 있다. 또한 신고점/신저점 지수를 활용해 S&P500 e-mini 선물처럼 전체 시장 지수를 대상으로 하는 파생 상품을 매매할 수도 있다.

35

50일 이동평균
상회 종목

전체 주식시장을 대상으로 하는 지표는 주가와 이동평균에 대한 핵심 개념을 바탕으로 한다(그림 35-1). 주가는 시장 참여자들이 순간적으로 합의한 가치이며, 이동평균은 산출 기간 중 합의한 가치의 평균값이다. 즉, 어떤 종목이 이동평균보다 비싸게 거래된다면 현재 합의된 가치가 평균을 웃도는 것으로, 강세다. 또한 어떤 종목이 이동평균보다 싸게 거래된다면 현재 합의된 가치가 평균을 밑도는 것으로, 약세다. 시장이 상승 추세를 이어간다면 이동평균을 웃도는 종목 수는 계속 증가한다. 시장이 하락 추세를 보인다면 이동평균을 웃도는 종목 수는 줄어든다.

이 지표는 뉴욕증권거래소, AMEX, 나스닥에서 거래되는 모든 종목을 추적해 이동평균을 상회해 거래되는 종목 수를 계산한다. 이를 0~100퍼센트 사이의 비율로 나타내 선으로 그리는데, 이 선의 패턴을

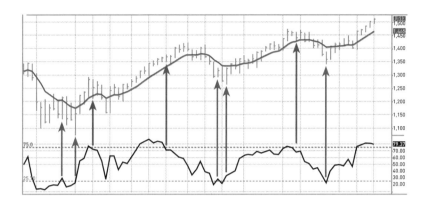

50일 이동평균 상회 종목

'50일 이동평균 상회 종목' 지표가 극단적인 수준(75퍼센트 이상 또는 25퍼센트 이하)에 도달했다가 이 수준을 벗어나면 중기 추세가 전환점에 도달했을 확률이 높다. 지표가 반전되면 전체 시장에 신호가 켜지는데, 지표가 상승 전환하면 매수하고 하락 전환하면 매도하라. 2013년 후반, 시장이 되돌림 없이 상승하기 시작하자 25퍼센트를 웃도는 수준에서 지표가 상승 반전되면서 매수 신호가 발생했다. 반전이 있을 때마다 신호가 발생하지는 않는데, 이는 다른 지표들도 마찬가지다. 하지만 신호가 켜지면 주시해야 한다.

이용해 시장 추세를 확증하고 반전을 예상할 수 있다.

많은 소프트웨어 패키지에 50일 이동평균을 상회하는 종목 수를 추적하는 지표가 포함돼 있다. 나는 주간 차트에서 이 지표를 즐겨 보는데, 이를 통해 중기 반전을 예측할 수 있다. 중기 반전이 일어나면 몇 주에서 몇 달까지 추세가 지속될 것으로 보면 된다. 이 지표는 매일 살펴보지 않아도 되지만 주말이면 꼭 검토해야 한다.

모든 종목이 이동평균을 웃돌면 이론상으로 지표는 100퍼센트까지 올라갈 수 있다. 모든 종목이 이동평균을 밑돌면 이론상으로 지표는

0퍼센트까지 떨어질 수 있다. 그러나 현실적으로 90퍼센트나 10퍼센트 근처까지 가는 극단적인 움직임이 나타나는 일은 아주 드물다. 대개 75퍼센트 근처에 도달하면 다시 내려오고 25퍼센트 근처에 도달하면 다시 올라간다. 나는 차트에 75퍼센트, 25퍼센트에 해당하는 지점에 두 개의 기준선을 긋고 이 수준에 도달했다가 방향을 바꾸는 시장을 찾는다.

50일 이동평균 상회 종목 비율이 특정 수준에 도달할 때가 아니라 특정 수준 근처에서 방향을 선회할 때 매매 신호가 켜진다. 상단 기준선 가까이 가거나 상단 기준선을 돌파한 후 기준선 아래로 떨어지면 천장이 완성됐다는 신호다. 하단 기준선 가까이 가거나 하단 기준선을 하향 돌파한 후 상승 전환하면 바닥이 완성됐다는 신호다.

이 지표는 천장은 넓은데 바닥은 뾰족하다는 점에 유의하라. 천장은 탐욕이 만드는데, 탐욕은 더 행복하고 오래 지속되는 감정이다. 바닥은 공포가 만드는데, 공포는 더 강렬하지만 빨리 사라지는 감정이다.

이 지표의 경우, 반전을 제때 포착하는 신호도 있지만 주 추세가 잠깐 주춤거릴 때 신호가 켜지기도 한다. 매매 결정을 내릴 때 하나의 지표에만 의존하면 안 된다는 점을 다시 한 번 상기하자. 여러 가지 지표를 사용하라. 서로 확증할 때 신호는 더욱 강화된다.

36

기타 시장
지표

　　전체 시장을 대상으로 하는 지표들 중 세월
이라는 혹독한 검증을 거치고도 살아남은 지표는 몇 개 되지 않는다.
새로운 트레이딩 대상이 홍수처럼 쏟아지면서 수십 년 전에 널리 쓰이
던 지표들이 쓸려 나갔다. 앞서 살펴본 신고점/신저점 지수, 50일 이
동평균 상회 종목은 논리가 분명해 계속 통용되고 있다.

　이밖에 몇 가지 지표를 소개하고자 한다. 어떤 도구를 선택하든 작
동 원리가 무엇인지, 정확히 무엇을 측정하는 지표인지 확실히 이해
해야 한다. 몇 가지를 선택해 신호를 신뢰할 수 있을 때까지 매일 지켜
보자.

일일 등락주선

등락주선^{A/D Line}은 상승과 하락에 군중이 어느 정도 참여하고 있는지를 보여주는 지표다. 매일 종가가 높아진 종목 수에서 종가가 낮아진 종목 수를 차감해 구한다.

다우존스공업평균이 장군의 행위에, 신고점/신저점 지수가 대령의 행위에 초점을 맞춘다면 등락주선은 병사들이 상관을 따르고 있는지 여부를 보여준다. 다우지수에 발 맞춰 등락주선이 신고점으로 상승하거나 신저점으로 하락하면 상승세나 하락세가 지속될 확률이 높다.

일일 등락주선은 거래소에서 거래되는 각 종목의 그날 종가를 바탕으로 하는데, 종가가 등락하지 않은 종목은 무시하고 종가가 상승한 종목 수에서 종가가 하락한 종목 수를 빼서 산출한다. 하루 동안 상승한 종목 수가 하락한 종목 수보다 많으면 AD는 양수, 하락한 종목 수가 상승한 종목 수보다 많으면 AD는 음수가 된다. 이를테면 4,000개 종목이 거래되는 시장에서 2,600개 종목이 상승하고 900개 종목이 하락하고 500개 종목이 변동이 없다면 AD는 +1,700(2,600 - 900)이 된다. 매일의 AD 지수를 전일까지의 총합에 더하면 누적 등락주선을 구할 수 있다(그림 36-1).

등락주선의 절대 수준은 산출하기 시작한 시점인 기산일에 의해 결정되므로 트레이더는 등락주선의 절대 수준보다는 등락주선의 신고점과 신저점을 주시해야 한다. 주식시장이 신고점에 도달하고 등락주선이 신고점에 도달하면 광범위한 세력이 상승세를 떠받치고 있다는 의미다. 상승세든 하락세든 떠받치는 세력이 광범위할수록 지속되는 힘

| 그림 36-1 | S&P500 일간과 등락주선(출처: Stockcharts.com)

등락주선

이 지표의 반전은 대체로 주가 반전과 동시에 일어나는데, 가끔 선행하기도 한다. 이처럼
일찍 경고를 주므로 등락주선은 추적할 만한 가치가 있다. **Ⓐ** 구간에서 주가는 바닥을 다지
며 신저점을 기록하는데, 등락주선은 상승세를 보이며 반등을 예고한다. **Ⓑ** 구간에서는 반
대 현상이 발생한다. 주가는 계속 오르지만 등락주선은 하락 반전하며 주가 하락을 예고한
다. **Ⓒ** 구간에서 주가는 계속 하락하지만 등락주선은 상승 반전하며 주가 반등을 예고한다.
그러나 전환점마다 매번 경고 신호가 발생하는 것은 아니다.

은 크다. 주식시장이 신고점에 도달하지만 등락주선이 전고점보다 고

점을 낮추면 상승 종목 수가 감소하고 있으며, 따라서 상승세의 종말

이 임박했다는 의미다. 시장이 신저점으로 떨어지지만 등락주선이 전

저점보다 저점을 높이면 하락 종목 수가 줄어들고 있으며 곰들의 행보가 끝나가고 있다는 의미다. 이러한 신호들은 대체로 반전이 이뤄지기 몇 주 전에 나타나며, 극히 드물게는 몇 달 전에 나타나기도 한다.

매스 MAS; Most Active Stocks 지표는 뉴욕증권거래소 주식 중 가장 거래가 활발한 15개 종목의 등락주선이다. 많은 일간지가 가장 거래가 활발한 15개 종목의 목록을 공개한다. 이 목록에 오른 종목은 곧 사람들이 주목하는 종목인 셈이다. MAS는 대규모 자금이 강세 쪽에 몰려 있는지 아니면 약세 쪽에 몰려 있는지 보여주는 '큰손 지표'다. MAS 추세가 주가 추세와 다이버전스를 보이면 추세가 반전될 확률이 높다.

트레이더 지수 TRIN는 《심리투자 법칙》 초판이 발행될 당시에는 따로 한 장을 할애해 설명할 정도로 중요한 지표였지만, 요즘에는 사용하는 사람이 거의 없다. 예전에는 인기가 많았던 틱 TICK 지표 역시 마찬가지다. 주식시장을 다룬 옛날 책에는 멋진 지표들이 많이 소개되어 있는데, 요즘에 이런 지표를 쓰려면 아주 신중해야 한다. 시간이 지나 시장이 변하면서 많은 지표들이 수명을 다했기 때문이다.

저가주 거래량을 토대로 하던 과거 지표들은 미국 주식시장의 거래량이 폭증하고 다우지수가 열 배 상승하면서 쓸모없어졌다. **거래소 회원 공매도율** MSSR; Member Short Sale Ratio과 **스페셜리스트 공매도율** SSSR; Specialist Short Sale Ratio도 옵션 거래가 대중화되면서 의미 없어졌다. 거래소 회원과 스페셜리스트 specialist*들은 시장간 차익 거래를 하느라 여념이 없다. **단주 거래** 통계는 보수적인 단주 거래자 Odd-Lotter**들이 뮤추얼펀드

쪽으로 몰리면서 빛을 잃었다. **단주 거래 공매도율** 역시 투기자들이 풋옵션으로 눈을 돌리면서 지표로서 효력을 잃었다.

- 뉴욕증권거래소 회원의 하나. 거래소 회원에게 받은 주문을 중개하거나 일정한 범위 내에서 자기 매매를 하며 유동성을 제공한다 – 옮긴이
- ●● 최소 거래 단위 미만으로 매매하는 투자자. 단주 거래자는 자금 능력이 부족한 소액 투자자인 경우가 많다 – 옮긴이

37

합의 지표와
시장 참여 지표

개인 트레이더들은 대부분 시장에 대한 견해를 혼자 속으로만 생각하지만 경제부 기자나 소식지 기고가, 블로거들은 자신의 견해를 분수처럼 미디어에 마구 쏟아낸다. 그들 중엔 물론 영리한 사람도 있지만, 경제부 기자들은 대체로 시점을 파악하는 역량이 딸린다. 경제부 기자나 소식지 필진은 중요한 추세의 반전 신호를 늘 한 발짝 늦게 알아차린다. 그러므로 이들 집단이 시장이 강세혹은 약세를 보이고 있다고 입을 모아 떠들면 그 반대로 매매하는 편이 현명하다.

기자나 자문가는 무리와 너무 다른 의견을 내놓으면 자리가 위태로워지기 때문에 특히 출판계에서는 이처럼 남을 따라하는 현상이 만연하다. 혼자 서 있으면 겁이 나서 서로 꼭 붙어 있으려고 하는 것만 같다. 다시 한 번 강조하지만, 경제부 기자나 소식지 기고가들이 약세나 강세라고 입을 모으면 추세가 너무 노쇠해 반전이 임박했다는 신호라고 보면 된다.

반대여론 지표 contrary opinion indicator 라고도 부르는 합의 지표 consensus indicator는 정확한 시점을 포착하는데는 적합하지 않지만 추세를 이끄는 힘이 소진돼간다는 사실에 주목하게 해준다. 합의 지표가 특정한 메시지를 던진다면 기술적 지표를 이용해 더 정확한 추세 반전 시점을 포착해야 한다.

황소와 곰이 서로 싸우고 있는 동안에는 추세가 지속된다. 하지만 대다수 군중이 합의에 도달하면 추세는 반전 태세에 돌입한다. 대다수가 상승장을 예측하면 매도할 준비를 하고, 대다수가 약세장을 예측하면 매수할 준비를 해야 한다. 이것이 반대여론 이론이다. 이 이론의 기초를 닦은 사람은 스코틀랜드 출신 변호사인 찰스 맥케이 Charles Mackay 다. 맥케이는 1841년《군중의 미망과 광기 Extraordinary Popular Delusions and the Madness of Crowds》라는 책을 펴냈는데, 이제는 고전이 된 이 책에서 맥케이는 네덜란드의 튤립 광풍과 영국의 남해 회사 버블을 예로 들었다. 반대여론 이론을 주식 등 금융시장에 적용한 사람은 미국의 험프리 B. 닐 Humphrey B. Neill 이다. 닐은 자신의 저서《역발상의 기술 The Art of Contrary Thinking》에서 대다수 군중이 시장의 주요 반전 포인트를 짚어내지 못하는 이유를 분명히 설명했다.

> 가격을 떠받치는 건 군중인데 대다수가 강세장을 예측해 매수세로 돌아설 즈음이면 강세장을 떠받칠 만한 새로운 매수자가 더 이상 없기 때문이다.

나는 1980년대 초반, 노회한 뉴욕의 변호사 에이브러햄 W. 코헨 Abraham W. Cohen을 만났다. 코헨은 자문 서비스 제공자들의 의견을 취합했는데, 그 결과가 전체 트레이더의 의견을 대리한다고 봤다. 회의주의자로 월스트리트에서 잔뼈가 굵은 코헨은 자문가 집단의 수익률이 시장의 군중에 비해 전혀 나을 게 없다는 사실을 발견했다. 1963년 코헨은 '인베스터스 인텔리전스 Investors Intelligence'라는 서비스 회사를 설립했다. 코헨이 한 일은 소식지 필진의 투자 양태를 추적해 반대로 투자하라고 조언하는 것이었다. 소식지의 필진 대다수가 약세를 예상하고 공매도에 나서면 코헨은 반대로 매수 기회라고 봤고, 이들이 강력한 강세장을 예측하고 움직이면 매도 기회라고 조언했다. 소식지 필자인 제임스 H. 시벳 James H. Sibbet은 코헨의 이론을 선물에 적용해 '마켓 베인 Market Vane'이라는 투자자문 회사를 설립했다.

전문가 집단의 합의가 주는 신호

소식지 기고가는 시장의 커다란 움직임을 놓치면 구독자가 떨어져 나갈까 봐 두려워서 추세를 따른다. 또한 강세라고 해설하면 구독자가 유입되고 약세라고 해설하면 구독자가 등을 돌린다고 생각한다. 이런 이유로 약세장에서도 약세를 주장하는 자문가가 강세를 예측하는 자문가보다 몇 주째 더 많은 경우는 드물다.

추세가 오래 지속될수록 이들은 추세가 계속될 거라고 주장하는데 이들이 가장 목소리를 높이는 시점은 시장이 천장에 도달하거나 바닥에 도달했을 때다. 소식지 필진 대다수가 소리를 높여 시장이 강세 혹은 약세를 보이고 있다고 강력하게 주장하면 반대로 매매할 좋은 기회라고 생각하면 된다.

일부 자문가는 시장을 전망할 때 이도저도 아니게 교묘하게 얼버무린다. 이럴 수도 있고 저럴 수도 있다고 애매하게 얘기해놓으면 나중에 시장이 어느 방향으로 움직이든 자신이 옳았다고 주장할 수 있기 때문이다. 하지만 강세장을 예측하는 자문가와 약세장을 예측하는 자문가의 비율을 추적하는 서비스가 있어서 자문가들의 검은 속내는 계속 까발려지고 있다.

《심리투자 법칙》초판이 발행될 당시에는 자문가들의 의견을 추적하는 서비스는 인베스터스 인텔리전스 Investors Intelligence 와 마켓 베인 Market Vane 밖에 없었다. 그러나 최근 들어 행동경제학에 대한 관심이 폭발하면서 자문가들을 추적하는 서비스를 쉽게 찾아볼 수 있게 됐다. 내가 선호하는 서비스는 센티멘트레이더닷컴 SentimenTrader.com 으로, 이 회사의 모토는 "감정에 상처 받지 말고 감정을 내 편으로 만들어라"이다. 발행인인 제이슨 괴페어트 Jason Goepfert 가 추적하는 군중의 시장 정서는 신뢰할 만하다.

언론이 보내는 신호

어떤 집단이든 그 집단을 이해하려면 구성원들이 간절히 원하는 것이 무엇이며 두려워하는 것이 무엇인지 알아야 한다. 경제부 기자들은 진지하고 똑똑해 보이고 싶어 하며, 정보를 꿰고 있는 것처럼 보이기 원한다. 이런 이유로 경제부 기자들은 확실히 한쪽 입장에 서는 것을 피하려 한다. 양다리를 걸친 채 논란이 되는 사안마다 여러 가지 측면을 다 제시하는 것이다. 이를테면 이런 식으로 '안전한' 기사를 쓴다. "정부의 재정 정책이 시장을 끌어올릴 것이다. 돌발 요인이 시장을 끌어내리지 않는다면."

경제 뉴스를 보도하는 언론매체 내부에서 의견이 갈라지는 것도 다반사다.[1] 경제부 편집자들은 대부분 필진보다 더 소심하다. 편집진은 하나의 지면에 모순되는 글을 함께 싣고는 '균형 잡힌 시각'이라고 우긴다. 이를테면 유명한 경제지 19쪽에 '인플레이션 바람이 점점 강하게 불어오고 있다'는 제목의 기사가 실린다면 같은 호 32쪽에는 '왜 인플레이션 불안이 생기는가'라는 또 다른 기사가 실리는 식이다.

경제부 기자와 편집자는 강력한 추세가 지속되는 경우라야 양다리를 걸치지 않고 비로소 한쪽 입장을 확실히 지지한다. 낙관론이나 비관론이 시장을 휩쓰는 시점, 즉 주요 추세가 끝날 무렵에야 경제부 기자와 편집자는 양다리 걸치기를 그만둔다. 기자들이 양다리 걸치기를 그만두고 상승세나 하락세라고 큰소리로 떠들면 추세가 노쇠해 반전이 무르익었다는 신호라고 보면 된다.

따라서 주요 경제지의 표지는 반대여론 지표 역할을 한다. 업계를 선도하는 경제지가 표지에 강세장이라고 싣는다면 롱 포지션을 취한

---

1 언론뿐만이 아니다. 2013년 세 명의 학자가 노벨 경제학상을 받았다. 한 사람은 시장이 효율적이므로 시장의 움직임을 예측할 수 없다고 역설했고, 다른 한 사람은 시장이 비합리적이므로 시장의 움직임을 예측할 수 있다고 주장했다. 마음에 드는 쪽을 고르고 내년에는 누가 상을 받을지 지켜보라.

투자자는 차익 실현의 호기를 맞은 것이며, 약세장이라고 싶는다면 바닥이 멀지 않았다는 신호라고 보면 된다.

광고가 주는 신호

주요 일간지나 잡지에 '투자 적기'라는 광고가 세 개 이상 나오면 시장이 곧 꼭짓점에 도달할 것이라는 경고다. 타성에 젖은 증권 회사는 상승 추세가 확실히 자리 잡아 지속될 때라야 움직이기 때문이다. 증권 회사에서 추세를 감지하고 일간지에 투자를 권고하는 광고를 내면 추세가 이미 노쇠했다는 신호다.

〈월스트리트저널〉 상품 관련 지면에 투자를 권유하는 광고가 실리면 트레이더는 매수하고 싶은 유혹에 흔들린다. 하지만 '공매도 적기'라는 광고는 절대로 실리지 않는다. 공매도로는 아마추어의 마음을 흔들기가 어렵기 때문이다. 또한 가격이 낮을 때는 투자를 권유하는 광고가 절대 실리지 않는다. 금이나 은에 투자하라고 권하는 광고가 하루에 세 개 이상 실리면 기술적 지표를 살펴 공매도 신호를 찾아볼 만한 시점이다.

최근 10년 사이에 인터넷이 널리 보급되면서 허위 정보로 주가를 끌어올린 다음 차익을 챙기고 빠져나가는 사악한 무리가 온라인으로 활동 무대를 옮겼다. 사기꾼은 헐값에 산 주식을 광고해 희생자를 낚아 주가를 끌어올린다. 스팸메일함에 광고 메일이 평소보다 많이 쌓이면 고점이 멀지 않았다는 신호다(그림 37-1).

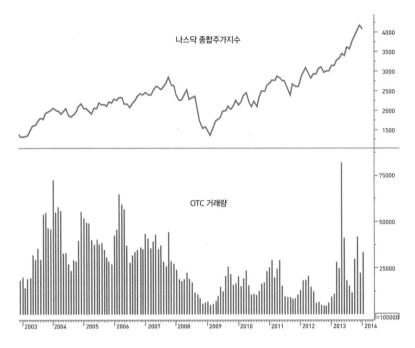

| 그림 37-1 | 장외거래 주식의 월간 총 달러 가치(제공: SentimenTrader.com)

상승장이 되면 투기적 저가주에 돈이 몰리지만 하락장이 되면 돈이 빠진다. 나스닥 투기적
저가주의 월간 거래량 보고서에서도 이런 현상을 볼 수 있다. 시장이 신고점을 찍고 호재가
발생한 후 이들 '로또' 주식의 거래량이 치솟았다. 주식시장이 하락세를 보이면 이런 주식
의 거래량은 급감한다.

선물 트레이더의 시장 참여

몇몇 정부 기관과 거래소에서는 다양한 트레이더 집단의 매수와 매도
에 관한 자료를 수집해 이들의 포지션을 요약 보고한다. 이를 참고해
성공한 집단의 뒤를 따르고 계속 실적이 저조한 집단과 반대로 매매하

는 것이 유리하다.

이를테면 미국 선물거래위원회 ^{CFTC}는 헤저와 거대 자본을 보유한 투기 거래자의 롱 포지션과 숏 포지션을 발표한다. 상품 생산자이자 소비자인 이들은 시장 참여자 중 가장 실적이 좋은 집단이기도 하다. 미국 증권거래위원회는 기업 내부자의 매수와 매도를 보고한다. 상장 기업의 임원은 보유하고 있는 주식을 언제 사고 언제 팔아야 할지 잘 알고 있게 마련이다.

헤지펀드를 포함해 선물 보유 포지션 규모가 일정 수준에 이르면 선물거래위원회에 보고해야 한다. 이를 '**보고 수준** ^{reporting level}'이라고 한다. 현재 시점을 기준으로 롱 포지션 혹은 숏 포지션으로 옥수수 선물을 250계약 이상 계약하거나 금 선물을 200계약 이상 보유하면 선물거래위원회는 '거대 투기자'로 분류한다. 중개인이 선물거래위원회에 이런 포지션을 보고하면 선물거래위원회는 모든 보고를 취합해 금요일에 요약, 발표한다.

선물거래위원회는 어떤 시장이든 투기자 한 명이 보유할 수 있는 최대 계약 수를 규제하는데, 이를 '**포지션 제한** ^{position limits}'이라고 한다. 이는 거대 자본을 보유한 투기적 투자자들이 포지션을 축적해 시장가를 끌어올리지 못하게 막기 위한 것이다.

선물거래위원회는 시장 참여자를 헤저, 대자본 투기적 거래자, 소자본 투기적 거래자 세 부류로 나눈다. **헤저**는 현물을 사업의 일부로 일상적으로 거래하는 회사나 개인을 말한다. 이론상으로 이들은 사업 위험을 헤지(상쇄)하기 위해 선물을 거래한다. 이를테면 은행 대출 포트폴리오를 헤지하기 위해 금리 선물을 거래하며, 식품 가공 회사는 곡물 수매에 따른 위험을 헤지하기 위해 밀 선물을 거래하는 식이다. 이런 목적 때문에 헤저들은 적은 수익을 취하며, 투기적 포지션 규모에 제약을 받지 않는다.

대자본 투기적 거래자는 보고 수준까지 포지션을 다량 보유하는 트레이더다. 선물거래위원회는 헤저와 대자본 투기적 거래자의 매도와 매수 상황을 발표하는데, 미결제약정에서 이들의 보유 포지션을 차감하면 **소자본 트레이더**의 포지션 보유 물량을 알 수 있다.

그런데 이처럼 시장 참여자들을 헤저, 대자본 투기적 거래자, 소자본 투기적 거래자로 분류하는 건 다분히 인위적인 행동이다. 소자본 거래자도 실력이 있으면 대자본 거래자로 성장할 수 있고, 대자본 거래자도 실패를 거듭하면 소자본 거래자로 전락한다. 또한 헤저 중 많은 이들이 실제로는 투기적 거래를 하고 있다. 일부 시장 참여자는 농간을 부려 선물거래위원회 보고서를 왜곡시키기도 한다. 이를테면 증권사 소유주가 투기적 거래자인 부유한 고객을 헤저로 등록해 주식과 채권 포지션을 헤지하기 위해 주가지수와 채권 선물을 거래하는 것처럼 꾸미는 것이다.

앞서 언급했듯이 헤저가 내부 정보를 이용해 선물시장에서 투기하는 것은 합법이다. 따라서 자본금이 넉넉한 일부 헤저는 선물시장에서 농간을 부리기도 한다. 이를테면 정유 회사가 원유 선물을 매수한 뒤 원유 탱크를 몇 개 실은 유조선을 앞바다에 묶어둔다. 공급이 달려 선물 가격이 오르면 정유 회사는 롱 포지션으로 수익을 거둔 다음 숏 포지션을 취하고 즉시 유조선의 원유 탱크를 정유 공장에 보내 원유 선물 가격을 소폭 하락시킨 후 환매한다. 이런 가격 조작은 불법이므로 기업들은 대부분 이런 일을 한 적이 없다고 시치미를 딱 뗀다.

집단으로 따지면 헤저 집단이 선물시장에서 가장 높은 수익률을 올린다. 헤저는 내부 정보를 갖고 있는 데다 자본력이 좋기 때문이다. 장기적으로 봐서 수익을 올리는 집단은 헤저이므로, 이들의 움직임을 뒤따르는 게 현명하다. 한때 자신들의 돈으로 신중하게 위험을 감수하는 부유한 개인들이 대자본 투기적 거래자 집단을 구성했는데, 이들의 수익률은 꽤 높았다. 하지만 오늘날에는 사정이 변해 대다수 대자본 거래자가 상품펀드 commodity fund*를 운용하며 추세를 추종하는 큰손들로, 집단 전체의 성적은 보잘것없다. 그리고 소자본 거래자 집단은 말 그대로 시장에서 헛발질만 해왔으므로 수익률을 따질 형편이 못 된다.

특정 집단이 숏을 취하느냐 롱을 취하느냐를 아는 것만으로는 충분하지 않다. 헤저는 대부분 현물을 보유하고 있어서 종종 선물에서 숏 포지션을 취한다. 소자본 거래자는 언제나 낙관론을 견지하므로 대개 롱 포지션을 취한다. 선물거래위원회 보고서에서 유용한 결론을 이끌어내려면 과거의 일반적인 수준과 현재의 포지션을 비교해보아야 한다.

합법적 내부자 거래

상장기업의 주식 중 5퍼센트 넘는 지분을 소유한 임원과 투자자는 증권거래위원회에 매수·매도 상황을 보고해야 한다. 증권거래위원회는 내부자 매수와 매도를 취합해 자료를 공개한다.

● 일반 투자자들에게 모집한 자금을 상품 선물을 대상으로 운용하는 펀드 – 옮긴이

기록을 통해 살펴보면 기업 내부자는 주식을 싸게 사서 비싸게 판다. 내부자는 시장이 큰 폭으로 하락한 뒤 매수에 나서며 시장이 반등해 주가가 과대 평가되면 점차 매도 물량을 늘려 나간다.

내부자 한 명의 매수 혹은 매도는 문제가 되지 않는다. 임원 한 사람이 사적으로 쓸 비용을 마련하기 위해 회사 주식을 처분할 수도 있고, 스톡옵션을 행사하기 위해 주식을 매수할 수도 있다. 그런데 합법적 내부자 거래를 연구한 분석가들에 따르면 한 달 이내 세 명 이상의 임원이나 지분을 많이 보유한 주주가 매수·매도하면 주의 깊게 살펴봐야 한다. 이는 곧 굉장한 호재나 심각한 악재가 닥칠 거라는 의미다. 한 달 사이 내부자 세 명 이상이 매수에 나서면 주가가 상승할 확률이 높고, 내부자 세 명 이상이 매도에 나서면 주가가 하락할 확률이 높다.

내부자들이 매도에 나설 때보다 매수에 나설 때가 참고할 만한 가치가 있다. 내부자가 주식을 매도할 때는 분산투자, 별장 구입, 자녀의 대학 진학 등 여러 가지 이유가 있을 수 있지만 매수할 때는 그 이유가 한 가지뿐이기 때문이다. 바로 회사 주가가 오르리라 예상하는 것이다.

공매 총액

선물과 옵션시장에서는 롱 포지션의 수와 숏 포지션의 수가 동일하지만, 주식시장에서는 양 진영 사이에 엄청난 괴리가 존재한다. 프로 펀드매니저를 포함해 대다수 트레이더가 주식을 사지만 주식을 공매도하는 사람은 극소수이기 때문이다.

거래소들이 보고하는 데이터에는 모든 종목의 공매도 포지션 주식 수가 포함돼 있다. 절댓값은 너무 들쭉날쭉하므로 해당 주식의 부동증권(공개적으로 보유된 거래 가능한 총 주식 수) 대비 숏 포지션 주식 수를 비교해보면 좀 더 폭넓게 볼 수 있다. '**부동증권 대비 숏 비율**'은 1~2퍼센트 정도다. 공매 총액을 보는 유용한 방식은 또 있다. 공매 총액을 일평균 거래량과 비교하는 것이다. 일평균 거래량과 공매 총액을 비교하면 다음 질문의 답을 얻을 수 있다. 매수자들이 모두 관망하고 일 거래량이 변하지 않는 상태에서 숏 포지션 보유자가 모두 환매하기로 결심했다면 이들 숏 포지션 보유자들이 환매해서 공매 총액이 0이 되기까지 며칠이 걸릴까? '**환매 일수**'는 대개 1~2일 사이를 오간다.

주식을 매수 또는 공매도하려고 계획할 때는 부동증권 대비 숏 비율과 환매 일수를 점검해야 한다. 이 수치들이 크면 약세 편이 과밀 상태다. 주가가 반등하면 겁에 질린 곰들은 공황 상태에 빠져 환매에 나서고 주가는 급등한다. 황소들에게는 반가운 일이지만 곰들에게는 곤혹스러울 뿐이다.

공포는 탐욕보다 강렬한 감정이다. 황소는 싸게 살 만한 주식을 물색하지만 과하게 돈을 쓰지 않으려고 노력한다. 하지만 손실이 무한대로 늘어날 수도 있는 곰들은 어떤 값에든 환매하려고 한다. 따라서 공매도 환매에 따른 주가 상승은 특히 가파른 모습을 보인다.

매수할 주식을 찾을 때는 부동증권 대비 숏 비율과 환매 일수를 확인하라. 이 수치들이 평소와 별로 다르지 않다면 크게 신경쓰지 않아도 되지만, 정상에서 벗어났다면 요긴한 정보가 된다(그림 37-2).

어떤 종목의 숏 비율이 높으면 공매도하기에는 위험하다. 지표들이 매수를 권유하는데 숏 비율이 높다면 주가를 끌어올릴 연료가 더 있다

| 그림 37-2 | AAPL, GMCR 공매도 데이터(출처: Shortsqueeze.com)

애플 AAPL	534.97달러 -1.00	그린 마운틴 커피 로스터즈 GMCR	119.74달러 0.34
일간 공매도 거래량	보기	일간 공매도 거래량	보기
공매 총액(공매도 주)	16,538,900	공매 총액(공매도 주)	32,931,300
환매 일수(공매도율)	0.9	환매 일수(공매도율)	15.1
부동증권 대비 숏 비율	1.86%	부동증권 대비 숏 비율	25.76%

공매 총액과 환매일수

나는 지금 《심리투자 법칙》 37장을 살펴보고 있다. 오늘 인기 높은 두 주식의 차주잔고 데이터를 비교해보자. 애플 AAPL의 '부동증권 대비 숏 비율'은 1.86퍼센트지만 그린 마운틴 커피 로스터즈 GMCR의 부동증권 대비 숏 비율은 약 26퍼센트다. 애플의 '환매 일수'는 0.9이지만 그린 마운틴 커피 로스터즈는 15가 넘는다. 이들 숫자를 볼 때 트레이더들이 그린 마운틴 커피 로스터즈 주식을 훨씬 더 공격적으로 공매도하고 있다는 것을 알 수 있다. 숏 포지션을 환매하려면 언젠가는 하나도 남김없이 모두 다시 사들여야 한다는 점을 잊으면 안 된다. 정보에 밝은 트레이더들이 그린 마운틴 커피 로스터즈에 악재가 있다는 걸 알고 있었을지도 모른다. 그러나 주가가 조금이라도 상승한다면? 수많은 곰들이 환매하러 한꺼번에 몰려들면 주가가 급등할 수도 있다. 이런 경우, 장기 전망과 관계없이 단기간에 주가가 급등할 수도 있다.

는 뜻이므로 더욱 긍정적인 매수 신호다. 스윙 트레이더라면 매수 또는 공매도할 종목을 고를 때 숏 관련 데이터를 살펴봐야 한다. 나는 트레이딩할 만한 종목을 살필 때 이들 수치를 항상 검토한다.

TRADING FOR A LIVING

NEW
TRADING
FOR A LIVING

제 7 부

트레이딩
시스템

주식시장에서
살 아 남 는
심   리
투 자 법 칙

시스템은 검색, 진입, 청산 규칙을 모아놓은 결과물이다. 진지하게 트레이딩에 임하는 사람이라면 누구나 한 가지 이상의 시스템을 보유하고 있을 것이다. 수술 시스템을 갖고 있는 외과 의사에 비유해보자. 수술 시스템을 갖고 있는 외과 의사는 마취를 지시할지, 어디를 절제할지, 병든 장기를 어떻게 찾아낼지 판단하느라 시간과 에너지를 낭비하지 않는다. 확고부동한 과정에 따라 수술하기 때문에 전략적 문제, 기법을 활용하는 문제, 합병증을 처리하는 문제를 생각할 여유가 있다.

개인적 판단이 개입할 여지가 거의 없는, 엄격히 규정된 시스템을 사용하는 사람들도 있는데, 이런 사람을 기계적 트레이더라고 한다. 개인적 판단이 개입할 여지가 많은 시스템을 사용하는 사람도 있는데, 이런 사람을 재량적 트레이더라고 한다. 리처드 위스먼 Richard Weissman 은

《기계적 트레이딩 시스템 Mechanical Trading Systems》이라는 책에서 개인의 성격 유형과 다양한 트레이딩 스타일을 연결지었다. 어떤 접근법을 취하든 시스템의 가장 큰 장점은 시장이 문을 닫고 감정이 차분히 가라앉았을 때 고안됐다는 점이다. 시스템은 요동치는 시장의 풍랑 한가운데서 트레이더가 이성적으로 행동할 수 있게 잡아주는 닻이 된다.

두말할 필요도 없지만, 시스템은 글로 작성해두어야 한다. 실제 시장에서 압박을 받으면 반드시 필요한 단계를 잊어버리기 쉽기 때문이다. 아툴 가완디 Aatul Gawande 박사는 탁월한 저서《점검목록 성명 The Checklist Manifesto》에서 수술, 건축, 트레이딩 등 다양한 어려운 분야에서 점검목록을 활용하면 수행 실적을 향상시킬 수 있다는 사실을 입증했다.

기계적 트레이더는 일련의 규칙을 개발하고 지나간 데이터를 통해 백테스트한 다음 시스템에 넣어 자동조종되도록 만든다. 전진 기어를 넣으면 소프트웨어가 진입, 목표, 손실제한을 화면에 번쩍번쩍 띄우므로 기계적 트레이더는 보이는 대로 정확히 실행하기만 하면 된다. 계획대로 계속 밀고 나갈지, 아니면 살짝 변경하거나 신호를 무시할지는 다른 문제다.

일단 시스템의 원리는 이렇다. 아마추어는 자기 손으로 만들었든 판매자에게 구매했든 기계적 시스템이 의사결정에 따르는 스트레스를 덜어주므로 안도감을 느낀다. 그런데 안타깝게도 시장 환경은 계속 변하므로 기계적 시스템은 삐걱거리다가 결국 돈을 날리기 시작한다. 시장은 물리법칙대로 굴러가는 기계적 존재가 아니다. 시장은 수많은 사람이 모여 군중심리라는 불완전한 법칙에 따라 움직인다.

기계적 시스템을 사용하는 프로 트레이더는 매의 눈으로 실적을 관찰한다. 프로 트레이더는 정상적인 실적 부진과 시스템이 고장 나 폐기해야 하는 이상 실적을 구분할 줄 안다. 프로 트레이더는 재량 트레이딩이 가능하므로 기계적 시스템도 무리 없이 사용할 수 있다! 기계적 시스템은 시행 계획이다. 신뢰도가 가장 높은 최상의 계획이라도 항상 어느 정도의 판단은 필요하다는 것을 명심하라.

재량적 트레이더는 매일 새롭게 시장에 접근한다. 기계적 트레이더보다 많은 요소를 검토하고, 시간에 따라 요소의 가중치를 달리한다. 또한 현재 시장의 행동 변화에 보조를 맞춘다. 훌륭한 재량적 시스템은 트레이더에게 보다 많은 자유를 부여하는 한편, 특히 위험 관리 영역에서 몇 가지 어길 수 없는 규칙들을 제시한다.

두 접근법에는 모두 장단점이 있다. 기계적 트레이딩의 장점은 감정 소모가 적다는 것이다. 시스템을 구축한 뒤 켜기만 하면 된다. 매 틱 관찰할 필요가 없으므로 일상생활을 자유롭게 영위할 수 있다. 단점이라면 시장은 살아 숨쉬는 존재라서 슬그머니 태도를 바꾸어 시스템을 구축할 때와 다르게 행동한다는 것이다. 재량적 트레이딩의 가장 큰 장점은 새로운 기회에 항상 열려 있다는 점이다. 가장 큰 단점은 사람의 판단이 개입될 때 시장이 급격하게 움직이면 탐욕에 사로잡히거나 겁에 질려 판단을 그르칠 수 있다는 점이다.

내가 살펴본 바로는 기계적 트레이더가 더 꾸준히 실적을 올리는 경향이 있지만 트레이더로 크게 성공하는 사람은 대개 재량적 방법을 사용한다. 어떤 방식을 선택하는지는 기질에 좌우된다. 어디에 살지, 어떤 직업을 가질지, 누구와 결혼할지 등 인생에서 중요한 결정도 기질에 좌우된다. 우리가 하는 아주 중요한 결정은 이성적인 사고가 아니라 우리 정신의 가장 깊숙한 곳에서 이뤄진다. 트레이딩의 경우, 냉정하고 강박적인 성향의 사람은 기계적 트레이딩에 끌리고, 모험을 좋아하는 사람은 재량적 트레이딩에 끌린다.

역설적이지만 실적이 가장 좋은 트레이더의 경우, 두 접근법은 수렴하기 시작한다. 실력이 좋은 트레이더는 기계적 방식과 재량적 방식을 통합해 사용한다. 예를 들어, 헤지펀드를 운용하는 내 친구는 철두철미한 기계적 트레이더로 세 가지 시스템을 사용하는데, 세 가지 시스템에 투입하는 자본을 계속 재조정한다. 즉, 재량을 개입시켜 시스템을 강화한다. 나는 재량적 트레이더이지만 상단 채널선 위에서 매수 금지, 하단 채널선 밑에서 공매도 금지, 임펄스 시스템과 반대로 매매 금지 등 몇 가지 엄격한 규칙을 따른다(아래 설명을 참고하라). 이런 기계적인 규칙이 있으면 재량에 따른 잘못된 매매가 줄어든다.

이 책에서는 대부분 재량적 매매를 다루고 있지만 이 도구를 기계적 트레이딩에 활용해도 된다. 이 책은 두 가지 유형의 트레이더 모두를 위한 책이다.

38

시스템 트레이딩,
모의 트레이딩

직접 개발했든 판매자에게 구매했든 시스템을 활용해서 실제 돈으로 매매하기에 앞서 반드시 시스템을 검증해 봐야 한다. 검증 방법은 두 가지다. 하나는 백테스트로, 시스템의 규칙을 과거 데이터에 적용하는 것이다. 대개 몇 년 치 데이터를 활용해 검증한다. 또 한 가지 방법은 포워드테스트로 실제 돈으로 포지션을 소규모 매매하는 것이다. 진지하게 트레이딩에 임하는 사람은 **백테스트**부터 시작하고 결과가 좋으면 포워드테스트로 넘어간다. **포워드테스트** 결과도 좋다면 서서히 포지션 규모를 늘린다.

과거 결과부터 출력해보는 것도 괜찮지만 수치가 괜찮다고 무턱대고 안심하면 안 된다. 손익비율, 연속으로 수익을 거둔 횟수, 연속으로 손실을 본 횟수, 최대 손실 등의 수치가 객관적인 것 같지만 과거 결과로는 시스템이 실제 상황에서 얼마나 버틸지 장담할 수 없기 때문이다.

백테스트 결과는 아주 좋은데 실제 돈으로 트레이딩해보니 다섯 번 연달아 손실을 봤다면 어떻게 해야 할까? 모의 테스트에는 이런 상황에 대한 대비책이 전혀 없지만, 이런 일은 늘 있게 마련이다. 이를 갈고 다시 트레이딩한다. 또 손실을 본다. 계좌의 돈이 확 줄었는데 시스템은 또 신호를 깜박인다. 다음 트레이딩을 감행할 것인가? 계좌의 미래를 맡기기에는 갑자기 시스템이 갈대처럼 연약해 보인다.

수수료를 받고 시스템을 백테스트해주는 프로그래머도 있다. 그러나 일부 트레이더는 '성공이 보장된 방법'을 남에게 공개하기 싫어서 몇 달 동안 소프트웨어를 검증한다. 결국 실제 트레이딩으로 넘어가기 위한 백테스트 방법은 하나뿐이다. 바로 수동 검증이다. 수동 검증은 느리고 시간이 많이 걸리며 자동화할 수 없다. 하지만 실제 의사결정을 모델로 만드는 데 가장 근접한 유일한 방법이다.

한 번에 하루씩 과거 데이터를 검토하는데, 그날의 매매 신호를 꼼꼼히 기록한 다음, 앞으로 한 바를 클릭해 다음 날의 새로운 신호와 매매를 기록한다. 먼저 최소한 2년 동안의 일일 주가와 거래량 데이터를 다운로드하라. 차트를 연 다음 바로 맨 처음으로 가라. 스프레드시트를 연 뒤 페이지 맨 위에 시스템 규칙을 적고 날짜, 주가, 신호를 기입하는 칸을 만든다. 분석 프로그램으로 하나는 주간 차트와 지표, 하나는 일간 차트, 이렇게 창을 두 개 연다. 한 창에서 다른 창으로, 한 프로그램에서 다른 프로그램으로 전환해야 하므로 검증할 때 가장 중요한 키보드 키는 'Alt'와 'Tab'이다.

한 번에 하루씩 앞으로 클릭하면, 추세와 거래 범위가 서서히 펼쳐지면서 우리에게 도전해 올 것이다. 이 과정에서 우리는 규칙을 검증하는 것 이상의 일을 하게 된다. 한 번에 하루씩 앞으로 나아가면 의사

결정 능력이 검증되고 향상된다. **한 번에 한 바씩** 검증하면 백테스트 소프트웨어를 쓸 때보다 훨씬 많은 것을 얻을 수 있다.

장이 열리자마자 시가가 매수 수준보다 뛰거나 손실제한 수준 아래로 하락하는 시가 갭에는 어떻게 대응해야 할까? 선물시장이 가격 변동 한도까지 움직인다면 어떻게 해야 할까? 한 번에 하루씩 앞으로 클릭해 나가면서 신호와 결정을 기록하면 현금을 쓰지 않고도 최대한 실전에 가깝게 검증할 수 있다. 이렇게 하면 차트 오른쪽 끝에 집중할 수 있다. 시스템 테스트로 깔끔하게 출력한 종이에서는 결코 얻을 수 없는 결과다. 수동 검증은 시장에 대한 이해를 넓혀줄 뿐 아니라 의사결정 능력도 향상시킨다.

한 번에 한 바씩 검증하면서 긍정적인 결과를 얻으면 실제 돈으로 소규모 트레이딩하라. 요즘 증권사 수수료는 100주를 매매하는 데 1달러 정도밖에 안 되므로 적은 돈으로도 지표와 시스템을 검증할 수 있다. 반드시 기록을 잘 남기고 실제 돈으로 매매한 결과가 계속 좋으면 매매 규모를 늘려라. 차근차근 단계별로 늘려 나가 평소 트레이딩 규모에 맞춰보라.

모의 트레이딩

모의 트레이딩은 매수, 매도 결정을 기록하고 실제 트레이딩처럼 결과를 추적하되 돈은 걸지 않는 것이다. 초보는 모의 트레이딩부터 시작하면 좋은데, 대다수 트레이더가 시장에서 두들겨 맞은 후에야 모의 트레이딩에 눈길을 돌린다. 심지어 실제 트레이딩과 모의 트레이딩을 번갈아 하면서 왜 모의 트레이딩으로는 돈을 버는데 실제로는 돈을 못 버는지 이해할 수 없다고 말한다. 여기에는 세 가지 이유가 있다.

첫째, 모의 트레이딩을 할 때는 실제 돈이 걸려 있지 않으므로 감정에 치우치지 않고 좋은 판단을 내리기 쉽다. 둘째, 모의 트레이딩에서는 실제 트레이딩과 달리 주문이 완벽하게 체결된다. 쉽게 말해 체결 오차가 없다. 가장 중요한 이유로 세 번째, 좋은 매매 기회라도 트레이딩을 고려할 당시에는 종종 미심쩍어 보인다. 명확해 보이는 기회도 나중에 골칫거리가 될 확률이 높다. 초보는 불안해서 확실해 보이는 기회를 성급하게 잡고 돈을 날리지만, 모의 트레이딩에서는 부담없이 힘들어 보이는 기회를 붙잡는다. 실제 트레이딩과 모의 트레이딩을 넘나드는 건 말도 안 된다. 어느 쪽이든 하나만 해야 한다.

심리는 트레이딩 결과에 엄청난 영향을 미치는데, 모의 트레이딩에서는 심리가 큰 영향을 주지 못한다. 모의 트레이딩은 연못에서 항해를 연습하는 것이나 다름없다. 연못에서 아무리 연습해봐야 폭풍이 몰아치는 바다를 항해하는 데 도움이 되지 않는다.

모의 트레이딩의 목적은 한 가지뿐이다. 시스템과 함께 자신의 자제력을 검증하는 것이다. 매일 장 마감 후 데이터를 다운로드해서 공부하고 다음 날 주문을 적어두고 장이 열리면 진입을 기록하고 매일 시장을 추적해 수익 목표와 손실제한 수준을 조정할 수 있다면, 그리고 몇 달 동안 하루도 빼놓지 않고 계속 이렇게 할 수 있다면 자제력 면에서 실제 돈을 걸 만한 자격이 있다고 봐도 된다. 오락 삼아 충동적으로 트레이딩하는 사람은 이런 식으로 모의 트레이딩을 할 수 없다. 정말 노력이 필요한 작업이기 때문이다.

모의 트레이딩 기능이 있는 웹사이트 중 하나를 골라 계좌를 개설하라. 주문을 입력하고 체결됐는지 확인하다가 '체결'되면 기록한다. 스프레드시트에 모의 트레이딩을 모두 기입하면서 트레이딩 일지를 쓴다. 이 과정을 몇 달 동안 매일 할 의지가 있으면 실제 트레이딩에 성공할 만한 자제력을 갖추었다고 할 수 있다.

그래도 실제 트레이딩을 대체할 수 있는 것은 없다. 아주 적은 금액이라도 돈을 걸면 감정에 불이 붙기 마련이다. 모의 트레이딩에서는 이런 일이 일어나지 않는다. 몇 달 동안 모의 트레이딩을 한들 적은 금액이라도 실제 트레이딩을 할 때만큼 배울 수 없다.

최근 몇 년 동안 나는 트레이더들이 모의 트레이딩에서 실제 트레이딩으로 전환해 수익을 올리는 모습을 아주 가까이에서 지켜봤다. 스파이크트레이드닷컴에서는 종목 선정에 기여하는 회원에게는 회비를 할인해주는 등 연구를 장려한다. 진입, 목표, 손실제한을 정하고 트레이딩 계획을 짜서 매주 제출하다 보면 체계적으로 연구하고 집중하는 습관이 붙는다. 선정한 종목이 오르면 주간 대회에서 실적 보너스를 받는다. 이쯤이면 대회에서는 잘하는데 실제 트레이딩은 부진하다는 이메일을 받는다. 이런 이메일을 받으면 제대로 하고 있으니 하던 대로 계속하라고 답한다. 물론 몇 달 후에는 새롭게 익힌 기량이 실제 트레이딩에도 적용된다. 이제 대회 실적보다 실제 트레이딩 결과가 더 좋다는 이메일을 받는다. 그러면 실제 돈을 걸고 하는 트레이딩에 더 신경을 쓰기 때문이라고 답장한다.

트레이딩에 돌입하기 전, 관련된 숫자는 반드시 모두 적어두어야 한다. 실제 돈을 걸기 전에는 더 객관적일 수 있다. 하지만 일단 트레이딩에 돌입하면 '여지를 더' 두고 싶은 유혹을 받는다. 이래서 패자는 호미로 막을 일을 가래로도 못 막는다. 내게 상담하러 온 어떤 사람은 200달러 손실을 막으려다가 9만 8,000달러를 날렸다.

'위험을 통제하는 철의 삼각형' 개념을 설명하면서 위험 관리와 자금 관리에 대해 집중적으로 논의할 것이다. 지금은 진지하게 트레이딩 하려면 위험 관리가 필수라는 점만 기억하라. 천장을 보고는 "500주 거래할 거야", "1,000주 거래할 거야" 하면서 아무렇게나 숫자를 내뱉던 일은 잊어버려라. 앞으로 이 책에서 계좌와 위험 허용 수준을 토대로 매매 규모를 정하는 간단한 공식을 배울 수 있을 것이다.

현재 나는 세 가지 전략으로 매매하고 있다. 가장 선호하는 것은 다이버전스를 동반하는 가짜 돌파다. 두 번째는 강력한 추세 도중 가치 구간으로 되돌림하는 현상이다(그림 38-1). 마지막은 '극단에서 반대로 매매하기'다. 즉, 추세가 과도하게 길어질 때 반전에 돈을 거는 것이다. 전략마다 규칙이 있지만 핵심은 이 세 가지 중 하나에 해당할 때만 트레이딩한다는 것이다. 송충이는 솔잎을 먹고 살아야 한다!

모든 트레이딩의 세 가지 요건

어떤 트레이딩을 계획하든 세 가지를 고려해야 한다. 여기서는 간단하게 살펴보고 특정 매매 시스템과 위험 관리를 다루면서 자세히 설명하겠다.

| 그림 38-1 | 트레이딩 계획의 세 가지 핵심 요건(출처: SpikeTrade.com)

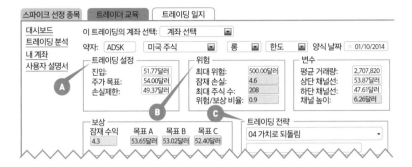

며칠 전에 내가 작성한 트레이딩 계획의 캡처 화면이다(트레이딩을 실행하는 것에 관해서는 55장에 설명되어 있다). 모든 트레이딩 계획에 포함되어야 할 몇 가지 핵심 사항에 주목하라.

A. 트레이딩 설정 - 어떤 트레이딩이든 세 가지 수치, 즉 진입, 목표, 손실제한을 기입하라. 시장에 진입하기 전 얼마를 지불하고, 어느 정도 위험을 감수하며, 어느 정도 수익을 기대하는지 결정해야 한다. 잠재 위험/보상 비율은 대체로 2 대 1보다 좋아야 한다. 이 규칙에서 벗어나는 경우는 기술적 신호들이 특별히 강력할 때뿐이다. 물론 이도저도 아닌 트레이딩을 납득할 만한 트레이딩으로 바꾸려고 목표를 얼렁뚱땅 설정해선 안 된다. 목표는 현실적이어야 한다.

B. 위험 관리 - 어느 정도 위험을 감수할지 미리 결정하라. 달러로 계산한 위험을 주당 위험으로 나누고 진입에서 그만큼 떨어진 위치에 손실제한을 설정하라. 이렇게 하면 거래해야 할 주식 수도 결정할 수 있다.

C. 마지막으로 모든 트레이딩은 구체적인 시스템 또는 전략을 토대로 해야 한다. "좋아 보인다"는 느낌은 시스템이 아니다! 어떤 종목이 유망하다는 소문을 듣거나 기세 좋게 전진하는 추세를 보면 금세 흥분되지만, 강아지가 자동차를 쫓듯 주식을 추격 매수하던 시절은 지났다. 트레이딩으로 생계를 꾸리고 싶다면 트레이딩 계획과 전략(시스템이라고 불러도 좋다)을 먼저 결정하고 이 기준에 맞을 때만 진입해야 한다.

39

삼중 스크린
매매 시스템

삼중 스크린 매매 기법은 내가 개발한 것으로, 1986년 4월 〈선물Futures〉지에 실린 기사를 통해 널리 알려졌다. 나는 이 기법을 1985년부터 활용하고 있는데, 세월이 지났지만 무사히 검증을 통과했다. 사소한 부분을 더하거나 바꾸면서 조금씩 계속 조정하고 있지만 기본 원칙은 변하지 않았다. 바로 여러 시간 단위와 지표를 활용해 트레이딩한다는 것이다.

삼중 스크린 매매 시스템은 두 번의 스크리닝(검증 장치)을 거쳐 매매하는 기법이다. 첫 번째 스크린 단계에서 그럴듯한 매매 기회로 보이더라도 두 번째나 세 번째 스크리닝에서 기각될 수 있다. 3단계 테스트를 모두 통과하면 성공할 확률이 훨씬 높아진다.

삼중 스크린 매매 시스템은 장기 차트의 추세추종지표와 중기 차트의 역추세 오실레이터를 결합한 기법이다. 자금 관리 규칙이 엄격할 뿐 아니라 매수 또는 공매도에 진입하는 기법이 특이하다. 삼중 스크린 매매 시스템은 다른 트레이딩 시스템을 넘어서는 하나의 기법이자 매매 스타일이다.

추세추종지표와 오실레이터

초보는 돈을 벌게 해줄 단 하나의 지표를 찾고 싶어 한다. '돈 나와라, 뚝딱' 하면 돈이 쏟아지는 도깨비방망이 같은 지표를 찾는 것이다. 운이 좋으면 한동안 부를 축적할 왕도를 발견한 듯한 기분을 만끽하기도 한다. 그러다 요술이 사라지면 이자까지 붙여서 수익을 날려버리고는 또 다른 도깨비방망이를 찾아 나선다. 하지만 시장은 단 하나의 지표로 분석하기엔 너무 복잡하다.

지표들은 동일한 시장에서 상반된 신호를 보내기도 한다. 상승 추세에서 추세추종지표는 상승하면서 매수 신호를 내는데, 오실레이터는 과매수 상태가 돼 매도 신호를 보낸다. 하락 추세에서 추세추종지표는 하락 전환하면서 공매도 신호를 보내는데, 오실레이터는 과매도 상태가 돼 매수 신호를 깜빡인다.

추세추종지표는 시장이 움직일 때는 수익을 안겨주지만 박스권일 때는 속임수 신호를 보낸다. 오실레이터는 시장이 박스권에 있을 때는 수익을 주지만, 시장이 추세를 보이기 시작할 때는 위험한 신호를 보낸다. 트레이더들은 말한다. "추세와 친구가 돼라." "먹을 때 크게 먹어라." 이런 말도 있다. "저점에서 사서 고점에서 팔아라." 하지만 상승 추세를 보이고 있다면 무엇 때문에 매도한단 말인가? 그리고 도대체 얼마나 올라야 고점이란 말인가?

추세추종지표와 오실레이터의 신호를 합쳐 평균을 내는 트레이더도 있다. 하지만 이런 식의 판단은 조작되기 쉽다. 미국 공화당과 민주당이 '안전' 의석을 확보하려고 계속 선거구를 조정하듯, 트레이더도 자신이 원하는 결과가 나올 때까지 지표를 계속 고르게 되기 쉽다. 추세추종지표를 더 많이 반영하면 신호가 한쪽으로 쏠리고, 오실레이터를 더 많이 반영하면 신호가 반대쪽으로 쏠리게 된다. 얼마든지 자신이 듣고 싶어하는 말을 속삭이는 지표를 찾을 수 있다. 실제로 그렇게 하는 트레이더가 부지기수다. 이런 면에서 볼 때 삼중 스크린 매매 시스템은 추세추종지표와 오실레이터의 장점을 취하고 단점을 걸러낸다는 점에서 매우 유용하다.

시간 단위 선택: '5'의 법칙

중대한 딜레마는 또 있다. 트레이딩 대상을 막론하고 어떤 차트를 쓰느냐에 따라 추세가 상승으로 보일 수도, 하락으로 보일 수도 있다. 일간 차트는 상승 추세를 보이는데 주간 차트는 하락 추세를 보이거나, 주간 차트는 상승 추세를 보이는데 일간 차트는 하락 추세를 보이는 것이다. 따라서 시간 단위가 다른 차트들이 보내는 상충되는 신호를 해결해줄 시스템이 필요하다.

20세기 초, 다우 이론의 창시자인 찰스 다우 Charles Dow는 주식시장은 세 개의 추세를 갖는다고 했다. 다우에 따르면 장기 추세는 몇 년 동안 지속되며 중기 추세는 몇 달 동안 유지된다. 단기 추세는 이보다 짧다. 1930년대의 탁월한 시장 분석가인 로버트 레아^Robert Rhea는 이 세 가지 추세를 조수, 파도, 잔물결에 비유했다. 레아는 조수의 방향대로 트레이딩하되 파도를 이용하고 잔물결은 무시하라고 권했다.

하지만 시대는 변했고, 시장의 변동성은 커졌다. 싼값에, 또는 거의 공짜로 컴퓨터를 구할 수 있고 실시간 데이터를 볼 수 있게 되면서 빠른 움직임을 포착해 돈을 벌 수 있는 기회가 많아졌다. 따라서 시간 단위를 유연하게 해석해야 한다. 삼중 스크린 매매 시스템은 모든 시간 단위는 대략 '5'라는 인수로 구분할 수 있다는 사실에 토대를 둔다 (32장을 참고하라).

자신이 가장 선호하는 시간 단위가 무엇인지 결정하라. 일간 차트로 작업하는 게 좋은지, 10분 차트로 작업하는 게 좋은지, 아니면 다른 차트로 작업하는 게 좋은지 결정하라. 어떤 시간 단위를 선호하든 삼중 스크린 매매 시스템에서는 이 시간 단위가 **중간** 스케일이 된다. 이보다 한 단계 더 큰 시간 단위가 **장기** 스케일, 한 단계 작은 시간 단위가 **단기** 스케일이 된다. 중간 시간 단위를 정했다면 장기 시간 단위를 먼저 살펴보고 어떤 전략으로 나아갈지 결정하기 전에는 중간 시간 단위를 보면 안 된다.

이를테면 며칠 혹은 몇 주 동안 매매하고자 한다면 중간 스케일은 일간 차트가 된다. 한 단계 큰 주간 차트가 장기 스케일이 되며, 한 단계 작은 일중 시간 차트가 단기 스케일이 된다. 포지션을 한 시간 내 정리하고자 하는 데이 트레이더가 있다면 역시 똑같은 원리를 적용하면 된다. 5분 차트가 중간 스케일, 한 단계 큰 25분 차트가 장기 스케일, 한 단계 작은 2분 차트가 단기 스케일이 된다.

삼중 스크린을 이용할 때는 반드시 장기 스케일부터 살펴 장기 차트의 추세, 즉 조수의 방향대로 매매해야 한다. 그리고 중간 스케일에서 '조수'의 반대 방향으로 '파도'가 움직일 때 포지션에 진입한다. 이를테면 주간 차트가 상승하고 일간 차트가 하락하면 매수 기회다. 주간 차트가 하락하고 일간 차트가 상승하면 공매도 기회다.

첫 번째 스크린: 시장의 조수 판단

삼중 스크린은 트레이딩하고자 하는 차트의 시간 단위보다 한 단계 더 큰 단위의 장기 스케일을 분석하는 데서 시작된다. 트레이더들은 대부분 일간 차트만, 그것도 몇 달치 데이터만 들여다본다. 주간 차트 분석으로 시작하는 트레이더가 있다면 시야가 경쟁자들보다 다섯 배는 넓어지는 셈이다.

먼저 가장 선호하는 시간 단위를 선택하고 이를 중간 스케일로 정한다. 선입견이 생길 수 있으므로 중간 스케일에는 눈길도 주지 마라. 바로 한 단계 큰 시간 단위, 즉 장기 차트로 가라. 장기 차트에서 황소 편에 설지, 곰 편에 설지 전략을 결정해야 한다. 결정했다면 중간 스케일로 가서 어디에서 진입하고 어디에 손실제한을 설정할지 전술을 짜라.

일간 차트를 먼저 보는 실수를 범한다면 일간 차트에서 본 패턴 때문에 선입견이 생길 수밖에 없다. 일간 차트에는 눈길도 주지 말고 먼저 장기 주간 차트를 보고 편견 없이 판단하라.

삼중 스크린의 최초 버전은 주간 MACD 히스토그램의 기울기를 주간 추세추종지표로 활용했다(그림 39-1). 이 지표는 아주 민감해서 매

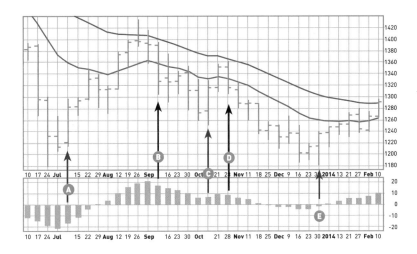

| 그림 39-1 | 금 주간, 26일, 13일 EMA와 MACD 히스토그램(12-26-9)
(출처: Stockcharts.com)

주간 MACD 히스토그램을 삼중 스크린의 첫 번째 스크린으로 활용

삼중 스크린을 이용할 때는 일간 차트는 쳐다보지도 말고 주간 차트를 먼저 검토해야 한다. MACD 히스토그램의 기울기는 가장 최근의 바 두 개로 결정된다.

이 지표는 기울기가 올라가면 매수 신호, 기울기가 내려가면 매도 신호를 보낸다. MACD 히스토그램이 중간선 아래에서 상승 전환할 때 최상의 매수 신호가 켜진다. 최상의 매도 신호는 MACD 히스토그램이 중간선 위에서 하락 전환할 때 켜진다(32장 금융시장 지표에 적용한 계절 개념을 참고하라).

MACD 히스토그램의 기울기가 상승 전환하면(화살표 Ⓐ, Ⓒ, Ⓔ) 롱으로 진입하든지 관망하라. MACD 히스토그램의 기울기가 하락 전환하면(화살표 Ⓑ, Ⓓ) 숏으로 진입하든지 관망하라.

매수 신호 Ⓒ는 중간선 위에서 발생하므로 매수 신호 Ⓐ, Ⓔ가 Ⓒ보다 낮다는 점에 유의하라. 여름보다는 봄에 매수하는 것이 낫다. 차트 오른쪽 끝에서 강세 다이버전스로 신호 Ⓔ가 발생했으므로 상승 추세는 아주 강력하다. 금값이 Ⓐ, Ⓔ에서 바닥을 치는데 지표는 바닥을 높인다.

수매도 신호를 자주 만들어낸다. 나중에는 주간 지수이동평균의 기울기를 장기 차트의 추세추종 도구로 활용했다. 임펄스 시스템(다음 장에서 설명하겠다)을 개발한 뒤로는 이 시스템을 삼중 스크린의 첫 번째 스크린으로 활용했다. 임펄스 시스템은 앞서 설명한 두 가지 방식의 장점을 합쳐놓은 시스템이다. MACD 히스토그램처럼 너무 예민하지 않지만 지수이동평균의 기울기보다는 더 빨리 반응한다.

다음 장에서 살펴보겠지만, 임펄스 시스템은 강세면 모든 바가 녹색, 약세면 모든 바가 적색, 중립이면 청색으로 표시된다. 임펄스 시스템은 행동 지침을 제시하지 않는다. 이 시스템은 하지 말아야 할 것을 알려주는 검열 시스템이다. 임펄스 시스템이 적색이면 매수가 금지된다. 녹색이면 공매도가 금지된다. 매수하고 싶어서 주간 차트를 본다면 적색이 없어질 때까지 기다려야 한다. 공매도하고 싶어서 주간 차트를 본다면 녹색이 없어질 때까지 기다려야 한다. 임펄스가 청색이면 어느 방향으로든 트레이딩할 수 있다.

일부 트레이더는 다른 지표를 활용해 주요 추세를 식별한다. 스티브 노티스Steve Notis는 〈선물〉지에서 삼중 스크린의 첫 번째 스크린으로 방향성 시스템을 활용하는 방법을 설명했다. 원리는 동일하다. 대부분의 추세추종지표를 쓸 수 있는데, 다만 먼저 주간 차트를 분석하고 주간 차트 추세의 방향대로 일간 차트에서 매매해야 한다는 점을 명심하라.

첫 번째 스크린: 주간 차트에서 추세추종지표를 이용해 추세를 판별하고 반드시 추세의 방향대로 매매하라.

트레이더에겐 매수, 매도, 관망 세 가지 선택지가 있다. 삼중 스크린 매매 시스템의 첫 번째 스크린은 그중 하나를 걸러주는(스크리닝) 역할을 한다. 첫 번째 스크린은 주요 상승 추세가 나타나는 동안에는 매수 혹은 관망만 허락하는 센서 역할을 한다. 또한 주요 하락 추세가 나타나는 동안에는 공매도 혹은 관망만 허락하는 센서 역할을 한다. 상승이든 하락이든 특정한 추세가 나타나면 조류에 맞춰 헤엄치든지 아니면 물밖으로 나와야 한다.

두 번째 스크린: 시장의 조수에 역행하는 파도 찾아내기

삼중 스크린의 두 번째 스크린은 조수에 역행하는 파도를 식별한다. 주간 차트의 추세가 상승하고 일간 차트의 추세가 하락하면 매수 기회다. 주간 차트의 추세가 하락하고 일간 차트의 추세가 상승하면 공매도 기회다.

두 번째 스크린은 일간 차트에 앞서 설명한 오실레이터들을 적용해 주간 차트에서 이탈하는 일간 차트의 움직임을 식별하는 것이다. 시장이 하락하면 오실레이터는 매수 신호를 보내고 시장이 상승하면 오실레이터는 매도 신호를 보낸다. 삼중 스크린의 두 번째 스크린은 첫 번째 스크린을 거쳤던 주간 차트의 방향대로만 일간 차트에서 매매하도록 신호를 보낸다.

두 번째 스크린: 일간 차트에 오실레이터를 적용하라. 주간 차트가 상승 추세일 때 일간 차트가 하락 추세면 매수 기회를 찾고, 주간 차트가 하락 추세일 때 일간 차트가 상승 추세면 공매도 기회를 찾아라. 나는 30장에 설명한 강도지수를 두 번째 스크린으로 즐겨 사용하는데, RSI, 엘더-레이, 스토캐스틱 같은 오실레이터도 괜찮다.

주간 차트가 상승 추세를 보이면 삼중 스크린 매매 시스템은 일간 차트의 오실레이터를 통해 매수 신호만 받아들이고 공매도 신호는 보내지 않는다. 강도지수의 2일 지수이동평균이 0선 아래로 하락하면 매수 신호를 보내는데, 조건이 있다. 강도지수의 2일 지수이동평균이 중간선 아래로 하락하되 몇 주 동안의 신저점으로는 떨어지지 않아야 한다. 주간 추세가 하락할 때, 강도지수의 2일 지수이동평균이 중간선 위로 상승하면 강도지수의 2일 지수이동평균은 공매도 신호를 보낸다. 단, 중간선 위로 상승하되 몇 주 동안의 신고점으로는 상승하지 않아야 한다(그림 39-2).

스토캐스틱, RSI 같은 오실레이터(26, 27장을 참고하라)는 매수 혹은 매도 영역으로 들어오면 매매 신호가 발효된다. 예를 들어, 주간 차트의 MACD 히스토그램이 상승하지만 일간 차트의 스토캐스틱이 30 이하로 떨어지면 과매도 영역에 진입한 것으로 매수 기회다. 주간 차트의 MACD 히스토그램이 하락하지만 일간 차트의 스토캐스틱이 70 위로 상승하면 과매수 영역에 진입한 것으로 공매도 기회다.

세 번째 스크린: 진입 기법

삼중 스크린은 진입 기법으로, 약간의 자유가 허용된다. 실시간 데이터가 있으면 더 짧은 시간 단위를 활용해도 되고, 똑같이 중간 시간 단

| 그림 39-2 | 금 일간, 26일, 13일 EMA와 2일 강도지수(출처: Stockcharts.com)

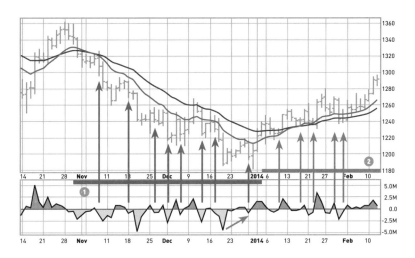

일일 강도지수 - 삼중 스크린의 두 번째 스크린

강도지수의 2일 지수이동평균은 삼중 스크린 매매 시스템의 두 번째 스크린에 활용되는 몇 가지 오실레이터 중 하나다. 강도지수가 중간선 아래로 떨어지면 매수 기회, 중간선 위로 상승하면 매도 기회다. 주간 추세가 상승하면(수평선 ❷로 표시) 일간 오실레이터에서 매수 신호만 받아서 롱 포지션에 진입하라. 주간 추세가 하락하면(수평선 ❶로 표시) 매도 신호만 받아서 숏 포지션에 진입하라.

상승 추세가 시작되기 전, 가짜 하락 돌파를 동반한 강세 다이버전스가 나타나는 데 주목하라(하단 사선 화살표로 표시). 화면 오른쪽 끝에서 금값과 대다수 금 관련 종목이 급등한다. 나는 이런 종목을 적극적으로 매수하지만 금 ETF는 매수하지 않는다. 트레이더 캠프를 수료한 호주 출신 트레이더가 어느 날 이렇게 적었다. "XAU ETF를 매수했지만 최대 광산업체인 NCM보다 한참 뒤처지고 있다. 이런 게 원래 ETF의 시나리오인가?" 물론!

위를 사용해도 된다.

《심리투자 법칙》초판에서는 시장 조수의 방향으로 움직이는 잔물결을 식별해 전일 고점 위로 돌파하면 매수해 롱 포지션에 진입하고 전일 저점 아래로 떨어지면 공매도해서 숏 포지션에 진입하라고 권고했다.

이 접근법의 단점은 손실제한이 너무 멀다는 것이다. 전일 고점 위로 돌파할 때 매수하고 전일 저점 아래 손실제한을 설정하면, 거래 범위가 넓을 경우 손실제한이 멀어져 큰 손실을 감수하거나 포지션 규모를 줄여야 한다. 돌파 전일 거래 범위가 아주 좁을 경우, 전일 저점 아래 손실제한을 설정하면 시장의 노이즈에도 손실제한에 걸려 청산된다.

돌파 기법은 아직 유효하지만 나는 거의 활용하지 않는다. 일중 데이터를 이용할 수 있으므로 나는 25분과 5분 차트를 보며 데이 트레이딩 기법을 이용해 스윙 트레이딩에 진입한다. 실시간 데이터를 입수할 수 없고 오전에 주문해야 할 경우, 대체할 수 있는 기법을 소개한다. 나는 이 기법을 '평균 지수이동평균 관통'이라고 부른다.

주가가 상승하는 동안에도 거의 언제나 간간이 되돌림이 발생한다. 되돌림이 빠른 지수이동평균 아래로 얼마나 하락하는지 측정해보는 것은 매우 요긴하다. 지난 4~6주 동안의 일간 차트를 살펴보고 상승 추세를 보이고 있다면 주가가 지수이동평균을 관통해 얼마나 하락하는지 측정하라(그림 39-3).

□ 지수이동평균을 관통해 하락한 값들의 평균을 계산한다.

□ 오늘의 지수이동평균에서 전일의 지수이동평균을 뺀 다음, 이 수를 오늘의 지수이동평균에 더한다. 이것으로 내일의 지수이동평균을 예측할 수 있다.

□ 예측한 내일의 지수이동평균에서 평균 관통값을 뺀 다음, 이 수준에서 매수 주문을 낸다. 이렇게 하면 돌파 시 비싼 값에 매수하는 일을 피하고 되돌림이 발생할 때 헐값에 매수할 수 있다.

〈그림 39-3〉에서 주가는 네 차례 빠른 지수이동평균(❶) 아래로 하락했다. 평균 하락 관통값은 9.60달러다. 차트 오른쪽 끝에서 13일 지수이동평균은 1,266달러다. 이 숫자에서 최근 하락 관통값의 평균을 뺀다. 만약 오늘 시장에서 투매가 발생한다면 최근 지수이동평균 수준의 약 9달러 아래에서 매수 주문을 내야 한다. 싸게 살 수 있는 기회를 잡을 때까지 매일 이렇게 계산한다. 멋대로 날뛰는 주가를 뒤쫓는 것보다는 훨씬 편안한 방법이다.

이는 상승 추세가 진행될 때 매수하기 위한 방법이다. 하락 추세에서는 거꾸로 적용해 공매도하면 된다. 다만 하락 추세는 상승 추세보다 두 배 빨리 움직인다는 점에 유의하라.

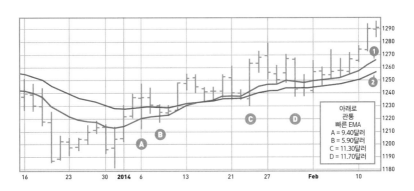

│ 그림 39-3 │ 금 일간, 26일, 13일 EMA(출처: Stockcharts.com)

아래로
관통
빠른 EMA
A = 9.40달러
B = 5.90달러
C = 11.30달러
D = 11.70달러

평균 하향 관통값-삼중 스크린의 세 번째 스크린

〈그림 39-2〉의 차트를 확대했다. 2일 강도지수가 0 위로 반등할 때를 기다리지 않고도 삼중 스크린 매수 신호를 더 선명하게 만들 수 있다. 2일 강도지수가 0 아래로 하락할 때를 사전경고로 삼고 평균 하향 관통값을 이용해 가치 아래에서 매수 주문을 낸다.

삼중 스크린 매매 시스템 요약

주간 차트의 추세	일간 차트의 추세	행동 지침	주문
상승	상승	관망	없음
상승	하락	롱 포지션 진입	지수이동평균 관통 또는 상향 돌파
하락	하락	관망	없음
하락	상승	숏 포지션 진입	지수이동평균 관통 또는 하향 돌파

주간 차트의 추세가 상승하고 일간 오실레이터가 하락하면 일간 차트의 빠른 지수이동평균 아래, 하향 관통값의 평균 수준에서 매수 주문을 내라. 아니면 전일 고점보다 1틱 위에 역지정가 매수 주문을 내라. 주가가 상승해 전일 고점보다 올라가는 순간 자동으로 매수가 체결되지만, 주가가 계속 하락하면 주문은 체결되지 않는다. 이때는 다음 날 전일 바의 고점 1틱 위 수준까지 매수 주문을 낮춰라. 주간 지표가 반전해 매수 신호가 취소될 때까지 매일 역지정가 매수 주문의 가격을 낮춰 주가 흐름을 추격하라.

주간 차트의 추세가 하락하고 일간 차트의 오실레이터가 상승하기를 기다렸다가 일간 차트에서 빠른 지수이동평균 위, 상향 관통값의 평균 수준에서 매도 주문을 내라. 그렇지 않으면 전일 저점보다 1틱 아래 역지정가 매도 주문을 내라. 이렇게 하면 시장이 하락세로 돌아서자마자 매도 주문이 체결돼 숏 포지션으로 진입하게 된다. 만약 상승세가 지속되면 주문이 체결되지 않기 때문에 가격 움직임을 추격하면서 매도 주문 가격을 매일 따라 올려야 한다.

데이 트레이딩과 삼중 스크린

데이 트레이딩을 한다면 5분 차트를 중간 시간 단위로 선택할 수 있다. 다시 강조하지만 이 차트를 보지 말고 장기 차트인 25분이나 30분 차트를 먼저 봐야 한다. 장기 차트에서 황소 편에 설지, 곰 편에 설지 전략을 결정하라. 그런 다음 중기 차트로 돌아와 진입과 손실제한 지점을 찾아라(그림 39-4).

데이 트레이딩을 위한 깔끔한 시간 단위 조합은 39분, 8분 차트다. 미국 주식시장은 오전 9시 30분에 개장해 오후 4시에 폐장하므로 6시간 30분, 즉 390분 동안 문을 연다. 39분 차트를 장기 스크린 차트로 사용하면 하루가 10개 바로 깔끔하게 나뉜다. 이 차트로 전략을 결정하고 다섯 배 빠른 8분 차트를 보며 진입과 청산 전술을 짜라.

시간 단위를 너무 여러 개 섞어 쓰면 안 된다. 스윙 트레이더라면 일중 차트로 잠깐 진입 시점을 잡고 일간 차트로 돌아오라. 일중 차트를 계속 보다 보면 성급하게 시장에서 나오게 될 가능성이 높아진다. 데이 트레이더라면 주간 차트는 적절하지 않지만 일간 차트는 한 번쯤 쓱 훑어봐도 괜찮다. 규칙은 이렇다. 자신이 선호하는 (중간) 차트를 선택하고 다섯 배 긴 시간을 장기 차트로 짝 지은 다음 트레이딩하라.

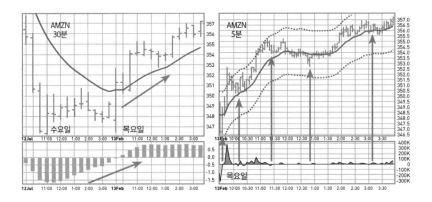

데이 트레이딩 삼중 스크린

아마존닷컴^{AMZN}은 변동성이 크고 유동성이 좋아 인기가 높은 주식이다. 여기서도 삼중 스크린의 원칙은 장기 차트와 동일하다. 이 차트에서 더 장기인 30분 차트의 각 바는 30분 동안의 트레이딩을 나타내며 장기 추세를 규정한다. 30분 차트의 상승세를 확인하고 단기 차트로 넘어가라. 단기 차트의 각 바는 5분 동안의 트레이딩을 나타낸다. 2-바 강도지수가 0 아래로 떨어질 때 5분 차트는 조수에 역행하는 파도처럼 움직인다. 더 낮은 가격에 매수할 수 있는 기회다. 모든 가격의 약 95퍼센트를 아우르는 채널은 수익 목표를 설정하는 데 요긴하다.

손실제한과 수익 목표

적절한 자금 관리는 성공적인 트레이딩의 필수 요소다. 절제력 있는 트레이더는 목표한 수익을 거두고 손실을 재빨리 끊어내기 때문에 패자들보다 좋은 실적을 올리는 것이다. 패자는 미련을 버리지 못하고 손실 포지션에 집착해 손실을 키우기 일쑤다. 트레이딩에 진입하기 전

진입, 목표, 손실제한 세 가지 수치를 적어둬라. 이들 수치를 정하지 않고 트레이딩한다면 그건 트레이딩이 아니라 도박이다.

삼중 스크린 매매 시스템은 장기 차트를 이용해 수익 목표를 설정하고 중기 시간 단위 차트를 이용해 손실제한을 설정한다. 주간 차트와 일간 차트를 사용한다면 수익 목표는 주간 차트, 손실제한은 일간 차트에서 정하라. 일간 차트에서 주가 조정 시 매수할 때 주간 차트의 가치 구간이 수익 목표를 제시해준다. 25분, 5분 차트를 사용해 데이 트레이딩을 한다면 25분 차트에서 수익 목표를 정하고 5분 차트에서 손실제한을 설정하라. 이렇게 하면 위험을 억제하고 실적은 더 높이 잡을 수 있다.

삼중 스크린 매매 시스템은 손실제한을 설정할 수 있는 폭이 상당히 좁다. 이 시스템은 오로지 시장의 조수 방향에 따라 트레이딩하는 기법이므로 수익이 빨리 나지 않으면 재빨리 도망가는 게 상책이다. 조수의 흐름을 타거나 흐름을 못 탔다 싶으면 빠져나와야 한다. 이 주제는 54장 '손실제한 설정법'에서 다시 다루겠다.

40

임펄스 시스템

임펄스 시스템을 생각해낸 것은 1990년대 중반이었다. 당시 나는 호텔에서 묵고 있었는데 한밤중에 잠이 깨서 침대에 똑바로 앉았다. 이때 두 가지 기준, 그러니까 관성과 힘이라는 기준만 있으면 어떤 시간 단위든, 어떤 시장이든 설명할 수 있겠다는 생각이 들었다. 이 두 가지를 합쳐 관성과 힘이 모두 강세인 주식과 선물을 발견한다면 롱 포지션에 진입할 수 있고 관성과 힘이 모두 약세인 주식과 선물을 발견한다면 공매도할 수 있다는 결론에 이르렀다.

트레이딩 대상이 무엇이든 빠른 지수이동평균의 기울기는 **관성**을 판단하는 훌륭한 척도가 된다. 지수이동평균이 상승하면 강세 관성이며, 지수이동평균이 하락하면 약세 관성이다. 추세의 **힘**은 MACD 히스토그램의 기울기로 나타난다. 가장 최근의 바가 이전 바보다 높거나(m-M 모양), 이전 바보다 하단을 높이면(y-v 모양) MACD 히스토그램의 기울기는 상승하고 힘이 주가를 끌어올린다. 가장 최근의 MACD 히스토그램 바가 이전 바보다 낮으면(아래가 v-y 모양 또는 꼭대기가 M-m 모양) MACD 히스토그램 기울기는 하락하고 힘은 주가를 끌어내린다. MACD 히스토그램을 이용해 힘을 판단할 때는 MACD 히스토그램이 0보다 높은지 낮은지는 고려 대상이 아니다. 문제는 최근 두 개 바의 관계다.

대다수 소프트웨어 패키지는 임펄스 시스템을 이용해 바나 캔들에 쉽게 색을 입힐 수 있다. 지수이동평균과 MACD 히스토그램 이 두 가지 지표가 모두 상승하면 바는 녹색(강세)이다. 두 가지 지표가 모두

| 그림 40-1 | 임펄스 시스템 색

EMA		MACD-H		임펄스	허용	금지
	+		=		매수, 관망	공매도
	+		=		공매도, 관망	매수
	+		=		매수 또는 공매도	
	+		=		매수 또는 공매도	

임펄스 시스템
- □ EMA 상승 & MACD 히스토그램 상승(특히 0선 아래에서) = 임펄스 녹색, 강세. 공매도 금지, 매수 또는 관망 허용.
- □ EMA 하락 & MACD 히스토그램 하락(특히 0선 위에서) = 임펄스 적색, 약세. 매수 금지, 공매도 또는 관망 허용.
- □ EMA 상승 & MACD 히스토그램 하락 = 임펄스 청색, 중립. 금지 없음.
- □ EMA 하락 & MACD 히스토그램 상승 = 임펄스 청색, 중립. 금지 없음.

하락하면 바는 적색(약세)이다. 어느 한 지표는 상승하는데 어느 한 지표는 하락한다면 바는 청색(중립)이다(그림 40-1).

처음에는 녹색에 매수, 적색에 공매도, 색에 관계 없이 차익 실현 식으로 시스템을 자동화하려고 했다. 그런데 임펄스 시스템을 백테스트하면서 이 꿈은 산산조각 났다. 자동 시스템은 추세의 경우 하나도 놓치지 않고 다 포착했지만 박스권에서는 속임수 신호가 발생해 녹색으로 바뀌었다가 적색으로 바뀌기를 반복했다.

이런 이유로 임펄스 시스템을 포기했지만 이에 대한 생각은 계속 머릿속에 남아 뱅뱅 돌았다. 그런데 몇 년 뒤 문득 이런 생각이 들었다. '이건 자동 매매 시스템이 아니야. 이건 검열 시스템이라고! 이건 뭘 하라고 지시하는 시스템이 아니야. 하지 말아야 할 걸 알려주는 시스템이지.' 주간 바나 일간 바가 적색이면 매수가 금지된다. 주간 바나 일간 바가 녹색이면 공매도가 금지된다.

이 사실을 깨달은 뒤로는 모든 트레이딩에 임펄스 시스템을 활용하고 있다. 2002년 배런 Barren이 올해의 책으로 선정한《나의 트레이딩룸으로 오라! Come into My Trading Room》에서 이 시스템을 처음으로 공개했다. 이후 임펄스 시스템은 전 세계적으로 인기를 끌고 있으며, 이 시스템에서 사용하는 용어들은 트레이딩 용어 사전에 오르기도 했다.

이후로 나는 쭉 임펄스 시스템을 사용하고 있다(그림 40-2). 이 시스템을 활용하면 곤경에 빠지지 않는다. 수와 상관없이 떠오르는 착상과 신호, 지표를 토대로 매매 계획을 수립하고, 임펄스 시스템이 계획한 방향으로 진입을 허용할 때까지 기다린다. 게다가 임펄스 시스템이 있으면 추세가 약해져서 청산해야 할 때를 식별할 수 있다.

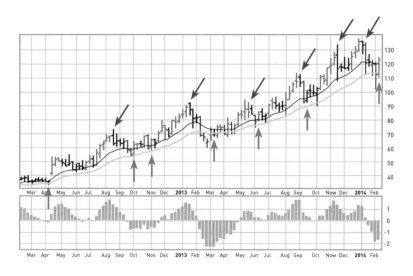

임펄스 시스템

임펄스 시스템과 기술적 분석 또는 펀더멘털 분석을 함께 활용하면 트레이딩 기회를 더욱 정확하게 포착할 수 있다. 적층가공업계의 2대 기업인 스트라타시스^{SSYS}의 사례를 살펴보자. 2012년 나는 적층기술 투자에 관한 전자책을 펴냈는데, 이 책은 세계 최초로 널리 읽히는 전자책이 되었다. 나는 이 책에서 적층기술 관련 주식이 붐을 일으킬 것이라고 예측했다.

녹색 수직 화살표는 적색 바 뒤에 바로 나타난 바들을 표시한다. 적색이면 매수가 금지된다. 최적의 매수 시기는 적색 바가 사라진 직후다. 녹색 화살표들이 중기 바닥을 차례로 가리키며 차트 오른쪽 끄트머리에서 매수 신호를 보낸다. 객관적 방법이 있으면 주가 하락이 멈추자마자 확신을 가지고 매수할 수 있다.

임펄스 시스템은 차익을 실현하기 좋은 구간도 알려준다. 가치에서 멀리 떨어진 곳에서 녹색 바가 연이어 나타난 뒤 청색 바가 나타나자 적색 사선 화살표가 이 청색 바들을 가리킨다. 적색 사선 화살표는 황소들이 질식하고 있음을 나타내므로 주식을 팔아 현금을 챙기고 다음 매수 기회를 기다려야 한다.

진입

임펄스 시스템의 녹색 바와 적색 바는 관성과 힘이 모두 같은 방향을 가리키고 있는지 알려준다. 녹색 바라면 황소가 주도권을 쥐고 있고 상승 추세가 탄력을 받고 있다는 뜻이다. 적색 바라면 곰이 주도권을 쥐고 있고 하락 추세가 한창이라고 보면 된다. 빠른 지수이동평균과 MACD 히스토그램 중 몇 개의 바만 서로 같은 방향일 수도 있지만, 이때가 시장이 탄력을 제대로 받고 빠르게 움직이는 때다.

임펄스 시스템을 자신이 선호하는 시장에 적용하기 전에 명심해야 할 사항이 있다. 삼중 스크린을 활용해 다양한 시간 단위로 시장을 분석해야 한다는 것이다. 선호하는 시간 단위를 선택하고 이를 중간 시간 단위로 잡는다. 중간 시간 단위에 5를 곱해 이를 장기 시간 단위로 택한다. 일간 차트를 선호한다면 먼저 주간 차트부터 분석해 황소 편에 설지 곰 편에 설지 전략을 결정한다. 이후 임펄스 시스템을 활용해 롱 또는 숏 포지션 진입이 허용되는지 판단한다.

- ☐ 단기 모멘텀에 트레이딩한다면 두 가지 시간 단위가 모두 녹색으로 변하자마자 매수했다가 어느 하나가 청색으로 변하면 바로 차익을 실현하라.
- ☐ 시장이 전환될 때를 포착하려면 녹색이나 적색일 때가 아니라 녹색이나 적색이 사라질 때가 최상의 매매 신호다.

주가가 하락할 때는 장을 분석해서 바닥이 가까우면 주간 차트와 일간 차트의 임펄스 시스템을 살펴보라. 둘 중 어느 하나라도 적색이면 여전히 하락 추세가 힘을 받고 있는 것이므로 매수가 금지된다. 주간 차트와 일간 차트에서 모두 적색이 사라지면 매수가 허용된다.

주가가 꼭짓점을 찍고 곧 하락 반전할 것으로 판단되면 주간 차트와 일간 차트의 임펄스 시스템을 살펴보라. 둘 중 어느 하나라도 녹색이면 여전히 상승 추세가 살아 있는 것이므로 공매도가 금지된다. 주간 차트와 일간 차트에서 모두 녹색이 사라지면 공매도를 시작해도 된다.

시간 단위가 짧을수록 임펄스 시스템의 신호는 예민해진다. 일간 차트의 임펄스 시스템은 거의 언제나 주간 차트에 앞서 색이 바뀐다. 데이 트레이딩을 한다면, 25분 차트보다 5분 차트가 색이 빨리 바뀌는 것을 보게 될 것이다. 분석 결과, 시장이 바닥을 다지면서 상승 전환될 태세로 판단되면 나는 일간 차트에서 적색이 사라지고 청색이나 녹색으로 전환될 때까지 기다린다. 그런 다음 주간 차트를 살펴보면 여전히 적색이다. 주간 차트가 적색에서 청색으로 바뀌면 매수가 허용된다. 이 기법을 활용하면 시장이 아직 하락 추세를 보이고 있을 때 너무 일찍 매수해 손해 보는 것을 방지할 수 있다.

나는 공매도를 할 때도 같은 접근법을 사용한다. 시장이 꼭짓점을 형성하고 있고 일간 임펄스가 녹색에서 청색이나 적색으로 바뀌면 주간 차트를 유심히 살핀다. 주간 차트에서 녹색이 없어지자마자 공매도가 허용된다. 두 개의 시간 단위에서 모두 내 계획과 상충하는 색이 사라지면 시장을 거스르지 않고 시장에 발맞춰 매매하고 있다고 확신할 수 있다.

임펄스 시스템은 검열 시스템이라는 점을 명심하라. 이 시스템은 무엇을 하라고 지시하지 않는다. 하지 말아야 할 행동을 분명히 알려줄 뿐이다. 어떤 행동을 하든 검열관의 뜻을 거스르지 않도록 조심하라.

많은 기술적 분석 프로그램에는 '조건부 포맷' 기능이 포함돼 있다. 이 기능을 사용하면 지수이동평균과 MACD 히스토그램의 기울기에 따라 주가 바나 캔들에 색을 입힐 수 있다. 시카고의 탁월한 프로그래머 존 브런스John Bruns는 엘더-디스크elder-disk[1] 도구 모음에 임펄스 시스템을 포함시킬 때 이 기능을 활용했다. 조건부 포맷을 허용하지 않는 플랫폼을 사용하더라도 임펄스 시스템을 쓸 수 있다. 지수이동평균과 MACD 히스토그램의 기울기를 관찰하면 된다. 이 둘을 합쳐 보면 가장 최근 바의 색을 알 수 있다.

프로그램을 이용할 수 있다면 임펄스 시스템에 더 많은 기능을 추가할 수 있다. 지수이동평균의 길이나 MACD 설정을 달리 해서 검증한 다음, 자신이 매매하는 시장에 가장 잘 통하는 설정을 찾아라. 데이 트레이더라면 다양한 시장에서 색이 변할 때마다 소리로 경고음을 내도록 프로그램하면 내내 화면 앞에 앉아 있지 않아도 된다.

청산

단기 모멘텀 트레이더라면 두 가지 시간 단위 중 하나라도 임펄스 시스템이 트레이딩 방향과 다르게 색을 바꾸면 바로 포지션을 마감해야 한다. 대개 일간 MACD 히스토그램이 주간보다 먼저 색을 바꾼다. 상

---

1 엘더 디스크는 엘더닷컴elder.com에 올라 있는 다양한 트레이딩 프로그램에 활용할 수 있다.

승 추세가 나타나는 가운데 틱을 낮추면 상승 모멘텀이 약해지고 있는 것이다. 매수 신호가 사라지면 매도 신호를 기다리지 말고 바로 차익을 실현하라.

하락 추세에는 반대로 하면 된다. 두 가지 시간 단위 중 하나라도 임펄스 시스템에서 적색이 사라지면 바로 환매하라. 하락 추세에서 가장 역동적인 구간이 끝나면 모멘텀 트레이딩의 목표는 달성된 것이다.

임펄스 시스템은 진입할 때는 신중하지만 청산할 때는 신속하다. 이것이 트레이딩에 임하는 프로의 자세다. 초보는 반대로 한다. 섣불리 진입했다가 청산할 때 재빨리 결행하지 못하고 시장이 혹시나 자신의 뜻대로 움직이지는 않을까 싶어 질질 끈다.

스윙 트레이더라면 시간 단위 중 하나가 청색으로 변해도 포지션을 그대로 유지할 수 있다. 스윙 트레이더에게 절대 금기 사항은 색이 바뀌었는데도 포지션을 그대로 유지하는 것이다. 롱 포지션을 취하고 있는데 시간 단위 하나가 적색으로 바뀌면 바로 매도하고 한 발짝 물러나 관망해야 한다. 숏 포지션을 취하고 있는데 시간 단위 하나가 녹색으로 바뀌면 바로 환매해야 한다.

평소에는 목적도 질서도 없이 움직이던 군중이 감정에 치우쳐 달리기 시작하면 시장이라는 혼란스러운 바다에 드문드문 질서라는 섬이 생긴다. 임펄스 시스템이 있으면 이 순간을 감지할 수 있다. 추세 패턴이 섬처럼 떠오르면 진입하고 섬이 다시 혼란 속으로 가라앉으면 청산하라.

41

채널 트레이딩
시스템

강이 계곡 사이로 흐르듯 주가는 '물길 chan-nel'을 이루며 흘러간다. 강은 계곡 오른쪽 가장자리에 이르면 왼쪽으로 휘며 굽이친다. 강은 계곡 왼쪽 가장자리에 이르면 오른쪽으로 휘며 굽이친다. 주가 역시 상승하다가 마치 보이지 않는 천장에 부딪힌 듯 멈춘다. 하락하다가도 마치 보이지 않는 바닥이 있는 듯 멈춘다. 채널은 이런 지지와 저항 수준이 어디인지 예측할 수 있게 도와준다.

지지는 매도세의 매도보다 매수자들이 더 열성적으로 매수하고 있는 지점이다. 저항은 매수세의 매수보다 매도자들이 더 열성적으로 매도하고 있는 지점이다(18장을 참고하라). 채널은 지지와 저항이 어디에 나타날지 보여준다.

채널을 활용하면 매수 및 매도 기회를 식별할 수 있으며, 잘못된 매매를 피할 수 있다. 트레이딩 채널에 대한 연구는 J. M. 허스트 J. M. Hurst

가 처음 시작해 1970년 저서《주식 거래 타이밍의 비법 The Profit Magic of Stock Transaction Timing》에서 소개한 바 있다.

위대한 수학자 브누아 맨델브로 Benoit Mandelbrot는 이집트 정부의 요청으로 이집트의 주요 수출품인 면직물 가격을 계산하는 수학 모델을 만들었다. 방대한 연구 끝에 맨델브로는 "가격은 가치 위아래로 움직인다"는 것을 발견했다. 단순해 보이지만 이는 사실 심오한 진리다. 이 수학 명제를 수용하고 가치와 평균 진폭을 판단할 방법만 있으면 트레이딩 시스템을 만들 수 있다. 가격이 가치보다 낮을 때 매수해 가치와 같을 때 차익을 실현하거나 가치보다 높은 가격에 공매도해서 가치와 같을 때 환매하면 된다.

가치가 단기 이동평균과 장기 이동평균 사이의 구간에 존재한다는 것은 이미 설명했다. 이제 채널을 활용해 정상적인 움직임과 비정상적인 움직임을 식별해보자.

채널 구축 방법

이동평균선과 나란히 두 개의 평행선을 그리되, 이동평균선 위와 아래로 하나씩 그리면 채널을 구축할 수 있다. 시장의 변동성에 따라 채널선들 사이의 거리는 조정할 수 있다(표준편차 채널).

이동평균선 주위에 그린 대칭 채널은 주식과 선물 트레이딩에 요긴하게 이용된다. 표준편차 채널(일명 볼린저 밴드)은 옵션 트레이딩에 유용하다.

채널은 정상적인 주가 움직임과 비정상적인 주가 움직임을 판가름하는 경계선 역할을 한다. 주가가 채널 안에 머무르면 정상적인 움직임이며, 채널 밖으로 나가면 비정상적인 움직임이다. 주가가 하단 채널 선보다 아래 있으면 저평가 상태, 상단 채널 선보다 위에 있으면 고평가 상태다.

대칭 채널

앞서 두 가지 이동평균을 활용해 트레이딩하는 법을 설명했다(22장을 참고하라). 두 가지 이동평균 중 느린 이동평균을 채널의 중심축으로 삼아라. 예를 들어, 13일, 26일 지수이동평균을 사용한다면 26일 지수이동평균과 나란히 채널 선을 그려라.

채널의 폭은 계수를 어떻게 설정하느냐에 따라 달라진다. 계수는 대체로 지수이동평균 수준의 비율로 표시된다.

상단 채널선 = 지수이동평균 + 채널 계수 × 지수이동평균
하단 채널선 = 지수이동평균 - 채널 계수 × 지수이동평균

어떤 시장이든 처음 채널을 구축할 때는 계수를 지수이동평균의 3퍼센트나 5퍼센트로 잡고, 채널 안에 지난 100개 바에 해당하는 전체 주가 데이터의 95퍼센트가 포함되도록 계수를 계속 조정한다. 마치 셔츠를 고를 때 너무 헐렁하지도 꽉 끼지도 않는 셔츠를 찾는 것처럼 말이다. 그리고 셔츠를 입으면 손목과 목만 나오듯 제대로 그린 채널이라면 극단적인 주가만 채널 밖으로 튀어나온다.

변동성이 큰 시장이라면 폭이 더 넓은 채널이 필요하고, 변동성이 적은 시장이라면 폭이 더 좁은 채널이 필요하다. 비싼 주식보다 싼 주식이 계수가 더 높은 경향이 있다. 또한 장기 차트의 채널이 더 넓다. 대체로 주간 차트 채널 계수는 일간 차트 채널 계수의 두 배 정도가 적당하다.

예전에는 손으로 채널 선을 그렸는데, 프로그래머가 몇 가지 소프트웨어 패키지에 추가할 수 있는 오토엔벨로프Autoenvelope를 개발해 요즘에는 이를 이용한다. 오토엔벨로프가 있으면 시간 단위, 트레이딩 대상에 상관없이 정확한 채널을 자동으로 그릴 수 있다(그림 41-1). 엘더-디스크에는 대중적인 여러 프로그램에 쓸 수 있도록 오토엔벨로프가 포함돼 있다.

채널이 보여주는 시장 심리

지수이동평균은 산출 기간 동안에 합의된 가치의 평균치를 보여준다. 주가가 이동평균선 근처에 있으면 시장가격이 적절히 형성된 것이다. 주가가 하단 채널선이나 이동평균선 아래 있으면 시장이 저평가된 것이고, 주가가 상단 채널선이나 이동평균선 위에 있으면 시장이 고평가된 것이다. 채널을 활용하면 시장이 저평가됐을 때 매수 기회를 찾을 수 있고 시장이 고평가됐을 때 공매도 기회를 찾을 수 있다.

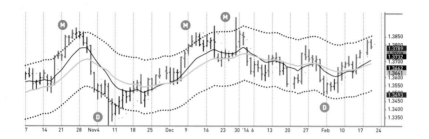

(출처: Tradestation)

채널: 오토엔벨로프

2014년 몇 달 동안 유로화 선물^{ESH14}을 매매한 차트다. 선물은 난해한 외환보다 훨씬 투명하고 정직하다. 나는 통화를 거래할 때마다 통화 선물을 이용한다.

워런 버핏 Warren Buffet은 주식시장을 조울증 환자에 비유했는데, 그의 설명은 다른 시장에도 적용된다. 이 차트에서 유로가 가치가 위 아래로 출렁이는 모습을 볼 수 있다. 유로가 상단 채널선 위로 상승하면 시장은 조증 상태(알파벳 Ⓜ으로 표시)이고, 하단 채널선 아래로 하락하면 우울증 상태다(알파벳 Ⓓ로 표시).

버핏은 트레이더들이 미스터 마켓의 기분에 전염되는 것이 문제라고 지적했다. 대다수의 트레이더가 미스터 마켓이 조증 상태면 매수하고 우울증 상태면 매도하려고 한다. 채널선을 그리면 시장의 조증, 우울증을 진단해 이렇게 감염되는 것을 피할 수 있다. 나는 상단 채널선 위에서 매수하지 않고 하단 채널선 아래에서 공매도하지 않는다는 철칙을 지키고 있다. 이 철칙을 지키느라 지속되는 추세를 놓칠 수도 있지만 안전은 확고해진다. 화면 오른쪽 끄트머리에서 유로는 상단 채널선에 근접 상승하는데, 얼마 못 가 조증이 발현될 것이다.

주가가 이동평균선 아래로 하락하면 저가 매수세가 유입된다. 이들이 매수에 나서고 곰들이 환매하기 시작하면 주가는 하락을 멈추고 상승한다. 주가가 가치보다 상승하면 롱 포지션을 취하고 있던 사람들은 차익 실현의 기회를 살피고 곰들은 공매도 기회를 살핀다. 이들의 매도가 더 이상의 주가 상승을 막는다.

시장의 분위기가 침체돼 바닥까지 내려가면 시장은 다시 회복되기 시작한다. 시장의 분위기가 좋아져 조증 상태가 되면 시장은 다시 차분하게 가라앉기 시작한다. 채널은 군중의 낙관주의와 비관주의의 한 계치를 보여준다. 상단 채널선은 황소가 힘이 빠지는 영역이고 하단 채널선은 곰이 지치는 영역이다.

상단 채널선은 곰들이 벽에 등을 기댄 채 황소들을 물리치고 있는 영역이고, 하단 채널선은 황소들이 벽에 등을 기댄 채 곰들을 물리치고 있는 영역이다. 등을 벽에 기대고 있으면 더 잘 싸우는데, 채널은 이런 이유로 유지되는 것이다.

주가가 상승해 채널을 돌파하고 종가가 채널선 위에 형성되면 강력한 상승 추세라는 신호다. 주가가 상단 채널선을 건드리지 못하면 약세 신호로, 황소들의 힘이 빠지고 있다는 증거다. 하락 추세에는 반대 원칙이 적용된다.

내 친구 케리 로본은 이 개념을 변형해 이동평균 주위에 세 쌍의 채널을 그렸다. 채널의 너비는 평균 실제 거래 범위^{ATR}에 따라 결정된다 (24장을 참고하라). 케리는 이동평균에서 1ATR, 2ATR, 3ATR 떨어진 거리에 채널선을 세 개 그렸다. 정상적인 움직임은 1ATR 채널 안에 머물고 극단적인 움직임만 3ATR 선 밖으로 나가는데, 이는 반전이 임박했다는 신호다(그림 41-2).

트레이더들이 떼로 몰려다니는 매수세나 매도세에 휩쓸릴 때 채널을 보면 장세를 객관적으로 판단할 수 있다. 주가가 상단 채널선을 돌파하면 매수세가 기진맥진한 상태로 매도를 고려해야 할 때다. 주가가 하단 채널선 가까이로 접근하고 모두 매도로 돌아서면 매수를 고려해야 할 때다.

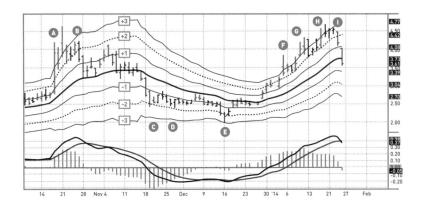

| 그림 41-2 | RSOL 일간, 21일 EMA, 1ATR, 2ATR, 3ATR 채널,
MACD 히스토그램 12-26-9, 임펄스 시스템(출처: Tradestation)

다양한 ATR 채널

리얼 굿즈 솔라^{RSOL} 차트로, 몇 달간의 주가 움직임을 보여준다.

A 구역 - 경고. 주가가 +3ATR 밖으로 돌출 - 상승 추세가 극에 달함.

B 구역 - 매도. 주가가 +2ATR 위를 유지하지 못함 - 롱 포지션의 차익을 실현하라.

C 구역 - 경계. -2ATR에서 하락이 멈춤 - 바닥 다지기 신호.

D 구역 - 경계 확증. 주가가 -2ATR 위에서 유지 - 바닥을 다지고 있음.

E 구역 - 매수. -3ATR까지 가짜 하향 돌파 후 저점을 높임.

F 구역 - 경고. 주가가 +3ATR 밖으로 돌출 - +2ATR를 유지하는지 주시하라.

G 구역 - 다시 경고. 주가가 +3ATR 밖으로 돌출 - +2ATR를 유지하는지 주시하라.

I 구역 - 매도. 주가가 +2ATR 위를 유지하지 못함 - 롱 포지션의 차익을 실현하라.

이동평균 채널을 활용한 매매 기법

아마추어는 승산이 없는 곳에 베팅한다. 아마추어는 상단 채널을 돌파할 때 매수하고 하단 채널을 돌파할 때 공매도한다(공매도한다면 말이다). 아마추어는 채널이 돌파되면 새로운 추세가 시작됐다고 믿고 일확천금을 꿈꾼다.

반면 프로는 주가의 움직임이 정상으로 돌아오기를 기다리며 주가의 이상 움직임과 반대 방향으로 매매한다. 프로는 알고 있다. 돌파는 대개 힘이 소진된 뒤 나타난 움직임이어서 곧바로 무산된다는 것을. 따라서 프로는 돌파와 반대 방향으로 매매하기를 즐긴다. 프로는 상단 돌파가 멈칫하는 순간 공매도하고, 하단 돌파 후 거래 범위로 되돌아오기 시작하면 매수한다.

새로운 주요 추세가 형성돼 채널을 돌파할 경우, 이를 이용해 큰돈을 벌 수도 있다. 그러나 장기적으로는 프로를 따라 매매하는 것이 유리하다. 대부분의 돌파는 무산되고 반전된다. 돌파와 반대 방향으로 매매하고 수익 목표를 가치 구간에 둘 수 있으므로 채널선은 썩 구미가 당기는 구간이다.

이동평균 채널은 단독 매매 기법으로 쓸 수도 있고 다른 기법과 결합해서 쓸 수도 있다. 다음은 뉴욕에서 활동하는 유명한 시장 연구자이자 펀드 매니저인 제럴드 아펠이 추천한 채널 활용 규칙이다.

1. 이동평균선을 그리고 주위에 채널을 구축한다. 채널이 수평에 가까울 경우 채널 바닥에서 매수하고 채널의 천장에서 매도하면 거의 언제나 적중한다.

2. 추세가 상승으로 돌아서고 채널이 급상승할 때 상단 채널선이 돌파되면 강력한 상승 모멘텀이 만들어졌다고 보면 된다. 이때는 형성되고 있는 고점 영역에서 매도 기회가 한 번 이상 발생한다. 채널선을 돌파한 후에

는 주가가 이동평균선 근처로 되돌림하는 것이 보통인데, 이때가 절호의 매수 기회다. 시장이 다시 상단 채널선에 도달하면 롱 포지션을 매도하라.

급격한 하락 추세가 나타날 경우, 이 규칙은 반대로 적용된다. 주가가 하단 채널선 아래로 떨어지면 이동평균으로 되돌림할 가능성이 크므로 또 다시 공매도 기회가 된다. 주가가 하단 채널선으로 돌아오면 숏을 환매할 기회다.

채널과 다른 기술적 지표를 결합하면 최상의 매매 신호가 발효된다(그림 41-3). 지표는 주가와 다이버전스를 보일 때 가장 강력한 신호를 보낸다. 작고한 매닝 스톨러Manning Stollr는 나와 만난 자리에서 채널과 다이버전스를 결합하는 방식을 설명해주었다.

1. 주가가 상단 채널선에 도달하고 MACD 히스토그램 같은 지표가 약세 다이버전스를 보이면 매도 신호가 켜진다. 이는 황소들이 지나치게 무리하고 있다는 의미다.

2. 주가가 하단 채널선에 도달하지만 지표가 강세 다이버전스를 보이면 매수 신호가 켜진다. 이는 곰들의 힘이 떨어지고 주가가 바닥을 쳤다는 의미다.

트레이딩을 할 때는 여러 개의 시간 단위로 시장을 분석해야 한다. 주간 차트에서 주가가 상승하면 일간 차트에서 매수 기회를 살펴라. 주간 차트에서 주가가 하락하면 일간 차트에서 공매도 기회를 살펴라.

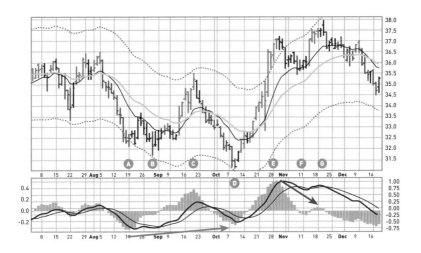

| 그림 41-3 | SIX 일간, 26일, 13일 EMA, 6% 채널, MACD 히스토그램 12-26-9, 임펄스 시스템(출처: Stockcharts.com)

채널 조합과 MACD 신호

식스 프래그 엔터테인먼트 SIX의 차트로, 몇 달간의 주가 움직임을 보여준다.

A 구역 - 주가가 하단 채널선에 도달하고 MACD 히스토그램이 신저점을 찍으면서 이 저점을 재검증하거나 넘어설 것을 예고함.

B 구역 - 채널선 거부, 반등 예고.

C 구역 - 주가가 상단 채널선에 도달한 후 후퇴 - 반전 가능.

D 구역 - 매수. 주가가 하단 채널선에 도달하지만 MACD 히스토그램이 바닥 A와 D 사이에서 강세 다이버전스를 보임. C에서 0선 위로 상승.

E 구역 - 주가가 상단 채널선에 도달하고 MACD 히스토그램이 신고점을 찍으면서 이 고점을 재검증하거나 넘어설 확률이 높음.

F 구역 - 가치로 되돌림 완성. MACD 히스토그램이 0선 아래로 떨어져 약세 다이버전스 가능성. 그러나 전고점으로 돌아갈 수 있으므로 매수 가능.

G 구역 - 매도와 공매도. 주가가 상단 채널선에 도달하고 MACD 히스토그램이 고점 E와 G 사이에서 약세 다이버전스를 보임. F에서 0선 아래로 잠시 하락.

---

3. 채널이 상승할 때 이동평균선 근처에서 롱 포지션을 취하고 상단 채널선에서 차익 실현에 나서라. 채널이 하락할 때 이동평균선 근처에서 숏

포지션을 취하고 하단 채널선에서 차익 실현에 나서라.

채널이 상승하면 황소 편에서만 매매하는 것이 유리하다. 이때 빠른 이동평균과 느린 이동평균 사이에 있는 가치 구간에서 매수하고, 상단 채널선에서 매도하라. 채널이 하락하면 가치 구간에서 공매도해 하단 채널선에서 환매하라.

표준편차 채널(볼린저 밴드)

볼린저 밴드의 독특한 특징은 시장 변동성에 따라 밴드 폭이 변한다는 것이다. 볼린저 밴드를 이용한 매매 원칙은 일반 채널의 매매 원칙과는 좀 다르다.

1. 21일 지수이동평균을 구한다.

2. 각각의 종가에서 21일 지수이동평균을 빼 편차를 구한다.

3. 각각의 편차값을 제곱한 다음 모두 더해 제곱편차의 총합을 구한다.

4. 제곱편차의 총합을 지수이동평균 산출 기간으로 나누어 제곱편차의 평균을 구한다.

5. 제곱편차의 평균에 제곱근을 씌워 표준편차를 구한다.

많은 소프트웨어 패키지에 존 볼린저 ^John Bollinger^가 윤곽을 잡은 이 산출 방식이 포함돼 있다. 시장의 변동성이 커지면 볼린저 밴드의 폭이 넓어지고, 시장의 변동성이 줄어들면 볼린저 밴드의 폭이 좁아진다. 밴드의 폭이 좁으면 시장이 조용하다는 뜻이다. 밴드가 횡보를 보인 이후 시장의 주요 움직임이 분출되는 경향이 있다. 볼린저 밴드는 조용하던 시장이 활발한 움직임을 보이는 전환점을 포착하는 데 매우 유용하다.

볼린저 밴드는 옵션 거래자에게 특히 유용하다. 옵션 가격은 변동성이 등락하는 데 따라 크게 출렁이기 때문이다. 볼린저 밴드의 폭이 좁으면 변동성이 낮아 옵션이 비교적 쌀 때 매수할 수 있으며, 밴드의 폭이 넓으면 변동성이 높아 옵션이 비교적 비쌀 때 발행(매도)할 수 있다.

앞으로 옵션에 대해 다시 살펴보겠지만 옵션을 매수하는 것은 패자의 게임이다. 프로 트레이더는 옵션을 발행(매도)한다. 볼린저 밴드가 넓으면 옵션을 활발하게 발행할 때다. 옵션이 아니라 주식이나 선물을 매매한다면 일반 채널을 이용해 수익 목표를 정해야 한다. 트레이딩은 가뜩이나 어려운 게임인데 볼린저 밴드처럼 표적이 움직이면 더더욱 어려워진다.

NEW
TRADING
FOR A LIVING

제 8 부

트레이딩 대상

주식시장에서
살 아 남 는
심   리
투 자 법 칙

트레이딩 대상은 몇 가지 유형으로 분류된다. 컴퓨터 화면에 보이는 차트가 비슷하다고 해서 착각하면 안 된다. 각각의 유형마다 장단점이 있다. 수익을 얻을 기회가 다르고 부담해야 할 위험도 다르다. 어떤 대상을 트레이딩할지 선택하는 것은 트레이더가 시장에서 해야 할 일 중 가장 중요한 결정 사항이라고 할 수 있다.

어떤 시장에 주력할지 결정하는 데 도움이 되길 바라면서, 다음 주요 그룹을 살펴보겠다.

- ☐ 주식
- ☐ ETF
- ☐ 옵션
- ☐ CFD

□ 선물

□ 외환

어떤 그룹을 선택하든 트레이딩 대상은 두 가지 필수 요건을 충족해야 하는데, 바로 유동성과 변동성이다.

유동성은 일평균 거래량으로, 해당 그룹의 다른 대상과 비교해서 판단해야 한다. 유동성이 높을수록 진입과 청산이 쉽다. 유동성이 부족한 종목은 포지션에 수익이 쌓여도 청산할 때 특히 체결오차 때문에 손실이 나기 쉽다.

이와 관련, 나는 수십 년 전에 교훈을 얻은 적이 있다. 당시 나는 유동성이 아주 낮은 종목의 포지션을 6,000주까지 늘렸는데, 주가가 하락해서 매도하려고 했다. 그런데 이 종목의 일평균 거래량은 고작 9,000주에 불과했다. 거래하는 사람이 거의 없어서 내가 매도하려고 하자마자 주가는 더 떨어졌다. 6,000주를 매도하고 빠져나오는데 며칠이 걸렸다. 마치 좁디좁은 문에 살찐 소를 통과시키느라 문설주에 긁혀 가죽이 다 뜯겨 나간 느낌이었다. 지금은 하루 100만 주 이상 거래되는 미국 주식을 집중 거래한다. 이런 주식이라야 눈에 띄지 않게 가만히 진입하고 청산할 수 있다. 트레이더가 많이 몰려야 매수, 매도 주문이 많고 체결오차도 적다.

변동성은 단기간에 트레이딩 대상이 움직이는 정도를 보여주는 지표다. 변동성이 높을수록 트레이딩 기회가 더 많다. 인기 있는 종목은 움직이는 폭이 크다. 수도, 전기 같은 공익기업의 주식은 유동성은 높지만 변동성이 낮고 거래 범위가 좁아 거래하기가 아주 힘들다.

변동성을 측정하는 방식은 다양하지만, 실용적이고 괜찮은 도구로 '베타beta'가 있다. 베타는 지수 같은 전체 시장과 대상의 변동성을 비교한다. 해당 종목의 베타가 1이면 S&P500과 변동성이 동일하다는 의미다. 베타가 2라면 S&P500이 5퍼센트 상승하면 해당 종목은 10퍼센트 상승한다는 뜻이다. 반대로 S&P500이 5퍼센트 하락하면 해당 종목은 10퍼센트 하락할 가능성이 높다. 초보라면 베타가 낮은 종목에 집중해야 한다. 야후 파이낸스Yahoo Finance를 비롯한 주요 금융 관련 웹사이트는 대다수 종목의 베타를 공개한다. 베타는 녹색은 초보, 청색은 중급, 검정 다이아몬드는 전문가용으로 구분해놓은 스키 슬로프 코스와 비슷하다고 볼 수 있다.

표준시간대 세계화로 많은 사람들이 멀리 떨어진 곳의 주식 등을 거래할 수 있게 됐다. 나는 호주에서 미국 주식을 거래하는 트레이더들을 만나고 유럽 지수와 씨름하는 미국 트레이더들과 이야기를 나누기도 한다. 그런데 표준시간대가 다른 국가에서 거래하려면 신중하게 생각해야 한다. 데이터 화면은 전 세계와 연결돼 있어도 물리적인 육체는 사는 곳에 뿌리를 두고 있기 때문이다. 졸릴 때 트레이딩을 하면 불리하다. 지구 반대편에서 포지션이 오픈돼 있는 상태에서 잠들면 경쟁자들이 지갑을 털어가기 쉽다.

표준시간대가 달라도 트레이딩하기 편한 지역이 있긴 하다. 예를 들어, 서유럽에서 볼 때 뉴욕증권거래소가 오후 3시 30분에 개장해 오후 10시에 마감하므로 비교적 편하게 미국 시장에서 트레이딩할 수 있다. 아시아는 미국과 시차가 12시간이므로 미국 시장에서 트레이딩하기 어렵다. 물론 언제나 예외는 있어서 밤에 트레이딩하는 것을 즐기는 사람도 있을 수 있다. 하지만 이렇게 거래하는 것이 피곤하거나 졸려서 어려움을 느낀다면 무리하지 말고 국내 시장으로 눈을 돌려라.

롱 / 숏 매수하고 주가가 오르기를 기다리는 것만으로는 트레이딩이라 할 수 없다. 시장은 양 갈랫길로, 오르막도 있고 내리막도 있다. 초보는 매수만 하지만 노련한 트레이더는 능숙하게 공매도한다.

간단히 말해, 공매도란 하락할 만한 종목을 발견하면 (보증금을 납부하고) 증권사에서 주식을 빌린 다음 매도하는 것이다. 주가가 하락한 뒤에 싼 가격에 환매해 빌린 주식을 증권사에 주고 보증금을 돌려받는다. 매도가와 매수가의 차이만큼 수익이 발생하는 구조다. 매수하는 경우와 반대로 먼저 매도하고 나중에 매수하는 것이지만 과정은 동일하다. 두 문단으로 설명하기에 공매도는 너무 복잡하므로 내가 앞서 출판한 책《언제 매도할 것인가 The New Sell and Sell Short: How to Take Profits, Cut Losses, and Benefit from Price Declines》(John Wiley & Sons, 2011)를 읽어볼 것을 추천한다.

42

주식

주식은 기업을 소유했다는 증서다. 1억 주를 발행한 회사의 주식 100주를 매수한다면 나는 그 회사의 100만 분의 1을 소유한 셈이다. 이 회사를 소유하고 싶은 사람들이 있다면 나한테 가격을 제시하고 주식을 사야 한다.

많은 사람이 어떤 기업의 전망을 낙관적으로 보면 주식을 사려고 주문하는 사람이 늘어나 주가가 오른다. 반대로 기업의 전망을 비관적으로 보고 주식을 팔기 시작하면 주가는 하락한다. 주가가 오르면 자산을 늘리거나 채권을 발행하기 쉬우므로 상장기업은 주가를 끌어올리려고 노력한다. 고위 임원의 보너스가 주가에 연동된 경우도 많다.

장기적으로는 수익 같은 펀더멘털 가치가 주가를 움직이지만, 유명한 경제학자이자 종목을 선정하는 데 있어 약삭빨랐던 존 메이너드 케인스 John Maynard Keynes가 말했듯 "언젠가는 우리 모두 죽는다." 시장에는 투기성 싸구려 주식이 넘쳐난다. 이런 주식은 수익이 미미하거나 거의 없는 회사의 주식으로, 어느 날 갑자기 중력을 무시하고 주가가 치솟기도 한다. 흥미진진한 신산업의 경우, 실제 수익보다 미래 수익에 대한 기대감 때문에 주가가 오르기도 한다. 수익성이 견고하고 경영에 문제없는 기업이라도 대중이 기업의 전망을 탐탁지 않게 생각하면 주가가 횡보 또는 하락할 수 있다.

워런 버핏은 주식을 사면 미스터 마켓이라는 조울증 환자의 파트너가 되는 셈이라고 말한다. 매일 아침 미스터 마켓이 달려와 주식을 사주겠다고, 또는 주식을 팔겠다고 재촉한다. 미스터 마켓은 제정신이 아니므로 대부분의 경우 무시해야 하지만 가끔 우울증이 심해져서 헐값에 주식을 내놓는다. 바로 이때 주식을 사야 한다. 조증이 찾아오면 터무니없이 비싼 값에 사겠다고 한다. 바로 이때 주식을 팔아야 한다.

버핏의 발상은 단순하다는 점에서 참신하지만 이를 따르기는 어렵다. 미스터 마켓의 기분은 전염성이 높아서 사람들은 이에 쉽게 휩쓸려 나동그라진다. 사람들은 미스터 마켓이 우울할 때 팔려고 하고 조증일 때 매수하려고 한다. 성공하려면 군중과 거리를 둬야 한다. 얼마나 비싸야 비싼 것인지, 얼마나 싸야 싼 것인지 객관적인 기준을 정해둬야 한다. 버핏은 펀더멘털 분석과 기가 막힌 육감으로 이를 판단했다. 트레이더라면 이 책에서 설명하는 기술적 분석 도구를 사용하라.

어떤 주식을 거래할 것인가? 미국에는 2만 개가 넘는 주식이 있고 해외에는 더 많은 주식이 있다. 초보는 너무 광범위한 종목을 이리저리 다 살피려는 경향이 있다. 기회를 놓칠까 봐 두려워서 검출 소프트웨어를 구매하는 경우도 있다. 한 종목을 어떻게 트레이딩할지 명확한 생각이 없는 사람이 수천 종목을 추적한들 도움이 될 리 없다. 그보다는 소수의 종목에 집중해 매일 주시하는 편이 훨씬 낫다.

　제10부 '실용적인 원칙들'에서 종목 선정 문제를 다시 다룰 것이다. 간단히 말하자면 트레이딩 후보 종목 수를 제한하는 것이 좋다. 자신의 역량과 시간에 따라 많든 적든 제한을 두는 것이다. 내 그리스인 친구 하나는 자신이 주시하는 200개 종목을 하렘이라고 불렀다. 그는 한때 200개 종목을 모두 보유했는데 지금은 주말이면 이 종목들을 살펴보고 다음 주에 시도해볼 후보로 10개 이하의 종목을 선정한다.

　나는 두 가지 '후보군'에서 트레이딩 아이디어를 얻는다. 주말이면 S&P500에 속한 500개 종목을 다이버전스 검출 장치로 쭉 훑어보고 걸리는 종목을 자세히 살펴본다. 그런 후 다음 주 트레이딩할 후보를 소수 고른다. 두 번째로, 주말에 스파이크트레이드닷컴 회원들이 선정한 종목들을 검토하는데, 최고의 트레이더 12명이 선정한 종목에 내가 고를 만한 종목이 최소한 하나쯤은 있을 거라고 생각한다. 내가 한 주동안 면밀하게 주시하는 종목 수는 항상 한 자릿수다. 이건 내 방식일 뿐이다. 수십 가지 종목을 한꺼번에 살피는 사람들도 있다. 어느 정도가 맞는지는 자신만 판단할 수 있다. 집중할 수 있는 만큼만 추적하라.

Trading for a Living

43

ETF

   상장지수펀드 ETF는 주식처럼 거래되는 투자 대상이다. 주식, 상품, 채권 등 다양한 자산군과 관련된 ETF가 있으며, 대체로 순자산가치와 큰 차이 없이 거래된다. 예를 들면, 지수, 섹터, 국가, 상품, 채권, 선물, 외환과 연동되도록 설계된 ETF가 있다. 레버리지 ETF는 기초가 되는 지수의 두 배 또는 세 배의 수익이나 손실을 거두도록 설계된 ETF다. 기초자산과 반대로 거래되는 인버스 inverse ETF, 레버리지 인버스 ETF도 있다. 인버스 ETF는 지수가 하락하면 상승하고, 지수가 상승하면 하락한다. 최근 몇 년 사이 ETF는 수천 가지에 달할 정도로 급증했다.

  이렇게 선택 사항이 많은데 ETF를 꺼릴 이유가 있을까? 사실은 많다. 업계는 ETF에 두 가지 시장이 존재한다는 점에 입을 다물고 있다. 1차 시장은 대형 증권사나 딜러 등 '허가 받은 참여자'만 참여할 수 있는 시장으로, 이들은 유동성 공급자와 계약해 ETF 수만 주를 묶어 대량으로 사고판다. 이 중개인들이 도매가로 사서 우리 같은 사람에게 소매가로 파는 것이다. 개인 트레이더들은 항상 2차 시장으로 밀려난다.

활발하게 트레이딩하는 친구가 이 부분에 주목하면서 이렇게 덧붙였다. "'허가 받은 참여자'는 ETF 주를 대량으로 공매도할 수도 있다. 내가 이용하는 증권사는 늘 대중적인 ETF도 구할 수 없다고 하는데, 증권사에는 ETF 주식이 엄청나게 쌓여 있을 것이다. 내가 이를 지적하면 증권사는 대답을 거부한다. 이런 인가된 참여자들의 공매도 거래가 어떻게 계산되는지 궁금하다. 만약 쌍거래로 끝난다면(매수로 수량 증가, 판매로 수량 감소가 돼 상쇄) 추가 매도 압력이 보이지 않게 숨는다."

ETF를 운용하는 데 따른 경상비 역시 투자자의 수익을 갉아먹는다. 모건 스탠리Morgan Stanley의 연구에 따르면, 모건 스탠리의 2009년 ETF 수익은 목표치에 평균 1.25퍼센트 못 미쳤는데, 목표치에서 '빗나간' 정도가 2008년 대비 두 배로 증가했다. 이런 경상비 때문에 개별 주식 대비 ETF 거래의 장점이 상쇄된다. ETF에 연동된 지수가 먼 해외에 관련된 것일수록 경상비는 높아진다.

일부 ETF는 아주 빨리 가치가 하락해 발행처들이 가격을 두 자릿수로 올리기 위해 주식 병합을 거듭 실시하기도 한다. 시간이 지나면 이런 ETF는 가격이 다시 한 자릿수로 떨어지는데, 이때 발행처는 다시 주식 병합을 실시해 새로운 '호구'들을 유혹한다.

내 친구 하나는 지난해 100만 달러 넘게 날렸다. 친구는 시장이 하락할 것으로 예상하고 변동성 지수 ETF를 매수했다(시장이 하락하면 변동성이 커진다). 아니나 다를까 시장이 10퍼센트 하락하고 변동성이 치솟았다. 그런데 친구가 매수한 ETF는 상승하지 않고 하락했다(그림

43-1).

많은 ETF가 기초 지수를 '추적'하는 솜씨가 형편없다. 상품 ETF를 한번 시도해본 적이 있는데, 며칠 동안 기초 상품은 상승하지만 상품 ETF는 하락했다. 이 일을 겪은 뒤로 ETF는 쳐다보지도 않는다. 국가 지수는 신고점을 찍는데 ETF는 돌파 수준 아래 머무르는 경우도 있다(그림 43-2). 몇 번 이런 상황에 부딪힌 뒤로는 국가 지수에 연동된 ETF 역시 더 이상 트레이딩하지 않는다.

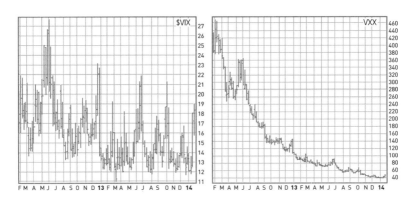

| 그림 43-1 | $VIX, 변동성 지수, VXX, 변동성 ETF, 주간(출처: Stockcharts.com)

변동성 추적: 현실과 환상

같은 기간을 다룬 이 두 차트가 동일한 대상을 추적했다는 사실, 믿을 수 있는가?

변동성은 시장의 움직임에서 아주 중요한 요소다. 주가가 상승 추세와 하락 추세 사이를 오가듯, 변동성 역시 낮음과 높음을 오간다. 많은 분석가와 트레이더가 $VIX, 즉 변동성 지수에 주목하는 이유다. 왼쪽 차트를 보면 지난 2년 동안 $VIX는 10대 초반과 20대 중반을 오갔다(2008년 하락장에서 잠시 80달러 위로 상승했다). 트레이더들 사이에는 이런 말이 회자된다. "VIX가 높으면 안전하게 매수할 수 있다. VIX가 낮으면 손 놓고 쉬어라."

$VIX가 아주 규칙적으로 움직이면 일부 트레이더는 VXX(오른쪽 차트) 같은 다양한 ETF를 활용해 트레이딩을 시도한다. 같은 기간 VXX는 지속적으로 하락해 가치의 90퍼센트가 날아갔다. 이 정도면 변동성 추적, 어떤가?

레버리지 ETF는 일반 ETF에 비해 선물 같은 파생상품에 더 많이 투자하므로 매달 롤오버 rollover 손실이 훨씬 크다. 레버리지 ETF는 투자자가 감수해야 하는 불리한 단점이 더 크다. 트레이딩이 이뤄지는 동안에는 기초자산을 어느 정도 정확하게 추적하지만 시간이 지날수록 크게 벗어난다.

그나마 괜찮은 ETF는 SPY, QQQ 등 넓은 시장을 추적하는 ETF다. 경험이 부족한 개인 투자자가 ETF에 투자하는 경우가 많은데, 경상비가 높고 기초 주식을 제대로 추적하지 못하기 때문에 이미 기울어진 운동장에서 벌이는 게임이라고 봐야 한다. '공짜 점심은 없다'는 중요한 원칙을 명심하라. 이를 ETF에 적용하면 '고객이여, 조심하라.'

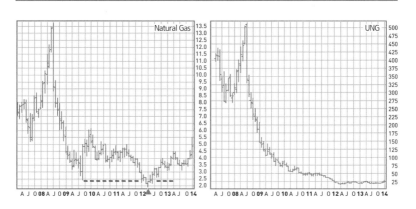

| 그림 43-2 | 천연가스, UNG(출처: Stockcharts.com)

천연가스 시장: 현실과 환상
왼쪽은 천연가스 시장의 차트다. 천연가스는 2008년 13.5달러 부근에서 정점을 찍더니 이중 바닥을 그리며 약세장이 시작된다. 2012년 2달러 부근에서 가짜 하향 돌파가 발생하며 매수 기회를 제공한다. 선물 차트(위에 표시하지 않음)는 천연가스 차트와 흡사한 모양새를 보였지만, 오른쪽 UNG(천연가스 ETF) 차트를 보라. 500달러에서 20달러 아래로 끝없이 추락했다. 돈을 날렸는데 도대체 바닥이 어딘지 모르겠다고 불평하는 이들이 무수히 많았다.

44

옵션

옵션은 주식, 지수, 선물 등 다른 증권이 특정 날짜에 특정 가격에 도달하리라는 것에 투자하는 파생상품이다. **콜옵션**은 특정 증권을 특정 가격과 특정 시간에 특정 수량만큼 매수할 수 있는 권리다. 그러나 의무는 아니므로 권리 행사를 포기할 수도 있다. 가격이 상승할 것으로 예상하면 콜옵션을 매입한다. **풋옵션**은 특정 증권을 특정 가격과 특정 시간에 특정 수량만큼 매도할 수 있는 권리다. 가격이 하락할 것으로 예상하면 풋옵션을 매입한다. 역시 의무는 아니므로 권리 행사를 포기할 수도 있다. 모든 옵션에는 매수자와 매도자(발행자)가 있다. 매수자는 옵션을 사고 발행자는 옵션을 발행해 매수자에게 판다.

단, 이 점을 명심해야 한다. 일부 운이 좋은 경우를 제외하면 장기적으로 볼 때 옵션은 매수자가 돈을 잃게 되어 있다. 대척점에 있는 옵션 발행자는 가끔 돈을 잃기도 하지만, 꾸준히 돈을 번다.

발행자는 갑자기 옵션을 발행해 옵션 매수자의 수요를 충족시킨다. 내 강좌를 듣는 수강생 중 하나가 미국 증권거래소에서 시장 조성자로 일했는데, 이렇게 말했다. "옵션은 희망을 거래하는 사업이죠. 희망을 팔거나 살 수 있습니다. 저는 프로니까 희망을 팝니다. 아침이면 거래소로 가서 대중이 무엇을 바라는지 찾아봅니다. 그러곤 희망에 가격을 매겨 그들에게 팔죠."

모든 옵션에는 행사 가격이 있다. 행사일 전에 주식이 행사 가격에 도달하지 못하면 옵션은 아무런 가치 없이 무효가 되며 매수자는 이미 지불한 만큼 돈을 날리게 된다. 하지만 발행자에게는 이미 지불 받은 돈만큼 이익이 발생하는데, 이를 점잖게 프리미엄이라고 부른다.

- ☐ 기초자산의 현재 가격이 행사 가격과 같으면 **등가격** 옵션이다.
- ☐ 기초자산의 현재 가격이 행사 가격보다 낮으면 **외가격** 콜이다. 기초자산의 현재 가격이 행사 가격보다 높으면 외가격 풋이다.
- ☐ 기초자산의 현재 가격이 행사 가격보다 높으면 **내가격** 콜이다. 기초자산의 현재 가격이 행사 가격보다 낮으면 내가격 풋이다.

옵션은 시간에 따라 기초자산의 가격이 변동하면서 등가격이 될 수도, 내가격이나 외가격이 될 수도 있다. 모든 옵션의 가격에는 내재가치와 시간가치 두 가지 요소가 포함돼 있다.

- ☐ 옵션은 내가격일 경우에만 **내재가치**가 0보다 크다. 콜 행사 가격이 80달러인데 기초자산 가격이 83달러로 오르면 콜 내재가치는 3달러가

된다. 해당 자산 가격이 80달러 또는 80달러 미만이면 콜의 내재가치는 0이다.

□ 옵션 가격을 구성하는 또 다른 요소는 **시간가치**다. 주식이 74달러에 거래되고 80달러 콜에 2달러를 지불한다면 2달러 모두 시간가치다. 주가가 83달러로 올라 콜 가격이 4달러로 뛰면 3달러가 내재가치(83달러 - 80달러), 1달러가 시간가치다(옵션 잔존 기간 동안 주식이 더 오를 것이라는 희망).

옵션 가격은 몇 가지 요소로 결정된다.

□ 외가격이 행사 가격에서 멀어질수록 옵션 가격은 싸진다. 옵션 만기가 다가오기 전 옵션에 가치가 생기려면 기초자산 가격이 더 많이 움직여야 하기 때문이다.

□ 만기가 가까워질수록 옵션 가격은 싸진다. 희망대로 될 시간이 부족하기 때문이다. 옵션 가치가 없어지는 속도를 '시간가치 소멸'이라고 부른다. 시간가치 소멸은 직선으로 일어나지 않고 만기일이 가까울수록 경사가 가팔라진다.

□ 기초자산의 변동성이 적을수록 옵션 가격은 싸진다. 가격이 크게 움직일 가능성이 적기 때문이다.

□ 그밖에 소소하게 영향을 미치는 요인으로 금리 수준, 기초자산의 배당률 등이 있다.

옵션 가격에 영향을 미치는 요소들은 서로 충돌해 상쇄되기도 한다. 예를 들어, 시장이 급락해 콜 가치가 하락하면 변동성이 높아져 옵션 가치를 끌어올리고 콜옵션의 손실이 예상보다 적어진다. 블랙숄

즈^{Black-Scholes} 모형 같은 몇 가지 수학적 모델이 옵션의 적정 가치를 판단하는데 사용되는데, 옵션 관련 서적에 대부분 설명돼 있다.

옵션 매수

옵션에 접근하는 가장 간단하고 쉬운 방법은 매수해보는 것이다. 초보들이 옵션을 매수하는 것을 빨리 배워서 바꾸지 않으면 계좌는 동이 나버릴 수도 있다.

증권사는 이렇게 선전한다. "옵션은 레버리지를 제공합니다. 현금이 조금만 있어도 대규모 포지션을 제어할 수 있죠. 옵션의 위험은 지불한 가격에 제한됩니다. 잘되면 빨리 돈을 벌고, 잘못돼도 빚 같은 것 없이 그냥 돌아가면 됩니다!" 옵션 매수로 돈을 벌려면 세 가지가 전부 맞아떨어져야 된다는 건 알려주지 않는다. 우선 주식을 잘 골라야 하고, 가격이 어느 정도 움직일지 제대로 예상해야 하며, 언제 특정 가격에 도달할지 정확히 예측해야 한다. 이 세 가지 중 하나라도 어긋나면 돈을 날린다. 놀이공원에서 공을 던져 고리 세 개를 통과시켜야 하는 게임을 해본 적 있는가? 통과해야 할 고리가 세 개나 되어 옵션 매수는 질 수밖에 없는 게임이라고 해도 과언이 아니다.

주식, 지수, 선물은 상승 또는 하락하거나 변동 없는 세 가지 상태 중 한 모습을 보인다. 콜을 매수하면 상승해야만 수익을 거둘 수 있다. 하락하거나 변동 없으면 돈을 잃는다. 가격이 상승하더라도 정한 기한 내에 상승하지 않으면 돈을 잃는다. 풋을 매수하면 정한 기한 내에 가격이 하락해야만 수익을 거둘 수 있다. 옵션 매수자는 시장이 기한 내 자신이 예측한 방향대로 움직여야만 돈을 벌 수 있다. 천천히 움직이거나 변동 없거나 반대 방향으로 움직이면 돈을 날린다.

옵션 매수자는 이길 확률이 세 번 중 한 번꼴이지만 옵션 발행자는 세 번 중 두 번꼴이다. 따라서 프로는 당연히 옵션을 발행한다. 프로는 콜을 매도하는데 주가가 하락하거나 또는 변동 없거나 혹은 상승하더라도 천천히 상승하면 콜은 가치 없이 무효가 되고 프로는 프리미엄을 챙긴다. 프로는 가엾은 매수자에게 희망을 팔고, 희망이 없어지면 돈을 챙긴다.

주식을 살 여력이 안 되는 개미들은 옵션으로 몰려든다. 적은 돈을 크게 굴리고 싶어서 주식 대용으로 콜을 매수하는 것이다. 하지만 옵션은 주식과 다르게 움직이므로 좀처럼 뜻대로 되지 않는다. 잘 속는 아마추어는 허황된 희망을 사고, 프로는 이들에게 기꺼이 희망을 판다.

초보, 도박꾼, 자본이 부족한 트레이더가 옵션 매수자의 대다수를 차지한다. 이 불쌍한 사람들이 빨리 부자가 되려고 안달하다가 날린 돈을 생각해보라. 이 많은 돈을 누가 챙겼을까? 증권사가 수수료로 챙긴 것도 있지만, 대부분은 옵션 발행자의 주머니로 들어갔다. 자본력이 탄탄한 프로는 옵션을 매수하지 않고 발행한다. 옵션 발행은 자본 집약적 사업이다. 제대로 하려면 최소한 수십만 달러는 있어야 하며, 성공한 발행자는 수백만 달러를 굴린다. 옵션 발행은 해박하고 절제력이 있으며 자본력이 탄탄한 트레이더가 신중하게 임해야 하는 게임이다. 옵션을 발행하기에 돈이 부족하면 충분히 돈이 쌓일 때까지 기다려라.

시장은 정보력이 부족한 다수의 주머니에서 돈을 빨아들여 현명한 소수의 지갑으로 옮기는 펌프라고 할 수 있다. 어떤 시장이든 영리한 트레이더는 다수가 한 방향으로 움직이는데 자금력이 탄탄한 소수가 반대로 움직일 때를 살핀다. 옵션은 이 원칙을 보여주는 좋은 본보기다.

옵션 발행

옵션 발행에는 크게 두 가지 유형이 있다. 커버드(방비) 라이팅 Covered writing은 주식을 매수하고 반대 매매하는 옵션을 발행한다. 네이키드(무방비) 라이팅 Naked writing은 보유하지 않은 주식의 콜이나 풋을 발행하는 것이다.

방비 옵션은 기초자산을 소유한다. 예를 들어, 펀드를 운용할 때 IBM 주식을 다량 보유하면서 콜을 매도한다. 콜 행사 기간 내 주가가 행사 가격까지 오르지 않으면 옵션은 아무런 가치 없이 무효가 된다. 그러면 펀드에 프리미엄을 더하고 새로운 만기일로 새로 콜을 발행한다. IBM 주가가 행사 가격까지 오르고 상대방이 권리를 행사하면 행사 가격에 주식을 인도해 돈을 거두고 풀린 자금으로 다른 주식을 매수하고 콜을 발행한다.

대규모 펀드는 컴퓨터 모델을 활용해 주식을 매수하고 방비 콜을 발행한다. 방비 옵션은 수학적으로 어렵고 자본 집약적이다. 대다수가 넉넉한 자본금을 토대로 직원, 장비에 돈을 많이 쓴다. 자본금이 적은 트레이더는 이처럼 돈이 많이 드는 사업에서 우위를 점하기 어렵다. 방비 옵션은 옵션이 거래되던 초기에는 수익이 아주 컸지만 지금은 사람이 많아지면서 수익이 점점 줄어들고 있다.

무방비 옵션은 기초자산을 소유하지 않은 채 옵션을 매도하는데, 계좌의 현금 잔고가 뒷받침돼야 한다. 무방비 옵션은 포지션을 취할 때 프리미엄을 받지만 시장이 포지션과 반대로 움직이면 위험이 무한대로 커진다. 주식을 보유하고 방비 콜을 매도했는데 주가가 행사 가격까지 오르면 콜 매도자는 주식을 인도해야 한다. 무방비 콜을 매도했는데 주가가 행사 가격에 도달하거나 그 이상 오르면 돈을 지불해야 한다. 어떤 주식의 콜을 매도했는데 다음 날 아침 시가가 50달러 폭등하더라도 주식을 인도해야 한다.

이처럼 보상은 제한돼 있고 위험은 무한대이므로 대다수 트레이더가 무방비 옵션을 기피한다. 하지만 늘 그렇듯 인식과 현실 사이에는 괴리가 존재하게 마련이다. 만기가 촉박한 상황에서 행사 가격과 너무 거리가 먼 외가격 옵션은 그대로 가치 없이 무효가 될 확률이 높다. 이렇게 되면 발행자는 수익을 얻게 된다. 무방비 옵션의 위험/보상 비율은 보기보다 양호하며, 시장이 불리하게 움직일 때 충격을 줄이는 기법들도 있다.

무방비 옵션에 능숙한 사람은 잔존 기간 동안 행사 가격에 도달할 확률이 낮은 주식이나 선물을 기초자산으로 외가격 콜과 풋을 매도한다. 이들은 가까이 있는 희망이 아니라 멀리 있는 희망을 판다. 현명한 발행자는 변동성을 추적해 주식이 어디까지 움직일지 가늠해보고 이 범위에서 벗어나게 옵션을 매도한다. 이 게임은 옵션 만기일 한두 주 전에 가장 활발히 이뤄지는데, 옵션 거래자는 행사 가격에 도달할 가능성이 거의 없는 무방비 풋과 콜을 매도해 갑자기 돈을 척척 벌어들인다.

신중한 발행자는 만기일을 기다리지 않고 포지션을 정리한다. 프리미엄 90센트에 콜을 발행했는데 10센트로 하락하면 되사서 포지션을 청산하는 것이 현명하다. 이미 잠재 수익 중 상당 부분을 취했는데 계속 위험에 노출될 이유가 없지 않은가? 수수료를 지불하고 수익을 챙긴 다음 다른 발행 기회를 찾는 것이 더 싸게 먹힌다.

무방비 옵션을 발행하려면 엄청난 절제력이 필요하다. 자금 관리 규칙에 따라 발행 규모와 포지션 수를 엄격하게 결정해야 한다. 무방비 콜을 매도했는데 주가가 행사 가격보다 높아진다면 파산 위험에 노출된다. 어떤 수준에서 비교적 적은 손실을 감수하고 도망칠지 미리 결정해야 한다. 무방비 옵션을 발행했는데 주식이 반대로 움직인다면 가만히 앉아서 막연히 희망만 붙잡고 있을 여유가 없다.

발행자의 선택

시간은 옵션 매수자의 적이다. 매수자는 슬프게도 누구나 이런 수순을 밟는다. 콜을 매수한다. 주가가 오른다. 하지만 옵션은 0이 되고 돈을 날린다. 기초자산이 기대한 수준에 예상보다 늦게 도달하면 매수자는 손실을 본다. 대다수 옵션은 만기일이면 가치가 사라진다.

이 과정을 거꾸로 밟아 옵션을 매수하지 않고 매도하면 어떨까? 처음 옵션을 발행할 때 정확하게 하면 시간은 내 편이라는 달콤한 느낌을 맛보게 된다. 발행한 옵션의 시간 가치는 매일 조금씩 사라지므로 거두어들인 프리미엄은 더 안전해진다. 시장이 제자리걸음을 해도 시간 가치는 계속 증발하므로 프리미엄을 지킬 확률이 높아져 여전히 돈을 벌게 된다.

잘사는 것이 최고의 복수라고 한다. 그렇다면 대부분의 옵션 매수자를 죽이는 요인, 즉 시간을 내 편으로 만들면 좋지 않을까?

모든 옵션은 희망을 나타내므로 실현될 확률이 낮은 공허한 희망을 파는 게 낫다. 콜이나 풋을 발행하기 전에 3단계 수순을 밟아라.

1. 옵션을 발행하고 싶은 증권을 분석하라.

   삼중 스크린을 활용해 주식, 선물, 지수의 추세를 판단하라. 주간 차트와 일간 차트, 추세추종지표, 오실레이터를 이용해 추세를 식별하고 반전을 탐지해 가격 목표를 설정하라. 수익 발표 시즌 직전에는 옵션 발행을 피하라. 폭풍이 몰아칠 때는 오픈 포지션을 보유하면 안 된다.

2. 발행할 옵션 유형을 선택하라.

   분석 결과 약세장으로 판단되면 콜 발행을 고려하고 강세장이라면 풋 발행을 고려하라. 상승 추세면 하락을 기대하는 희망을 팔고, 하락 추세면 상승을 바라는 희망을 팔아라. 횡보장이고 프리미엄이 낮을 때는 옵션을 발행하지 마라. 거래 범위를 돌파하면 타격을 입게 된다.

3. 추세를 바꾸려면 안전이 보장되도록 여유를 충분히 두고 주가가 어디까지 움직여야 하는지 계산해보라. 이를 넘어선 수준에서 옵션을 발행하라. 옵션 발행 시 행사 가격은 옵션 만기일까지 시장이 도달할 확률이 낮은 가격이어야 한다.

계획한 포지션이 어느 정도 안전한지 측정하는 객관적인 도구로 델타^{Delta} 지표가 있다. 잠시 후 델타에 대해 설명하겠다.

시간가치 소멸 옵션은 날이 갈수록 가치를 상실하지만 소멸되는 속도는 일정하지 않다. 만기일이 가까워질수록 소멸 속도는 빨라진다. 마치 언덕을 굴러가는 돌처럼 벼랑 끝에 가면 수직으로 낙하한다.

시간가치가 소멸되는 것은 옵션 매수자에게는 불리하지만 옵션 발행자에게는 아주 유리한 점이다. 프리미엄은 콜을 매도하는 날 챙긴다. 발행한 가격보다 더 많이 떨어질수록 프리미엄은 안전하다. 시간가치 소멸은 옵션 발행자의 친구이자 옵션 매수자의 적이다.

이 점을 고려하면 옵션 발행자에게 가장 좋은 시기는 대략 만기일 2~3개월 전이라고 할 수 있다. 시간가치는 이때부터 빠르게 소멸하기 시작해 만기 전 마지막 몇 주 동안 가속이 붙는다. 만기가 가까워졌을 때 옵션을 발행하면 빨라지는 시간가치 소멸에서 이득을 볼 수 있다. 이보다 만기가 먼 옵션으로 돈을 더 벌 수도 있지만 욕심 부리지 마라. 발행자의 목표는 한 번의 트레이딩으로 대박을 치는 게 아니라 꾸준히 수익을 얻는 것이다.

델타는 기초자산이 만기일까지 옵션 행사 가격에 이를 확률을 보여주는 지표다. 델타는 그리스어 이름이 붙은 여러 옵션 도구 중 하나다. 많은 금융 관련 웹사이트, 특히 옵션 서비스를 제공하는 증권사 웹사이트에 가면 주식, 지수, ETF 델타를 볼 수 있다.

신중한 옵션 발행자라면 델타가 0.10을 크게 넘지 않는 콜이나 풋을 매도해야 한다. 델타가 0.10이면 만기일 이전에 행사 가격에 도달할 확률이 10퍼센트라는 뜻이다. 명심하라. 옵션 발행자는 기초자산이 행사 가격에 도달하기를 바라지 않는다. 옵션 발행자는 공허한 희망을 팔아야 한다. 10퍼센트 정도의 위험은 커 보이지만 델타는 시장 분석에서 추출한 지표가 아니라는 점에 유의하라. 기술적 분석을 토대로 판단한다면, 델타가 표시하는 위험보다 훨씬 낮을 것이다.

행사 가격 가까이에서 무방비 옵션을 매도해 프리미엄을 두둑하게 받고 싶겠지만, 이는 위험한 발상이다. 델타가 높으면 시장이 조금만 추세와 반대로 움직여도 포지션은 손실이 난다. 옵션을 발행하려면 상해보험을 파는 것처럼 하라. 꾸준히 수익을 거두고 밤에 푹 자려면 저돌적인 오토바이 운전자가 아니라 마트에 갈 때만 차를 모는 사람에게 자동차 보험을 팔아야 한다.

위험 제한하기

대규모로 옵션을 거래하는 트레이더가 매수-매도호가 스프레드를 '잘게 쪼개는' 기법을 알려줬다. 그는 낮은 매수호가나 높은 매도호가 사이에서 누군가 미끼를 물 때까지 1페니씩 계속 포기해 나갔다. 예를 들어, 최근 그는 옵션을 발행(매도)하고 싶은 종목을 발견했다. 매수호가는 1.18달러, 매도호가는 1.30달러였는데 그는 1.18달러에 매도해 엄청난 스프레드를 지불할 마음이 없었다. 대신 매도호가보다 1페니 더 싼 1.29달러에 많은 계약을 매도하는 주문을 넣었다. 응하겠다는 사람이 없었다. 몇 분 뒤 그는 매도호가를 1.28달러로 낮췄다. 그러자 갑자기 매수자가 나타나서 재빨리 계약을 매수했고 호가 스프레드는 다시 1.18/1.30달러로 되돌아갔다. 이 고객은 스프레드 안에서 트레이딩하려고 속셈을 감춘 채 비켜서서 관망하는 트레이더가 많다는 사실을 알고 한 번에 1페니씩 포기하면서 미끼를 던졌다.

옵션 발행자가 타격을 입는 경우는 세 가지다. 첫째, 계좌에 어울리지 않게 너무 많은 포지션을 거래하는 경우다. 너무 많은 위험을 부담하다 보면 초조해져서 시장이 조금만 움직여도 포지션을 보유할 수 없게 된다. 둘째, 시장이 불리하게 움직일 때 빨리 도망치지 못하는 경우다. 마지막으로 시장이 불리한 방향으로 크게 움직일 때 대처할 수 있는 자원이 없으면 치명상을 입고 파국을 맞는다. 트레이딩 기간이 길수록 파국을 맞을 위험은 커진다.

조심성 없이 무방비 옵션을 매도하고도 수익을 챙길 수 있다. 그러다 보면 우쭐해져서 현실을 못 보게 된다. 무방비 옵션을 포함해 모든 트레이딩을 보호해야 한다. 이를 위한 몇 가지 방법을 추천한다.

□ 수익 실현 구간을 설정하라 - 무방비 옵션을 되사는 방식을 고려하라.

발행한 옵션은 소모성 자산이다. 기초자산 가격이 행사 가격에서 멀어지는데 만기일이 아직 남았으면, 매도한 옵션 가격은 바닥 가까이 하락해 가치가 티끌처럼 되기도 한다. 이 옵션을 매수한 패배자는 아직도 시장이 자기편으로 돌아서리라는 실낱같은 희망을 안고 있다. 마치 혹여나 당첨될까 하면서 복권을 들고 있듯 옵션을 계속 보유한다.

발행자라면 잠재 수익을 이미 대부분 거두었는데 왜 오픈 포지션을 보유하고 있겠는가? 오픈 포지션 상태에서는 위험에 노출될 뿐, 이제 얻을 것은 거의 없다. 매도한 포지션의 가치가 절반 이하로 떨어지면 되사서 마감하는 방향을 검토하라. 옵션 가치의 80퍼센트가 날아가면 포지션을 마감해야 한다.

□ 매도한 옵션에 심리적 손절을 활용하라.

거래량이 미미한 옵션의 손실제한 수준을 노리는 프로들이 많기 때문에 심리적 손절을 활용하는 것이 좋다. 심리적 손절을 활용하려면 엄청난 절제력이 필요하므로 초보는 옵션 발행에 발을 들이면 안 된다.

기초자산과 옵션에 모두 심리적 손실제한을 설정하라. 예를 들어, 70달러에 거래되는 주식을 4월 만기, 80달러에 무방비 콜을 매도하고 심리적 손실제한을 75달러에 설정한다고 가정해보자. 이 가격에 도달하기 전에 무방비 옵션 포지션을 청산하라. 또한 옵션에 손실제한을 설정하라. 옵션 가격이 두 배가 되면 되사서 손절하라. 옵션을 1.50달러에 매도했다면 옵션 가격이 3달러로 오르면 되사는 식이다. 사람들은 '무한대 손실' 가능성 때문에 옵션을 발행하는 것을 두려워하는데, 이렇게 하면 상처는 입지만 '무한대 손실'로 이어지지는 않는다.

□ 보험 계좌를 개설하라.

풋을 매도했는데 다음 날 시장이 폭락하거나 콜을 매도했는데 갑자기 시장이 급등할 수도 있다. 이런 일이 일어나지 않길 바라겠지만 트레이딩을 오래 하다 보면 무슨 일이든 일어날 수 있다! 따라서 보험이 필요하다. 이런 보험을 파는 곳은 없으므로 스스로 만들어야 한다.

시장용 계좌를 개설하라. 발행한 무방비 옵션을 청산하고 수익을 거둘 때마다 수익의 10퍼센트를 이 계좌에 넣어라. 보험 계좌를 만드는 것이다. 이 돈은 트레이딩에 사용하지 말고 수익이 날 때마다 보험 계좌에 넣고 규모를 불려라. 이렇게 하면 대규모 손실이 날 때에 대비할 수 있다. 옵션 발행을 그만둘 때 현금으로 인출해도 된다. 최근 프로 옵션 발행자와 상담한 적이 있는데, 나는 그에게 일정 수준을 넘는 수익의 10퍼센트를 별장 담보주택대출을 내준 은행에 보내 조기상환금을 보험 자금으로 활용하라고 제안했다.

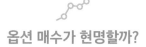

옵션 매수가 현명할까?

프로는 가격이 급락할 것으로 예상될 때 아주 드물게 풋을 매수한다. 장기 상승 추세가 방향을 선회하기 시작할 무렵이면 시장은 고점 근처에서 마치 원양 정기선이 방향을 바꿀 때처럼 크게 출렁인다. 변동성이 치솟으면 자금이 많아도 숏 포지션에 손실제한을 설정하기 어렵다. 풋을 매수하면 이런 문제에서 벗어날 수 있다.

가격은 오를 때의 두 배 넘는 속도로 떨어진다. 상승 추세를 지배하는 감정인 탐욕은 행복하고 오래 지속되는 감정이다. 하락 추세를 지배하는 감정인 공포는 더 통렬하고 더 격렬하다. 프로는 시간가치가 소멸되는 데 노출되는 시간이 짧기 때문에 풋을 매수한다. 상승 추세가 나타날 때는 주식이나 선물에 투자하는 것이 좋다.

하락을 예상한다면 어떤 풋을 매수할지 결정해야 한다. 최상의 선택은 직감적으로는 꺼려지므로 대다수가 선택하지 않는다.

- □ 주가가 어디까지 붕괴될지 예측하라. 풋은 급락을 예측할 때만 매수할 가치가 있다.
- □ 풋 기간을 2개월 이상 잡지 마라. 풋은 급락이 예측될 때만 매수해야 한다. 장기간에 걸쳐 하락할 것으로 예상된다면 기초자산을 공매도하는 편이 낫다.
- □ 가격에 희망이 반영되지 않은 저렴한 풋을 찾아라. 아래로 스크롤을 내려라. 행사 가격이 낮을수록 풋은 싸다. 처음에 풋은 다음 행사 가격으로 내려갈 때마다 이전 수준보다 25퍼센트, 심지어 35퍼센트까지 싸진다. 마침내 풋 가격의 아주 작은 부분만 챙길 수 있을 정도로 행사 가격이 낮아지면 이 풋은 모든 희망이 빠져 나가서 싸구려 복권처럼 헐값이 됐다는 의미다. 이런 풋을 매수해야 한다!

아주 싸고 행사 가격에서 멀리 떨어진 외가격 풋을 사는 건 감정적으로 꺼려질 것이다. 행사 가격에서 아주 멀고 잔존일수가 얼마 남지 않았으니 가치 없이 소멸할 가능성이 높다. 손실제한도 설정할 수 없고, 예측이 빗나가면 프리미엄이 전부 연기처럼 사라질 수 있다. 그런데 왜 행사 가격에 더 가까운 풋을 매수하라고 권하지 않는 걸까?

풋을 매수하는 유일한 시기는 주요 반전으로 특출한 수익을 노릴 수 있는 때다. 일반적인 하락 추세를 보인다면 주식을 공매도하는 편이 훨씬 낫다. 행사 가격에서 아주 먼 저렴한 외가격 풋을 매수한다면 10배 이상 수익을 노릴 수 있다. 이런 수익을 거둘 수만 있다면 비슷한 트레이딩이 연속 실패하더라도 결과적으로는 수익을 올리고 끝난다. 주요 반전을 한 번만 포착하면 몇 차례 손실을 상쇄하고도 남을 짭짤한 수익을 거머쥘 수 있다.

그런데 왜 많은 사람이 이 전술을 사용하지 않는 걸까? 첫째, 기회가 드물게 찾아오므로 엄청난 참을성이 필요하기 때문이다. 이런 트레이딩은 별로 유쾌하지 않다. 대다수는 세 번, 네 번, 다섯 번 연속 헛다리 짚는 것을 참지 못한다. 결국에는 돈을 번다고 해도 말이다. 이런 게임을 하는 트레이더가 극소수인 이유다.

지금까지 옵션 전략을 갈고닦을 수 있도록 몇 가지 논점을 제시했다. 옵션에 관심이 있다면 로렌스 맥밀란Lawrence MacMillan의 저서《전략적 투자, 옵션Options as a Strategic Investment》을 읽어보라.

Trading for a Living

45

CFD

CFD ^{contract for difference}는 통화, 지수, 주가의 미래 가치에 돈을 거는 상품이다. CFD를 매수했는데 기초자산 가격이 오르면 계약을 매도한 회사에서 차액을 받고, 가격이 내리면 차액을 지불한다. CFD는 투자자가 상승 또는 하락에 돈을 거는 파생상품이다. 영국과 아일랜드에서는 합법이지만 미국에서는 불법인 스프레드 베팅 ^{spread betting}과 비슷하다.

현재 호주, 캐나다, 프랑스, 독일, 홍콩, 아일랜드, 이탈리아, 일본, 네덜란드, 뉴질랜드, 노르웨이, 폴란드, 포르투갈, 싱가포르, 남아프리카공화국, 스페인, 스웨덴, 스위스, 영국에서 이 상품을 거래할 수 있다. 미국은 증권거래위원회의 규제로 CFD가 금지돼 있다.

CFD는 1990년대 초 런던 UBS와버그은행 ^{UBS Warburg}에서 근무하던 브라이언 켈란 ^{Brian Keelan}과 존 우드 ^{Jon Wood}가 만들었다. 기관 트레이더

들이 주식 위험을 헤징 hedging하고 세금을 피할 목적으로 CFD를 활용하기 시작했다. 1990년대 말 몇몇 회사에서 개인 트레이더에게 레버리지와 영국 세금 면제를 장점으로 내세워 CFD를 홍보하기 시작했다. 몇몇 회사에서 런던증권거래소부터 전 세계 주식, 상품, 채권, 통화로 상품을 확대했다. 다우존스, S&P500, FTSE, DAX 등 전 세계 주요 지수를 토대로 한 지수 CFD가 가장 인기가 높다.

CFD는 개인 트레이더와 공급자 간의 계약으로, 공급자마다 계약조건이 다를 수 있다. 기초자산을 토대로 공급자와 거래를 트면 CFD가 생성된다. 매수-매도 스프레드가 크고, 수수료, 단기 대출이자를 지불해야 한다. 대부분 단기 계약이지만 포지션이 1거래일을 넘기기도 한다. 금융 수수료와 수익 또는 손실이 매일 입출금되며 증거금만 있으면 매수, 매도 주문을 낼 수 있다.

CFD의 장점 중 하나는 최소 계약 규모가 아주 작아서 자금이 적은 트레이더도 접근할 수 있다는 점이다. 만기일이 없으므로 시간가치 소멸도 없다. CFD를 매수할 경우 금융비용이 부과되지만 매도 시에는 이자가 지급된다.

CFD에는 몇 가지 불안 요소가 있다. 계약 규모에 비해 수수료가 높다. 매수-매도 스프레드는 CFD 발행자가 통제하는데, 발행자가 계약가격을 통제하며 계약 가격이 기초자산의 가격에서 벗어날 수도 있다. 달리 말하면 개인 고객은 경기 도중 골대를 옮길 수 있는 프로 팀에 맞서 싸워야 한다.

다음은 뉴질랜드에 사는 고객이 보낸 편지다.

CFD와 스프레드 투자 건입니다. CFD를 거래한다면 시장을 이겨야 할 뿐 아니라 카지노도 이겨야 합니다. CFD 공급자들은 마치 자기네 것인 양 마음대로 가격을 설정할 수 있습니다. 주식시장을 따라가는 것처럼 보여도 주식시장에서 트레이딩하는 것 같지 않다는 말입니다.

기관 트레이더들은 잠재 수익을 격찬하고 위험은 교묘히 감추면서 초보나 경험이 부족한 트레이더들에게 CFD를 적극 권유한다. 호주 금융 규제 당국인 ASIC는 CFD가 경마나 카지노 도박보다 위험하다고 강조한다. 미국에서는 CFD가 금지돼 있는데, 규제 당국이 20세기 초에 번성했던 엉터리 증권업자들을 잊지 않고 있기 때문이다.

이 문제에 대한 미국 증권거래위원회^{SEC}의 입장은 연방정부 기관인 식품의약품국^{FDA}을 연상시킨다. 식품의약품국은 임산부용 약인 탈리도미드를 미국에서 퇴출시켰다. 그 결과, 유럽에서는 이 약 때문에 기형아 출산이 잇따르는 등 끔찍한 부작용의 전모가 밝혀졌지만, 미국은 식품의약품국의 조치 덕분에 재앙을 피할 수 있었다.

46
선물

선물은 특정일에 상품의 특정 수량을 합의한 가격에 인도하는 계약이다. 선물 계약은 매수자와 매도자 모두에게 구속력이 있다는 면에서 옵션과 다르다. 옵션의 경우, 매수자는 인도받을 권리는 있지만 의무는 없다. 콜이나 풋을 매수할 경우 원하면 권리를 포기하고 나와도 되지만, 선물은 이런 사치가 허락되지 않는다. 시장이 불리하게 움직이면 손실을 보고 트레이딩을 마감하든가 증거금을 더 내야 한다. 선물은 옵션보다 엄격하지만 시장 변동성에 훨씬 더 잔잔한 반응을 보이므로 트레이딩하기는 더 쉽다. 선물의 장점은 또 있다. 선물은 종류가 수십 가지밖에 되지 않아 추적하기가 쉽다. 그리고 주식처럼 서로 연관 관계가 크지 않다. 주식은 무리로 움직이는 경향이 있는데 비해 선물은 대부분 서로 상관없이 각각 저마다의 추세를 보이므로 선택 폭이 넓다.

상품은 경제를 구축하는 데 있어 결코 빼놓을 수 없는 요소다. 밀은 상품이지만 여러 가지 요소가 포함된 빵은 상품이 아니다. 옛날에는 발등에 떨어지면 아픈 것이 상품이라는 농담도 했다. 금, 설탕, 밀, 원유가 가득 든 통 따위 말이다. 수십 년 전부터 지수, 채권, 통화 등 많은 금융 상품이 상품처럼 거래되고 있다. 이처럼 선물에는 전통적인 상품과 함께 금융 상품도 포함된다.

주식을 사는 사람은 회사의 지분을 소유하게 된다. 하지만 선물 계약을 매수하는 사람은 그 어떤 것도 소유하지 않는다. 밀 한 트럭이든, 재무부 채권 한 다발이든 미래에 상품을 사기로 한다는 구속력 있는 계약만 매수할 뿐이다. 따라서 계약을 판 상대방은 물건을 인도할 의무가 있다. 주식을 살 때 지불한 돈은 매도자에게 가지만, 선물에서는 계약 만기 시 인도한 물건을 반드시 수령하도록 증거금이 증권으로 정산소에 그대로 유치된다. 이런 이유로 증거금을 '정직한 돈'이라고 부르기도 했다. 주식의 경우 증거금을 빌리면 이자를 지불해야 하지만, 선물의 경우 증거금 펀드에서 이자를 받을 수 있다.

모든 선물 계약에는 일정한 규모와 만기일이 있다. 대다수 트레이더는 계약을 일찍 마무리해 수익과 손실을 정산한다. 인도일이 있어서 현실을 환기시키므로 어쩔 수 없이 행동해야 한다. 주식의 경우, 손실이 나는 포지션이 있더라도 평가손실일 뿐이라고 스스로를 기만하며 몇 년 동안 방치할 수 있다. 하지만 선물은 만기일이라는 현실이 몽상가를 두들겨 깨운다.

대다수 선물에는 1일 가격 변동 한도가 있다. 이 한도는 시장이 격하게 움직이는 것을 방지하고 포지션에 대해 재고할 시간을 주기 위해 고안됐다. 손실이 나서 계속 잔고가 줄어드는데 빠져나올 수 없는 상태에서 며칠씩 계속 한도에 묶여 있으면 난처할 수밖에 없다. 그러나 선물시장이 세계화되면서 비상탈출구가 많이 생겨서 다른 곳에서 포지션을 마감할 수 있게 되었다. 신중한 트레이더라면 비행기에 탈 때처럼 이런 비상탈출구의 위치를 미리 알아두어야 한다.

주식은 대다수가 매수하며 공매도하는 사람이 드물다. 선물은 옵션처럼 롱 포지션과 숏 포지션의 규모가 항상 동일하다. 누군가 선물 인도 계약을 매수하면 다른 누군가는 그 사람에게 매도해야 하기 때문이다. 선물을 거래하고 싶으면 매도에 익숙해져야 한다.

선물을 처음 거래하는 초보 트레이더는 생존율이 낮다. 초보는 십중팔구 몇 달 안에 파산한다. 선물 자체가 위험해서가 아니라 초보는 위험 관리 기술이 아주 미숙하기 때문이다. 신중한 트레이더에게 선물은 최상의 수익 기회를 제공하지만 아마추어는 치명타를 입을 수 있다. 과감히 선물에 뛰어들기 전에 위험 관리 기량(49~51장을 참고하라)부터 연마해야 한다.

선물 거래와 현금 매매

선물 거래와 현금 매매를 비교하려면 이렇게 생각해보라. 2월 금이 온스당 1,500달러에 거래되고 있는데, 분석 결과 몇 주 안에 금값이 1,575달러로 오를 것 같다. 15만 달러가 있으면 딜러에게 골드바 100온스를 사서 금고에 넣어놓으면 된다. 분석이 정확하다면 몇 주 안에 금의 가치는 15만 7,500달러가 된다. 수수료를 고려하지 않을 경우, 이를 팔면 7,500달러, 즉 5퍼센트의 수익을 거둘 수 있다. 아주 짭짤하다. 같은 분석 결과를 토대로 선물을 거래하면 어떻게 될지 살펴보자.

2월이므로 금의 다음 인도월은 4월이다. 1선물 계약은 금 100온스, 15만 달러 가치다. 이 계약의 증거금은 7,500달러밖에 되지 않는다. 즉, 7,500달러만 예치하면 15만달러어치의 금을 통제할 수 있다. 분석이 정확해 금값이 온스당 75달러로 오르면 현금으로 금 100온스를 매입했을 때와 수익이 거의 똑같다. 단지 이번에는 증거금이 7,500달러이므로 투자 대비 수익률이 5퍼센트가 아니라 100퍼센트다.

많은 사람이 이 수치를 보고 욕심이 나서 다량으로 계약을 매수한다. 계좌에 15만 달러가 있으면 20계약을 살 수 있는 증거금이 있다고 생각할 수 있다. 1계약으로 돈을 두 배로 불릴 수 있다면 20계약도 두 배가 된다. 이런 식으로 두세 번 반복하면 빠른 시일에 백만장자가 될 것만 같다. 멋지다. 하지만 빠트린 게 있다.

시장은 일직선으로 움직이지 않는다. 분석이 맞아서 금값이 몇 주 안에 1,500달러에서 1,575달러가 될 수도 있다. 하지만 그사이에 금값이 1,450달러로 일시 조정될 확률도 얼마든지 있다. 50달러 하락할 경우, 현금으로 금 100온스를 샀다면 평가손실은 5,000달러다. 기분 나쁘겠지만 그래도 비극이라고 할 정도는 아니다. 선물 1계약당 증거금 7,500달러로 여러 계약을 매수했다면 금값이 50달러 조정될 경우 파산하고 만다. 중개인은 증거금을 더 내라고 계속 전화를 해댄다. 증거금을 예치하지 못하면 손실을 보고 처분해버릴 수밖에 없다.

미숙한 트레이더는 너무 많은 계약을 매수해 처음 시장이 꿈틀거릴 때 바로 퇴출된다. 분석이 맞아서 금값이 목표한 지점까지 오를 수도 있지만 반대의 경우도 존재한다는 사실을 항상 염두에 두어야 한다. 초보는 유보 자금을 거의 남겨두지 않고 자산을 너무 많이 투입해 파멸한다. 선물이 트레이더를 죽이는 것이 아니다. 허술한 자금 관리가 선물 트레이더를 죽이는 것이다.

자금 관리 기술이 뛰어나다면 선물은 아주 매력적인 투자처다. 수익률이 높으면 그만큼 냉정한 절제력이 요구된다. 초보는 천천히 움직이는 주식에 투자하는 편이 낫다. 어느 정도 기량이 무르익으면 선물을 자세히 연구하고 입문서도 읽어보라. 괜찮은 입문서인 조지 에인젤 George Angell이 쓴 《선물시장에서 승리하는 법 Winning in the Futures Market》을 먼저 읽고, 투얼스 Teweles와 존스 Jones가 쓴 《선물 게임 The Futures Game》을 읽어보라.

헤징

선물시장은 중요한 경제적 기능을 한다. 상품 생산자와 소비자가 상품 가격 위험을 헤지해 경쟁우위를 점할 수 있게 해준다. 게다가 투기자에게 카지노보다 더 많은 기회를 제공한다는 면에서 도박의 궁전이라 할 수 있다.

헤징 hedging은 실제 상품의 포지션과 반대로 선물 포지션을 취하는 것을 말한다. 예를 들어, 대형 사탕 제조업자는 몇 달 뒤 회사에 설탕이 얼마나 필요한지 알고 있다. 제조업자는 설탕 가격이 괜찮을 때 뉴욕이나 런던 선물거래소에서 필요한 만큼 설탕 선물을 매수한다. 몇 달 후 여러 열차 분의 설탕이 필요하지만 당분간은 설탕 선물을 보유하고 있다가 화물을 매수할 때 선물을 매도할 계획이다.

설탕값이 오르면 원자재 설탕을 살 때 더 많은 돈을 지불해야 하지만 선물 포지션에서 비슷한 수익을 얻으면 손실을 상쇄할 수 있다. 설탕값이 내리면 선물 계약은 손실이 나겠지만 원자재인 설탕값이 절약되므로 손실이 상쇄된다. 헤징하지 않은 경쟁업체는 위험을 고스란히 감수할 수밖에 없다. 설탕값이 떨어지면 뜻밖의 횡재를 하겠지만 설탕값이 오르면 손쓸 도리가 없다. 헤징한 고객은 미래의 가격 변동에 대비한 보호막이 있으므로 핵심 사업을 운영하는 데 집중할 수 있다. 예를 하나 더 들어보자. 유가는 변동성이 큰 시장인데, 항공사는 앞으로 제트 연료유가 얼마나 필요한지 몇 년 전에 미리 알고 있으므로 석유 선물을 매수해 유가 폭등에 대비한다.

상품 생산자 역시 헤징으로 이득을 본다. 기업식 농장은 수익이 확보될 정도로 가격이 좋으면 밀, 커피, 면화를 예약 판매할 수 있다. 이들은 예상 수확량만큼의 선물 계약을 매도한다. 가격 위험을 없애는 것이다. 가격이 떨어지면 선물 숏 포지션에서 발생한 수익으로 손실을 메우면 된다. 가격이 오르면 선물 숏 포지션에서는 손실이 발생하지만, 실제 상품을 더 높은 가격에 판매하므로 손실을 만회할 수 있다.

상품을 매수하거나 인도할 계획이라면 헤징으로 가격 위험을 제거할 수 있다. 헤징을 통해 핵심 사업에 모든 노력을 기울이고 소비자 가격을 안정시키며 장기적으로 경쟁 우위를 점할 수 있다.

헤저는 횡재를 만날 기회는 포기하지만 가격 위험에 대한 보호막은 얻는다. 살아남는 자들은 안정을 중시한다. 엑손, 코카콜라, 나비스코가 상품 시장에서 활발하게 거래하는 이유다. 헤저는 최고의 내부자로, 훌륭한 헤징 부서는 가격 보험을 들 뿐 아니라 수익 부서 역할도 한다.

헤징은 가격 위험을 번쩍이는 수익의 유혹에 이끌려 시장에 들어온 투기자에게 전가한다. 내부 정보를 알고 있는 헤저는 가격이 어떻게 움직일지 확신하지 않는데, 외부자들인 군중은 선물에 거액을 턱턱 투자하니 역설이 아닐 수 없다.

농부와 엔지니어는 2대 투기자 집단이라고 할 수 있다. 농부는 상품을 생산하고 엔지니어는 선물 게임에 과학적 방식을 적용한다. 많은 농부가 헤저로 선물시장에 들어오지만, 투기꾼들에게 물들어 투기를 시작하곤 한다. 아주 많은 농부가 주식 지수 선물을 거래하는데, 볼 때마다 놀랍다. 옥수수, 소, 콩을 거래한다면 펀더멘털에 대한 감이 있어 전형적인 도시인보다 강점이 있다. 하지만 S&P500에는 어떤 강점이 있단 말인가.

공급, 수요, 계절성

선물의 주요 강세장과 약세장은 수요와 공급에 의해 결정된다. 공급 주도형 시장은 빠르고 격렬하게 움직이며, 수요 주도형 시장은 조용하고 느리게 움직이는 경향이 있다. 왜 그럴까? 아프리카와 남미에서 자라는 커피를 생각해보라.

인간의 보수적인 성향 때문에 수요 변화는 천천히 일어난다. 커피 수요가 증가하는 경우는 커피의 인기가 높아져서 전문점마다 에스프레소 기계를 들여놓을 때뿐이다. 경기가 부진하거나 건강 열풍이 불어 커피의 인기가 떨어지면 커피 수요는 하락한다. 수요 주도형 시장은 이처럼 서서히 움직인다.

그런데 주요 커피 재배 지역이 태풍이나 한파로 타격을 입는다고 가정해보자. 갑자기 커피 공급이 10퍼센트 감소한다는 소문이 돌면 가격이 치솟아 돈이 없는 소비자는 떨어져 나간다. 석유수출국기구OPEC가 원유 공급을 급격히 제한하는 정책을 발표하거나 주요 구리 채굴 국가에서 총파업한다고 생각해보라. 상품 공급이 감소하거나 감소한다는 소문만 돌아도 가격이 상승한다. 부족한 공급량은 비싸도 살 수 있는 사람들에게 돌아간다.

곡물을 심고 기르는 계절인 봄, 여름에 가뭄, 홍수, 해충이 발생하면 종종 곡물 가격이 폭등한다. 트레이더들은 농부가 수확하기 전 세 번 작물을 잃는다고 말한다. 일단 수확하고 공급량이 드러나면 수요가 시장을 주도한다. 수요 주도형 시장은 채널이 더 좁고 수익 목표가 작으며 위험이 적다. 계절이 바뀌면 채널을 다시 그리고 트레이딩 전술을 조정해야 한다. 초보 트레이더는 트레이딩 도구가 통하지 않으면 당황할 것이다. 영리한 트레이더는 겨울철 스노타이어로 갈아끼우듯 계절에 맞는 도구를 꺼내고 쓰던 도구는 이듬해를 대비해 보관한다.

선물 트레이더는 자신이 트레이딩하는 시장의 수요와 공급을 결정하는 핵심 요소를 알아야 한다. 예를 들어, 농업 상품을 트레이딩한다면 중요한 재배 시기, 수확 시기에는 기상의 변화를 주시해야 한다. 선물시장의 추세추종 트레이더는 공급 주도형 시장을 살피고, 스윙 트레이더는 수요 주도형 시장을 살피는 경향이 있다.

대다수 상품은 계절에 따라 가격이 요동친다. 미국에 한파가 닥치면

유가 선물이 달아오른다. 한때 플로리다 주에 서리가 내리면 오렌지 주스 선물 가격이 급등했는데 남반구에 있는 브라질에서 오렌지 생산량이 늘어나면서 가격이 훨씬 안정됐다. 계절성 트레이딩은 이런 가격 변동을 이용하지만 이런 주기가 계속 반복되는 경우는 드물기 때문에 주의해야 한다. 계절성을 보고 트레이딩할 때는 반드시 기술적 분석을 거쳐야 한다.

바닥과 천장

상품은 주식과 달리 특정 저점 아래나 특정 고점 위에서 거래되는 일이 드물다. 바닥은 생산비에 의해 결정된다. 금이든 설탕이든 상품 가격이 바닥보다 더 떨어지면 광산업자는 채굴을 멈추고 농부는 작물을 심지 않는다. 사회적 동요를 피하기 위해 달러가 절실히 필요한 제3세계 정부가 헐값이 된 국내 화폐로 보조금을 지급하고 세계 시장에 덤핑하는 식으로 생산을 지원할 수도 있다. 그래도 많은 생산자가 생산을 중단하면 공급이 줄어든다. 새로운 공급자를 끌어들이려면 가격이 올라야 한다. 대다수 상품의 20년 차트를 보면 매년 바닥을 형성하는 가격대가 비슷한 것을 알 수 있다.

천장은 대체 비용에 의해 결정된다. 상품 가격이 오르면 주요 산업 소비자들은 대체 상품을 바꾸기 시작한다. 가축 사료로 많이 쓰이는 대두박이 너무 비싸지면 수요는 생선 가루로 전환되고, 설탕이 너무 비싸지면 옥수수 감미료로 수요가 몰린다.

이를 이용해 트레이딩하는 사람들이 왜 적은 걸까? 바닥 근처에서 매수하거나 천장 근처에서 공매도하면 수익을 얻는 것은 식은 죽 먹기 아닌가. 우선 바닥도 천장도 영원불변이 아니어서 시장이 이 바닥과 천장에서 잠시 벗어날 수 있기 때문이다. 더욱 중요한 문제는 이런 트레이딩이 인간의 본성에 맞지 않는다는 점이다. 대다수 투기자는 기록적인 고점에 이르러 한창 끓고 있는 시장에서 공매도하거나 끝이 없는 바닥으로 추락한 시장에서 매수할 용기가 없다.

콘탱고, 인버전, 스프레드

모든 선물시장에는 인도월이 다른 다양한 계약이 있다. 예를 들어, 인도월이 올해 9월이나 12월, 내년 3월인 밀을 매수하거나 매도할 수 있다. 보통 선물 가격은 인도월이 가까울수록 싸고 인도월이 멀수록 비싼데, 이런 관계를 콘탱고 Contango 시장이라고 한다.

인도월이 멀수록 가격이 비싼 것은 자금 조달, 보관, 상품 보험 등 '보유 비용'이 반영되기 때문이다. 인도월 간의 차이를 프리미엄이라고 하는데 헤저들은 프리미엄을 면밀히 주시한다. 공급이 감소하거나 수요가 증가하면 사람들은 인도월이 가까운 계약에 돈을 지불하고, 인도월이 먼 계약의 프리미엄은 축소된다. 때로는 인도월이 가까운 계약이 인도월이 먼 계약보다 비싸지기도 한다. 시장이 거꾸로 움직이는 것이다! 공급이 부족하면 사람들은 상품을 빨리 얻으려고 웃돈을 지불한다. 이런 소위 '전도' 현상은 상품의 강세를 예고하는 가장 강력한 신호다.

인버전^{Inversion}을 포착할 때는 인버전이 일반적인 시장이 있다는 점을 염두에 두어야 한다. 금리 선물시장은 현금을 보유한 쪽이 자금 조달 비용이나 보관비를 지불하지 않고 이자를 받기 때문에 언제나 인버전 상태다. 프로는 인버전을 기다리지 않는다. 프로는 프리미엄이 줄어들거나 커질 때를 주시한다. 훌륭한 투기자는 최근 가격들을 줄줄이 읊겠지만, 거래소 회원은 최근 프리미엄을 말한다. 현명한 트레이더는 인도월이 다른 계약의 평균 스프레드를 외우고 있다.

헤저들은 시장에서 숏 포지션을 장악하고 대다수 투기자는 집요하게 매수하지만, 거래소 회원은 스프레드^{Spread}를 즐겨 이용한다. 같은 시장에서 특정 인도월 계약을 매수하고 다른 인도월 계약을 매도하는 것이 스프레드 거래다. 특정 시장에서 롱 포지션을 취하고 관련 시장에서 숏 포지션을 취하는 것 역시 스프레드 거래다.

가축 사료로 많이 쓰이는 옥수수 가격이 밀 가격보다 빨리 오르기 시작하면 목축업자는 옥수수 대신 밀을 사용한다. 이들이 옥수수 구매를 줄이고 밀을 더 많이 구매하면 스프레드는 평균으로 회귀한다. 스프레드 트레이더는 이처럼 일탈에서 정상으로 돌아오는 것을 이용해 트레이딩한다. 이런 상황이라면 스프레드 트레이더는 어느 한쪽 시장에서 추세추종하지 않고, 옥수수를 공매도하고 밀을 매수한다.

스프레드 트레이딩은 추세추종 트레이딩보다 안전하고 증거금이 더 낮다. 스프레드 트레이딩은 신뢰할 수 있고 느리게 움직이지만, 아마추어는 스프레드를 이해하지 못해 스프레드 트레이딩에 관심을 갖지 않는다. 스프레드에 관해 추천할 만한 책이 한 권도 없는 걸 보니 프로들이 이 분야의 지식을 얼마나 꽁꽁 숨겨서 외부자들을 몰아냈는지 알

만하다. 스프레드 트레이딩은 프로들이 입문서 한 권 읽지 않고 고수익을 올릴 수 있는 몇 안 되는 틈새시장이다.

거래자 동향 보고서

증권사가 고객의 포지션을 상품선물거래위원회에 보고하면 위원회는 개인 정보를 삭제하고 일반에 요약본을 공개한다. 이를 거래자 동향COT: Commitments of Traders 보고서라고 한다. 이 보고서는 스마트 머니의 선물시장 동향에 대한 최상의 정보라고 할 수 있다.

거래자 동향 보고서는 헤저, 큰손 트레이더, 개미 트레이더 세 집단의 포지션을 보여준다. 헤저는 증거금이 싸다는 것 등 몇 가지 장점 때문에 증권사에 자신의 신분을 밝힌다. 큰손은 정부가 설정한 '보고 기준'을 넘어서는 많은 계약수를 보유한 트레이더다. 헤저도 큰손도 아니면 개미 트레이더다.

옛날에는 큰손들이 스마트 머니였다. 요즈음에는 시장 규모가 커져서 보고 기준이 훨씬 높아지는 바람에 대개 상품 펀드가 큰손 역할을 하는데, 대다수 펀드는 지극히 평범한 트레이더들보다 별로 나을 게 없어 보인다. 요즈음에는 헤저들이 스마트 머니인데, 이들의 포지션을 이해하는 것은 생각만큼 쉽지 않다.

예를 들어, 거래자 동향 보고서에 따르면 특정 시장에서 헤저가 숏 포지션의 70퍼센트를 보유하고 있다고 하자. 헤저는 해당 시장에서 대개 숏 포지션의 90퍼센트를 보유하므로 70퍼센트라면 아주 강세장이라는 의미다. 그런데 이 사실을 모르는 초보라면 시장이 약세라고 잘못 판단할 수 있다. 요령 있는 분석가는 거래자 동향 보고서를 분석할 때 현재의 포지션을 종래의 평균과 비교해 헤저, 즉 스마트 머니와 상당수가 도박꾼인 개미 트레이더들이 서로 정면으로 대치하고 있는 상황을 찾아낸다. 특정 시장에서 스마트 머니가 한쪽에 몰려 있고 개미들이 반대쪽에 모여 있으면 기술적 분석을 활용해 헤저들 편에 진입해야 한다.

증거금과 위험 관리

선물은 증거금이 적어 주식보다 보상 비율이 좋지만 훨씬 더 위험하기도 하다. 미국에서 주식을 사면 적어도 주식 현금 가치의 절반은 증거금으로 예치해야 한다. 나머지 금액은 증권사에서 차익 대출을 제공한다. 계좌에 4만 달러가 있으면 주식을 8만 달러어치 살 수 있다. 증거금 한도는 1929년 주가 대폭락 사태 이후 실행되고 있다. 낮은 증거금은 과도한 투기로, 투기는 걷잡을 수 없는 주가 하락으로 이어졌기 때문이다. 1929년 이전에는 투기자들이 증거금 10퍼센트만 있으면 주식을 살 수 있었는데, 강세장에서는 좋았지만 주가가 하락하면 어쩔 수 없이 현금화해야 하므로 주가를 더욱 끌어내리는 작용을 했다.

선물시장에서는 일반적으로 증거금이 3~5퍼센트만 있으면 되므로 얼마 안 되는 돈으로 크게 베팅할 수 있다. 계좌에 4만 달러가 있으면 돼지 옆구리 살이든 주식 지수 선물이든 100만 달러어치를 굴릴 수 있다. 예를 들어, 금이 온스당 1,500달러에 거래되는데 7,500달러의 증거금으로 100온스 계약을 매수했다고 하자. 금값이 75달러 움직이면 수익률은 100퍼센트가 된다. 초보는 이 숫자를 보고 소리친다. "내가 여태 헛살았어!" 이제 부자가 되는 왕도를 발견했다고 믿는 것이다. 하지만 조심해야 한다. 금값이 75달러로 오르기 전에 50달러로 잠시 조정을 받을 수도 있다. 일시적이고 의미 없는 조정이지만 추가 증거금 납부 통지를 받으면 개미 투기자는 시장을 정확히 예측했음에도 불구하고 파산한다.

증거금이 적기 때문에 짜릿함을 즐기는 도박꾼들이 몰려오지만 이들은 금방 퇴출되고 만다. 선물은 아주 좋은 트레이딩 대상이지만, 선물을 트레이딩할 때는 엄격한 자금 관리 규칙을 따르고 낮은 증거금에 정신을 팔리지 말아야 한다. 프로는 처음에 적은 규모로 포지션을 열고 시장이 유리하게 돌아가면 차곡차곡 규모를 늘린다. 프로는 손익분기를 넘어서는 수준으로 손실제한을 옮기면서 새로운 계약을 계속 추가한다.

선물에 관심이 생겼다면 우선 펀더멘털을 잘 아는 시장부터 시도해보라. 소를 키우는 목축업자라면 소부터, 주택 건설업자라면 목재부터, 대출 담당자라면 금리 선물부터 시작하는 게 유리하다. 특별한 관심사가 없다면 비교적 저렴한 시장부터 시작하라. 미국이라면 옥수수, 설탕을 추천한다. 잔잔한 시기에는 구리도 초보에게 권할 만하다. 이 상품들은 대개 유동성이 좋고 변동성이 높으며 비싸지 않다.

제9부 '위험 관리'에서 선물시장을 다시 살펴보겠다. 계좌 규모, 가격과 변동성에 따라 어떤 계약을 거래해야 하는지 설명하겠다.

자금이 달리는 선물 트레이더는 때때로 미니 계약을 거래한다. 예를 들어, 금의 경우 일반 계약은 금 100온스지만 미니 계약은 20온스에 해당한다. 미니 계약은 일반 계약과 같은 시간에 거래되며, 가격은 일반 계약과 밀접하게 형성된다. 수수료는 일반 계약과 비슷해 비율로 따지면 트레이딩이 한 건 이뤄질 때마다 더 많이 뜯기는 셈이다. 거래량이 적기 때문에 체결오차도 더 크다. 주식 지수 선물은 예외로 미니 계약이 일반 계약보다 거래량이 더 많다.

47

외환

통화시장은 거래량으로 따지면 전 세계에서 가장 큰 금융시장으로, 1일 총거래액이 4조 달러가 넘는다. 통화는 그리니치표준시로 일요일 20시 15분부터 금요일 22시까지 24시간 동안 거래되며, 주말에는 거래가 중단된다. 일부 통화 트레이딩은 수입업자와 수출업자의 헤징에 쓰이며, 대다수 거래는 투기적 거래다.

미국은 전 세계에서 유일하게 대다수 국민이 통화에 대해 별생각이 없는 국가다. 미국인은 외국에 발을 들이는 순간, 회사 임원부터 택시 운전사까지 누구나 환율을 주시한다는 사실을 깨닫는다. 미국 이외의 국가에서는 자산 거래를 고려할 때 가장 먼저 떠올리는 것이 외환 거래다.

외환시장은 중심이 되는 거래소가 없다. 기관들이 블룸버그^{Bloomberg} 나 로이터^{Reuters} 같은 온라인 플랫폼을 사용해 은행간시장에서 거래한다. 한 번에 1,000만 달러 정도의 외환을 거래할 수 없다면 중개인을 통해 소매 거래를 한다.

초보들은 대부분 외환거래회사에서 계좌를 개설하는데, 이들은 트레이딩에 뛰어들자마자 치명상을 입기 일쑤다. 중개인이 적이다. 주식, 선물, 옵션을 거래할 때는 중개인이 대리인 노릇을 한다. 수수료를 받고 트레이딩을 실행하면 그것으로 끝이다. 하지만 외환과 CFD는 다르다. 대다수 외환 중개인은 모든 트레이딩에 대해 반대 매매를 한다. 중개인과 내가 서로 대척점에 서 있어 내가 돈을 날리면 중개인은 수익을 얻고, 내가 돈을 벌면 중개인은 돈을 날리는 구조다. 중개 회사는 패를 거의 다 쥐고 있으므로 다양한 방식으로 원하는 결과를 얻을 수 있다.

대다수 외환중개회사는 고객의 주문을 '꿀꺽한다.' 즉, 주문만 받고 트레이딩을 실행하지 않는다. 그리고 존재하지 않는 트레이딩에 스프레드, 수수료, 금리 등등을 부과한다. 유럽에서 대형 외환중개회사에 근무하는 수다스러운 수석 딜러가 분명히 설명해준 사실이다(이 중개회사는 지금 미국에도 지점을 두고 전 세계로 확장하고 있다. 뉴욕에서도 이 회사의 광고판들을 본 적이 있다).

외환중개회사는 어떤 통화 쌍이든, 롱이든 숏이든 다 주문을 받지만 언제나 호가 스프레드를 옮겨 처음부터 유리한 위치를 점령한다. 이런 '트레이딩'은 결코 실행되는 법이 없다. 그저 회사의 컴퓨터 장부에 기입될 뿐이다. 외환중개회사는 고객이 밤을 넘겨 유령 '포지션'을 보유하면 이자를 부과한다. 사실은 회사가 모든 트레이딩의 반대 포지션을 보유하고 있기 때문에 포지션이 존재하지 않는데도 말이다. 회사가 실제 시장에 가는 건 고객의 주문이 같은 통화 쌍의 같은 포지션에 몰려서 100만 달러가 넘을 때뿐이다. 이럴 때 회사는 실제 시장에서 위험을 헤지한다.

주식, 옵션, 선물을 거래할 때 중개인은 대신 매수하거나 매도해주고 서비스의 대가로 수수료를 번다. 중개인은 내가 돈을 벌든 날리든 신경 쓰지 않는다. 고객이 돈을 날린다고 해서 수당을 더 받는 건 아니니 얼마나 다행인가. 반면 고객의 주문을 꿀꺽한 외환중개회사는 고객이 돈을 날리기 바란다. 그래야 회사가 돈을 벌기 때문이다. 호가 스프레드를 바꾸는 것뿐 아니라 존재하지도 않는 포지션에 이자를 물리면서 트레이딩을 보유하는 날마다 호가 스프레드 전부를 '이전료'로 부과하기도 한다.

외환중개회사는 살인적인 레버리지를 제공해 고객을 확실히 보내버리는 데 일조한다. 100:1, 심지어 400:1 정도의 레버리지를 제공하는 회사도 봤다. 판돈 1,000달러를 긁어모은 신참이 어느 날 갑자기 10만 달러어치 포지션을 굴린다. 그 결과, 가격이 조금만 불리하게 움직여도 신참은 돈을 전부 날리게 된다. 외환중개회사는 절대로 고객의 돈을 실제 시장에 넣지 않고 회사에 그대로 보유한다. 다른 사람에게 전리품을 나눠줄 이유가 없으니까. 회사가 고객이 파산하리라 어느 정도 확신하는가 하면, 고객을 유치할 때마다 예치금 비율에 따라 직원들에게 포상을 할 정도다. 외환중개회사에 예치하는 돈은 회삿돈이나 마찬가지라고 생각하는 것이다.

〈뉴욕 타임스〉에 따르면 "시장에서 호구를 등치는 사기꾼들이 판을 친 지 오래됐다." 〈월스트리트저널〉은 이렇게 말했다. "상품선물거래위원회의 보고서에 따르면 평범한 개인이 외환 거래로 1만 5,000달러를 날리고 있다." 미국 상품선물거래위원회의 마이클 던^{Michael Dunn}에 따르면 외환 거래는 "오늘날 유행하는 사기극이 됐다."

2008년 8월 상품선물거래위원회는 늘어나는 외환 거래 사기를 해결하기 위해 전담반을 신설했다. 2010년 1월 상품선물거래위원회는 소매 외환 거래 시장에서 "부적절한 행각"을 다수 발견했는데, "권유 사기, 가격 책정과 거래 실행 투명성 부족, 고객 항의 무시, 미숙하거나 고령, 또는 순자산이 적은 개인, 기타 취약한 개인을 표적으로 삼는 행위" 등이 있었다. 이에 따라 상품선물거래위원회는 레버리지를 10:1로 제한하는 새로운 규정을 제안했다.

사기 수법에는 고객 계좌를 과도하게 회전매매 하기, 쓸모없는 소프트웨어 팔기, '관리 운용 계좌' 부적절하게 운용하기, 거짓 광고, 폰지 사기* 등이 있다. 상황이 이런데도 업자들은 외환 거래가 수익을 얻는 첩경이라고 계속 주장하고 있다.

실제 외환시장은 제로섬 게임으로, 자본력이 탄탄한 프로 트레이더들(이중 상당수는 은행 직원이다)이 하루 종일 트레이딩에 매달리고 있다. 경험이 부족하다 보니 개인 트레이더는 정보 면에서 아주 불리하다. 개인 트레이더는 언제나 호가 스프레드를 지불하므로 돈을 벌 확률이 낮아진다. 개인 외환 트레이더는 자본이 적기 때문에 '도박꾼의 파산'** 문제에 직면하고 만다. 두 사람이 공평하게 게임을 하더라도 장기적으로 보면 당연히 자본이 적은 쪽이 파산할 확률이 높을 수밖에

- 수익 창출 없이 신규로 유치한 투자자의 돈으로 기존 투자자에게 이자나 배당금을 지급하는 금융 사기 - 옮긴이
- • 자금이 유한한 도박꾼과 자금이 거의 무한대인 딜러가 게임을 하면 도박꾼은 결국 파산한다는 이론 - 옮긴이

없다.

우수한 수강생 하나가 외환에 관심을 보였다. 10년 동안 외환거래회사를 지켜봐왔던 나는 이 수강생의 행동이 매우 흥미로웠다. 이 사람은 주식 트레이딩으로 수백만 달러를 굴렸는데 외환거래회사에 거액의 계좌를 개설하고는 외환 거래량이 가장 적은 밤이 되길 기다렸다. 그는 이때 아주 특이하고 이례적인 규모로 주문을 넣고는 가격과 거래량을 표시하는 창을 지켜봤다. 주문을 창에 표시한 회사는 두 곳뿐이었다. 나머지는 주문을 꿀꺽한 게 틀림없었다.

나는 통화를 즐겨 거래하지만 외환중개회사 근처에는 얼씬도 하지 않는다. 대신 온라인으로 통화 선물을 거래한다. 외환 트레이딩에 관심이 있다면 이 방식을 권한다. 선물 중개인은 고객을 위해 일할 뿐, 고객을 적으로 삼지 않는다. 선물은 스프레드가 더 좁고, 수수료도 저렴하며, 포지션을 보유하는 특권에 이자를 물리지도 않는다. 주요 통화 쌍, 심지어 유로/달러, 엔/달러 미니 계약도 있다.

통화 거래가 정말 어려운 이유 중 하나는 가격이 24시간 움직인다는 점이다. 트레이딩에 진입해 저녁에 분석하고 이튿날 차익을 실현하기로 결정한다고 해보자. 다음 날 일어나보면 실현할 차익이 없다. 내가 본 전환점이 미국뿐 아니라 아시아나 유럽에서도 벌써 왔다가 사라졌다. 내가 잠든 사이 누가 소매치기한 것이다!

대형 금융기관은 '장부 넘기기' 시스템을 활용해 이 문제를 해결한다. 은행이 도쿄에서 포지션을 열고 하루 동안 관리하다가 저녁 마감 전에 런던 지점으로 이전한다. 런던 지점에서 계속 해당 포지션을 관리하다가 저녁이 되면 뉴욕으로 넘기고, 뉴욕에서 관리하다가 다시 도쿄로 넘긴다. 통화는 태양을 따라 움직이므로 개인 트레이더는 이를 쫓아갈 수 없다. 통화를 거래한다면 아주 장기적인 관점에서 투자하고 매일 일어나는 가격 변동을 무시하든가, 아니면 데이 트레이딩을 해서 이튿날까지 포지션을 끌고 가지 말아야 한다.

NEW
TRADING
FOR A LIVING

제 9 부

위험 관리

주식시장에서
살 아 남 는
심   리
투 자 법 칙

훌륭한 트레이딩 시스템은 장기간에 걸쳐 손실보다 많은 수익을 달성하지만, 아무리 세심하게 고안된 시스템이라도 트레이딩할 때마다 수익을 내기는 어렵다. 손실이 나지 않거나, 연속으로 손실이 나지 않는 시스템은 결코 없다.

시스템은 계획이다. 하지만 18세기 독일의 육군 참모총장 헬무트 폰 몰트케 Helmuth von Moltke가 말한 것처럼 "적과 마주치는 순간 모든 계획은 휴지 조각이 된다." 미국 복싱 선수 마이크 타이슨 Mike Tyson은 〈이코노미스트〉를 통해 노골적으로 말했다. "누구나 그럴싸한 계획을 가지고 있다. 주둥이를 맞기 전에는." 어떤 트레이딩 시스템이든 위험 관리는 빠질 수 없는 부분이다.

부실한 손실 관리는 트레이딩에서 최악의 위험 중 하나다. 초보는 손실이 커지면서 괜찮았던 매매로 번 수익까지 다 날아가는 걸 보면 자동차 전조등 앞에 선 사슴처럼 얼어붙는다. 차익을 실현하는 데는 재빠르게 나서지만 손실 포지션이 생기면 본전을 건질 때까지 무작정 기다리는 것이 인간의 습성이다. 아마추어는 계좌가 회복할 수 없을 정도로 망가진 다음에야 자포자기, 희망을 버리고 엄청난 손실을 본 포지션을 청산한다.

트레이더로 성공하려면 위험 관리 규칙을 배우고 이를 엄격하게 실천해야 한다.

Trading for a Living

48

심리와 확률

        돈이 개입되면 감정이 격해지게 마련이다. 돈을 벌거나 날리면 감정이 소용돌이처럼 휘몰아치는데, 이것이 트레이딩을 할 때 타격을 입는 가장 큰 원인이다.

  초보는 어지러울 정도로 흥분해서 성급하게 주문하다가 시장이 제공하는 오락의 대가가 비싸다는 것을 뼈저리게 절감하게 된다. 트레이딩을 시작하고 얼마 되지 않았을 때 어떤 프로 트레이더가 이렇게 말했다. "성공한 트레이딩은 살짝 지루하죠." 그는 매일 오랜 시간 시장 데이터를 연구하고, 위험을 계산하고, 기록을 유지했다. 이처럼 시간이 많이 드는 일은 짜릿하지 않다. 그의 성공은 이런 지루한 작업이 밑바탕되었기에 가능했다. 초보와 도박꾼은 오락을 맘껏 즐기지만 대가를 치러야만 한다.

  감정에 휩싸여서 하는 실수는 또 있다. 바로 청산도 하지 않은 오픈 포지션의 돈을 세는 것이다. 초보는 손에 쥐지도 않은 수익으로 무얼 할까 상상하거나 오픈 포지션의 손실과 월급을 비교하고는 충격에 빠져 얼어붙는다. 이처럼 돈을 생각하는 것은 트레이딩할 때 결정하는 데 방해가 되는 행위다. 프로는 트레이딩을 관리하는 데 집중한다. 프로는 포지션을 청산한 뒤에야 돈을 센다.

오픈 포지션의 수익을 세는 트레이더는 재판 도중 수임료로 무얼 할지 상상하는 변호사나 다름없다. 재판이 아직 진행 중이고 상대는 고객을 상대로 소송을 걸었는데 돈이나 세고 있으면 승소하는 데 전혀 도움이 안 된다. 아니, 변호사가 돈에 정신이 팔리면 승소는커녕 재판에 질 수밖에 없다. 오픈 포지션의 손실을 세면서 화를 내는 아마추어는 수술대에 누운 환자가 피를 흘리자 수술 도구를 던져버리는 외과의사나 마찬가지다. 좌절한다고 해서 수술 결과가 좋아지지는 않는다. 프로는 오픈 포지션의 돈을 세지 않는다. 프로는 월말 등 회계 기간이 끝날 때 돈을 센다.

내 오픈 포지션의 상태를 물어본다면 약간 앞서 있다, 많이 앞서 있다, 약간 뒤처진다고 대답해줄 수 있다(손실제한을 걸어놔서 많이 뒤처지지는 않는다). 그래도 구체적인 숫자를 말해달라고 조른다면 몇 틱 앞서 있는지, 몇 틱 뒤처져 있는지는 알려줄 수 있지만, 절대 틱을 달러로 환산하지는 않는다. 내 경우, 몇 년 동안 훈련을 거친 후에야 오픈 포지션의 돈을 세는 나쁜 버릇을 버릴 수 있었다. 틱은 세지만 틱을 달러로 바꾸기 전에 마음을 다잡는다. 다이어트를 하면 주변에 음식이 넘쳐나도 손을 대지 않는 것처럼 말이다. 트레이딩을 제대로 관리하는 데 집중하라. 돈은 그 과정에 저절로 따라오는 부산물이다.

핵심 사항은 또 있다. 프로는 한 번의 트레이딩으로 돈을 벌거나 날렸다고 흥분하지 않는다. 시장은 무작위로 움직이는 경우가 얼마든지 있다. 외과 의사가 아무리 잘해도 환자가 잘못될 때가 있는 것처럼, 잘 못한 게 하나도 없는데 손실이 날 때도 있다. 따라서 긍정적인 결과를 기대할 수 있는 방법을 찾는 데 주력하고, 회계 기간이 끝날 무렵 수익이 남도록 일해야 한다.

어떤 분야든 성공하는 프로는 자신이 도달할 수 있는 최상의 결과를 이뤄내는 데 목표를 둔다. 바로 가장 훌륭한 의사, 가장 훌륭한 변호사, 가장 훌륭한 트레이더가 되는 것이다. 트레이딩할 때마다 의사가 수술에 나설 때처럼 임해야 한다. 신중하게, 정신을 바짝 차려야 한다. 어설프게 하거나 지름길로 가려고 해선 안 된다. 제대로 트레이딩하는 일에 집중하라. 이렇게 하면 돈은 저절로 따라온다.

조니가 팔지 못하는 이유

살아남느냐 퇴출되느냐, 성공하느냐 실패하느냐는 손실이 비교적 적을 때 기꺼이 손절할 수 있느냐에 달려 있다.

초보는 트레이딩이 잘못돼도 시장이 자신에게 유리한 쪽으로 반전되리라 기대하며 미련을 버리지 못한다. 마진콜margin call*을 받는 상황이 와도 돈을 더 끌어모아 증권사에 바친다. 마치 지금까지 입은 손실

• 추가 증거금 납부 요구. 일일 정산 결과 고객의 손실액이 유지증거금 수준에 미달할 때 증권사에서 고객에게 증거금을 충당하도록 요구하는 것 - 옮긴이

로는 부족하다는 듯 말이다. 손실 포지션이 유리하게 반전될 까닭이 있을까? 그저 헛된 희망일 뿐, 아무런 논리적인 이유가 없다.

고집을 부리며 버텨보지만 상처만 더 깊어진다. 손실이 눈덩이처럼 불어나 상황이 훨씬 나빠지면 처음에는 꽤 커 보였던 손실이 별것 아닌 것처럼 느껴진다. 마침내 자포자기한 패자는 엄청난 손실을 감내하며 이를 악물고 포지션을 정리한다. 그런데 정리하자마자 시장이 반등해 무서운 기세로 치고 나간다. 이쯤 되면 발등을 찍고 싶어진다. 조금만 더 버텼으면 돈을 챙길 수 있었다고 후회하면서 말이다.

종종 이런 추세 반전이 일어나는데 그 이유는 패자들이 동일한 자극에 비슷하게 반응하기 때문이다. 인간의 감정은 국적이나 교육 수준과 관계없이 비슷하게 나타난다. 트레이더가 겁을 먹어 손바닥에 땀이 흥건해지거나 심장이 쿵쾅거린다면 뉴욕 출신이든 홍콩 출신이든, 학교를 2년 다녔든 20년 다녔든 같은 방식으로 느끼고 행동한다.

트레이딩하려면 지능은 평범한 정도로도 충분하지만 감정 통제력은 엄청나야 한다. 오래전 학벌이 아주 좋았지만 감정에 잘 휩쓸리는 트레이더가 있었다. 그는 내게 채널 벽 근처에서 다이버전스가 발생할 때 트레이딩하는 법을 보여줬다. 나는 이 사람의 방식을 미세하게 조정해 위험 관리 규칙을 덧붙였다. 나는 지금까지도 이 방식으로 계속 돈을 벌고 있다. 그런데 나에게 이 방법을 가르쳐준 사람은 파산해 집집마다 돌아다니며 알루미늄 벽널을 팔고 있다. 그가 실패한 이유는 십중팔구 자제력이 부족하기 때문일 것이다. 감정에 치우친 충동적인 트레이딩으로는 결코 성공할 수 없다.

이 장의 제목 '조니가 팔지 못하는 이유'는 뉴욕 출신 심리학자인 로이 샤피로 Roy Shapiro의 논문에서 따온 것이다. 논문의 한 구절을 인용하면 다음과 같다.

우리는 골방에서 매매 의사결정을 내릴 때 큰 꿈을 품고 내 생각이 옳다고 확신한다. 매도가 어려운 것은 그 포지션에 애착을 갖기 때문이다. 어쨌든 한 번 내 소유가 되면 우리는 점점 애착을 느끼게 된다. 구매한 물건에 대한 이러한 애착을 심리학자와 경제학자들은 '보유 효과endow-ment effect'라고 부른다. 옷장에 걸려 있는 낡은 스포츠 점퍼를 버리지 못하듯, 금융 거래에서도 이런 보유 효과를 발견할 수 있다.

투기적 거래자에게 포지션은 자아 연장 같은 의미를 갖는다. 마치 부모가 자식에게 느끼는 감정과 비슷하다. 포지션에서 손실이 발생하더라도 조니가 못 파는 또 다른 이유는 꿈을 꾸고 있기 때문이다. 많은 경우, 구매하는 순간 판단력이 흐려지고 희망이 점점 부풀어 오르는데 이 구름 같은 희망이 의사결정 과정을 지배한다. 시장에서 '꿈'이란 감당 못 할 손실을 부르는 사치다.

샤피로 박사는 확률이 개입된 일에서 사람들이 어떻게 행동하는지 실험했다. 첫째 1,000달러를 벌 확률이 75퍼센트이고 아무것도 얻지 못할 확률이 25퍼센트인 경우, 둘째 확실히 700달러를 취할 수 있는 경우를 피험자들에게 제시했다. 피험자 다섯 명 중 네 명이 두 번째 경우를 택했다. 첫 번째 경우, 시간이 지나면 750달러의 수익을 올릴 수 있다고 설명해준 뒤에도 네 명이 두 번째를 택했다. 대다수가 감정적으로 결정해 작은 수익에 만족한 것이다.

샤피로 박사는 또 다른 실험을 했다. 첫째 700달러를 확실히 잃는 것, 둘째 1,000달러를 잃을 확률이 75퍼센트이고 아무것도 잃지 않을 확률이 25퍼센트라고 제시하고 그중에서 선택하라고 했다. 네 명 중 세 명이 두 번째를 택했다. 첫 번째 경우보다 괜히 50달러를 더 손해 본 것이다. 위험을 피하려다가 손실을 최대로 키우다니!

감정에 휘둘리는 트레이더는 확실한 수익을 원하고, 수익률은 높지만 불확실성이 개입된 내기를 기피한다. 반면 손실을 받아들이지 못하고 질질 끌며 위험한 도박을 감행한다. 이익은 신속하게 취하고 손실은 최대한 미루는 것이 인간의 본성이다. 더욱이 압박 받을 때는 비합리적인 행위가 만연한다. 샤피로 박사는 경마장에서 "마지막 남은 두 경주에서 승산 없는 말에 베팅하는 사람들이 늘어난다"고도 말했다.

대니얼 카너먼^{Daniel Kahneman} 교수는 저서 《생각에 관한 생각^{thinking, fast and slow}》에서 이렇게 말했다.

> 사람들은 확실한 손실을 혐오하므로 기꺼이 위험을 감수한다. (중략) 위험에 노출된 금액이 내가 가진 자산에 비해 아주 미미할 때도 손실을 회피한다. (중략) 같은 금액이라도 수익보다 손실이 훨씬 크게 다가온다. (중략) 인간을 포함해 동물은 수익을 얻으려고 할 때보다 손실을 막으려고 할 때 더 치열하게 싸운다. (중략) 아주 곤란한 선택지들 앞에 놓인 인간은 될 대로 되라는 식으로 도박을 한다. 큰 손실을 피할 수 있는 작은 희망 대신 상황이 더 악화될 가능성이 높은 쪽을 선택한다. 이런 식으로 위험에 노출되다 보면 관리 가능한 수준의 실패는 재앙으로 변한다.

카너먼 교수는 우리가 이렇게 행동하는 이유를 다음과 같이 설명했다.

하루 벌어 하루 먹고사는 아주 가난한 사람을 제외하면 인간이 돈을 좇는 이유는 꼭 경제적인 목적만은 아니다. 돈은 자존심과 성취를 재는 저울이다.

우리 머릿속에는 이런 보상과 처벌, 약속과 위협이 모두 들어 있다. 감정에 휘둘리는 트레이딩은 패자를 파멸시킨다. 트레이딩 기록을 되돌아보면 최악의 피해는 연속되는 손실이나 몇 번의 큰 손실을 입은 경우에 빚어진다. 제대로 자금 관리를 할 수 있도록 훈련돼 있다면 애초에 수렁에 들어갈 이유가 없다.

확률과 수맹

수맹이란 계산을 못 하거나 확률의 기본 개념을 알지 못하는 상태를 말한다. 트레이더로선 치명적인 약점이다. 계산은 기본서만 봐도 익힐 수 있을 정도로 어렵지 않으며 조금만 연습을 하면 금세 실력이 향상된다.

존 앨런 파울로스 John Allen Paulos가 쓴 《수맹 Innumeracy》은 확률의 개념을 잘 설명한 책이다. 파울로스는 칵테일 파티에서 꽤 똑똑해 보이는 사람이 이렇게 말하는 것을 들었다. "토요일에 비 올 확률이 50퍼센트, 일요일에 비 올 확률이 50퍼센트면 주말에 비 올 확률은 100퍼센트죠."

확률을 잘 모르면 트레이딩으로 돈을 잃는 건 기정사실이라고 봐야 한다. 트레이딩에 필요한 수학적 개념과 논리 개념의 기본은 반드시 익혀야 하는 필수 요건이다.

　시장 분석은 대체로 확률을 토대로 한다. 누구도 이의를 제기할 수 없을 정도로 확실한 건 아주 드물다. "신호 A, B가 나타나면 결과 C가 발생한다." 시장에선 이런 논리가 통하지 않는다.

　랄프 빈스 Ralph Vince가 펴낸《포트폴리오 관리 규칙 Portfolio Management Formulas》첫 머리에는 다음과 같은 흥미로운 문단이 있다.

> 동전을 공중에 던져보라. 자연의 가장 환상적인 역설, 랜덤 프로세스를 경험할 수 있을 것이다. 동전이 공중에 있을 때는 앞면이 나올지 뒷면이 나올지 전혀 알 수 없다. 하지만 여러 번 던진 후에는 결과를 어느 정도 예측할 수 있다.

　수학적 기대치는 트레이더에게 중요한 개념이다. 모든 트레이딩에는 게임의 승률이 누구에게 유리한가에 따라 긍정적 기대치, 즉 도박꾼의 승률 player's edge *과 부정적 기대치, 즉 카지노 업체의 승률 house advantage **이 있다. 두 사람이 동전 던지기를 하면 승률은 각각 50퍼센트로 누구도 우위에 있지 않다. 하지만 한 번 동전을 던질 때마다 도박장이 판돈의 5퍼센트를 떼 간다면 얘기가 달라진다. 잃을 때는 1달러를 잃지만 딸 때는 95센트밖에 딸 수 없다. 이처럼 카지노에 유리한 승률은 부정적 기대치로 작용한다. 부정적 기대치가 작용하면 어떤 자금 관리 규칙을 세우더라도 장기적으로 볼 때 이길 수 없다.

---

* 도박꾼에게 얼마나 유리한가를 따지는 승률. 긍정적 기대치 - 옮긴이
** 도박장에 얼마나 유리한가를 따지는 승률. 부정적 기대치 - 옮긴이

도박꾼의 승률, 긍정적 기대치

'카드 카운팅' 법칙을 안다면 카지노를 상대로 유리한 고지를 점할 수 있다. 카지노에서 쫓아내지만 않는다면 말이다. 카지노는 술 취한 도박꾼은 반기지만 '카드 카운터'는 싫어한다. 이 같은 강점이 있으면 장기적으로 돈을 잃는 횟수보다 따는 횟수가 많아질 것이다. 이런 강점이 없다면 차라리 자선단체에 돈을 기부하는 편이 낫다. 트레이딩에서 유리한 고지를 점하는가 여부는 장기적으로 손실, 체결오차, 수수료보다 많은 수익을 창출하는 시스템을 가지고 있느냐에 달려 있다. 육감으로 트레이딩하다가는 손실을 보기 마련이다.

단순하고 견실한 시스템이 최상의 트레이딩 시스템이다. 최상의 트레이딩 시스템은 몇 가지 요소만으로 구성된다. 시스템이 복잡할수록 많은 요소 중 일부가 고장 날 가능성이 높기 때문이다.

트레이더들은 과거의 데이터에 맞춰 시스템을 최적화한다. 그런데 문제는 과거의 데이터로는 매매할 수 없다는 것이다. 시장은 변하므로 몇 달 전에 추세를 포착했던 지표 변수라도 한 달 뒤에는 추세를 짚어내지 못할 확률이 높다. 시스템을 최적화하는 대신 되돌려 복원을 시도하라. 시장이 변해도 무너지지 않고 잘 유지되는 시스템이 견실한 시스템이다. 실제 트레이딩에서는 이런 시스템이 까다롭게 최적화한 시스템보다 승률이 높다.

마지막으로, 좋은 시스템을 개발했다면 자꾸 손대서 망치지 마라. 시스템을 고치고 싶다면 차라리 새로운 시스템을 하나 더 고안하라. 로버트 프레처 Robert Prechter 는 이렇게 말했다. "트레이더는 대개 훌륭한 시스템을 완벽한 시스템으로 만들려다 시스템을 망치고 만다."

　제대로 된 트레이딩 시스템이 완성됐다면 자금 관리 원칙을 정해야 한다. 합리적인 트레이딩 시스템을 통해 긍정적인 수학적 기대치를 확보해야 이길 수 있다. 자금 관리 원칙이 있으면 훌륭한 시스템을 제대로 활용할 수 있지만, 시스템이 나쁘면 자금 관리로도 구제할 수 없다.

사업상 위험이냐 손실이냐

우리는 추세를 식별하기 위해 시장을 분석한다. 가격을 예측할 때 과도한 확신은 금물이다. 미래는 본질적으로 알 수 없는 영역이다. 상승을 기대하고 매수하지만, 예기치 못한 사건으로 시장이 방향을 돌려 가격이 떨어지는 일이 얼마든지 벌어진다. 예기치 못한 일이 닥칠 때 어떻게 행동하느냐가 트레이더의 수준을 결정한다.

　프로는 '사업상 위험'을 수용하면서 트레이딩을 관리한다. 사업상 위험이란 자산이 소폭 감소할 정도의 위험이다. 반면 손실은 계좌의 건전성, 나아가 생존조차 위협한다. 사업상 위험과 손실 사이에 분명히 선을 그어야 한다. 이 경계선은 한 번의 트레이딩에 얼마나 많은 위험을 감수하느냐에 따라 결정된다.

　아래 설명하는 위험 관리 규칙을 따르면 일반적인 사업상 위험만 감수하면 된다. 물론 명확한 선을 지키지 않으면 위험한 손실로 이어질 수도 있다.

　명확한 규칙이 없는 트레이더는 이렇게 말한다. "이번에는 달라. 이

번 트레이딩은 좀 여유 있게 해야겠어." 시장은 규칙을 깨도록 트레이더를 유혹한다. 유혹에 흔들리지 않고 자신이 세운 규칙을 따를 수 있는가?

한번은 펀드매니저 모임에서 사회를 봤는데, 한 발표자가 10억 달러를 운용하고 있다고 했다. 당시 중년이었던 사내는 20대 때 해군 자문회사에서 일하면서 펀드매니저 일을 시작했다. 본업에 싫증 난 사내는 트레이딩 시스템을 고안했지만 정작 자신은 쓸 수 없었다. 그 시스템을 쓰려면 최소 20만 달러가 있어야 했지만 당시엔 그런 돈이 없었기 때문이다. "다른 사람들에게 가서 투자하라고 했죠. 제가 하려는 일을 설명했더니 돈을 주더군요. 시스템을 고수했어요. 내가 따르겠다고 말한 시스템에서 벗어나면 양심 없는 짓이니까요. 목구멍이 포도청이었죠." 그의 성공은 가난과 정직 덕분이었다.

49

<u>위험 관리의</u>
<u>2대 법칙</u>

트레이딩이 줄타기라면 줄 밑에 안전망을 걸어야 한다. 줄에서 미끄러져도 안전망이 있으면 바닥에 부딪치지 않는다. 안전망이 두 개라면 더 좋다. 떨어질 때 하나가 붙잡지 못해도 다른 하나가 붙잡아줄 것이기 때문이다.

시장은 무작위성이 만연한 곳으로, 아무리 계획을 잘 짜도 일이 틀어질 수 있다. 최고의 분석과 명확한 트레이딩 설정을 하더라도 모든 사고를 피할 수는 없다. 우리가 통제할 수 있는 건 위험이다. 트레이딩 규모와 손실제한을 설정하면 위험을 관리할 수 있다. 손실을 피할 수는 없지만 위험을 관리하면 손실을 줄일 수 있고, 심각한 타격을 막아 장기적으로 이길 수 있다.

계좌 기록을 살피다 보면 손실이 볼썽사납게 두드러져 보인다. 실적을 검토하다 보면 아주 처참한 손실을 한 차례 입거나, 단기간에 연속으로 심각한 손실을 본 경우 계좌에 심한 타격이 나타난다. 트레이더가 더 빨리 손절했더라면 결과는 훨씬 나았을 것이다. 트레이더는 수익을 꿈꾸지만 손실을 보면 얼어붙는다. 손실을 본 트레이더는 시장이 돌아서기를 기다리며 기도한다. 하지만 위험 관리 규칙을 지키면 더 큰 손실이 생기기 전에 피해를 끊어낼 수 있다.

시장은 마치 상어가 단 한 번의 입질로 상대의 명줄을 끊듯, 단 한 번의 끔찍한 손실로 트레이더를 게임에서 퇴출시킨다. 피라냐 떼처럼 여러 번 입질해서 죽일 수도 있다. 한 번의 입질로는 죽지 않지만 여러 번 계속되면 계좌는 살점이 다 떨어져 나가고 뼈만 남는다.

위험 관리의 두 기둥은 2퍼센트 규칙과 6퍼센트 규칙이다. 2퍼센트 규칙은 상어의 입질을 막아주고, 6퍼센트 규칙은 피라냐의 입질을 막아준다.

최악의 실수 두 가지

계좌를 망치는 지름길은 두 가지다. 손실제한을 사용하지 않고 계좌 규모에 비해 과하게 트레이딩하는 것이다.

손실제한 없이 트레이딩하면 손실이 무한대로 늘어날 수 있다. 앞으로 위험 관리의 원칙과 규칙을 살펴보겠지만, 이는 모두 손실제한을 사용할 때라야 효과가 있다.

손실제한을 설정하는 방법은 다양한데 54장에서 논의하겠다. 손실제한은 너무 멀어도 너무 가까워도 안 된다. 지금은 손실제한을 설정해야 한다는 것만 알고 넘어가자. 자신이 감수할 수 있는 위험의 최대 수준을 알아야 한다. 간단하다. 위험의 최대 수준을 모른다면 캄캄한 어둠 속을 헤매는 것이나 마찬가지다.

또 다른 치명적 실수는 계좌에 비해 지나치게 큰 규모로 매매하는 것이다. 이는 작은 배에 거대한 돛을 다는 것 같아서 바람이 불면 배가 빨리 나가는 게 아니라 뒤집어진다.

무지나 탐욕, 또는 무지와 탐욕이 결합될 때 트레이더는 능력 이상의 거래를 하게 된다. 트레이딩할 수 있는 최대 규모를 알려주는 간단한 수학적 규칙이 있다. 함께 살펴보자.

50
2퍼센트 규칙

상어가 운 나쁜 수영객을 단번에 물어 죽이듯, 단 한 번의 처참한 손실에 계좌는 깡통이 되어버리기도 한다. 마치 상어에게 물려 한쪽 팔이나 다리를 잃고 물속에서 피 흘리는 수영객처럼, 가련한 초보는 한 번의 트레이딩으로 순식간에 자산의 25퍼센트를 날려버리기도 한다. 이 초보가 본전을 건지려면 남은 자산으로 33퍼센트의 수익을 올려야 한다. 그런데 이렇게 될 가능성은 희박하다.

'상어의 입질'에 당한 사람은 돈을 더 날리게 돼 있다. 자신감은 떨어지고 두려움은 커져서 매매를 결행할 수 없게 된다. '상어의 입질'에 물리는 손실을 피하려면 2퍼센트 규칙을 지켜야 한다. 2퍼센트 규칙을 지키면 관리 가능한 규모, 그러니까 정상적인 사업상 위험으로 손실을 제한할 수 있다.

2퍼센트 규칙 - 1회 트레이딩으로 부담하는 위험이 계좌의 2퍼센트를 넘지 않도록 한다.

계좌에 5만 달러가 있다고 가정해보자. 2퍼센트의 규칙에 따르면 한 번의 트레이딩에 감수할 수 있는 최대 위험은 1,000달러로 제한된다. 이는 트레이딩 규모가 아니라 부담하는 위험, 즉 진입 지점과 손실 제한 사이의 거리다.

예를 들어, 40달러에 주식을 사서 지지 수준 바로 아래인 38달러에 손실제한을 걸었다고 하자. 다시 말하면, 주당 2달러의 위험을 부담하는 것이다. 허용된 최대한의 위험이 1,000달러이므로 1,000달러를 주당 위험인 2달러로 나누면 500주 이상 사면 안 된다. 이보다 적게 사는 건 아무 문제 없다. 매번 최대 한도로 트레이딩할 필요는 없기 때문이다. 주식이 초강세를 보이리라 전망한다면 허용된 최대 한도로 매매해도 되지만 500주 이하로 주식 수를 제한해야 한다.

시장 분석만 잘해서는 승자가 될 수 없다. 좋은 매매 기회를 찾아내는 능력도 성공을 보장하지 않는다. 시장에는 훌륭한 분석가가 넘쳐나지만 이들도 파산할 수 있다. 상어로부터 자신을 보호해야 연구조사를 통해 수익을 거머쥘 수 있다.

연속으로 20회, 30회, 심지어 50회 수익을 거뒀지만 결국에는 돈을 날리는 트레이더들이 있다. 연달아 수익을 거두면 게임에 통달한 기분이 든다. 그러다가 단 한 번의 참혹한 손실로 그동안 번 수익이 전부 날아가고 자산은 위태로운 지경이 된다. 상어를 물리칠 수 있는 훌륭한 자금 관리 법칙이 필요하다.

좋은 트레이딩 시스템이 있으면 장기적으로 우위를 점할 수 있지만, 단기적으로 시장은 무작위로 움직이는 경우가 무수히 많다. 모든 트레이딩의 결과는 동전 던지기에 가깝다. 월말이나 분기 말이면 프로 트레이더는 수익을 기대하지만 다음번 트레이딩으로 돈을 벌지 물어보면 솔직하게 모른다는 대답이 돌아온다. 이렇기 때문에 프로는 손실제한을 사용해 신통치 않은 트레이딩이 계좌를 손상시키지 못하게 막는다.

기술적 분석은 주당 손실을 제한해줄 손실제한 지점을 판단하는 데 유용하다. 자금 관리 규칙은 계좌 전체를 보호해준다. 가장 중요한 하나의 법칙이 있다면, 한 번의 트레이딩에 계좌의 2퍼센트를 넘는 위험을 부담하지 않는 것이다.

이 법칙은 트레이딩 계좌에 있는 돈에만 적용된다. 저축, 주택 자산, 퇴직 계좌, 크리스마스 쇼핑용 정기적금 계좌 등은 포함되지 않는다. 트레이딩에 투입된 자금, 즉 트레이딩 사업에 투자한 자본이 진짜 위험부담자본^{risk capital}*이다. 주식, 선물, 옵션 트레이딩 계좌가 따로 있다면 각각의 계좌에 2퍼센트 규칙을 적용하라.

신기하게도 2퍼센트 규칙을 처음 들었을 때는 사람들의 반응이 제각각이었다. 자본이 적은 신참은 종종 2퍼센트가 너무 적다고 반대했다. 자신 있으면 위험 부담을 2퍼센트보다 올려도 되는지 묻는 사람도 있었다. 나는 다리 위에서 보는 경치가 좋다고 번지점프 줄을 더 길게 늘이는 것이나 마찬가지라고 대답했다.

반면 프로는 2퍼센트가 너무 높다며 위험 부담을 낮추려고 했다. 단

- 투자자가 경영 위험을 부담하는 자본 – 옮긴이

한 번의 트레이딩으로 100만 달러의 2퍼센트를 하루 만에 날려버리고 싶은 사람은 없다. 어떤 헤지펀드 매니저는 나와 상의하면서 앞으로 6개월 동안 목표가 트레이딩 규모를 늘리는 것이라고 말했다. 이 사람은 한 번의 트레이딩에 자금의 0.5퍼센트가 넘는 위험을 절대 감수하지 않는데 1퍼센트로 올리려고 공부하겠다는 것이다. 훌륭한 트레이더는 위험 부담을 2퍼센트보다 훨씬 아래로 유지한다.

아마추어와 프로의 의견이 이처럼 갈리는데, 어느 편에 서야 할지는 분명하다. 위험 부담을 2퍼센트 미만으로 유지하라. 2퍼센트가 최대치다.

매달 초가 되면 계좌에 돈이 얼마나 있는지 계산하라. 1일 계좌에 10만 달러가 있다면 2퍼센트 규칙을 적용할 때 한 번의 트레이딩에 부담할 수 있는 위험은 최대 2,000달러다. 전월 실적이 좋아서 잔고가 10만 5,000달러로 늘었다면 다음 달 2퍼센트는 얼마나 될까? 빨리! 훌륭한 트레이더가 되려면 계산을 잘해야 한다! 계좌에 10만 5,000달러가 있다면 2퍼센트 규칙을 적용하면 한 번의 트레이딩에 부담할 수 있는 위험은 최대 2,100달러로 늘어난다. 반면 전월 실적이 저조해 잔고가 9만 5,000달러로 줄었다면 2퍼센트 규칙을 적용하면 한 번의 트레이딩에 부담할 수 있는 위험은 최대 1,900달러로 줄어든다. 2퍼센트 규칙은 계좌 규모뿐 아니라 실적과도 관련 있다.

위험을 통제하는 철의 삼각형

다음 트레이딩을 할 때 몇 주나 매수 또는 공매도할 예정인가? 초보는 종종 1,000주, 200주처럼 아무 숫자나 대충 선택한다. 지난번 트레이딩으로 돈을 벌었으면 더 많이 사기도 하고 돈을 잃었으면 더 적게 사기도 한다.

트레이딩 규모는 막연한 육감이 아니라 공식을 기초로 정해야 한다. 2퍼센트 규칙을 활용해 매수 또는 공매도할 최대 주식 수를 합리적으로 결정하라. 나는 이 과정을 '위험을 통제하는 철의 삼각형'이라고 부른다(그림 50-1).

지역 고등학교에서 1년 동안 '돈과 트레이딩'이라는 강좌를 진행한 적이 있다. 나는 학생들이 실제로 경험해봤으면 하는 마음에 4만 달러짜리 계좌를 개설했다. 학생들에게 학기가 끝날 때 돈이 불어났으면 수익의 절반을 학교에 기부하고 나머지는 강좌에 참여한 학생들에게 나눠주겠다고 했다. 그리고 한 번의 트레이딩에 부담할 수 있는 최대

| 그림 50-1 | 위험 관리를 위한 철의 삼각형

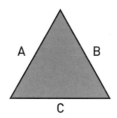

철의 삼각형 구축 3단계
A. 계획 중인 트레이딩의 최대 위험(달러로 환산, 계좌의 2퍼센트를 절대 넘지 않아야 함).
B. 계획한 진입 지점과 손실제한까지의 거리(달러로 환산) - 주당 최대 위험.
C. A를 B로 나누어 트레이딩할 수 있는 최대 주식 수를 구한다. 꼭 이 숫자만큼 거래할 필요는 없지만 이 수를 초과해 거래하면 안 된다.

위험은 1퍼센트라고 못 박았다. 어떤 학생이 일어서더니 노키아 주식을 주당 16달러에 사고 14.50달러에 손실제한을 설정하자고 제안했다. 나라면 이렇게 묻겠다. "몇 주나 사야 할까?" 한 번의 트레이딩에 부담할 수 있는 최대 위험이 400달러고 주당 위험이 1.50달러이므로 수수료를 감안하면 학생들은 250주를 살 수 있다.

계좌에 자본이 얼마 없다면 매번 허용된 주식 수만큼 모두 트레이딩하게 된다. 자본이 점점 커지면 트레이딩 규모를 달리할 수 있다. 예를 들면, 보통 정도의 트레이딩이라면 위험 부담 최대치의 3분의 1만큼, 괜찮은 트레이딩이라면 위험 부담 최대치의 3분의 2만큼 트레이딩하고, 특별히 괜찮은 트레이딩이라면 위험 부담 최대치만큼 트레이딩하는 것이다.

선물시장의 2퍼센트 규칙

최근 5만 달러 계좌로 e-mini 선물을 거래하는 어떤 트레이더가 철의 삼각형을 어떻게 적용하면 되는지 물었다. 내 대답은 이렇다.

A. 트레이딩 계좌에 5만달러가 있으므로 2퍼센트 규칙을 따른다면 1회 트레이딩에 감수할 수 있는 위험은 1,000달러다. 좀 더 보수적으로 잡아 1퍼센트만 감수한다면 500달러다. 이것이 '위험을 통제하는 철의 삼각형'의 첫 번째 변이다.

B. 선호하는 e-mini를 살펴보다가 1810에 공매도하고 수익 목표 1790, 손실제한 1816로 정했다고 하자. 위험 부담이 6포인트이고 e-mini 1포인트는 50달러이므로 총위험은 300달러다(덧붙여 수수료와 체결오차도 있다). 이것이 철의 삼각형의 두 번째 변이다.

C. A를 B로 나누면 세 번째 변이 완성되는데 이것이 트레이딩할 수 있는 최대 규모다. 최대 위험이 500달러면 1계약, 1,000달러면 3계약이다.

선물 트레이더 한 사람을 '토끼'라고 하고 한 사람을 '거북이'라고 하자. 두 사람 모두 계좌에 5만 달러가 들어 있다. 민첩한 토끼가 살펴보니 금의 일일 거래 범위가 약 30달러로, 1계약에 하루 3,000달러다. 옥수수의 일일 거래 범위는 약 10센트로, 1계약에 하루 500달러다. 토끼가 보니, 금의 경우 하루 거래 범위의 절반만 포착해도 계약당 1,500달러를 벌 수 있고 옥수수는 같은 방법을 써도 250달러밖에 벌지 못한다. 토끼는 증권사 계좌에 접속해 금 2계약을 매수한다.

신중한 거북이는 계산법이 다르다. 거북이는 2퍼센트 규칙을 적용해 1회 트레이딩에 부담하는 위험을 최대 1,000달러로 제한하는 일부터 시작한다. 거북이는 하루 3,000달러씩 움직일 수 있는 금을 트레이딩하면 손실제한을 설정하는 것이 무의미하다고 깨닫는다. 자신의 계좌로 금을 사는 건 덩치는 크고 꼬리는 짧은 호랑이의 꼬리를 잡는 것과 마찬가지라고 판단한 것이다. 반면 옥수수의 경우, 버틸 수 있는 여지가 많다. 호랑이보다 덩치는 더 작고 꼬리는 더 길어서 꼬리를 손목에 감을 수 있다. 거북이는 옥수수 1계약을 매수한다.

토끼와 거북이, 장기적으로 볼 때 누가 이길까?

선물시장은 주식시장보다 훨씬 치명적이다. 특별히 복잡해서가 아니다. 물론 독특한 측면이 있긴 하지만 어렵지 않게 배울 수 있다. 선물은 아주 적은 증거금 margin으로 트레이더를 유혹해서 끝장낸다. 지렛대 효과인 레버리지 leverage ● 효과도 아주 커서 5퍼센트의 증거금만 있으면 큰 포지션을 거래할 수 있다. 시장이 유리하게 움직이면 황홀하지만, 시장이 불리하게 돌아서면 계좌는 금세 거덜 난다.

2퍼센트 규칙을 활용해 현명하게 위험을 통제할 때만 선물시장에서 성공할 수 있다.

A. 계좌 자금의 2퍼센트를 계산하라. 이는 모든 트레이딩에서 위험 허용의 최대 수준이다. 선물 계좌에 5만 달러가 있다면 최대 위험 허용 수준은 1,000달러다.

B. 흥미로운 시장의 차트를 검토해 진입, 목표, 손실제한 계획을 기록하라. 명심하라. 이 세 가지 수치가 없는 트레이딩은 트레이딩이 아니라 도박이다. 진입에서 손실제한까지 움직일 때 가치를 달러로 계산해 표시하라.

C. A를 B로 나누어 결과가 1보다 작으면 트레이딩이 금지된다. 1계약이라도 트레이딩하면 안 된다.

● 지렛대란 뜻으로, 투입한 자산이 지렛대 작용을 해 손익의 변동이 확대되는 효과를 의미한다 - 옮긴이

비슷한 차트 패턴을 보이는 두 시장을 비교해보자(그림 50-2). 계좌에 5만 달러가 있다고 가정하면 1회 트레이딩에 허용 가능한 최대 위험은 1,000달러다.

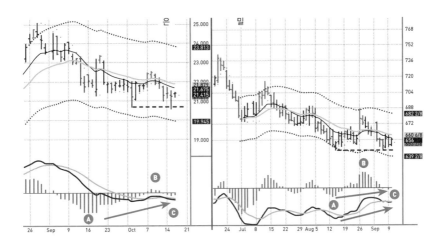

| 그림 50-2 | 일간 차트, 13일, 26일 EMA, 오토엔벨로프, 임펄스 시스템, MACD 히스토그램 12-26-9(출처: Tradestation)

선물 2퍼센트 규칙 - 은과 밀

이 차트의 오른쪽 끄트머리에서 은을 매수하고 싶다고 하자. 가격이 가짜 하향 돌파를 동반하며 이중 바닥을 그린다. MACD 히스토그램은 강세 다이버전스를 보인다. 임펄스 시스템은 청색으로 변해 매수를 허락한다. 근월물 선물 계약은 마감 몇 분 전 21.415달러에 거래된다.

매수하기로 결정했다면 차익 실현 지점은 상단 채널선과 EMA의 중간인 23달러 부근이 된다. 손실제한은 가장 최근 저점 수준인 20.60달러다. 위험은 온스당 0.815달러며, 수익은 온스당 1.585달러다. 위험/보상 비율은 2:1로 무난하다.

이 트레이딩이 허용될까? 어림도 없다! 위험이 1계약에 온스당 0.815달러면 1계약은 은 5,000온스이므로 총위험이 4,075달러가 된다. 최대 위험 허용치가 1,000달러라는 사실을 명심하라. 정 트레이딩하고 싶다면 미니 1계약을 매수하면 된다. 미니 계약은 은 1,000온스이므로 위험은 815달러다. 이런 현명한 투자라면 건승을 빈다.

이번에는 이 차트 오른쪽 끝에서 밀을 매수하고 싶다고 하자. 기술적인 면은 은의 경우와 비슷해 보인다. MACD선들, MACD 히스토그램은 강세 다이버전스를 보이고 가격은 이중 바닥을 그리고 있다. 임펄스 시스템은 청색으로 변해 매수를 허락한다(첫번째 단락의 조언을 참고하라). 마감 직전 가격은 658센트 부근이다.

차트 오른쪽 끝에서 매수하기로 결심했다면 목표는 상단 채널선 근처인 680센트 부근이 된다. 손실제한은 최근 저점 수준인 652센트다. 위험은 부셸당 10센트, 수익은 부셸당 22센트, 위험/보상 비율은 2:1로 은과 비슷하다.

이 트레이딩이 허용될까? 되고말고! 1계약은 밀 5,000부셸이므로 계약당 위험이 10센트면 총위험은 500달러다. 허용되는 최대 위험이 1,000달러라는 사실을 명심하라. 가격이 상승할 것으로 확신한다면 2계약을 매수해도 된다.

선물을 거래할 때 두 시장의 기술적 지표가 비슷해 보여도 자금 관리 규칙에 따라 트레이딩 여부를 결정해야 한다는 점, 반드시 기억하라.

자금 관리를 엄격하게 해야만 선물을 적절히 트레이딩할 수 있다. 계좌를 거덜 내는 계약에는 손도 대지 않아야 선물 레버리지도 효용 가치가 있다.

내가 트레이딩에 입문한 지 얼마 안 됐을 때 어떤 프로 선물 트레이더가 놀라운 말을 했다. 그는 위험 관리에 3분의 1 정도의 시간을 쓴다고 했다. 초보는 아무 생각 없이 성급하게 뛰어든다. 중급 수준이면 시장을 분석하는 데 주력한다. 프로는 시간의 상당 부분을 위험 통제에 집중하고 초보와 아마추어의 돈을 빼앗는다.

어떤 시장에서 트레이딩할 여력이 없더라도 데이터를 받아서 연구하고 실제 돈을 쏟아붓는 것처럼 모의 트레이딩하라. 이렇게 준비해야 나중에 트레이딩할 수 있을 만큼 계좌 규모가 커지거나 시장이 조용해지면 트레이딩에 나설 수 있다.

Trading for a Living

51
6퍼센트 규칙

피라냐는 열대지방의 강에 서식하는 손바닥만한 물고기인데, 이빨이 아주 날카롭다. 녀석이 무서운 점은 떼를 지어 공격한다는 것이다. 개, 당나귀, 사람이 강에 빠지면 떼로 몰려와 물어뜯어 희생자를 가라앉힌다. 황소라도 강으로 들어갔다가 피라냐 떼의 공격을 받으면 몇 분 후 뼈만 남는다. 2퍼센트 규칙으로 상어를 물리쳤다면 이제 피라냐 떼를 막아야 한다. 6퍼센트 규칙이 있으면 야금야금 갉아 먹히는 것을 피할 수 있다.

인간은 수렁에 빠지면 더 세게 몸부림치게 마련이다. 손실을 보면 수렁에서 빠져나오려고 포지션을 더 늘린다. 연속으로 손실을 봤다면 잠시 옆으로 빠져나와 생각할 시간을 갖는 게 바람직하다. 6퍼센트 규칙은 계좌의 한 달 손실을 최대 6퍼센트로 제한하는 것이다. 계좌의 손실이 6퍼센트에 도달하면 남은 일수 동안에는 트레이딩을 중단한다.

6퍼센트 규칙이 있으면 피라냐에게 뜯어 먹히기 전에 강에서 나올 수 있다.

> **6퍼센트 규칙 - 그달의 손실 총액과 오픈 포지션의 위험이 계좌 자산의 6퍼센트에 도달하면 남은 일수 동안에는 새로운 트레이딩을 금지한다.**

시장이 원하는 대로 움직여 손대는 것마다 수익을 볼 때가 있다. 만지는 것마다 금으로 변할 때는 트레이딩을 활발히 해야 한다.

하지만 손대는 것마다 실패할 때도 있다. 시스템이 시장과 어긋나 연속으로 손실을 보는 것이다. 이럴 때는 자신을 더 몰아붙이지 말고 잠시 물러나야 한다. 프로는 연달아 손실을 보면 잠시 쉬고 계속 시장을 주시하면서 다시 원활하게 시장과 발맞출 때를 기다린다. 아마추어는 계좌가 거덜 날 때까지 계속 몰아붙인다. 6퍼센트 규칙을 따르면 계좌 자본이 대부분 아직 온전할 때 멈출 수 있다.

가용 위험

트레이딩하기 전에 자기 자신에게 질문하라. 모든 포지션이 갑자기 불리하게 돌아가면 무슨 일이 벌어질까? 2퍼센트 규칙을 활용해 손실제한과 트레이딩 규모를 정했다면 6퍼센트 규칙은 계좌가 입을 총손실을 제한한다.

1. 이번 달 손실을 모두 더한다.

2. 현재 오픈 포지션의 위험을 모두 더한다. 진입에서 현재 손실제한까지의 거리에 트레이딩 규모를 곱하면 오픈 포지션의 위험을 돈으로 환산할 수 있다. 50달러에 200주를 사고 48.50달러에 손실제한을 걸어두었다고 하자. 주당 위험은 1.50달러다. 이 경우 오픈 포지션의 위험은 300달러다. 시장이 유리하게 움직여 손실제한을 손익분기점으로 옮기면 오픈 포지션의 위험은 0이 된다.

3. 이번 달 손실(1번)과 오픈 포지션의 위험(2번)을 더한다. 더한 총액이 월초 계좌 자금의 6퍼센트에 도달하면 월말까지, 또는 오픈 포지션이 유리하게 움직여 손실제한을 올릴 수 있을 때까지는 다른 트레이딩이 금지된다.

6퍼센트 규칙은 늘 하던 질문을 바꾼다. "이번 트레이딩을 할 만한 돈이 있는가?"라고 묻는 대신 "이번 트레이딩을 할 만한 가용 위험이 충분한가?"라고 묻는 것이다. 후자가 훨씬 적절한 질문이다. 특정 달에 계좌 자금의 6퍼센트 이하로 위험을 제한하면 전체 위험을 통제할 수 있고, 장기적으로 생존이 보장된다. 한 달의 총가용위험은 계좌 자금의 6퍼센트다. 새로운 트레이딩을 고려할 때는 먼저 이렇게 질문하라. "이번 달 오픈 포지션과 정리한 포지션을 모두 고려할 때, 이번 트레이딩을 할 만큼 가용 위험이 충분한가?"

우선 이번 달에 얼마를 잃었는지 알아본다. 그리고 오픈 포지션의 위험이 돈으로 환산해 얼마인지도 계산한다. 이번 달에 입은 손실에 남아 있는 포지션의 위험을 더해 계좌 자금의 6퍼센트에 도달하면 다른 트레이딩이 금지된다.

6퍼센트 규칙으로 새로운 트레이딩을 하지 못하게 되더라도 관심 있는 주식은 계속 주시하라. 정말 매매하고 싶은데 가용 위험이 없다면 오픈 포지션을 하나 정리해 위험을 줄일지 고려하라.

6퍼센트 한도가 거의 다 찼는데 놓치고 싶지 않은 트레이딩이 보이면 두 가지 선택지가 있다. 오픈 포지션 하나의 차익을 실현해 가용 위험을 늘린다. 아니면 손실제한을 좀 더 좁게 잡아서 오픈 포지션의 위험을 줄인다. 단, 이 경우에는 트레이딩하고 싶어서 손실제한을 너무 좁게 잡지 않도록 주의하라(54장을 참고하라).

예를 보면서 복습해보자. 간편하게 트레이딩마다 계좌 자금의 2퍼센트의 위험을 부담한다고 가정하자.

1. 월말 계좌에 5만 달러가 있고 오픈 포지션은 없다. 다음 달의 최대 위험 수준을 2퍼센트, 즉 1회 트레이딩에 1,000달러, 계좌 전체의 6퍼센트, 즉 3,000달러로 적어두었다.

2. 며칠 뒤 A 종목이 아주 유망해 보여 손실제한을 계산하고, 자금의 2퍼센트에 해당하는 1,000달러의 위험을 감수하고 포지션을 매수한다.

3. 며칠 뒤 B 종목을 보고 비슷하게 트레이딩해 또 1,000달러의 위험을 부담한다.

4. 주말에 C 종목을 매수해 또 1,000달러의 위험을 부담한다.

5. 다음 주 D 종목이 A, B, C 종목보다 더 유망해 보인다. 사도 될까? 이미 계좌는 6퍼센트 위험에 노출돼 있으므로 살 수 없다. 오픈 포지션이 세 개 있는데 각각 2퍼센트의 위험을 부담하고 있다. 즉, 시장이 불리하게 돌아가면 6퍼센트의 자본이 날아간다. 이번에는 6퍼센트 규칙 덕분에 더 이상의 위험 부담이 방지된다.

6. 며칠 뒤 A 종목이 상승해 손실제한을 손익분기점까지 올린다. 며칠 전 매수할 수 없었던 D 종목이 여전히 아주 유망해 보인다. 이번에는 사도 될까? 현재 위험은 계좌의 4퍼센트밖에 안 되므로 사도 된다. B 종목에서 2퍼센트, C 종목에서 2퍼센트의 위험을 부담하고 있지만 A 종목은 손실제한을 손익분기점에 둬서 위험이 없다. 2퍼센트, 즉 1,000달러의 위험을 부담하고 D 종목을 매수한다.

7. 같은 주 며칠 뒤 E 종목이 초강세를 보인다. 살 수 있을까? B, C, D 종목을 합친 위험이 이미 계좌의 6퍼센트이므로(A 종목은 이제 위험이 0이다), 6퍼센트 규칙에 따르면 살 수 없다. E 종목은 사면 안 된다.

8. 며칠 뒤 B 종목이 손실제한을 건드린다. E 종목은 여전히 유망해 보인다. 사도 될까? B 종목에서 2퍼센트 손실을 봤고, C, D 종목에서 4퍼센트의 위험을 지고 있으므로 사면 안 된다. 이때 포지션을 더하면 한 달에 노출되는 위험이 6퍼센트를 초과한다.

오픈 포지션이 세 개면 많이 분산된 건 아니다. 더 트레이딩하고 싶으면 트레이딩당 위험을 2퍼센트 이하로 설정한다. 예를 들어, 트레이딩당 위험이 계좌 자본의 1퍼센트라면 여섯 개의 포지션을 보유해서 6퍼센트 한도를 채울 수 있다. 나는 계좌에 자본이 많을 경우, 6퍼센트 규칙을 적용하되 2퍼센트 규칙을 1퍼센트 이하로 낮춰 적용한다.

6퍼센트 규칙을 적용할 경우 연속으로 수익을 보면 트레이딩 규모를 늘릴 수 있다. 하지만 연속으로 손실을 보면 조기에 트레이딩이 금지될 수 있다. 시장이 유리하게 움직이면 손실제한을 손익분기점으로 옮길 수 있고, 따라서 새로운 트레이딩을 할 수 있는 가용 위험이 생긴다. 반면 시장이 불리하게 움직여 손실제한을 건드리면 빨리 트레이딩을 그만두고 계좌의 자본을 지켜 다음 달 새로 시작하면 된다.

2퍼센트 규칙과 6퍼센트 규칙은 시장이 유리하게 움직일 때 포지션을 늘려 나가는 가이드라인이 된다. 매수한 주식의 주가가 손실제한을 손익분기 수준 위로 옮길 정도로 상승하면 같은 주식을 더 매수해도 된다. 단, 늘린 포지션의 위험 수준이 계좌 자본의 2퍼센트를 넘지 않고 전체 계좌의 위험 수준이 6퍼센트 이하여야 한다.

많은 트레이더가 주가가 고점을 찍으면 한껏 들뜨다가 바닥을 치면 우울해하는 등 감정의 부침을 겪는다. 이처럼 기분이 널뛰면 트레이딩에 도움이 되기는커녕 해롭기만 하다. 위험을 통제하는 데 에너지를 집중하라. 누구나 좋은 취지로 트레이딩한다. 뜻대로 되지 않을 뿐이다. 하지만 2퍼센트, 6퍼센트 규칙은 안전한 트레이딩을 현실로 만들어줄 것이다.

52

손실 후
재기하기

위험 수준이 높아지면 수행 역량은 떨어진다. 초보는 소규모로 트레이딩하다가 자신감을 얻으면 트레이딩 규모를 대폭 늘리는데, 이때부터 돈을 날리기 시작한다. 포지션 규모가 커져 위험 수준이 커지면 둔해지면서 민첩성이 떨어진다. 민첩성이 떨어지면 뒤처질 수밖에 없다.

뉴욕에 있는 데이트레이딩 회사에서 심리훈련그룹을 운영할 때 겪었던 일화가 좋은 사례가 될 듯하다. 이 회사에서는 트레이더들에게 특허 받은 주식 트레이딩 시스템을 가르친 다음, 수익 공유를 전제로 회사 자본으로 트레이딩하도록 했다. 실적이 가장 좋은 직원 두 사람은 1개월 동안 100만 달러를 벌었다. 나머지는 훨씬 수익이 적었고, 일부는 손실을 봤다. 회사 사장은 손실을 본 직원들을 도와달라고 부탁했다.

정신과 의사가 온다는 소식에 충격 받은 직원들은 "우린 미치지 않았다"며 큰소리로 항의했다. 사장은 실적이 바닥인 직원들에게 상담을 받지 않을 거면 회사에서 나가라고 말했다. 6주 뒤 결과가 아주 좋아서 두 번째 그룹 신청자가 줄을 섰다.

이 회사는 직원들에게 자체 개발한 시스템을 가르쳤기 때문에 심리와 위험 통제에 집중할 수 있었다. 첫 번째 회의에서 직원 한 명이 13일 동안 매일 돈을 날렸다고 털어놓았다. 회의에 참석했던 직원의 상사는 이 직원이 회사 시스템을 사용하는데도 수익을 올리지 못했다고 말했다. 나는 13일 연속 손실을 보고도 다음 날 출근해서 다시 트레이딩에 임하는 강한 정신력에 경의를 표한다며 운을 뗐다. 그러고는 몇 주나 트레이딩하는지 물었다. 회사에서 트레이더마다 상한선을 정해놓고 있었기 때문이다. 이 직원은 한번에 700주까지 매수 또는 매도할 수 있었는데, 자발적으로 500주만 거래하고 있었다.

나는 1주일 동안 손실을 본 날보다 수익을 올린 날이 더 많아서 전체적으로 수익이 날 때까지 매매 규모를 100주로 줄이라고 말했다. 2주 연속 이 기준을 통과하자 1회 트레이딩 규모를 200주로 올렸다. 다시 2주 연속 수익을 올리자 300주까지 늘렸다. 2주 동안 수익을 올리면 100주를 늘리고, 1주 동안 손실을 보면 이전 수준으로 돌아가게 했다. 즉, 작게 시작해서 서서히 규모를 늘리되, 손실을 보면 빨리 규모를 줄이도록 했다.

이 직원은 돈을 벌려면 100주로는 부족하다며 거세게 항의했다. 내가 500주로 거래할 때도 돈을 못 벌었다며 착각하지 말라고 응수하자 직원은 마지못해 인정했다. 1주일 뒤에 이 직원을 만났는데 나흘 동안 수익을 올려서 1주일 동안의 결과를 취합하자 수익이 났다고 보고했다. 트레이딩 규모가 100주라서 수익이 미미하긴 했지만 어쨌든 게임에서 이기고 있었다. 그는 다음 주에도 계속 수익을 올려 200주까지 거래할 수 있게 됐다. 그다음 주에도 수익을 올리자 그가 물었다. "박사님, 이게 심리 문제일까요?" 모두 박장대소했다.

500주로 트레이딩할 때는 돈을 날리던 사람이 100주로 트레이딩하면서 돈을 번 이유는 뭘까?

나는 주머니에서 10달러 지폐를 꺼내 길고 좁은 회의 탁자 위에 올라가 끝에서 끝까지 걷는 사람에게 이 돈을 주겠다고 말했다. 몇 명이 해보겠다며 손을 들었다. 나는 더 그럴싸한 제안이 있다면서 10층 건물 옥상에 올라가 너비가 탁자와 같은 판자 위를 걸어 대로 건너편에 있는 10층 건물 옥상으로 건너가는 사람에게 현금 1,000달러를 주겠다고 했다. 아무도 나서지 않았다.

나는 엄청나게 튼튼한 판자를 쓸 것이고 바람이 안 부는 날 하면 안전이 보장될 거라고 말한 뒤 현장에서 바로 1,000달러를 주겠다고 꼬드겼다. 회의 탁자 위를 걷는 것이나 건물 사이의 판자 위를 걷는 것이나 실제로 몸을 움직이는 난이도는 같지만 보상은 훨씬 더 크다. 그래도 도전하는 사람이 없었다. 왜냐하면 탁자 위에서 균형을 잃으면 60센티미터 정도 밑으로 떨어질 뿐이지만 옥상 사이에서 균형을 잃으면 아스팔트 위로 추락할 것이기 때문이다.

위험 수준이 높을수록 수행 역량은 떨어진다. 명확한 단계를 밟아 서서히 위험을 감수하도록 훈련해야 한다. 얼마나 활발하게 트레이딩하느냐에 따라 주 단위 또는 월 단위로 단계를 정하되, 원칙은 동일하게 유지하라. 즉, 위험 규모를 늘리려면 2주 또는 2개월 동안 수익을 올려야 한다. 1주 또는 1개월 동안 손실을 보면 위험 규모를 줄여야 한다. 이 규칙은 심각한 손실을 본 뒤 다시 트레이딩에 나서는 사람들에게 특히 유용하다. 두려움에 휩싸이지 않고 서서히 트레이딩으로 복귀해야 한다.

초보는 대부분 서둘러 크게 한몫 잡으려고 한다. 하지만 가만히 앉아 당할 사람이 어디 있겠는가? 악랄한 중개인은 계좌의 자금 능력을 넘어서는 과도한 매매를 부추겨 수수료를 뜯어간다. 미국이 아닌 다른 나라에서 있었던 일인데 어떤 증권사가 1만 달러어치 주식을 매수하기 위해 1,000달러 예금을 요구한 일도 있다. 10:1 '꺾기'다. 일부 외환 거래소는 100:1, 심지어 400:1의 치명적인 '꺾기'를 요구하기도 한다.

트레이딩은 보물을 찾아 잠수하는 것과 비슷하다. 바닷속 깊은 곳에 금 덩어리가 있더라도 이를 건져 올리기 전 기압계부터 살펴야 한다. 바다 밑바닥에는 절호의 기회를 봤지만 산소가 떨어져 실패하고 만 잠수부들의 유해가 널려 있다. 프로 잠수부는 언제나 산소가 원활히 공급되는가 여부를 염두에 둔다. 오늘 금 덩어리를 건지지 못하면 내일 찾아 나서면 그만이다. 일단 살아남아야 다시 잠수할 수 있다. 그런데 초보는 금 덩어리를 찾다가 산소가 떨어져 죽고 만다. 공짜로 금 덩어리를 가질 수 있다는 유혹이 너무 강렬하기 때문이다. 공짜로 금덩어리를! 러시아 속담이 생각난다. 명심하라. 이 세상에서 유일한 공짜는 쥐덫 안에 있는 치즈뿐이다.

성공한 트레이더는 절제력 덕분에 생존하고 번성한다. 2퍼센트 규칙은 상어를 물리치고 6퍼센트 규칙은 피라냐를 쫓아준다. 이 두 가지 규칙을 지키고 합리적인 트레이딩 시스템을 보유한다면 경쟁자들을 멀리 따돌릴 수 있다.

관리자의 존재

집단으로 볼 때, 기관에 소속된 트레이더가 개인 트레이더보다 실적이 훨씬 나은 이유가 궁금했다. 미국 개인 트레이더의 면면을 살펴보면 평균 잡아 50세, 기혼, 대졸이며 종종 자영업자나 프로 트레이더도 있다. 사려 깊고 컴퓨터에 능숙하며 독서를 즐기는 개인이 대학에서 공놀이나 하고 3학년 이후론 책도 안 읽는 수다스러운 23살짜리를 가볍게 이기리라 생각하겠지만 현실은 그렇지 않다. 집단으로 볼 때, 기관에 소속된 트레이더가 개인 트레이더보다 해마다 실적이 좋다. 반사신경이 빨라서 그럴까? 아니다. 젊은 개인 트레이더 역시 나이 많은 트레이더보다 나을 게 없다. 대다수 회사의 경우 훈련이 빈약하므로 기관 트레이더들이 훈련을 많이 받아서 실적이 좋은 것도 아니다.

또 하나 흥미로운 사실이 있다. 기관 트레이더로 실적을 잘 올리던 사람도 독립하면 대부분 손실을 본다. 똑같은 장비를 빌리고 똑같은 시스템을 쓰고 예전에 알고 지내던 직원들과 연락하고 지내는데도 실패한다. 몇 달 뒤에는 대다수가 헤드헌터 사무실로 가서 다시 트레이딩 일자리를 찾는다. 회사에서는 돈을 벌다가 왜 독립하면 돈을 날리는 걸까?

기관에 속한 트레이더가 회사를 그만두면 훈련과 위험 통제를 담당하던 관리자와도 헤어지기 때문이다. 관리자는 한 번의 트레이딩에 부담해야 하는 최대 위험을 정한다. 개인 트레이더가 2퍼센트 규칙을 따르는 것처럼 말이다. 회사는 거대한 자본을 굴리므로 달러로 환산한 위험 한도는 아주 크지만 비율로 따지면 아주 적다. 위험 한도를 어긴 트레이더는 해고된다. 개인 트레이더는 2퍼센트 규칙을 어겨도 아무도 모르지만 기관은 매의 눈으로 잡아낸다. 개인 트레이더는 주문 확인서를 구두 상자에 버리지만 관리자는 충동적인 직원을 재빨리 제거한다. 기관에는 관리자가 있어서 규율을 지키도록 강제해 심각한 손실을 막지만 개인의 계좌는 여지없이 박살나고 만다.

1회 트레이딩의 위험 한도를 설정하는 것 외에 관리자는 한 달 동안의 손실에도 한도를 부여한다. 직원이 이 수준에 도달하면 그달의 나머지 시간에는 트레이딩할 권한이 없어진다. 한 달 동안의 손실 한도에 도달하면 관리자는 트레이딩을 중지시켜 연속 손실에 제동을 건다. 다른 동료 직원은 활발하게 트레이딩하는데 나는 같은 사무실에 있으면서 연필이나 깎고 샌드위치 심부름이나 다닌다고 생각해보라. 트레이더라면 이런 처지가 되지 않으려고 있는 힘을 다할 것이다. 이처럼 직장생활의 중압감은 손실을 막는 중요한 장치가 된다.

기관을 떠나는 사람은 트레이딩하는 법은 알아도 내면의 절제력이 없기 때문에 관리자가 없으면 금방 손실을 본다. 개인 트레이더는 관리자가 없다. 따라서 스스로 관리자가 돼야 한다. 2퍼센트 규칙은 심각한 손실을 막아주고 6퍼센트 규칙은 연속된 손실을 방지한다. 대부분의 트레이더가 연달아 손실을 봐도 트레이딩에 제동을 걸지 않는다. 하지만 6퍼센트 규칙을 지킨다면 연속 손실에 제동을 걸 수 있으므로 뒤늦게 후회하는 일이 없어진다.

TRADING FOR A LIVING

NEW TRADING FOR A LIVING

제 10 부

실용적인
원칙들

주식시장에서
살 아 남 는
심   리
투 자 법 칙

Trading for a Living

신고점을 돌파한 종목을 매수할까? 쌍봉 패턴에서 공매도할까? 되돌림에서 매수할까? 추세 반전을 기다릴까? 어떤 방법을 쓰든 돈을 벌 수도, 잃을 수도 있다. 자신이 보기에 합리적인 방법, 심리적으로 편안한 방법을 골라라. 자신의 역량과 기질에 맞고 끌리는 방법을 선택하라. '스포츠'라는 운동이 없듯 '트레이딩'이라는 매매 방식도 없다. 좋은 기회를 포착하려면 트레이딩하고 싶은 패턴부터 정확하게 규정하라. 검출 시스템을 사용하기 전에 어떤 것을 찾을지 명확한 그림을 그려야 한다. 시스템을 개발하고 소규모 트레이딩으로 여러 번 검증하라. 패턴을 식별하면 바로 트레이딩해야겠다는 확신이 들 정도가 돼야 한다. 트레이딩 방식에 따라 진입 기법, 손실제한 설정 방법, 수익 목표, 검출 방식이 달라진다. 그래도 모든 시스템에 적용되는 몇 가지 핵심 원칙이 있다.

53

수익 목표 설정:
과유불급

수익 목표를 설정하는 것은 취업 면접을 볼 때 급여와 수당을 묻는 것과 마찬가지다. 막상 취직해보니 예상보다 많이 벌 수도, 적게 벌 수도 있지만, 어느 정도일지 예상할 수는 있어야 한다.

트레이딩을 계획할 때마다 위험과 보상을 비교할 수 있도록 진입 수준, 수익 목표, 손실제한을 기록하라. 잠재 보상이 위험보다 최소한 두 배는 커야 한다. 1달러를 벌자고 1달러의 위험을 감소하는 건 무모한 짓이다. 룰렛 게임에서 색깔을 맞히는 것이나 다름없다. 현실적인 수익 목표가 있고 손실제한이 견고하다면 트레이딩을 결행할지 말지 결정할 수 있다.

트레이딩을 시작했을 무렵, 나는 수익 목표를 생각하지 않았다. 누가 수익 목표를 물어보면 잠재 수익을 제한하고 싶지 않다고 대답하곤

했다. 요즈음 누가 그렇게 대답하는 것을 들으면 비웃을 것이다. 명확한 수익 목표가 없는 초보는 주가가 오르면 한껏 들뜨고 주가가 추락하면 풀이 죽는다. 감정이 최악의 시점에 행동하도록 불을 지피기 때문에 초보는 천장에서는 롱 포지션을 보유하고 포지션을 늘려 나가고, 바닥 부근에서는 진저리를 치며 팔아버린다.

잠재 수익을 계산하다 보면 딜레마에 봉착한다. 예상하는 보유 기간이 길수록 잠재 수익은 커진다. 일주일 보유할 때보다 한 달 보유할 때 주가가 더 많이 오를 가능성이 높다. 반면 보유 기간이 길어질수록 불확실성도 커진다. 기술적 분석은 단기 움직임에는 믿음직한 결과를 내놓지만, 장기적으로는 뜻밖에 불쾌한 일이 발생할 가능성이 커진다.

앞서 시간 단위 선택법에 대해 논의하면서 세 가지 중요한 선택 사항을 검토했다. 포지션 트레이딩은 투자 시 보유 기간이 몇 달 혹은 몇 년이다. 스윙 트레이딩은 며칠 또는 몇 주다. 데이 트레이딩은 몇 분, 드물게 몇 시간까지 보유하기도 한다.

이동평균과 채널은 스윙 트레이딩의 수익 목표를 설정하는 데 유용하며, 데이 트레이딩에도 적용할 수 있다. 다만 데이 트레이딩의 경우 오실레이터를 유심히 살피다가 불리한 다이버전스 신호가 처음 발생하면 청산해야 한다. 포지션 트레이딩의 수익 목표는 대체로 전 지지 수준이나 저항 수준이다.

이동평균, 채널, 지지/저항 수준 세 가지로 수익 목표를 설정하면 꽤 소박하게 잡는 셈이다. 대박을 거머쥐지는 못하겠지만 현실적이다. 트레이딩뿐 아니라 실생활에서도 '과유불급'은 마음에 새겨야 할 금언이다. '과유불급'을 명심하면 자기 자신을 통제할 수 있다. 트레이딩할 때마다 '적당히' 취한다면 장기적으로 탁월한 결과를 얻을 수 있다.

그렇다면 어느 정도가 '적당'할까? 어떤 트레이딩이든 이동평균과 채널, 최근 지지 수준과 저항 수준은 '적당'한 지점을 보여준다. 스윙 트레이딩, 데이 트레이딩, 장기 투자 등 몇 가지 예를 들어 설명하겠다.

베리사인은 소소하게 스윙 트레이딩하기에 괜찮은 종목으로, 어느 한쪽 채널선 근처에서 진입해 두 이동평균 사이 가치 구간에서 차익을 실현했다(그림 53-1). 대박은 아니지만 확실하게 잡을 수 있는 사냥감으로, 코끼리 사냥은 아니고 토끼 사냥인 셈이다.

〈그림 53-2〉는 엘도라도골드 데이 트레이딩으로 상승 추세를 보이다가 가치 구간으로 되돌림할 때 매수해 상단 채널선에서 차익을 실현했다. 최초 목표에서 청산되지 않아 빨리 청산하려고 오실레이터를 사용했다.

투자 후보 종목을 찾을 때 내가 쓰는 검출 방식이 있는데 나는 이 방식에 '타락 천사'라는 이름을 붙였다. '타락 천사'는 고점에서 90퍼센트 이상 폭락하다가 하락을 멈추고 서서히 반등하는 종목을 찾는다. 가치의 90퍼센트를 상실한 종목은 죽는 게 당연하지만 혹시 살아난다면 반등할 확률이 높다.

'타락 천사'를 찾기 가장 좋은 시기는 약세장이 바닥을 다지는 신호를 보낼 때다. 이때 곰들의 공격에서 살아남아 바닥에서 일어서는 후보를 많이 발견할 수 있다. iGO는 한때 강세장의 총아였다가 엄청난 상처를 입었지만 하락을 멈추고 상승하기 시작했다. 〈그림 53-3〉 주간 차트에서 보듯, 지난 몇 년 동안의 고점 영역으로 돌아가려는 시도가 두 차례 있었다. 이 두 번의 반등으로 이전 하락폭의 절반 가까이를 회복했다.

이 종목이 트레이딩하기 쉬웠을까? 어림도 없다. 우선, 마지막 저점

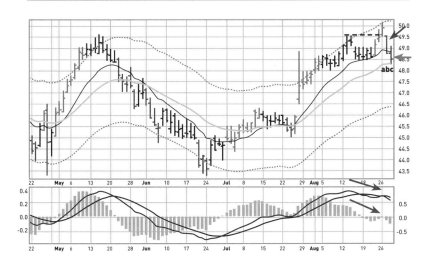

| 그림 53-1 | VRSN, 13일, 26일 EMA, 임펄스 시스템, 4% 엔벨로프, MACD 12-26-9(출처: Stockcharts.com)

스윙 트레이딩: 가치 구간에서 차익 실현

내 트레이딩 일지에서 뽑은 베리사인^{VRSN} 공매도 기록이다. 이 종목은 '다이버전스를 동반한 가짜 돌파' 전략에 맞는 움직임을 보였다. 이 차트에서 마지막 3일을 a, b, c로 표시했다. 'a'로 표시한 날, 주가가 급등해 저항선(수평으로 그은 점선)보다 높은 수준에서 종가가 형성되지만 MACD 히스토그램은 0 선 위로 올라오지 못했다. 다음 날인 'b'에서 시가가 주황색 선 밑에서 형성되며 전일 주가가 가짜 상향 돌파(일명 '융기')임을 보여준다. MACD 히스토그램이 틱을 낮추면서 약세 다이버전스를 보이자마자 패턴이 완성됐다. 나는 즉시 공매도했다.

주가는 하루 종일 하락하다가 더 낮은 수준에서 마감했다. 이튿날인 'C'에서 주가가 바닥을 다지면서 가치 구간에 도달하자 나는 충분하다고 판단하고 환매했다. 3,000주에 주당 82센트 수익이 발생해서 총 2,460달러의 수익을 얻었다(수수료 공제 전). 더 오래 보유했으면 더 벌었겠지만 스윙 트레이딩에서는 빨리 25센트 버는 것이 오래 기다려 1달러 버는 것보다 낫다. 가치 구간에서 차익을 실현하면 불확실성과 위험에 노출되는 시간을 줄일 수 있다.

이 2달러 부근으로, 이곳에 손실제한을 설정하면 주당 위험이 꽤 높아서 트레이딩 규모를 줄여야 한다. 또한 예상하는 반등이 나타나기까지 몇 달, 아니 몇 년 걸릴 수도 있다. 자금을 이 종목에 묶어놓고 이렇게

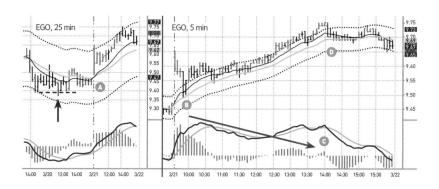

| 그림 53-2 | EGO, 25분, 5분 차트, 13일 바, 26일 바 EMA, 임펄스 시스템,
오토엔벨로프, MACD 12-26-9(출처: TradeStation)

상단 채널선 부근에서 데이 트레이딩으로 차익 실현

내 트레이딩 일지에서 뽑은 엘도라도골드^{EGO} 매수 기록이다. 삼중 스크린을 활용해 데이 트레이딩하고 차익을 실현했다. 25분 차트 ⓐ 구역에서 매수 쪽으로 전략을 결정했는데, 이 구역에서 이동평균이 상승 전환하고 임펄스 시스템은 녹색으로 바뀌었다(전일 가짜 하향 돌파가 있었다는 점에 유의하라. 이는 주가가 하락하지 않고 반등할 수도 있다는 표시다).

여기서 내 트레이딩 전략은 '가치로 되돌림'으로, 5분 차트에서 시가가 상승 갭을 보인 이후 가치 구간(ⓑ 구역)으로 되돌림할 때 매수하는 것이었다. 나는 9.51달러에서 매수했다. 최초 목표는 25분 차트의 상단 채널선 부근인 9.75달러였다. 손실제한은 9.37달러로 위험/보상 비율은 약 2:1이었다. 데이 트레이딩이었으므로 나는 하루 종일 모니터를 주시했다.

처음에는 상승 추세가 아주 강력해서 이튿날까지 끌고 가려고 했지만 ⓒ 구역에서 약세 다이버전스가 형성되자 9.75달러에 매도 주문을 냈다. 이 수준이 그날의 고점이어서 주문은 체결되지 않았다. 5분 차트에서 약세 다이버전스가 나타난 이후 주가가 하락하자 나는 가격을 낮춰 9.70달러에 매도 주문을 냈다. 주문은 체결되었고 나는 마감 전에 수익을 챙겨 나왔다. 2,000주에 주당 19센트의 수익을 기록해 몇 시간 만에 380달러의 수익을 거뒀다.

오래 기다릴 수 있을까? 마지막으로 이 종목은 거래량이 적다. 주가가 오르면 거래량이 늘겠지만 반등이 흐지부지 끝나면 팔기가 쉽지 않을 것이다. 이런 요소들을 모두 고려하면 장기적으로 볼 때 매수가 얼마나 어려운지 알 수 있다.

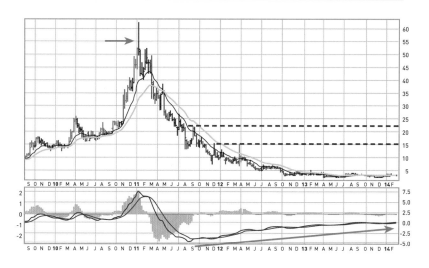

| 그림 53-3 | IGOI, 13일, 26일 EMA, 임펄스 시스템, 4% 엔벨로프, MACD 12-26-9(출처: Stockcharts.com)

장기 트레이딩 - 저항 수준에서 수익 목표 설정하기

주간 차트 오른쪽 끝에서 iGO ^{IGOI}는 3달러 조금 넘는 선에서 거래됐다. 지수이동평균이 상승하면서 새로운 상승 추세를 확증한다. 전고점은 60달러를 넘었고(캥거루 꼬리) 최근 두 차례 있었던 중기 반등 중 가장 최근 반등은 15달러 부근이다. 이전 반등은 22달러 부근(보라색 점선으로 표시)까지 상승했지만 흐지부지 끝났다. 이것이 새로운 강세의 시작이라면 첫 번째 수익 목표는 15달러 부근, 다음은 22달러 부근에 설정하는 것이 합리적이다.

54

손실제한 설정:
헛꿈을 버려라

손실제한 없는 트레이딩은 도박이다. 짜릿한 기분을 즐기고 싶다면 카지노로 가라. 마카오, 라스베이거스, 애틀랜틱시티로 가면 도박장에서 공짜 술도 주고 도박을 즐기는 사이 방도 공짜로 잡아준다. 하지만 월스트리트에서는 돈을 날린 도박꾼에게 어떤 공짜 서비스도 없다.

장기적으로 살아남아 시장에서 성공하려면 손실제한은 필수다. 하지만 대다수 트레이더는 손실제한을 설정하는 것을 꺼린다. 게다가 시장은 손실제한을 사용하지 않는 나쁜 버릇을 부추기는 경향이 있다. 트레이더라면 누구나 이런 불쾌한 경험이 있을 것이다. 주식을 샀는데 손실제한을 건드려 손해를 보고 빠져나오니 그제야 주가가 방향을 틀어 기대한 대로 주가가 오르는 경우 말이다. 손실제한을 걸어두지 않았더라면 손실이 아니라 이득을 봤을 게 분명하다는 생각에 입술이 바짝바짝 마른다. 이렇게 속임수 신호에 몇 번 당하고 나면 손실제한이라면 넌덜머리를 내게 된다.

이런 일을 몇 번 겪으면 손실제한 없이 트레이딩하는데 익숙해진다. 한동안은 잘 통할 수도 있다. 이제 속임수 신호도 없다. 상황이 불리하면 손실제한 없이 그냥 빠져나오면 된다. 이제 그만한 절제력은 있으니 말이다. 그런데 큰 규모의 트레이딩이 잘못되기 시작하면 이 같은 행복은 한순간에 끝난다. 수익을 더 남기고 청산하려고 조금 더 상승하기를 기다리지만 주가는 계속 떨어진다. 상어의 입질에 뜯겨 나간 듯 날이 갈수록 계좌는 쪼그라든다. 얼마 못 가 생존이 위태해지고 자신감은 산산조각 난다.

손실제한 없이 트레이딩하는 사이 계좌 주위를 빙빙 도는 상어는 더 커지고 더 음흉해진다. 손실제한 없이 트레이딩하면 상어에 물리는 건 시간문제다. 손실제한이 고통스러운 건 사실이다. 하지만 손실제한 없이 트레이딩하는 것보다는 나은 차악이다. 윈스턴 처칠 Winston Churchill 이 민주주의에 관해 한 말이 생각난다. "민주주의는 최악의 정부 형태다. 그래도 이때까지 시도된 다른 어떤 체제보다 낫다."

어떻게 해야 할까? 짜증 나고 괴롭긴 하지만 손실제한을 받아들여야 한다. 받아들이되 불쾌한 정도를 줄이고 더 합리적으로 만들기 위해 노력해야 한다.

앞서 발간한 《언제 매도할 것인가 The New Sell and Sell Short》 개정판에서 나는 다양한 손실제한을 설정하는 방법이 얼마나 복잡한지 한 장을 할애해 설명했다. 여기서는 간추려서 요점만 말하겠다.

'노이즈' 구역 밖에 손실제한을 설정하라

손실제한을 너무 가깝게 잡으면 의미 없는 일중 주가 변동에 손실제한이 걸리게 된다. 손실제한을 너무 멀리 잡으면 보호막이 너무 얇어진다.

공학 개념을 차용해보자. 시장을 움직이는 두 가지 부품이 있는데, 바로 신호와 노이즈다. 신호는 주가 추세라고 할 수 있다. 상승 추세라면 전일 저점 아래로 튀어나온 거래 범위를 노이즈로 정의할 수 있다. 하락 추세라면 전일 고점 위로 튀어나온 거래 범위를 노이즈로 정의할 수 있다.

안전지대 손실제한 SafeZone Stop은 《나의 트레이딩 룸으로 오라Come into My Trading Room》에 상세하게 설명해두었다. 안전지대 손실제한은 시장의 노이즈를 측정해 여러 번 노이즈가 일어난 수준보다 손실제한을 멀리 두는 방법이다. 간단히 말해, 22일 지수이동평균의 기울기로 추세를 판단하라. 상승 추세라면 일정 기간(10~20일) 동안 지수이동평균을 하향 돌파한 지점을 모두 찾아서 돌파값을 모두 더한 다음 돌파 횟수로 나눈다. 이렇게 하면 이 기간 동안의 평균 하향 돌파값이 산출된다. 이는 현재 상승 추세에서 나타나는 노이즈의 평균 수준이다. 손실제한은 평균 노이즈 수준보다 멀리 두어야 한다. 따라서 평균 하향 돌파값에 2보다 큰 수를 곱해야 한다. 이보다 더 가까이 손실제한을 두면 자멸하기 쉽다.

지수이동평균의 기울기로 판단할 때 하락 추세라면 이전 바들의 고점을 상향 돌파한 값을 토대로 안전지대를 계산한다. 일정 기간 동안 상향 돌파한 값을 모두 더한 다음 돌파 횟수로 나누어 평균 상향 돌파값을 구한다. 계수 3부터 시작해 평균값에 곱한 다음 각 바의 고점에 산출값을 더한다. 고점 근처에서 공매도하려면 조용한 바닥 근처에서 매수하는 것보다 손실제한을 더 넓게 잡아야 한다.

이 책에서 제시하는 시스템과 지표가 모두 그렇듯, 안전지대 역시 인간의 독자적인 사고를 대체할 수 있는 기계적 장치는 아니다. 안전지대를 계산하려면 평균 돌파값을 구하는 기간부터 선택해야 한다. 또한 정상적인 노이즈 수준 밖에 손실제한을 설정하려면 평균 돌파값에 곱할 계수를 미세조정해야 한다.

안전지대를 활용하지 않더라도 자신이 목표하고 있는 추세와 반대 방향으로 어느 정도 돌파되는지 평균치를 계산해 시장 노이즈 구역 밖에 손실제한을 두는 것이 좋다.

빤한 수준에 손실제한을 두지 마라

주가가 촘촘한 가운데 최근 두드러지게 툭 튀어나온 저점이 있으면 그 수준 바로 밑에 손실제한을 설정하고 싶어진다. 문제는 대다수 트레이더가 이 지점에 손실제한을 설정하므로 이 부근에 손실제한이 몰려 손실제한에 쉽게 걸린다는 것이다. 시장은 이처럼 눈에 띄는 저점으로 다시 재빨리 하락하는 불길한 버릇이 있어 손실제한을 건드린 뒤 반전해 새로운 상승 추세가 시작되는 경향이 있다. 손실제한을 건드렸다고 시장을 비난하기 전에 몇 가지 해결책을 시도해보자.

빤한 수준에는 손실제한을 설정하지 마라. 시장 수준과 가깝게 설정하거나 눈에 두드러진 저점보다 더 아래 손실제한을 설정하라. 시장 수준과 가깝게 설정하면 손실 위험은 줄어들지만 속임수 신호에 걸릴 위험이 커진다. 훨씬 아래 손실제한을 설정하면 가짜 돌파는 피할 수 있지만 손실제한에 걸리면 손실이 커진다.

어느 쪽인지 선택하라. 단기 스윙 트레이더라면 손실제한을 좁게 설정하고, 장기 포지션 트레이더라면 손실제한을 넓게 설정하는 편이 낫다. '위험을 통제하는 철의 삼각형'을 기억하라. 철의 삼각형에 따르면 손실제한을 넓게 설정하면 트레이딩 규모를 줄여야 한다.

내가 좋아하는 방식 중에 **닉의 손실제한**Nic's stop이 있다. 호주 출신인 내 친구 닉 그로브Nic Grove의 이름을 딴 방식으로, 닉은 가장 낮은 저점 근처가 아니라 두 번째로 낮은 저점, 그러니까 조금 더 얕게 내려간 저점에 손실제한을 설정하는 방식을 개발했다. 논리는 간단하다. 시장이 두 번째로 낮은 저점으로 하락하면 주가가 계속 하락해 손실제한이 몰려 있는 저점을 건드릴 확률이 높다. 닉의 손실제한을 사용하면 눈에 두드러진 저점으로 주가가 하락했을 때보다 손실도 적고 체결오차도 낮아진다.

공매도에도 같은 논리가 통한다. 닉의 손실제한은 '가장 높은 고점보다 한 틱 높은 곳'이 아니라 두 번째로 높은 고점 수준에 손실제한을 설정한다. 매수와 공매도에서 닉의 손실제한을 어떻게 설정할 수 있는지 그 사례를 〈그림 54-1〉에서 살펴볼 수 있다.

파라볼릭parabolic, 안전지대, 변동성 등 손실제한을 설정하는 다양한 시스템이 있으니 앞서 언급한 책들에서 검토해보기 바란다. 복잡한 방법을 쓸 수도 있고 단순한 방법을 쓸 수도 있지만, 가장 중요한 원칙을

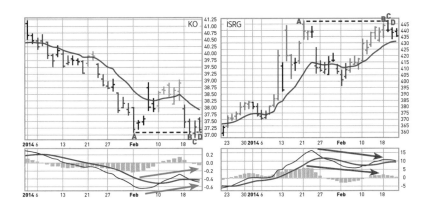

닉의 손실제한 - KO 매수, ISRG 공매도

코카콜라 ^{KO} 차트에서 강세 다이버전스를 동반한 가짜 하향 돌파가 보인다. 임펄스 시스템은 적색에서 청색으로 바뀌어 매수를 허락한다. 롱 포지션을 취한다면 어디에 손실제한을 설정해야 할까?

A 바 - 저가 37.10달러
B 바 - 저가 37.05달러
C 바 - 저가 36.89달러(가짜 하향 돌파, 저점 A보다 21센트 하락)
D 바 - 저가 37.14달러

군중은 36.89달러 아래 손실제한을 설정하겠지만 닉의 손실제한은 최근 저점 중 두 번째로 낮은 37.05달러(B 바)보다 1센트 낮은 37.04달러다.

인튜이티브 서지컬 ^{ISRG} 차트에서 약세 다이버전스를 동반한 가짜 상향 돌파가 보인다. 임펄스 시스템은 녹색에서 청색으로 바뀌어 공매도를 허락한다. 숏 포지션을 취한다면 어디에 손실제한을 설정해야 할까?

A 바 - 전고점이 447.50달러를 찍었다.
B 바 - 고가 444.99달러
C 바 - 고가 447.75달러(가짜 상향 돌파, 전고점보다 25센트 상승)
D 바 - 고가 442.03달러

군중은 447.75달러 위에 손실제한을 설정하겠지만 닉의 손실제한은 최근 고점 중 두 번째로 높은 B 바 고점보다 몇 센트 높은 445.05달러다.

명심해야 한다. 첫째, 손실제한을 활용할 것. 둘째, 누가 차트를 보든 쉽게 눈에 띄는 수준에 손실제한을 두지 말 것. 보통 수준을 넘어서려면 트레이더들이 많이 설정하는 지점보다 좀 더 좁거나 넓게 손실제한을 설정하라.

같은 이유로, 어림수에 손실제한을 설정하지 마라. 80달러에 샀다면 78달러가 아니라 77.94달러에 손실제한을 설정하라. 데이 트레이딩의 경우 25.60달러에 진입했다면 손실제한을 25.25달러로 설정하지 말고 25.22달러 또는 22.19달러에 설정하라. 수많은 사람이 어림수에 끌리므로 어림수에서 조금 떨어진 곳에 손실제한을 설정하라. 이렇게 해서 수많은 군중이 먼저 손실제한에 걸리도록 놔두고 나는 손실제한에 걸리지 않게 하라.

케리 로본이 대중화시킨 방법으로 **평균 실제 거래 범위**^{ATR: Average True Range} **손실제한**(평균 실제 거래 범위는 24장을 참고하라)이라는 것이 있다. 주가 바에 진입할 때 해당 바의 극단보다 적어도 1ATR만큼 떨어진 곳에 손실제한을 설정하라. 바마다 손실제한을 옮겨서 추격 손실제한으로 활용할 수도 있다. 시장 노이즈 구간 바깥에 손실제한을 둔다는 원칙은 동일하다(그림 54-2).

추격 손실제한을 활용하면 위험에 노출되는 금액이 점차 줄어든다는 장점이 있다. 앞서 '가용 위험' 개념을 논의했다(51장). 추격 손실제한을 쓰는 포지션이 유리하게 움직이면 가용 위험이 늘어나 새로운 트레이딩에 진입할 수 있다.

안전지대나 ATR 손실제한을 사용하지 않더라도 최근 주가에서 어느 정도 떨어진 거리에 반드시 손실제한을 걸어야 한다. 겁을 집어먹고 현재 주가에 너무 가깝게 손실제한을 설정하는 바람에 주가가 의미

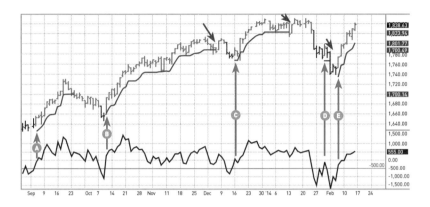

| 그림 54-2 | S&P500, 20일 신고점/신저점 지수
(출처: TradeStation, 케리 로본 프로그램)

스파이크 바운스 신호 이후 2ATR 추격 손실제한

20일 신고점/신저점 지수가 -500 이하로 떨어져 약세를 보이다가 이 수준 위로 반등하면 황소들이 귀환하고 있다는 신호다. 이때 스파이크 바운스 신호(34장을 참고하라)가 켜진다. 녹색 수직 화살표로 표시된 곳들에서 스파이크 바운스 신호가 발효된다.

여기서 S&P 바가 녹색으로 변하는데 스파이크 바운스 신호가 사라진 뒤에는 다시 보라색이 된다. 적색 선은 S&P500 바의 고점보다 아래로 2ATR 떨어진 지점을 이은 선이다.

스파이크 바운스는 전체 시장에 대한 매수 신호로 활용될 수 있다. 이 차트의 경우 매수 신호 시 손실제한은 2ATR 종가 전용 손실제한이다(일중 교차는 포함하지 않는다. 손실제한에 걸리려면 시장이 손실제한 아래에서 마감해야 한다). 아주 생산적인 신호 Ⓐ, Ⓑ, Ⓒ에 주목하라. 매수 신호 Ⓔ는 이 글을 쓰는 지금도 유효하다. 신호 Ⓓ는 손실로 끝났다. 한결같이 수익만 거두는 신호는 이 세상에 없다.

없이 조금만 움직여도 손실제한에 걸리는 일이 없도록 해야 한다.

신호와 노이즈의 개념을 알면 현명하게 손실제한을 설정할 수 있을 뿐 아니라 좋은 진입 기회도 포착할 수 있다. 강한 추세를 보이는 종목이 있지만 추격 매수에 나서기 싫다면 시간 단위를 한 수준 낮춘다. 예를 들어, 주간 추세가 상승하면 일간 차트로 가라. 차트를 살피다 보면 몇 주에 한 번 가치 구간으로 되돌림할 것이다. 최근 느린 지수이동평균 아래로 하향 돌파한 깊이를 측정해 평균 돌파값을 구한다(그림 39-3). 지수이동평균에서 아래로 평균 돌파값만큼 떨어진 곳에 다음 날 매수 주문을 내고 매일 조정한다. 시장의 노이즈 움직임을 이용해 추세추종 트레이딩의 진입 시점을 포착하는 것이다.

수익 포지션이 손실 포지션이 되도록 내버려두지 마라

수익이 짭짤한 오픈 포지션이 손실 포지션이 되도록 내버려두면 안 된다! 트레이딩에 진입하기 전에 어느 수준에서 수익을 보호할지 계획하라. 예를 들어, 수익 목표가 1,000달러라면 300달러 정도의 수익은 보호해야겠다고 결심하는 것이다. 오픈 포지션의 평가이익이 300달러로 불어나면 손실제한을 손익분기점 수준으로 옮긴다. 나는 이렇게 옮기는 것을 '트레이딩에 수갑을 채운다'고 표현한다.

손실제한을 손익분기점으로 옮긴 직후에는 불어나는 평가이익의 일부를 보호하는 데 주력해야 한다. 어느 정도 비율을 보호할지 미리 결정하라. 예를 들어, 손익분기점에 손실제한을 걸고 평가이익의 3분의 1을 보호하기로 결심했다고 하자. 위에 설명한 포지션의 평가이익이 600달러로 불어나면 손실제한을 옮겨 200달러의 이익을 보호해야 한다.

이들 수치는 결코 바뀔 수 없는 불변의 수치가 아니다. 트레이딩에 어느 정도 확신이 있느냐, 위험 허용 수준을 얼마로 하느냐에 따라 비율을 다르게 선택할 수 있다.

주가가 유리하게 움직이면 위험, 즉 손실제한까지의 거리는 계속 증가하고 남아 있는 잠재 수익은 줄어들기 시작한다. 트레이딩은 위험을 관리하는 행위다. 수익이 나는 포지션의 위험/보상 비율이 서서히 나빠지면 위험을 줄이기 시작해야 한다. 평가이익 일부를 보호하면 위험/보상 비율은 더 안정적으로 유지된다.

손실제한을 옮길 때는 트레이딩한 방향으로만 옮겨라

자제력 있는 트레이더가 주식을 매수한 뒤 매수가보다 낮은 수준에 손실제한을 설정한다. 주가가 올라 평가이익이 짭짤하다가 주가가 갑자기 주춤한다. 주가가 소폭 하락하더니 다시 소폭 하락하다 매수가보다 낮아지며 손실제한을 향해 움직인다. 차트를 연구해보니 바닥을 다지고 있는 것 같고 강세 다이버전스로 강력한 반등이 나타날 것으로 예상된다. 자, 이제 어떻게 하겠는가?

먼저, 손실제한을 옮기지 않은 실수에서 교훈을 얻어야 한다. 한참 전에 손익분기점으로 손실제한을 옮겼어야 했다. 손실제한을 옮기지 않아서 운신의 폭이 좁아지고 말았다. 손실이 얼마 안 될 때 받아들이고 나중에 다시 진입하든지 아니면 계속 보유하라. 문제는 전혀 계획하지 않았던 세 번째 선택을 하고 싶다는 것이다. 즉, 손실제한을 더 낮추고 포지션에 '여지를 더' 두고 싶다는 마음이 든다. 이는 절대 금물이다! 포지션에 '여지를 더' 두는 건 헛꿈일 뿐이다. 진지한 트레이더의 도구 상자에는 이런 연장이 없다.

손실이 나는 포지션에 '여지를 더' 두는 건, 마치 비행을 저지르면 자동차 키를 압수하겠다고 해놓고 그 말을 지키지 않는 부모나 다름 없다. 이러면 자식은 규칙 따위는 무시하고 더 나쁜 길로 빠진다. 길게 보자. 흔들림 없이 규칙을 지킬 때 좋은 결과가 나타난다.

포지션이 불리하게 돌아가면 손실이 적을 때 받아들여야 한다. 이 종목을 계속 지켜보다가 바닥을 치고 올라오면 다시 매수할 준비를 해라. 기다린 보람이 있고 수수료가 싸다면 프로들은 종종 잠깐잠깐 트레이딩을 시도해보는데, 이후 시장이 유리하게 움직이기도 한다.

재난 대비 손실제한: 프로의 구명조끼

호숫가로 이사한 나는 카약을 구매하자마자 구명조끼를 사러 갔다. 합법적으로 카약을 타려면 아무리 싸구려 고물이라도 구명조끼만 입으면 된다. 그래도 포근하고 노를 저을 때 거치적거리지 않게 상당한 지출을 감수하고 괜찮은 구명조끼를 샀다.

내가 미리 계획한 일이라고는 호수 위를 조용하게 노 저어 가면서 급류 가까이에는 얼씬도 하지 않는 것이었다. 실제로 구명조끼가 필요한 경우가 생길 것이라고는 전혀 생각하지 않았다. 괜히 돈만 버린 걸까? 하지만 모터보트가 와서 부딪히기라도 하면 괜찮은 구명조끼 때문에 생사가 갈릴 수도 있다.

손실제한도 이와 마찬가지다. 손실제한은 성가시며 종종 돈을 날리기도 한다. 하지만 손실제한 덕분에 계좌의 목숨을 부지할 날이 있을 것이다.

'하드 스톱 hard stop'은 중개인에게 내는 주문이다. '소프트 스톱 soft stop'은 트레이더의 머릿속에 있는 손실제한으로, 필요할 때 걸면 된다. 초보, 중급 트레이더는 하드 스톱을 사용해야 한다. 하루 종일 컴퓨터 앞에 앉아 있는 프로 트레이더라면 소프트 스톱을 사용해도 된다. 단, 시스템이 청산을 명할 때 청산할 수 있는 자제력이 있어야 한다.

그래도 사고는 일어나게 마련이다. 한번은 프로 트레이더인 친구가 시장의 반전에 맞서 싸운 이야기를 들려주었다. 친구는 2,000달러 손실 수준에 소프트 스톱을 걸겠다고 생각하고 있었는데 항복을 선언하고 빠져나올 즈음엔 손실이 4,000달러로 불어나 있었다. 트레이딩을 시작한 이래 최악의 손실이었다. 매번 하드 스톱을 쓰진 않더라도 최소한 파국을 막는 '재난 대비' 손실제한은 써야 한다.

롱 포지션이든 숏 포지션이든 A등급 포지션의 주가가 이 수준에는 절대 도달하지 않을 거라고 예상되는 수준에 선을 그어라. 이 수준에 하드 스톱을 걸고 취소시한유효 주문 GTC*을 내라. 이것이 재난 대비 손실제한 역할을 해준다. 이제 소프트 스톱이라는 호사를 누릴 수 있다. 든든한 구명조끼를 입었으므로 열심히 노를 저으면 된다.

손실이 2,000달러에서 4,000달러로 불어난 친구가 재난 대비 손실제한을 사용했더라면 비교적 조금만 손실을 보고 빠져나올 수 있었을 것이다. 그러면 상어에게 뜯겨 계좌와 마음이 모두 다치지는 않았을 것이다.

● 취소하기 전까지 계속 유효한 주문 - 옮긴이

손실제한과 시가 갭: 프로에게만 적용

장 마감 후 악재가 터져 주가가 타격을 받으면 어떻게 해야 할까? 다음 날 아침 개장 전 호가를 보니 시가가 손실제한 지점보다 훨씬 낮게 급락할 듯하다. 이렇게 되면 체결오차도 아주 커진다. 드물긴 해도 이런 일이 일어날 수도 있다.

초보나 중급 트레이더라면 별로 할 수 있는 일이 없다. 그냥 이를 꽉 물고 손실을 받아들일 수밖에. 냉정하고 자제력 있는 프로라면 한 가지 선택 사항이 더 있다. 바로 데이 트레이딩으로 빠져나오는 것이다. 손실제한을 가까이 옮긴 다음 주식 거래가 시작되면 마치 그날 아침 첫 틱에 매수한 주식을 데이 트레이딩하듯 진행하라.

시가 갭 opening gap이 발생한 후에는 종종 주가가 반등하므로 민첩한 트레이더에게는 손실을 줄이고 빠져나올 기회가 된다. 하지만 늘 그럴 수 있는 것은 아니다. 그러므로 대다수는 절대 이 기법을 쓰면 안 된다. 손실을 줄이기는커녕 더 불어날 수도 있기 때문이다.

반드시 장 마감 전에 청산하라. 오늘 반등할 수도 있지만 내일이면 매도세가 더 몰려 주가가 더 하락할 수도 있다. 반등한다고 추세가 반전되리라는 헛된 희망에 현혹되지 마라.

55

A등급인가?

어떤 분야든 계속 시험을 치르다 보면 실력이 늘어난다. 점수를 받아보면 강점과 약점이 무엇인지 알 수 있으므로 강점은 더 연마하고 약점은 고칠 수 있기 때문이다.

트레이딩을 마치면 시장은 세 가지 등급을 부여한다. 진입, 청산 수준, 그리고 가장 중요한 것으로 전반적인 트레이딩 등급이다.

주간 차트와 일간 차트를 조합해 사용하는 스윙 트레이더라면 주간 차트에서 등급을 매긴다. **매수 등급**은 진입 위치로 결정되는데 매수한 일간 바의 고가와 저가로 구한다.

$$\text{매수 등급} = \frac{(\text{고가} - \text{매수가})}{(\text{고가} - \text{저가})}$$

매수 가격이 바의 저점에 가까울수록, 고점에서 멀수록 매수 등급은 좋다. 이날 고가가 20달러, 저가가 19달러인데 19.25달러에 매수했다고 하자. 이 수치를 공식에 대입하면 75퍼센트가 산출된다. 100퍼센트라면 이날 가장 낮은 틱에 매수했다는 의미다. 100퍼센트가 되면 좋겠지만, 이런 경우는 기대하지 마라. 매수 등급이 0퍼센트라면 이날 제일 높은 틱에 매수했다는 의미다. 끔찍하다. 시세가 자꾸 오를 때 추격 매수하면 안 된다는 것을 명심하는 계기로 삼아라. 나는 트레이딩마다 매수 등급을 계산하는데 50퍼센트가 넘으면, 즉 일간 바의 절반보다 아래에서 매수하면 양호한 결과로 간주한다.

아래는 **매도 등급**을 구하는 공식이다.

$$매도\ 등급 = \frac{(매도가 - 저가)}{(고가 - 저가)}$$

매도가가 바의 고점에 가까울수록, 바의 저점에서 멀수록 매도 등급은 좋아진다. 이날 고가가 20달러, 저가가 19달러며 19.70달러에 매도했다고 하자. 이 수치를 공식에 대입하면 매도 등급은 70퍼센트다. 매도 등급이 100퍼센트면 이날 가장 높은 틱에 매도했다는 의미다. 매도 등급이 0퍼센트면 이날 가장 낮은 틱에 매도했다는 의미다. 이런 참담한 등급을 받으면 시장이 공황에 빠지기 전에 매도해야 한다는 점을 명심하는 계기로 삼아라. 나는 트레이딩마다 매도 등급을 계산하는데 50퍼센트가 넘으면, 즉 일간 바의 절반보다 위에서 매도하면 양호한 결과로 간주한다.

트레이딩을 평가할 때 대부분의 사람이 트레이딩으로 번 금액이나 날린 금액을 기준으로 판단한다. 물론 수익 곡선을 그리는 데 돈이 중요하긴 하지만 한 번의 트레이딩을 평가하는 기준으로는 그리 적절하지 않다. 트레이딩 수준을 평가할 때는 현실적으로 가능했던 것과 내가 얻은 것을 비교해야 한다. 나는 **트레이딩 등급**을 매길 때 진입한 날 일간 차트의 채널 높이와 트레이딩으로 벌거나 잃은 포인트를 비교한다.

$$\text{트레이딩 등급} = \frac{(\text{매도가} - \text{매수가})}{(\text{채널 고점} - \text{채널 저점})}$$

제대로 그린 채널 안에는 지난 100개 바 주가의 90~95퍼센트가 포함돼 있다(22장을 참고하라). 지수이동평균, 오토엔벨로프 Autoenvelope, 켈트너 Keltner, ATR 채널 등 어떤 채널을 사용해도 좋지만 일관성을 유지해야 한다. 채널은 정상적인 가격 움직임을 아우르며 극단적인 고점이나 저점만 채널 밖으로 튀어나온다. 진입한 날 상단 채널선과 하단 채널선의 거리는 스윙 트레이더가 시장에서 현실적으로 얻을 수 있는 최대치다. 하지만 최대치를 목표로 하는 건 위험한 게임이다. 나는 채널 높이의 30퍼센트만 수익으로 얻어도 A등급[1]으로 간주한다(그림 55-1).

케리 로본이 2012년 스파이크트레이드닷컴 연례 친목회에서 한 말이 기억난다. 케리는 참석자들에게 어떤 트레이딩이 'A', 그러니까 우

---

[1] 이 용어는 미국 학교의 평가 시스템에서 차용했다. A는 우수, B는 양호, C는 보통, D는 미흡이다.

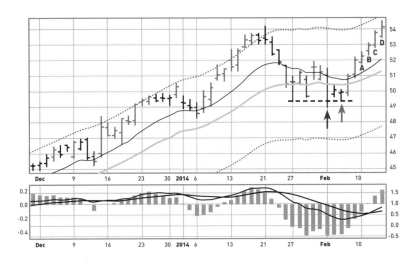

| 그림 55-1 | ADSK 일간, 13일, 26일 EMA, 7% 엔벨로프. 임펄스 시스템과 MACD 히스토그램 12-26-9(출처: Stockcharts.com)

매수, 매도, 트레이딩 등급

이 책을 쓰면서 트레이딩했던 오토데스크 ADSK 일지에서 뽑은 차트다(트레이딩 계획은 〈그림 38-1〉을 참고하라). 스파이크트레이드닷컴 회원들이 선정한 종목으로, 내 전략은 '가치로 되돌림'이었다. ADSK는 최근 평균 되돌림 수준보다 더 큰 폭으로 하락했다. 적색 화살표로 표시된 가짜 하향 돌파 이후 녹색 화살표로 표시된 지점에서 재검증한다.

A - 2014년 2월 10일: 고가 52.49달러, 저가 51.75달러, 상단 채널선 53.87달러, 하단 채널선 47.61달러(청산 시 트레이딩 등급을 산출하려면 채널값이 필요하다). 51.77달러에 매수. **매수 등급** = (52.49 - 51.77) / (52.49 - 51.75) = 97%.

B와 C - 화요일과 수요일: 계속 상승, 손실제한을 높이기 시작.

D - 목요일: 고가 54.49달러, 저가 53.39달러, 53.78달러에 매도. **매도 등급** = (53.78 - 53.39) / (54.49 - 53.39) = 35% **트레이딩 등급** = (매도가 - 매수가)를 채널 높이로 나눔 = (53.78 - 51.77) / (53.87 - 47.61) = 32%.

이 트레이딩의 매수 등급은 이례적으로 높았고, 매도 등급은 평균 이하였다. 하지만 전체 트레이딩 등급은 아주 좋았다. 책을 쓰느라 바빠서 200주밖에 거래하지 못해 수수료를 제외한 수익은 400달러에도 못 미쳤다. 수익으로 트레이딩 등급을 매긴다면 무시할 수도 있지만, 채널의 32퍼센트를 포착해 A등급을 받았다.

수한 결과로 이어질 확률이 높은 신호를 보내는 설정인지 말해보라고 했다. 케리는 말했다. "이 패턴은 스스로 규정해야 합니다. 자신의 'A' 트레이딩이 뭔지 모른다면 시장에 볼일이 없는 겁니다."

나는 나만의 A 트레이딩이 무엇인지 잘 알고 있다. 바로 가짜 돌파를 동반하는 다이버전스 또는 가치로 되돌림을 동반하는 다이버전스다. A등급이 보이지 않으면 B등급으로 가고, 좀처럼 활기가 없는 날은 C등급을 찾는다.

친목회를 마치고 집에 돌아와 트레이딩할 때 들여다보는 모니터에 이런 질문이 쓰인 메모지를 붙였다. '이것은 A 트레이딩인가?' 이제 주문할 때마다 이 메모가 보인다. 금방 성과가 나타났다. A가 아닌 트레이딩 수가 급격히 줄면서 수익 곡선이 가파르게 상승하기 시작했다.

자신에게 맞는 완벽한 설정, 그러니까 A 트레이딩이 무엇인지 분명하게 파악해야 한다. 물론 완벽하다고 해서 수익이 보장되는 건 아니다. 아주 긍정적인 결과가 예상된다는 의미일 뿐, 시장에서는 아무것도 장담할 수 없다. 자신에게 맞는 A 트레이딩이 무엇인지 파악했다면 그런 패턴을 보이는 종목을 찾아 나설 차례다.

사실 개인 트레이더가 기관에 속한 트레이더보다 나은 점은 별로 없는데, 그래도 한 가지 있다면 억지로 트레이딩에 나서거나 멈출 필요가 없다는 점이다. 개인 트레이더는 탁월한 조건이 갖춰질 때까지 얼마든지 기다릴 수 있다. 안타깝게도 대부분의 개인 트레이더가 트레이딩하고 싶어서 안달이 나기 때문에 이런 엄청난 장점을 날려버리고 말지만.

나는 '이것은 A 트레이딩인가?'라는 질문을 트레이딩 관리 양식인 트레이드빌Tradebill에도 붙였다. 트레이드빌에 대해선 다음 장에서 설명하겠다. 트레이딩할 만한 곳이 보이면 A 트레이딩인지 자문한다. '그렇다'는 대답이 나오면 위험, 포지션 규모를 계산하고 진입을 계획한다. 아니라는 대답이 나오면 넘기고 다른 종목을 찾는다(그림 55-2).

아이디어가 아무리 거창하고 아무리 그럴싸한 추천 종목이라도 내가 정한 세 가지 전략에 맞지 않으면 트레이딩하지 않는다. 아이디어는 이렇게저렇게 바뀌기도 하지만, 다양한 시장 환경에서 통하는지 시도하면서 전략은 세월이 갈수록 점점 향상된다.

점차 새로운 전략을 개발하고 다른 전략을 폐기할 수도 있다. 내가

| 그림 55-2 | 트레이드 저널의 전략 상자(출처: SpikeTrade.com)

트레이드 전략

- 전략 선택 또는 아래 새로운 전략 기입 ▼

- 전략 선택 또는 아래 새로운 전략 기입
01 FB + BD(가짜 돌파 + 다이버전스)
04 가치로 되돌림
07 극단적인 수준에서 반대매매

트레이딩 전략

트레이딩 계획을 수립할 때마다 어떤 시스템을 사용할지 구체적으로 정하라. 시스템에 따라 계획한 트레이딩이 'A등급'으로 보이는지 자기자신에게 물어보라.

나는 '시스템'과 '전략'이라는 단어를 자주 사용하는데, 모두 트레이딩 계획을 의미한다. 위 전략 상자는 2013년 9월에 캡처한 내 트레이딩 일지의 전략 상자 화면으로 나는 현재 세 개의 시스템으로 트레이딩하고 있다. 주로 쓰는 시스템은 '다이버전스를 동반한 가짜 돌파'다. 가끔 '가치로 되돌림'을 사용하는데 상승 추세 도중 나타나는 되돌림에서 매수하고, 하락 추세 도중 나타나는 반등에서 공매도한다. 드물게는 '극단적인 수준에서 반대매매' 전략을 사용해, 폭락한 주식을 매수하거나 급등하다 주춤한 종목을 공매도한다.

지금 사용하는 전략은 1, 4, 7번 전략으로 나머지 전략들은 더 이상 쓰지 않는다.

아주 기계적인 시스템을 쓸 수도 있고, 나처럼 삼중스크린 같은 핵심 원칙만 있는 일반적인 시스템을 쓸 수도 있다. 어느 쪽이든 다음 트레이딩을 계획하기 전에 자신의 A 트레이딩이 무엇인지 파악하고 있어야 한다.

내가 쓰는 전략 중 하나를 찬찬히 설명하겠다(그림 55-3). 그대로 따라 할 필요는 없다. 마치 사람마다 필체가 다르듯 트레이딩하는 방식도 개인마다 차이가 있게 마련이다. 자신에게 편한 전략을 정하고 검증한 다음, 전략에 가장 잘 맞는 차트를 찾아내라. 이 차트를 출력해 트레이딩하는 책상 옆 벽에 붙여놓아라. 이제 이 트레이딩에 진입한 날 봤던 차트와 비슷한 종목을 찾으면 된다.

앞으로 트레이딩 계획을 다루면서, 트레이드빌 양식을 사용해 더욱 객관적으로 결정하는 법을 논의하고자 한다. 모든 트레이딩에는 몇 가지 변수가 있는데 행동에 몰입하다 보면 이를 간과하기 쉽다. 비행사가 비행에 나서기 전에 점검 목록을 쭉 살피듯 트레이더도 주문 결정을 내리기 전에 목록을 점검해야 한다.

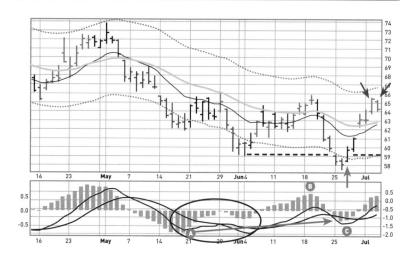

| 그림 55-3 | SLB 일간, 13일, 26일 EMA, 6% 엔벨로프.
임펄스 시스템과 MACD 히스토그램 12-26-9(출처: Stockcharts.com)

강세 다이버전스를 동반한 가짜 하향 돌파

트레이딩 일지에서 뽑은 차트로, 완벽에 가까운 스윙 트레이딩 전략을 보여주는 사례다. 사용한 전략은 '01 FB + BD', 즉 강세 혹은 약세 다이버전스를 동반한 가짜 돌파 전략이다. 슐룸베르거SLB 주가를 보라. 하락 추세가 이미 자리를 잡고 있다. Ⓐ에서 신저점을 기록했을 때는 길고 고통스러운 하락장에서 그저 또 하나의 바닥처럼 보였다. 나는 MACD 히스토그램에 그린 원 부분을 하나의 바닥으로 봤다. 이 구간에서 지표가 0선 위로 올라오지 않았기 때문이다. Ⓑ 구역에선 좀 더 흥미로워진다. MACD 히스토그램이 중간선 위로 상승하면서 '곰들의 기세를 꺾어놓는다.' 이때까지 적색이던 주간 임펄스 시스템(차트에 표시되지 않음)이 청색으로 바뀌면서 매수 금지가 해제된다. Ⓒ 구역에서 주가는 신저점으로 추락하지만 MACD가 저점을 훨씬 높이면서 강세 다이버전스가 완성된다.

적색 바 몇 개 뒤 Ⓒ 구역에서 나타난 청색 바를 유심히 관찰하라. 이곳에서 MACD 히스토그램이 틱을 높이며 강세 다이버전스가 완성된다. 덧붙여 이 바가 상승해 하향 돌파 수준보다 위에서 마감하는데(보라색 점선) 이로써 이전 바들이 가짜 하락돌파였음이 드러난다.

나는 마감을 기다리지 않고 이 바(녹색 수직 화살표) 도중에 매수했는데, 60.80달러에 2,000주를 매수하고 59.12달러에 손실제한을 걸었다. 나흘 뒤 주가가 전고점 수준과 상단 채널선을 향해 가자 차익 실현에 나섰다. 66.55달러에 1,000주를 매도하고 나머지는 이튿날 67달러에 매도했다(모두 적색 화살표로 표시). 5거래일 동안 주당 약 6달러, 총 1만 1,950달러의 수익을 거두었다(수수료 공제 전). 시스템으로 멋진 결과를 이룬 것이다.

트레이딩할 주식과 선물을 물색할 때 내가 염두에 두는 차트가 바로 이런 차트다. 나는 바닥 Ⓐ, 천장 Ⓑ를 완성하고 하락해 바닥이 될 가능성이 있는 Ⓒ를 그리는 차트를 찾으려고 한다. 또한 주간 차트의 임펄스 시스템이 적색이면 매수가 금지되므로 임펄스 시스템이 적색이면 안 된다.

56

트레이딩 후보
검출

시장에는 수많은 종목이 있다. 앞으로 며칠, 몇 주 후면 어떤 종목은 오르고 어떤 종목은 떨어지고 어떤 종목은 등락을 거듭할 것이다. 시스템이 해당 종목과 잘 맞아 들어가면 트레이더는 돈을 벌고 그렇지 못한 나머지는 돈을 잃을 것이다. 종목을 검출하기 전에 트레이딩 시스템, 즉 전략을 개발하는 것이 먼저다. 확고하고 분명한 전략이 없는데 무얼 검출하겠는가?!

믿을 만한 시스템부터 개발하라. 시스템이 확보되면 트레이딩 후보를 찾는 일은 논리정연해진다. 후보 목록을 보면 가장 먼저 A 트레이딩인지 질문하라. 즉, 이상적인 패턴과 가까운 종목인가? 그렇다면 트레이딩에 돌입해도 된다.

특정 유형의 트레이딩 대상을 검토한 다음 트레이딩 후보를 뽑는 과정이 검출이다. 검출 방식은 눈으로 확인할 수도 있고, 컴퓨터로 자동화할 수도 있다. 여러 차트를 빨리빨리 넘겨보면서 후보를 찾아도 되고, 컴퓨터가 자동으로 흥미로운 패턴을 보이는 종목들을 표시하게 조정할 수도 있다. 다시 말하지만 자신이 신뢰하는 패턴을 정하는 게 최우선 과제다. 검출은 두 번째로 할 일이다.

검출하는 데 있어 대단한 기대는 접어야 한다. 어떤 검출 방식도 모래밭에서 바늘 찾듯 트레이딩할 만한 단 하나의 보석을 가려내주지는 않는다. 괜찮은 검출로 얻을 수 있는 건 주목해야 할 여러 개의 후보 종목이다. 검출 변수를 넓히거나 좁혀서 종목 수를 늘리거나 줄일 수는 있다. 검출은 가능성 있는 후보를 가려내 시간을 절약하는 장치이지 종목을 선정하는 노력에서 해방시켜주는 요술 방망이는 아니다.

어떤 종목을 찾고 싶은지부터 정하라. 예를 들어, 추세추종 트레이더이지만 뒤늦게 추격 매수하기 싫다면 이동평균이 상승하고 있지만 마지막 주가가 이동평균보다 조금만 높은 주식을 검출하도록 설계할 수도 있다. 검출 장치를 직접 고안할 수도 있고, 이런 서비스를 제공하는 프로그래머를 고용할 수도 있다.

검출 대상의 규모가 수십 개 종목 정도로 작을 수도 있고, S&P500이나 러셀2000 Russell2000처럼 어마어마할 수도 있다. 나는 주말에 후보를 찾는데, 시간 여유가 어느 정도인지에 따라 두 가지 방식 중 하나를 택한다. 하나는 게으른 방식, 하나는 부지런한 방식이다.

시간이 별로 없을 때 쓰는 게으른 방식은 스파이크트레이드닷컴 회원들이 다음 주 트레이딩 종목으로 고른 종목을 검토하는 것이다. 이들은 스파이크트레이드닷컴의 똑똑한 엘리트 회원들로, 한 주의 최고 종목을 선정하기 위해 경쟁한다. 나는 이들이 선정한 수십 가지 종목 중 한두 개를 골라 시장에 대한 내 견해를 보태가면서 이들이 선정한 종목을 검토한다. 그리고 다음 주 시장에 대한 나의 전망에 의거해 롱 또는 숏 포지션 후보 종목에 집중한다.

부지런한 방식은 S&P500지수를 구성하는 500개 종목을 소프트웨어에 모두 넣어서 MACD 다이버전스가 보일 만한 종목을 검출하는 것이다. 다이버전스 검출을 많이 해봤지만 신뢰할 만한 검출 도구가 없었는데, 대부분 가짜 다이버전스가 너무 많이 검출되거나 괜찮은 다이버전스를 많이 놓쳤기 때문이다. 이 과정에서 내가 깨달은 것이 있는데 다이버전스는 '아날로그 패턴'이라는 점이다. 즉, 맨눈으로 보면 뚜렷하게 보이지만 디지털 처리 과정으로는 골라내기 어렵다. 나는 존 브런스John Bruns를 찾아갔다. 그는 반자동 MACD 다이버전스 검출 도구를 만들어줬다. 이 검출 도구는 다이버전스를 찾지 않고 다이버전스에 선행하는 패턴을 검출해 며칠 동안 살펴볼 만한 후보 목록을 뽑아낸다(그림 56-1).

반자동 MACD 다이버전스 검출 도구를 사용해 S&P500지수 500개 종목의 주간 차트와 일간 차트를 모두 훑는데, 1분 정도의 시간밖에 걸리지 않는다. 진짜 일은 강세 및 약세 다이버전스 후보 목록을 검토하면서부터 시작된다. 먼저 강세 목록과 약세 목록의 규모를 비교한다. 예를 들어, 몇 주 전 S&P500에서 강세 다이버전스 후보 종목은 4~5개, 약세 다이버전스 후보 종목은 70~80개가 검출됐다. 이처럼 불균형이 심하면 시장이 벼랑 끝에 걸쳐 있다는 의미로, 앞으로 하락할 공매도 종목을 찾아야 했다. 나는 주간 트레이딩 후보 목록에서 패턴이 가장 그럴듯하고 위험/보상 비율이 가장 좋은 종목으로 5~6개 추렸다. 이 종목들이 한 주 동안 트레이딩 목표가 된다. 친구들 중에는 동시에 20개 종목을 트레이딩하는 경우도 있는데, 가능하긴 하지만 나

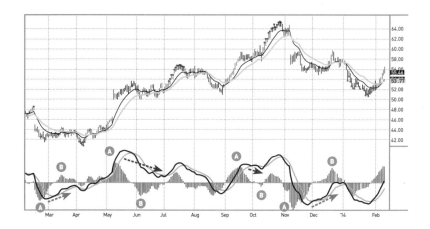

| 그림 56-1 | WFM 일간, 13일, 26일 EMA. 임펄스 시스템과 MACD 히스토그램 12-26-9. 적색 점들 - 잠재적 혹은 실제 약세 다이버전스. 녹색 점들 - 잠재적 혹은 실제 강세 다이버전스(출처: TradeStation, 검출 장치 존 브런스/엘더닷컴)

MACD 히스토그램 반자동 다이버전스 검출 장치

23장에서 MACD 히스토그램과 다이버전스를 살펴본 뒤로 거듭 이 패턴에 대해 논의했다. 이 반자동 검출 장치는 완성된 다이버전스가 아니라 잠재적 다이버전스인 A와 B 부분을 완성한 종목을 찾는다. C 부분(두 번째 천장 또는 바닥)이 형성되기 시작하면 검출 장치는 바 위에 적색 점 또는 바 아래 녹색 점을 찍어 다이버전스 가능성을 경고한다.

홀푸드마켓^{WFM} 차트를 보면 검출 장치가 자동으로 트레이딩 기회를 찾아주는 게 아님을 알 수 있다. 검출 장치는 롱 또는 숏 트레이딩 가능성이 있다는 것을 미리 알려주는 감시병 역할을 한다. 이런 신호를 받으면 트레이더는 다이버전스가 완성되는 수준을 알아내고 진입, 목표, 손실제한 수준을 작성해야 한다.

한테는 맞지 않다. 진지하게 트레이딩에 임하려면 자신의 한계를 알아야 한다.

'부지런한' 방식은 또 있다. 업종에 속한 종목들을 훑어서 트레이딩 후보를 검출하는 것이다. 예를 들어, 금값이 바닥에 근접했다고 판단되면 52개 금 종목과 14개 은 종목을 대상으로 매수 후보를 찾는다.

그런 다음 〈그림 55-3〉의 SLB 차트를 명심하면서 이상적인 패턴에 가장 가까운 종목을 골라낸다.

많은 종목을 훑어보고 싶다면 탈락 규칙을 추가하는 게 좋다. 예를 들어, 일평균 거래량이 50만 주, 또는 100만 주 이하인 주식은 건너뛰는 식이다. 이런 주식은 차트가 우툴두툴 불규칙하고, 활발하게 거래되는 주식보다 체결오차가 큰 경향이 있다. 매수 후보를 검출할 때는 비싼 주식을 제외하고, 공매도 후보를 검출할 때는 싼 주식을 제외할 수도 있다. 이때 주가를 어떤 기준으로 정할지는 개인의 선택에 달려 있다. 검출은 노련한 트레이더에게 아주 유리한 작업이다. 넓은 그물을 던지기 전에 낚싯줄 몇 개로 낚는 법부터 배워라.

NEW
TRADING
FOR A LIVING

제 11 부

트레이딩 일지

주식시장에서
살 아 남 는
심   리
투 자 법 칙

"공짜 점심은 없다. 세상 모든 것이 다 그렇듯 선불로 내든가, 꼼꼼하지 못하면 말미에 대가를 지불해야 한다. 안타깝게도 나가는 길에 낼 때가 언제나 제일 비싸다." 앤드류 J. 멜론An-drew J. Mellon은 《비우고 살라Unstuff Your Life》에서 이렇게 말했다.

시장이 보상과 처벌을 나눠주는 데는 어떤 일관성도 없다. 계획이 신통찮은 트레이딩에서 수익이 날 수도 있고, 꼼꼼하게 계획하고 신중하게 실행한 트레이딩에서 손실이 날 수도 있다. 이런 무작위성 때문에 우리는 더욱 절제력을 잃고 대충 되는 대로 트레이딩하게 된다. 절제력을 키우고 유지하려면 기록하는 습관이 최선이다. 심리, 시장 분석, 위험 관리를 하나로 묶는 것이 기록이다. 나는 수업할 때마다 제자들에게 말한다. "기록을 잘하는 트레이더를 데려오세요. 그 사람이 훌륭한 트레이더입니다."

트레이딩 계획을 적어두면 필수적인 시장 요인을 빠뜨리지 않게 된다. 기록을 잘 유지하면 충동적인 트레이딩에 빠지지 않는다. 트레이딩 훈련은 체중 조절과 비슷해서 대부분의 트레이더가 아주 어려워한다. 살을 빼려면 아침에 맨몸으로 체중계 위에 서서 체중을 잰 다음 기록해야 한다. 트레이딩도 마찬가지다.

누구나 실수를 한다. 하지만 기록을 통해 과거의 실수를 되돌아본다면 같은 실수를 반복할 가능성이 낮아진다. 일지를 기록하다 보면 자기자신에게 배울 수 있고 계좌 자산에도 놀라운 일이 생긴다.

이 책을 읽는다고 해서 바로 절제력이 생기는 건 아니다. 몇 시간을 들여 숙제도 해야 하고, 손실제한에 걸리는 고통도 받아들여야 한다. 먼저 노력을 해야 보상이 따라오는 법이다. 계좌가 불어나면 뿌듯한 성취감을 맛볼 수 있을 것이다. 기록의 세 가지 핵심 요소를 다시 살펴보자.

1. 훈련은 숙제하는 것으로 시작된다(숙제용 스프레드시트를 제공하겠다).

2. 훈련은 트레이딩 계획을 기록하는 것으로 강화된다(롱 후보와 숏 후보를 발굴하기 위한 PDF 파일을 제공하겠다).

3. 훈련은 계획을 실행하고 기록을 마치는 것으로 끝난다(트레이드 저널Trade Journal 온라인 링크를 제공하겠다).

관련 양식을 마음대로 수정하라. 시장은 거대하고 다양하므로 '누구에게나 맞는' 한 가지 분석 시스템, '누구에게나 맞는' 한 가지 트레이딩, '누구에게나 맞는' 한 가지 기록 방식은 없다. 이 책에서는 기본이 되는 원칙을 제공하지만 이를 이용하는 방식은 저마다 다를 수 있다.

57

매일 해야 하는
숙제

아침에 눈을 떴는데 한 시간 안에 출근해야 한다면 출근 단계를 일일이 계획할 여유가 없다. 그냥 평소 하던 대로 침대에서 일어나 씻은 다음 옷을 입고 아침을 먹고 차를 탄다. 이처럼 틀에 박힌 일상은 전략을 짜고 말고 할 것도 없다. 사무실에 도착할 즈음이면 거뜬히 하루를 맞이할 태세가 갖춰진다. 시장에서도 이처럼 틀에 박힌 순서가 있어야 한다. 단계별로 오늘의 트레이딩을 지배할 핵심 요소들을 살펴본다. 정형화된 순서가 있으면 개장 전에 시장과 보조를 맞추고 정신을 바짝 차려 언제든 행동에 나설 수 있다.

나는 스프레드시트를 활용해 개장 전에 해야 할 일들을 챙긴다. 오하이오 주에 사는 펀드매니저 맥스 라슨^{Max Larsen}이 제공한 아이디어를 내게 맞게 수정했다. 내가 현재 쓰는 버전은 3.7로, 중요한 요소 두 가지를 바꾸고 자질구레한 요소 몇 가지도 바꿨다. '3.7'은 내가 시장을

보는 관점을 토대로 만든 것으로, 내가 원하는 정보가 있는 다양한 웹
사이트의 링크를 걸어놓았다.

　내가 쓰는 숙제 스프레드시트(그림 57-1)는 지금도 칸을 보태고 없
애면서 계속 수정되고 있다. 장담컨대, 이 스프레드시트를 사용해보면
독자 여러분도 기호에 따라 수정하게 될 것이다. 엘더닷컴에서는 심리
자가진단까지 포함된 최신 스프레드시트를 공익 목적으로 배포하고
있으니 info@elder.com으로 이메일을 보내 요청하기 바란다.

| 그림 57-1 | 일일 숙제 스프레드시트(출처: elder.com)

1	엘더 숙제	수요일
2	v 3.7	2014년 2월 19일
3	극동시장 점검	상승 .2-1.1%
4	유럽시장 점검	하락 .5%
5	경제 일정 브리핑닷컴Briefing.com	시작, 하락 여지
6	마켓워치Marketwatch	2014년 폭락
7	유로	1.375g/g
8	엔	98.1g/g
9	석유	102g/g
10	금	1317g/g
11	미국 채권	133,23g/g
12	벌크선운임지수BDI	1,146
13	신고점/신저점 지수	1208/365
14	변동성지수VIX	13.9r/b
15	S&P500 캐시	1841g/g
16	일간 가치	상단 채널선에

17	일간 강도지수의 13일 지수이동평균	양수
18	S&P 캔들 예측	하락
19	모드: 적극적, 보수적, 방어적 또는 데이 트레이딩	방어적

나는 해외시장부터 살펴본 다음 주요 뉴스, 주요 통화, 상품, 주요 주식시장 지표들을 살펴본다. 연습하다 보면 15분 정도면 전체 과정을 끝낼 수 있다. 하나씩 알아보자.

1. 극동시장 점검 - 이 링크는 야후파이낸스Finance.Yahoo.com로 연결된다. 밤새 호주와 중국 시장이 몇 퍼센트 변동했는지 기록한다. 사람마다 기억하는 방식이 다른데 나는 기록할 때 가장 잘 기억된다.

2. 유럽시장 점검 - 독일 DAX와 영국 FTSE 시장이 몇 퍼센트 변동됐는지 기록한다. 시장은 태양을 따라 움직이는 경향이 있는데, 미국에서 일어난 파도가 아시아를 거쳐 유럽으로 가서 다시 미국 해안에 도달하는 양상에 대해 감을 잡을 수 있다.

3. 경제 일정 - 이 링크는 매일 발표되는 펀더멘털 보고서를 올리는 브리핑닷컴Briefing.com으로 연결된다. 이전에 발표된 수치와 금융지표 전망을 보여준다. 실업률이나 설비 가동률 같은 중요한 보고서가 예측 수준을 넘어서거나 못 미치면 시장이 출렁인다.

4. 마켓워치Marketwatch - 대중을 위한 경제 전문 웹사이트로 오늘 아침에는 대중이 어떤 소식을 듣고 있는지 알기 위해 이 사이트를 둘러본다. 가끔 이 웹사이트를 보고 대다수 전문가의 의견과 반대 방향으로 트레이딩하기도 한다.

5. 유로 - 가장 활발히 거래되는 선물 계약의 현재 가격을 기록하고 임펄스 시스템이 녹색인지 청색인지 적색인지 첫 글자를 적는데 먼저 주간 차트, 다음에 일간 차트 색을 기록한다. 아래 언급한 모든 시장에도 이 포맷을 활용한다. 유로 선물 차트를 살피는 이유는 두 가지다. 첫째, 유로화는 꽤 오랜 시간 미국 주식시장과 보조를 맞추든지, 아니면 반대로 움직인다. 둘째, 유로화 선물은 이따금 절호의 데이 트레이딩 기회를 제공한다.

6. 엔 - 엔화 시장을 살피는 이유는 위에 언급한 두 가지 이유 중 두 번째 이유가 더 크다.

7. 석유 - 석유는 경제의 생명줄이며 석유 선물 가격은 경기 부침에 따라 상승 또는 하락한다.

8. 금 - 인기 있는 트레이딩 대상일 뿐 아니라 인플레이션과 공포 지수를 예측할 수 있는 민감한 지표다.

9. 채권 - 금리 상승 또는 하락은 주식시장의 추세를 좌우하는 중요한 요인이다.

10. 벌크선운임지수BDI - 세계 경제를 알 수 있는 민감한 선행지표다. BDI는 건화물 운임 비용을 나타내는 지수로, 예를 들어 베트남에서 유럽으로 가는 직물이나 알래스카에서 일본으로 가는 목재의 운임 비용을 나타낸다. BDI는 아주 변동성이 크고 BDI를 기초자산으로 하는 트레이딩 수단이 없으므로 경기 상황을 투명하게 반영한다. 해운업 관련

종목을 거래한다면 아주 요긴한 지수다.

11. 신고점/신저점 지수 - 나는 신고점/신저점 지수가 주식시장의 움직임을 반영하는 최상의 선행지표라고 생각한다. 매일 아침 가장 최근의 주간 및 일간 수치를 기록하며 기운을 차린다.

12. 변동성지수^{VIX} - 일명 '공포지수'라고도 하는 변동성지수. 이런 말이 있다. "VIX가 높으면 매수가 안전하다. VIX가 낮으면 손 놓고 쉬어라." 추신. VIX ETF를 조심하라. VIX 추세와 핀트가 안 맞기로 악명 높다.

13. S&P500 - 지수의 전일 종가를 기록하고 주간 및 일간 차트의 임펄스 시스템 색을 추가한다.

14. 일간 가치 - S&P 일간 차트로 가서 마지막 바의 종가가 가치보다 아래인지 위인지, 채널선 기준으로 어디에 있는지 기록한다. 시장이 과매수 상태인지 과매도 상태인지 판단하는 데 유용하다.

15. 강도지수 - 13일 이동평균지수가 중간선 위인지 아래인지(강세인지 약세인지) 보고 다이버전스 여부를 살핀다.

16. S&P 캔들 - 시장이 오늘 시가보다 가격을 높이며 마감할지, 아니면 낮추며 마감할지 예측해 기록하고 내 예측이 정확한지 검토한다. 의견이 없으면 이 칸을 비워둔다. 다음 날 내 예측이 정확하면 이 칸을 녹색으로 칠하고 틀렸으면 적색으로 칠한다.

17. 숙제 스프레드시트의 마지막 칸에는 오늘 트레이딩을 어떻게 할지 요약해 적는다. 적극적으로, 보수적으로, 방어적으로(청산만), 데이 트레이딩, 트레이딩 없음.

　스프레드시트를 채운 다음에는 오픈 포지션을 살핀다. 손실제한과 수익 목표를 검토하고 필요하면 그날에 맞게 수정한다. 그런 다음에는 그날 트레이딩 계획이 있다면 진입, 목표, 손실제한 계획을 중심으로 공매도 후보를 검토한다. 이제 시장과 보조를 맞추었으므로 주문할 준비가 됐다. 출장 등으로 그날 트레이딩을 할 수 없더라도 이 숙제는 한다. 출근하지 않는 날에도 아침에 세수하고 옷을 갈아입듯이. 이것도 훈련의 일종이다.

오늘 트레이딩할 준비가 됐는가?

시장과 합이 잘 맞다고 느껴질 때가 있는가 하면 왠지 시장과 동떨어진 기분이 들 때도 있다. 기분, 건강, 촉박한 시간은 트레이딩 역량에 영향을 미친다. 치통에 시달리면서 트레이딩한다고 생각해보라. 온전히 시장에 집중할 수 없으므로 중개인이 아니라 치과 의사에게 가야 한다.

이런 이유로 나는 매일 아침 30초 동안 심리 자가진단을 실시해 트레이딩할 준비가 됐는지 객관적으로 평가한다. 가장 먼저 자가진단을 사용한 사람은 스파이크트레이드닷컴 회원이었던 밥 블렉진스키 Bob Blec-zinski다. 또다른 회원인 에린 브루스 Erin Bruce가 2011년 친목회에서 자가진단 방식을 공개한 것을 계기로 밥도 자신의 자가진단 방식을 온라인에 게시했다. 에린의 질문 항목은 밥과 다르지만 포맷은 비슷하다.

나는 에린의 자가진단을 내 성격에 맞게 수정하고, 개장 전 매일 진단하고 있다. 자가진단은 짧고 구체적이어야 한다. 내 자가진단은 다섯 개의 질문으로 구성돼 있다. 대답도 예, 아니오, 그저 그렇다 세 가지 중 하나만 고르면 된다. 다음 장에서 자가진단 설계 과정을 설명하겠다. 자가진단을 사용하면서 자신의 성격에 맞게 수정하고 자신에게 가장 중요한 질문으로 바꿔보라(그림 57-2).

질문 항목 중 일부에서 0점을 받으면 트레이딩하지 말라는 경고다. 트레이딩 계획을 세우지 못했거나 일정이 빠듯하면 트레이딩하기에 좋지 않은 날이다. 이럴 때는 비켜서서 관망하거나 청산 주문만 낸다.

나, 나의 정신, 기분, 성격은 트레이딩의 필수 구성 요소다. 따라서 간단한 자가진단을 거쳐 오늘 트레이딩할지 여부를 알아봐야 한다.

| 그림 57-2 | "나는 트레이딩할 준비가 되었는가?" 자가진단 테스트(출처: elder.com)

신체 컨디션 - 좋지 않음 0	건강, 활력, 잠 1	기운 넘침 2	2
손실 0	전일 손실, 수익 혼재 또는 트레이딩하지 않음 1	수익 2	1
준비 안 함 0	준비 상황 보통 1	철저히 준비함 2	1
기분 좋지 않음 0	기분 보통 1	기분 아주 좋음 2	1
아주 바쁨 0	바쁜 정도 보통 1	여유 있음 2	1
1-2-3-4 트레이딩 금지	**5-6과 9-10 주의**	**7-8 좋음**	**6**

나는 숙제를 마치면 바로 자가진단 테스트를 한다. 한 줄씩 살펴보자.

1. 오늘 신체 컨디션은?

    A. 아픔 = 0
    B. 보통 = 1
    C. 아주 좋음 = 2

2. 어제 트레이딩 결과는?

    A. 손실 = 0
    B. 손실과 수익이 모두 있거나 트레이딩하지 않음 = 1
    C. 수익 = 2

3. 오늘 아침 트레이딩 계획을 수립했는가?

    A. 준비 안 함 = 0
    B. 보통 = 1
    C. 철저히 준비함 = 2

4. 기분은?

    A. 좋지 않음 = 0
    B. 보통 = 1
    C. 아주 좋음 = 2

5. 오늘 일정은?

    A. 아주 바쁨 = 0
    B. 보통 = 1
    C. 여유 있음 = 2

다섯 가지 질문의 답을 모두 합해 엑셀 조건부 서식 기능을 이용해 총점 셀에 색깔을 부여한다. 점수가 4점 이하면 셀이 붉게 변한다. 부정적인 요소가 많으므로 이런 날은 트레이딩하면 안 된다. 점수가 5~6점이면 셀이 노랗게 되며 아주 신중하게 트레이딩에 임해야 한다. 점수가 7~8점이면 녹색이다. 점수가 9~10점이면 다시 노란색으로 변한다. 모든 것이 너무 완벽한 상태로 어느 하나만 바뀌어도 상황이 나빠질 수 있기 때문이다. 어제의 성공에 취해 기고만장하지 마라.

58

트레이딩 계획 수립
및 채점

트레이딩 계획에는 어떤 전략을 사용할지 구체적으로 명시돼야 한다. 계획표에 수익 발표 날짜, 배당금 날짜, 롤오버 날짜가 기록돼 있으면 예측 가능한 뉴스에 기습 당하는 일을 방지할 수 있다. 진입, 목표, 손실제한 계획뿐 아니라 트레이딩 규모도 명시해야 한다.

계획은 기록했을 때 진짜가 된다. 일단 진입해 자산이 오르락내리락하면 스트레스가 쌓여 해야 할 일을 깜박할 수도 있다. 진입하기 전에 계획을 기록해두면 폭풍우가 몰아치는 와중에도 정신을 차릴 수 있고, 꼭 해야 할 일을 빠뜨리지 않게 된다. 정말 훌륭한 계획이라면 트레이딩의 수준을 평가하는 등급이 있어야 한다. 앞으로 살펴보겠지만 객관적인 평가를 하는데는 1분도 걸리지 않는다. 이런 평가를 통해 이후에는 성공률이 높은 계획만 실행하게 되고, 생산성이 적은 계획이나 애매모호한 계획은 포기하게 된다.

나는 다른 건 모두 컴퓨터에 기록하지만 트레이딩 계획은 종이에 적는다. 내가 트레이드빌 Tradebill이라고 이름 붙인 양식을 출력해서 쓰고 있는데, 온라인 주문 택배에 붙어 있는 운송장과 비슷하다. 회사에서 물품을 배송할 때 운송장에 물품명, 수량, 수신자 주소, 배송 방식, 반품 규정 등 꼭 필요한 사실을 적는 것처럼 계획 단계부터 마감일까지 트레이드빌이 항상 따라다닌다.

하나의 트레이딩 시스템에 두 개의 트레이드빌이 적용되는데 하나는 매수용, 하나는 공매도용이다. 이제 내가 아주 즐겨 쓰는 전략을 기록해둔 트레이드빌을 살펴보겠다. 이것을 활용해 자신만의 트레이드빌을 만들어도 좋다.

트레이딩할 만한 패턴이 눈에 보이면, 트레이딩에 맞는 시스템을 결정하고 해당되는 트레이드빌을 집어 든다. 구미가 당기는 트레이딩이라도 맞는 시스템이 없으면 트레이딩하지 않는다. 시스템을 결정한 뒤 날짜와 티커심볼 ticker symbol●을 적고 해당 트레이딩에 점수를 매긴다. 채점 방식은 뒤에 설명하겠다. 점수가 충분히 높으면 트레이딩 계획을 완성한다. 아니면 트레이드빌을 휴지통에 버리고 다른 트레이딩을 찾아 나선다.

나는 어디를 가든 트레이드빌을 꼭 가지고 다닌다. 책상 키보드 옆에는 항상 트레이드빌이 있다. 낮에 노트북을 가지고 외출하면 키보드와 화면 사이에 트레이드빌을 끼워서 노트북을 열면 제일 먼저 눈에

● 주식시장에서 회사를 상장하는 약어. 예를 들어 AAPL은 애플, AMZN은 아마존을 나타낸다. – 옮긴이

띄게 한다.

몇 년 동안 꾸준히 트레이딩 계획을 적다 보니 결행 여부를 결정하기 전에 채점하는 방법을 개발하게 됐다. 대니얼 카너먼 교수의 《생각에 관한 생각》을 읽으면서 계획을 채점하는 습관이 더욱 몸에 배게 됐다. 행동경제학자인 카너먼 교수는 노벨상 수상자로, 의사결정에 대해 다룬 이 책에서 단순한 채점 시스템을 강조했다. 이런 시스템이 있으면 더 합리적인 결정을 내릴 수 있으며 충동적인 결정을 피할 수 있다.

트레이딩 계획 채점하기(트레이드 아프가)

카너먼 교수가 책에서 논의한 사례 중에는 버지니아 아프가 박사^{Dr.} ^{Virginia Apgar}의 연구 결과가 있다. 아프가 박사는 컬럼비아대학 소아과 마취 전문의로 수많은 생명을 구해 널리 칭송받고 있다. 전 세계 의사, 간호사들이 아프가 점수를 사용해 신생아에게 당장 치료가 필요한지를 결정한다.

신생아들은 대부분 정상이지만 일부 문제 있는 경우도 있고, 일부 생명이 위태로운 경우도 있다. 아프가 박사가 기준을 제시하기 전에는 의사와 간호사들이 신생아가 어느 부류에 속하는지 임상으로 판단했는데, 판단하는 데 실수가 있어 유아 사망률이 높았다. 아프가 박사의 점수 시스템 덕분에 의사와 간호사들은 신생아의 상태를 객관적으로 판단할 수 있게 됐다.

아프가 점수는 다섯 개의 간단한 질문으로 구성된다. 신생아가 태어나면 심박수, 호흡, 근육 긴장도, 꼬집기 반사, 피부색으로 점수를 매긴다. 반응이 좋으면 2점, 나쁘면 0점, 보통이면 1점을 준다. 테스트는 출생 후 1~5분 이내에 실시한다. 총점수가 7점 이상이면 정상, 4~6점이면 경증 가사, 4점 이하면 중증 가사로 정의한다. 아프가 점수가 높은 아기는 안전하게 일반 관리실로 가고, 점수가 낮은 아기는 즉시 집중관리한다. 어떤 아기를 집중관리할지에 초점을 맞춘 의사결정 과정 전체가 신속하고 객관적으로 이뤄진다. 아프가 박사의 간단한 점수 시스템 덕분에 전 세계 유아 생존률이 높아졌다.

카너먼 교수의 책을 읽은 후 나는 내 채점 시스템의 이름을 '트레이드 아프가 Trade Apgar'로 바꿨다. 트레이드 아프가로 트레이딩 아이디어가 건강한지 아니면 허약한지 판단한다. 물론 트레이더인 나는 소아과 의사와 반대로 행동한다. 의사들은 병약한 아이들이 생존하도록 돕는 데 집중하지만, 나는 가장 건강한 아이디어에 집중하고 나머지는 폐기한다.

트레이드 아프가를 소개하기 전에 주의 사항을 먼저 언급하겠다. 지금부터 살펴볼 점수 방식은 단 한 가지 시스템, '다이버전스를 수반하는 가짜 돌파' 시스템에 맞도록 고안됐다. 다른 시스템에는 다른 테스트가 필요하다. 트레이드 아프가를 발판으로 자신만의 테스트 방식을 개발해보라.

실례를 들어보겠다. 나는 최근에 트레이드 아프가 파일을 프로 옵션 발행자에게 줬다. 그는 충동적인 거래가 약점이었는데 이 테스트가 자신의 충동적인 행동을 줄여준다며 좋아했다. 몇 주 후 그는 스스로 만든 자신만의 트레이드 아프가를 보여줬는데, 내가 만든 아프가 파일과 많이 달랐다. 그는 내가 쓰는 지표를 자신이 선호하는 상대강도지수, 스토캐스틱으로 대체하고 옵션 발행과 직접 관련 있는 질문을 추가했다. 수익을 더 많이 올리게 되었다는 그의 말을 들으니 기뻤다.

트레이드 아프가는 트레이딩 전략의 핵심을 찌르는 다섯 가지 질문으로 구성된다. 이 질문에 분명하게 대답해야 한다. 자신의 전략에 맞는 트레이드 아프가를 개발할 때는 질문 수를 다섯 개로 유지하고 대답을 0점, 1점, 2점으로 분류하라. 단순할수록 테스트의 객관성, 실용성, 신속성이 높아진다.

트레이딩할 만한 종목을 찾으면서 트레이드빌 양식을 가져와서 다섯 가지 질문에 동그라미를 그려 답한다. 동그라미를 그린 칸이 적색 칸이면 0점, 황색 칸이면 1점, 녹색 칸이면 2점이다. 점수 넣는 칸에 숫자를 적고 전부 더한다. 적색 칸에 동그라미를 그렸다면 옆 칸에 주가가 어느 정도면 대답이 좀 더 우호적인 황색이나 녹색으로 바뀔지 적는다. 만약 주가가 이 수준에 도달한다면 트레이딩 계획의 점수가 올라가 해당 수준에서 진입할 수 있게 된다. 〈그림 58-1〉은 롱 포지션용, 〈그림 58-2〉는 숏 포지션용 트레이드 아프가다.

어떤 종목이든 트레이드 아프가를 완성하는데 1분도 걸리지 않는다. 나는 점수가 7점 이상, 그러니까 0점인 항목이 없는 건강한 아이디어일 때만 트레이딩한다. 7점 이상이라면 진입과 목표, 손실제한을 설정하고 트레이딩 규모를 정하는 등 트레이딩 계획을 수립한다.

트레이드 아프가는 트레이딩 후보 종목을 객관적으로 평가할 수 있는 도구다. 트레이딩 대상은 수천 개에 이른다. 변변찮은 후보에 에너지를 낭비할 필요는 없다. 트레이드 아프가를 활용해 가장 유망한 종목에 집중하라.

| 그림 58-1 | 롱 포지션 트레이드 아프가,
'다이버전스를 동반한 가짜 돌파' 전략 이용(출처: elder.com)

	0	1	2	점수	수준
주간 임펄스	적색	녹색	청색(적색 후)		
일간 임펄스	적색	녹색	청색(적색 후)		
일간 가격	가치 상회	가치 구간 내	가치 하회		
가짜 돌파	없음	발생	임박		
완성도	두 개 시간 단위 모두 해당 없음	한 개 시간 단위	두 개 시간 단위 모두 해당		

5개 질문에 0 ~ 2점으로 답하라.

1. 주간 임펄스 - 주간 차트 적색 0, 녹색, 1, 청색 2점.
   임펄스가 적색이면 매수 금지, 녹색이면 매수가 허용되나 너무 늦었을 가능성, (적색 후) 청색이면 곰들의 위세가 꺾이고 있으므로 매수 적기.

2. 일간 임펄스 - 질문은 동일하고 일간 차트에 적용.

3. 일간 가격 - 일간 차트에서 최신 가격이 가치보다 높으면 0, 가치 구간에 있으면 1, 가치 보다 낮으면 2점.
   가치보다 높으면 매수하기에 늦은 시기, 가치 구간이면 매수 가능, 가치보다 낮으면 싼 값에 매수할 기회.

4. 가짜 돌파 - 없으면 0, 이미 발생했으면 1, 발생 직전이면 2점.

5. 완성도 - 두 개 시간 단위 모두 아니면 0, 하나만 해당되면 1, 둘 다 완벽해 보이면 2점.

나는 시장을 분석할 때 항상 두 개의 시간 단위를 검토한다. 어떤 전략을 쓰든, 트레이딩에 진입하려면 반드시 둘 중 하나는 완벽한 패턴을 보여야 한다. 두 개의 시간 단위가 모두 완벽한 경우는 아주 드물다. 하나는 완벽하고 나머지 하나는 양호한 정도로도 충분하다. 두 개의 시간 단위 중 어느 하나라도 완벽하지 않다면 A 트레이딩이라 할 수 없다. 이 종목을 포기하고 다른 종목을 찾아라.

| 그림 58-2 | 공매도 트레이드 아프가, '가짜 돌파를 동반한 다이버전스' 전략 이용

	0	1	2	점수	수준
주간 임펄스	녹색	적색	청색(녹색 후)		
일간 임펄스	녹색	적색	청색(녹색 후)		
일간 가격	가치 하회	가치 구간 내	가치 상회		
가짜 돌파	없음	발생	긍정적. 약세 다이버전스 동반		
완성도	두 개 시간 단위 모두 해당 없음	한 개 시간 단위	두 개 시간 단위 모두 해당		

동일 전략 이용 시, 이 표를 정반대로 뒤집으면 매수 트레이드 아프가를 만들 수 있다.

트레이드빌 활용법

관심 가는 종목이 있는데 트레이드 아프가 점수가 높다면 트레이드빌을 작성해 트레이딩의 핵심 요소에 집중한다. 롱 포지션의 트레이드빌을 살펴보자(그림 58-3).

나는 파워포인트로 트레이드빌을 작성하는데 두 개를 한 페이지에 넣는다. 언제든지 쓸 수 있도록 항상 미리 몇 장 출력해두는데, 양식을 조금씩 바꾸고 있기 때문에 너무 많이 출력하지는 않는다.

〈그림 58-2〉에서 보듯 숏 트레이딩의 트레이드빌도 트레이드 아프가를 제외하고는 동일하다. 자신에게 맞는 트레이드빌을 개발할 때는 1, 3, 4는 그대로 베끼고, 트레이드 아프가인 2는 자신의 시스템이나 전략에 맞게 개발하라.

| 그림 58-3 | 롱 포지션용 트레이드빌, '가짜 돌파를 동반한 다이버전스' 전략
(출처: elder.com)

① 롱 | 수익 | 배당금 | 날짜

②

	0	1	2	점수	수준
주간 임펄스	적색	녹색	청색(적색 후)		
일간 임펄스	적색	녹색	청색(적색 후)		
일간 가격	가치 상회	가치 구간 내	가치 하회		
가짜 돌파	없음	발생	임박		
완성도	두 개 시간 단위 모두 해당 없음	한 개 시간 단위	두 개 시간 단위 모두 해당		

③

바운스 ☐
> 50일 이동평균 ☐
숏 비율 ☐
환매일 ☐

A 트레이딩인가?

위험(달러) ☐

규모 ☐

진입 이후

④

'A' 목표 ☐

유연한	엄격한
손실제한 ☐ ☐

손익분기 수준으로 손실제한 옮기기 ☐

☐ 체결
☐ 손실제한 기입
☐ 일지 기입
☐ 목표 기입

⑤ Tradebill Copyright 2012-2014 www.elder.com   v.4.4   01/2014

1: 트레이딩 식별

☐ 녹색 줄은 롱 트레이딩을 표시한다.
☐ 가짜 돌파를 동반한 강세 다이버전스 그림으로 전략을 상기한다.
☐ 첫 번째 상자에 티커심볼을 기입한다.
☐ 다음 상자에는 다음 수익 발표 날짜를 기입한다. 수익 보고서는 'www.Briefing.com', 'www.earnings.com', 'www.Finviz.com' 같은 무료 웹사이트에서 찾을 수 있다. 대다수 트레이더는 수익 발표를 앞둔 종목을 보유하지 않으려고 한다. 수익이 형편없으면 포지션에 타격이 크기 때문이다. 수익 발표 날짜를 적어두면 곤경에 빠지지 않을 수 있다.
☐ 다음 상자에는 배당금 지급일을 기입한다. 나는 주로 'http://finance.yahoo.com'에서 찾아본다. 롱 포지션의 경우 배당금에 세금이 부과되고, 숏 포지션의 경우 배당금을 갚아야 하므로 이 날짜까지 보유하려고 하지 않는다.
☐ 마지막 상자에는 계획 수립 날짜를 기입한다.

2: 트레이드 아프가

☐ 내 트레이드 아프가에 대해선 앞서 설명했다. 모든 전략에는 아프가가 있어야 한다. 모든 질문은 자신의 시스템에 맞는 적절한 질문으로 교체해도 된다. 예를 들어, 스토캐스틱이 과매수 구간(0점)에 있는지, 과매도인지(1점), 또는 강세 다이버전스를 동반한 과매도(2점)인지 질문할 수 있다.
☐ 트레이드 아프가의 점수를 합산한 다음 A 트레이딩인지 대답해야 한다. 총점이 7점 이하면 해당 종목을 폐기하고 다른 종목을 찾아 나서라.

3: 시장, 진입, 목표, 손실제한, 위험 관리

☐ 왼쪽 끝에 있는 상자 다섯 개에 시장의 전반적인 상황을 기입한다. 스파이크 바운스 신호가 발효되는가? 이동평균을 상회하는 종목 수를 추적하는 지표가 강세인가, 약세인가? 이 종목의 공매 총액과 환매 일수는? 해당 내용은 모두 이 책에 설명되어 있다. 마지막 상자에는 결론을 몇 마디로 요약해서 적는다.
☐ 화살표로 연결된 상자 세 개는 의사결정 과정의 중심에 있다. 모든 트레이딩에서 필수 요소인 진입, 목표, 손실제한 세 가지 수치를 기입한다.
☐ 달러로 환산한 위험 - 이 트레이딩에 어느 정도의 위험을 감수할 수 있는가? 이 숫자는 계좌 자산의 2퍼센트를 절대 넘으면 안 된다. 나는 이 기준보다 훨씬 낮게 잡는다.
☐ 규모 - 허용된 위험, 진입과 손실제한 사이의 거리를 토대로 주식이나 선물 계약을 얼마나 매수할지 기입한다. 50장 '위험을 통제하는 철의 삼각형'에 자세히 설명되어 있다.

4: 진입 이후

□ 목표는 진입 가격에서 일간 채널 높이의 30%를 더한 수준이다.
□ 유연한 손실제한은 마음속에 염두에 두고 있는 손실제한이며, 엄격한 손실제한은 실제
　주문이다. 3에서 설정한 손실제한보다 낮으면 안 된다.
□ 어느 정도 가격 수준이면 손실제한을 손익분기점으로 옮길지 기입하라.
□ 손실제한 설정하기, 일지에 항목 생성하기, 차익실현 주문하기 등 필수 단계를 수행하면
　서 오른쪽 상자에 체크한다.

59

트레이딩 일지

기억은 문명 생활의 토대다. 기억이 있기에 성공에서 배울 수 있을 뿐 아니라 실패에서도 배울 수 있다. 트레이딩 일지를 쓰면 더 나은 트레이더로 성장하는 데 도움이 된다. 트레이딩을 꼼꼼하게 기록하는 게 귀찮을 수도 있지만 진지하게 트레이딩에 임하는 사람은 모든 과정을 꼼꼼하게 기록한다. 트레이더들의 인터뷰를 모아 책을 펴내자(《진입과 청산Entries & Exits》, 2006) 많은 사람이 그들의 공통점이 무엇인지 물었다. 국적도, 시장도, 트레이딩 방식도 다르지만 모두 자신의 트레이딩을 꼼꼼하게 기록했다는 공통점이 있었다.

이 책의 첫 장에 실린 여성의 이야기는 좋은 본보기다. 원고를 마감하면서 인터뷰가 미흡하다는 생각이 들어 나는 이 트레이더에게 몇 가지 질문을 더 해야겠다고 생각했다. 1년 뒤 그녀가 사는 캘리포니아로 가서 다시 만나자고 요청했다. 최근 트레이딩 자료를 보여주리라 짐작했는데 그녀는 서류 보관함으로 가더니 이전 일주일 동안 했던 트레이딩 내용이 전부 기록된 파일을 꺼냈다. 인터뷰를 마무리하면서 1년 전 차트를 살펴보는데 마치 전날 일처럼 이야기했다. 당시는 시장이 한창 상승세를 탈 때였고 그녀도 수익이 좋았지만 그래도 실적을 개선하기 위해 계속 연구하고 있다고 설명했다. 그녀는 자세한 일지가 실적 개선을 위한 디딤돌 역할을 한다고 덧붙였다. 일지 항목을 성공을 쌓는 '제2의 두뇌'로 활용하라.

나는 오랫동안 업데이트하고 분석하기 쉬운 일지 시스템을 만드느라 고민했다. 처음에는 종이 수첩에 출력한 차트를 붙이고 그 위에 표시하고 적는 식으로 일지를 기록했다. 책상 옆에는 지금도 오래된 일지가 하나 남아 있다. 이후 워드로 쓰다가 다시 아웃룩으로 바꿨다. 마침내 2012년 케리 로본과 함께 웹 기반 일지인 트레이드 저널Trade Journal을 만들었다.

트레이드 저널은 쓰기도 재미있어서 케리와 나는 어떤 트레이딩이든 트레이드 저널로 기록한다. 트레이드 저널은 누구나 무료로 사용할 수 있는데(한도는 있음), 온라인 저널이지만 비밀번호를 설정할 수 있어 절대 비밀이 보장된다. 단, 스파이크트레이드닷컴 회원은 원할 경우 자신의 트레이드 저널 중 일부를 골라 공개할 수도 있다.

〈그림 59-1〉은 트레이드 저널 예시다. 자신만의 일지를 만들더라도 예시한 트레이드 저널을 통해 일지 시스템에 꼭 필요한 항목들이 무엇인지 먼저 살펴보기 바란다. 트레이드 저널은 간단하고 논리적으로 기록하고, 트레이딩 계획을 수립하고, 문서로 남겨 배울 수 있도록 고안됐다. 앞서 트레이드 저널의 일부분을 살펴본 바 있는데, 〈그림 38-1〉은 설정, 위험, 변수를, 〈그림 55-2〉는 전략 상자를 보여준다.

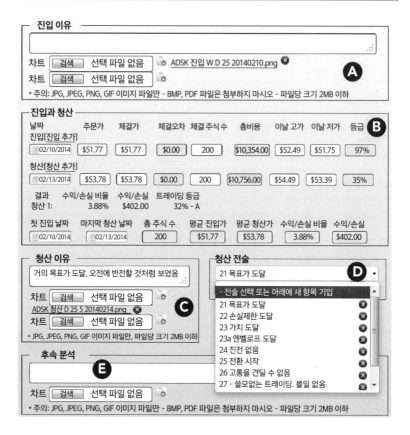

ⓐ - 이 종목을 트레이딩하겠다고 결심한 이유를 적는다. 나는 보통 SnagIt 소프트웨어를 사용해 차트에 적기 때문에 이 상자는 비워둔다. ADSK의 경우 주간, 일간, 25분 차트를 함께 첨부한다.

ⓑ - 진입 및 청산 날짜와 가격: 체결오차 계산, 매수, 매도, 트레이딩 등급 보기

ⓒ - 청산 이유, 진입과 청산을 모두 보여주는 차트를 첨부한다.

ⓓ - 청산 전술 목록은 트레이딩 전략 목록보다 길다. 가격이 목표 수준에 도달하거나 손실 제한에 걸리면 청산하고, 또는 가치 구간이나 엔벨로프에 도달하면 청산한다. 트레이딩에 진전이 없거나 불리하게 돌아가도 청산할 수 있다. 부정적인 사유로 청산하게 되는 경우는 또 있는데, 고통을 견딜 수 없거나 진입 후 쓸모없는 트레이딩이었음이 드러나는 경우다.

ⓔ - 트레이딩 마감 후 분석. 나는 어떤 트레이딩이든 청산이 끝나면 2개월 후 다시 검토하

는데 지나고 나서 다시 보면 얻는 게 있다. 후속 차트를 만들고 진입과 청산 지점을 화살표로 표시한 뒤 시간이 지난 후 트레이딩이 어떻게 보이는지 평가하는 글을 적는다. 잘했든 못했든 교훈을 얻을 수 있는 최상의 방법이다.

대부분의 트레이더가 지나간 트레이딩을 금방 잊는다. 하지만 트레이드 저널이 있으면 되돌아볼 수 있다. 차트 오른쪽 끝에서 진입하고 청산한 트레이딩이 차트 중간에 온 지금, 다시 자신의 결정을 되돌아보며 어떻게 개선할지 생각하라.

세 가지 장점

트레이딩 일지를 기록하면 크게 세 가지 장점이 있다. 하나는 즉각 나타나는 효과로, 질서 감각이 생긴다. 둘째는 한두 달 뒤에 나타나는 효과로, 마감한 트레이딩을 재검토하게 된다. 마지막으로 수십 개의 기록이 쌓이면 과거 트레이딩을 분석하는 다양한 방법이 생기고 수익곡선을 통해 교훈을 얻게 된다.

트레이딩할 때마다 계획, 진입, 청산을 기록하다 보면 **질서와 구조 감각**이 생긴다. 정확히 언제 진입하며, 목표는 무엇이고, 손실제한은 어디에 설정할지 명확히 정하고 수치를 적어두면 절도 있는 트레이딩으로 한 걸음 한 걸음 다가갈 수 있다. 충동적으로 매수한다든지, 수익이 나는 포지션을 너무 오래 끌고 간다든지, 손실제한을 설정하지 않아 손실이 눈덩이처럼 불어나는 일도 점차 줄어든다. 위험 관리 수치를 적어두

| 그림 59-2 | DISCA 일간, 13일, 26일 EMA, 6% 채널, 임펄스 시스템,
MACD 히스토그램 12-26-9(출처: Stockcharts.com)

적절한 규모의
완벽한 트레이딩

후속 분석(천장에서 공매도)

디스커버리 커뮤니케이션스^{DISCA}를 공매도할 때 내 전략은 '극단값에 반대 매매', 청산 전술은 '전환 시작'이었다. 화살표로 표시한 곳이 진입 및 청산 지점이다. 2개월 뒤 다시 검토해보니 진입과 청산에 대한 판단이 모두 옳았다.

교훈: 다음에 이런 패턴을 보면 바로 뛰어들자.

면 트레이딩 규모를 조정할 방향타를 쥐게 된다. 언제 어떻게 청산했는지 문서로 기록해두면 트레이딩 점수를 매길 수 있다.

청산 후 한두 달 지나 **트레이딩을 되돌아보는 것**이 교훈을 얻는 최선의 길이다. 차트 오른쪽 끝에서는 희미하고 막연해 보였던 트레이딩 신호가 차트 중간에선 또렷하게 보인다. 과거 트레이딩을 돌아보며 '후속' 차트를 추가하면 자신의 결정을 재평가할 수 있어 제대로 된 트레이딩인지 잘못된 트레이딩인지 명명백백하게 보인다. 이처럼 일지는 돈으로 따질 수 없는 값진 교훈을 가르쳐준다.

나는 주간 차트에서 전략을 결정하고 일간 차트에서 전술을 짠다. 일간 차트는 5~6개월치 데이터를 보여주므로 한 달에 한 번, 두 달 전에 마감한 트레이딩을 몇 시간 동안 살펴본다. 예를 들어, 3월 말이나 4월 초쯤 1월에 마감한 트레이딩을 전부 검토한다. 현재 차트를 꺼내 모든 트레이딩의 진입 및 청산 지점을 화살표로 표시하고 짤막하게 의견을 적는다. 두 가지 사례를 여러분에게 공개한다(그림 59-2, 59-3).

이렇게 검토하다 보면 어떤 점을 잘했는지, 어떤 점을 바꿔야 하는지 알 수 있다. '두 달 후' 재검토를 시작한 이후 내 청산에 두 가지 문제점이 있다는 사실을 깨닫게 됐다. 문제는 손실제한이 너무 좁다는 것이었는데, 이 문제점을 발견하고 위험을 조금 늘리자 속임수 신호에 걸려서 일찍 시장에서 나오는 횟수가 크게 줄었다. 또한 단기 스윙 트레이딩은 대체로 괜찮았지만 단기 움직임에서 발생하는 큰 추세를 종종 놓쳤다. 이 사실을 발견하고는 내 방식을 조정해 더 개선할 수 있었다.

수익곡선이 위를 향해야 성공할 수 있으므로 **수익곡선 검토**는 반드시 필요하다. 수익곡선이 하향 추세라면 시스템이나 위험 관리가 잘못된 것일 수도 있고, 절제력이 부족한 것일 수도 있다. 어느 쪽이든 문제를 추적해서 해결해야 한다.

모든 트레이딩과 계좌를 다 포함하는 수익 곡선은 도구로 쓰기에는 조악하다. 트레이드 저널을 활용하면 특정 시장, 전략, 청산 전술별로 수익 곡선을 추적할 수 있다. 예를 들어, 롱 포지션과 숏 포지션의 수익곡선을 따로 만들 수도 있고 전략별, 청산별, 또는 트레이딩 아이디어를 얻는 출처별로 따로 수익곡선을 만들 수도 있다. 정말이다. '고통

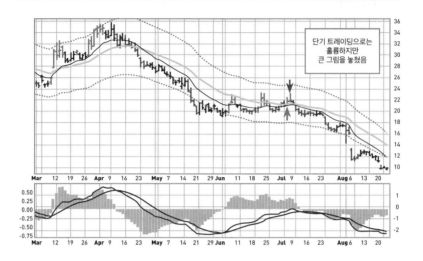

| 그림 59-3 | MCP 일간, 13일, 26일 EMA, 16% 채널, 임펄스 시스템,
MACD 히스토그램 12-26-9(출처: Stockcharts.com)

단기 트레이딩으로는
훌륭하지만
큰 그림을 놓쳤음

후속 분석(되돌림에서 매수)

몰리콥 ^{MCP}을 매수할 때 내 전략은 '가치로 되돌림'이었다. 나는 새로운 상승 추세가 시작되었다고 생각했다. 이튿날 자신이 없어 적은 수익에 만족하고 매도했다. 2개월 뒤에 검토해보니 하락 추세가 다시 시작된다는 사실을 놓친 것이 드러났다. 적은 수익만 거두고 빠져나온 것은 옳은 판단이었지만 큰 추세를 놓쳤다.

교훈: 청산한 트레이딩도 일주일 정도 지켜보고 재진입하거나 역으로 진입할 태세를 갖춰라.

을 견딜 수 없음'이라고 표시된 수익곡선을 본다면 손실제한 없이는

절대 트레이딩하지 않을 것이다!°

● 프로그래밍은 헬레나 트렌트 ^{Helena Trent}의 도움을 받았고 제프 파커 ^{Jeff Parker}가 몇 가지 아이디어를 제공했다.

TRADING FOR A LIVING

끝없는 여정:
배움을 멈추지 마라

이제 책을 마무리할 때가 가까워졌다. 지금까지 끈기 있게 따라온 독자 여러분께 찬사를 보낸다. 심리, 전술, 위험 관리, 기록 등 트레이딩의 필수 요소들을 살펴봤지만 책 한 권을 읽는다고 해서 트레이더로서 성공할 수 있는 것은 아니다.

트레이더로 성공하는 데 얼마나 시간이 걸릴까? 1만 시간의 법칙에 대해 들어봤을 것이다. 직업이나 스포츠 같은 특정 분야에서 전문가가 되려면 1만 시간이 필요하다는 주장이다. 이 말이 사실이라면 1주일에 40시간을 들이면, 1년이 50주이므로 프로가 되려면 5년이 걸린다. 1주일에 20시간을 들이면 10년이 걸린다. 생각만 해도 끔찍하다.

많은 트레이더가 공학, 농사, 사업 등 다른 분야에서 성공한 뒤 트레이딩에 입문하는데, 어쩌면 이전에 종사하던 분야에 1만 시간을 투자했을 수도 있다. 여러분 나이에, 진정 새로운 프로젝트에 또 1만 시간을 투자하고 싶은가?

상상만 해도 몸서리가 난다. 여러분에게 전혀 다른 수치를 제시하겠다. 바로 20시간이다. 《처음 20시간의 법칙 The First 20 Hours: How to Learn Anything... Fast!》이라는 책에서 저자인 조시 카우프만 Josh Kaufman은 세계 정상급 전문가가 되려면 몇 년이 걸리지만 대다수 분야에서 기본적인 수준의 역량을 갖추는 것은 훨씬 적은 시간 안에도 가능하다고 역설한다.

카우프만은 이렇게 말한다. "새로운 것을 연습할 때는 언제나 처음 몇 시간이 가장 힘들다. 새로운 언어로 말하는 법, 악기 연주법, 골프 치는 법, 근사한 사진 찍는 법을 배울 때 힘든 이유도 이 때문이다. TV 시청이나 인터넷 검색이 훨씬 쉽다." 새로운 기술을 익히려면 전문가를 찾아서 교재를 구하고, 실행 계획을 수립하고, 집중하는 데 방해되는 것 없이 주변을 정리하고, 공부와 연습하는 데 절대 집중해야 한다.

20시간만 찬찬히 집중하고 연습하면 많은 분야에서 문외한이었더라도 꽤 괜찮은 정도로 수행할 수 있다. 카우프만은 자신이 윈드서핑, 웹사이트 프로그래밍 등에 20시간을 들여 어떻게 새로운 기술을 습득했는지 설명한다. 비행기 조종 같은 복잡한 기술도 20시간만 노력하면 지상 교육과 강좌 몇 개를 마칠 수 있다. 이것만으로 조종사가 될 수는 없지만 50시간 비행하면 자가용 항공 면허증을 딸 수 있다.

기초적인 트레이딩 기술을 터득하려면 훨씬 더 많은 시간이 필요하다. 하지만 1만 시간보다는 조종 기술을 습득하는 것에 더 가깝다.

트레이딩에는 대단한 지능이 필요없다. 어쨌든 시가, 고가, 저가, 종가, 거래량, 이 다섯 가지 숫자만 다루면 된다. 트레이딩이 어려운 이유는 바로 심리 때문이다. 트레이딩을 하면 감정이 끓어오르는데 탐욕과 공포가 가장 강렬한 감정이다.

초보 트레이더는 수익이 나면 뭘 살까 상상하며 돈에 집착한다. 빈틈없는 조심성은 내팽개친다. 초보는 가능한 한 많이 매수하려 한다. 증권사에서 돈까지 빌려서 트레이딩 규모를 두 배로 늘린다. 즐거운 상상에 사로잡혀 트레이딩 계획 따위는 적지도 않는다. 그러다 시장이 불리하게 돌아가기 시작하면 탐욕은 공포로 바뀐다. 얼어붙어서 아무것도 하지 못한다. 그 사이 계좌는 바닥난다.

엄밀히 말해 트레이딩은 그다지 어렵지 않다. 하지만 심리적으로는 지구상에서 가장 어려운 게임이다. 트레이딩에서 스트레스를 줄이려면 몇 가지 핵심 사항을 명심하라. 다음 규칙들을 준수하느냐 여부에 트레이딩의 승패가 달려 있다.

□ 배우는 동안에는 작은 규모로 트레이딩하라.

□ 트레이딩을 마감하기 전에는 돈을 세지 마라.

□ 위험 관리 규칙, 주로 2퍼센트 규칙을 사용하라.

□ 계획을 적되, 특히 진입, 손실제한, 목표 세 가지 수치는 꼭 적어라.

□ 트레이딩 일지를 적고 최소한 한 달에 한 번 일지를 검토하라.

대다수 트레이더는 고립무원 상태에 있으면서 다른 사람들이 기량을 어떻게 연마하는지 알아보려 하지도 않는다. 이런 고립 상태는 곧 충동적인 트레이딩으로 이어진다. 개인 트레이더가 이 책에 있는 규칙을 전부 어기고 중대한 실수를 해도 다른 사람은 알 수 없다. 수렁에서 빠져나오라고 경고해주는 사람도 없고, 트레이딩을 잘했다고 칭찬해 줄 사람도 없다.

옛날에는 중개인들이 트레이더의 행동을 알고 있었지만, 지금은 온라인으로도 충분히 주문할 수 있다. 트레이딩과 관련해 연락하는 사람은 증권사 증거금 담당 직원이 유일하다. 증거금 담당 직원에게 전화나 이메일을 받는다면 좋은 소식일 리 없다. 증거금 납부 요구를 받아서 헛돈 쓰거나 돈 버리는 일이 절대 없길 바란다.

고립무원을 탈피해 훌륭한 트레이더들이 어떻게 하고 있는지 보고 실적에 따른 보상을 받으려면 내가 친구 케리 로본과 함께 운영하는 스파이크트레이드닷컴을 참고하라고 추천하고 싶다. 많은 트레이더가 이곳에서 아이디어와 조언을 주고받고 선의의 경쟁을 하며 다른 사람의 트레이딩에 의견을 피력한다. 아주 기초적인 지식만 가지고 있는 초보 트레이너들도 자발적으로 선정주를 제출하고 실적 보너스를 받다 보면 어느새 진지한 트레이더로 변신한다.

성공을 빈다.

트레이딩은 지구상에서 벌어지는 활동 중 험난하기로 손꼽히는 활동이지만 두둑한 보상이 있는 아주 매혹적인 모험이다. 나는 수십 년째 모험 중이지만 지금도 주말이면 월요일 장이 열리길 학수고대하게 된다. 트레이딩으로 자유를 얻었지만 아직도 종종 실수하는 나 자신을 발견하고 수련에 집중한다. 내게는 오늘보다 내일 더 현명해질 권리가 있다. 위대한 여정을 여러분과 함께할 날을 기대한다.

2014년 뉴욕-버몬트에서

알렉산더 엘더 박사

Angell, George. Winning in the Futures Market (1979) (Chicago: Probus Publishing, 1990).

Appel, Gerald. Day-Trading with Gerald Appel (video) (New York: Financial Trading Seminars, Inc., 1989).

Ariely, Dan. The Honest Truth about Dishonesty (New York: HarperCollins, 2013). Belveal, L. Dee. Charting Commodity Market Price Behavior (1969) (Homewood, IL: Dow Jones Irwin, 1989).

Bruce, Erin. SpikeTrade Reunion presentation, 2011.

Cameron, Peter. Personal communication, 2012.

Davis, L. J. "Buffett Takes Stock," The New York Times, April 1, 1990.

Douglas, Mark. The Disciplined Trader (New York: New York Institute of Finance, 1990). (New York Institute of Finance, 1992).

Ehlers, John. MESA and Trading Market Cycles (Hoboken, NJ: John Wiley & Sons, 1992). Elder, Alexander, Come into My Trading Room (Hoboken, NJ: John Wiley & Sons, 2003).

Directional System (video) (New York: Financial Trading Seminars, Inc., 1988).———, Entries & Exits (Hoboken, NJ: John Wiley & Sons, 2006).

———, Force Index (video) (New York: Elder.com, Inc., 2010).

———. MACD & MACD-Histogram (video) (New York: Financial Trading Seminars, Inc., 1988).

———, "Market Gurus," Futures and Options World, London, September 1990.——— & Kerry Lovvorn, The New High-New Low Index (Alabama: SpikeTrade, 2012).

————, The New Sell & Sell Short: How to Take Profits, Cut Losses, and Benefit from Price Declines (Hoboken, NJ: John Wiley & Sons, 2011).

————, Technical Analysis in Just 52 Minutes (video) (New York: Financial Trading Seminars, Inc., 1992).

————, "Triple Screen Trading System," Futures Magazine, April 1986.

————, Triple Screen Trading System (video) (New York: Financial Trading Seminars, Inc., 1989).

————, Two Roads Diverged: Trading Divergences (New York: Elder.com, 2012).

Elliott, Ralph Nelson, Nature's Law (1946) (Gainesville, GA: New Classics Library, 1980).

Engel, Louis, How to Buy Stocks (1953) (New York: Bantam Books, 1977).

Freud, Sigmund, Group Psychology and the Analysis of the Ego (1921) (London: Hogarth Press, 1974).

Friedman, Milton, Essays in Positive Economics (Chicago: The University of Chicago Press, 1953).

Frost, A. J., and R. R. Prechter, Jr., Elliott Wave Principle (Gainesville, GA: New Clas-sics Library, 1978).

Gajowiy, Nils, Personal communication, 2012.

Gallacher, William, Winner Takes All—A Privateer's Guide to Commodity Trading (Toronto: Midway Publications, 1983).

Gann, W. D., How to Make Profits in Commodities (Chicago: W. D. Gann Holdings, 1951).

Gawande, Atul, The Checklist Manifesto: How to Get Things Right (New York: Henry Holt Gleick, James, Chaos: Making a New Science (New York: Viking/Penguin, 1987).

Goepfert, Jason, SentimenTrader.com

Granville, Joseph, New Strategy of Daily Stock Market Timing for Maximum Profit (Englewood Cliffs, NJ: Prentice Hall, 1976).

Greenson, Ralph R., "On Gambling" (1947), in Explorations in Psychoanalysis (New York: International Universities Press, 1978).

Grove, Nic, Personal communication, 2004.

Gunter, Jock, Personal communication, 2013.

Havens, Leston, Making Contact (Cambridge, MA: Harvard University Press, 1986).

Hurst, J. M., The Profit Magic of Stock Transaction Timing (Englewood Cliffs, NJ: Prentice-Hall, 1970).

Investopedia.com.

Kahneman, Daniel, Thinking, Fast and Slow (New York: Farrar, Straus and Giroux, 2011).

Kaufman, Josh, The First 20 Hours: How to Learn Anything ... Fast! (New York: Portfolio/Penguin, 2013).

Kaufman, Perry, Trading Systems and Methods (Hoboken, NJ: John Wiley & Sons, 2013)

Larsen, Max, SpikeTrade Reunion presentation, 2007.

LeBon, Gustave, The Crowd (1897) (Atlanta, GA: Cherokee Publishing, 1982).

Lefevre, Edwin, Reminiscences of a Stock Operator (1923) (Greenville, SC: Traders Press, 1985).

Mackay, Charles, Extraordinary Popular Delusions and the Madness of Crowds (1841) (New York: Crown Publishers, 1980).

McMillan, Lawrence G., Options as a Strategic Investment (Englewood Cliffs, NJ: Prentice Hall, 2012).

Mellon, Andrew J., Unstuff Your Life (New York: Avery/Penguin, 2010).

Murphy, John J., Technical Analysis of the Financial Markets (New York: New York Insti-tute of Finance, 1999).

Neill, Humphrey B., The Art of Contrary Thinking (1954) (Caldwell, ID: Caxton Printers, 1985).

저자 소개 **알렉산더 엘더**

의학박사 알렉산더 엘더는 구 소련의 레닌그라드에서 태어나 에스토니아에서 성장했으며 열여섯 살 때 의과대학에 진학했다. 선의船醫로 근무하던 중 스물세 살 때 아프리카에 정박한 소련 배에서 탈출해 미국으로 망명했다. 그후 뉴욕에서 정신과 의사로 일하면서 정신과 분야의 잡지 〈사이키애트리 타임즈 Psychiatric Times〉의 에디터로 활동했으며, 컬럼비아대학교에서 학생들을 가르쳤다.

금융시장에 트레이더로 참여하기 시작하면서 트레이딩에 관한 다수의 기고문과 책들을 집필했다. 트레이딩 시스템도 개발했으며 투자강연회 연사로 활약했다. 정신과 의사로서의 경험 덕분에 트레이딩 심리를 꿰뚫어 보는 독특한 통찰력을 얻게 되었으며, 세계에서 손꼽히는 테크니션으로 확고한 위치를 차지하고 있다.

엘더 박사는 활발히 거래하는 트레이더이지만 가르침을 쉬지 않고 있으며 미국과 해외에서 강연 요청도 끊임없이 받고 있다. 1988년에는 트레이더를 위한 교육회사 엘더닷컴elder.com을 설립했다. 엘더 박사는 트레이더를 위한 일주일 강좌인 트레이더 캠프Trader's Camps를 처음 만들었고 스파이크트레이드Spike Trade 그룹도 창시했다. 매주 그룹 회원들끼리 종목 선정 대회를 열어 우승자에게 포상하고 있다.

e-mail: info@elder.com
website: www.elder.com
　　　　www.spiketrade.com

New Trading for a Living

심리투자 법칙

개정판 1쇄 발행 2020년 12월 15일
개정판 10쇄 발행 2025년 1월 10일

지은이 알렉산더 엘더
옮긴이 신가을

펴낸곳 (주)이레미디어
전화 031-908-8516(편집부), 031-919-8511(주문 및 관리) | **팩스** 0303-0515-8907
주소 경기도 파주시 문예로 21, 2층
홈페이지 www.iremedia.co.kr | **이메일** mango@mangou.co.kr
등록 제396-2004-35호

편집 허지혜 | **디자인** 늦봄 | **마케팅** 김하경
재무총괄 이종미 | **경영지원** 김지선

ISBN 979-11-88279-95-1 03320

- 가격은 뒤표지에 있습니다.
- 잘못된 책은 구입하신 서점에서 교환해드립니다.
- 이 책은 투자 참고용이며, 투자 손실에 대해서는 법적 책임을 지지 않습니다.

이 도서의 국립중앙도서관 출판예정도서목록(CIP)은 서지정보유통지원시스템 홈페이지(http://seoji.nl.go.kr)와 국가자료종합목록시스템(http://www.nl.go.kr/kolisnet)에서 이용하실 수 있습니다.
(CIP제어번호 : CIP2020045532)

당신의 소중한 원고를 기다립니다. mango@mangou.co.kr